Ein besseres Gedächtnis für Dummies

Ein besseres Gedächtnis für Dummies – Schummelseite

Zeitabhängiges Gedächtnismodell

Obwohl einige Forscher neuere Theorien zur Beschreibung der Erinnerungsfunktionen bevorzugen, hat dieses Modell einen hohen Erklärungswert.

- ✔ Sensorisches Gedächtnis (oder Ultrakurzzeitgedächtnis): Auf dieser ersten Verarbeitungsstufe werden die physikalischen Reize der Außenwelt, zum Beispiel optische oder akustische Informationen, einige Millisekunden bis zu wenigen Sekunden festgehalten. Ein Großteil dieser Daten verblasst sofort, der Rest wird in den Kurzzeitspeicher übertragen.
- ✔ Kurzzeitgedächtnis (oder Arbeitsgedächtnis): Diese zweite Verarbeitungsstufe entspricht einem Speicher, der eine geringe Menge Daten im Aktivzustand hält. Das Kurzzeitgedächtnis hat eine stark begrenzte Kapazität, die gleichzeitig nicht mehr als fünf bis neun Informationseinheiten für einige Sekunden bis zu wenigen Minuten bereithalten kann, was unter anderem von den Konzentrationsfähigkeiten abhängt. Zur längerfristigen Aufbewahrung wird ein Bruchteil der Inhalte in den Langzeitspeicher übertragen.
- ✔ Langzeitgedächtnis: Diese dritte Verarbeitungsstufe umfasst alle möglichen Daten, die aus dem Kurzzeitgedächtnis weitergeleitet wurden. In vielen Fällen bewahrt die Langzeiterinnerung die Inhalte ein Leben lang, allerdings in subjektiv interpretierter Form. Neue Informationen verbinden sich dabei mit den bisherigen Erfahrungen, zum Beispiel beim Nachdenken, Bewerten und Einordnen der Eindrücke. Dieses Prinzip nutzen auch alle Mnemotechniken zur Gedächtnisstärkung. Die Kapazität des Langzeitspeichers ist offenbar kaum begrenzt.

Interessante Fakten zum Thema Gedächtnis

In den letzten Jahrzehnten haben sich Neurowissenschaftler intensiv mit dem Zusammenhang von Gehirnleistungen und Gedächtnisfunktionen auseinandergesetzt. Einige aktuelle Forschungsergebnisse sind besonders interessant.

- ✔ Wissenschaftler gehen heute davon aus, dass unterschiedliche Erinnerungen nicht in bestimmten abgegrenzten Gehirnbereichen gespeichert werden, wie man lange Zeit dachte. Sie haben festgestellt, dass stattdessen etliche Aspekte des Gehirns an allen Erinnerungen beteiligt sind und in zahlreichen Netzwerken zusammenarbeiten.
- ✔ Speichern und Vergessen: Informationen, die ins Langzeitgedächtnis übertragen worden sind, gehen normalerweise nicht verloren. Allerdings kann es schwierig sein, solche Inhalte wiederzufinden, weil der passende Abrufweg fehlt. Außerdem führen Erinnerungen, die einander ähneln, zu Verwechslungen. Das Prinzip, aus abstrakten Daten anschauliche Informationen zu machen und die Qualität der Abrufwege zu verbessern, steht im Hintergrund aller Mnemotechniken zur Stärkung des Gedächtnisses.
- ✔ Dass wir nicht alles, was wir lernen oder erleben, problemlos aus dem Langzeitspeicher abrufen können, schützt das Gehirn und die Psyche vor Überlastungen.
- ✔ Besondere Talente: Ungefähr eine Handvoll Menschen auf der Welt haben bei der biografischen Erinnerung ein Gedächtnis, das so gut wie perfekt funktioniert. Allerdings leiden die Betroffenen sehr darunter, dass sie nichts vergessen können – keinen Streit, keine Beleidigung, keine Situation, in der sie sich falsch verhalten haben. Dass sich die perfekte Erinnerung in der Evolution nicht durchgesetzt hat, liegt vermutlich an solchen und ähnlichen Schattenseiten.
- ✔ Wichtiges behalten, Unwichtiges vergessen: Fast alle Menschen können Ereignisse gut aus dem Langzeitgedächtnis abrufen, die mit subjektivem Interesse und starken Gefühlen ver-

bunden waren. Andere Erlebnisse sind meistens weniger präsent. Das hat den Vorteil, dass wir uns auf das konzentrieren können, was uns wichtig ist, und den Nachteil, dass intensive Emotionen Erinnerungen häufig verzerren – auf Kosten der Objektivität.

- Schlaf und Gedächtnis: Obwohl »Lernen im Schlaf« nur indirekt funktioniert, scheint die Übertragung von Inhalten des Kurzzeitgedächtnisses ins Langzeitgedächtnis auf regelmäßige, erholsame Schlafperioden angewiesen zu sein. Längerer Schlaf- oder Traumschlafentzug verschlechtert die Erinnerungsleistungen erheblich, neue Eindrücke können dann kaum noch aufgenommen werden.
- Erholung: Regelmäßige Entspannungspausen sind ein guter Schutz gegen seelische Überlastung und gegen chronische Stressbelastungen durch Daueraktivierung. Außerdem stärken sie die Konzentrationsfähigkeit, was sich positiv auf alle Erinnerungsfunktionen auswirken kann.
- Unbewusstes Lernen: Das sogenannte motorische Gedächtnis (oder prozedurale Gedächtnis) funktioniert, anders als andere Aspekte der Langzeiterinnerung, weitgehend unbewusst. Motorische Abläufe, zum Beispiel Gehen, Fahrradfahren oder Spielen eines Musikinstruments, lassen sich zwar durch Übung erlernen – und in vielen Fällen lehren –, doch man kann sie nur zum Teil erklären oder bewusst steuern. Unbewusste Prozesse spielen hier eine deutlich größere Rolle, weshalb es auch keine besonderen Mnemotechniken für das motorische Gedächtnis gibt.

Einige wirksame Mnemotechniken

Alle systematischen Methoden zur Stärkung der Erinnerung beruhen auf dem Prinzip, aus abstrakten Informationen einprägsame Bilder, Geschichten oder Merksprüche zu machen, die sich deutlich besser aus dem Langzeitgedächtnis abrufen lassen als die ursprünglichen Daten.

- Bei der Verknüpfung von Gesichtern und Namen wird eine Eselsbrücke zum Vor- oder Nachnamen mit einem auffälligen Merkmal der Persönlichkeit des Betroffenen verbunden.
- Beim Erlernen einer neuen Sprache oder beim Ausbau von Fremdsprachenkenntnissen kann man durch die Verwandtschaft der meisten europäischen Sprachen viele natürliche Assoziationsmöglichkeiten finden. Häufig werden unbekannte Vokabeln über bildliche oder verbale Eselsbrücken mit der deutschen Wortbedeutung verknüpft. Diese Assoziationen helfen später dabei, den fremdsprachlichen Begriff erfolgreich aus dem Langzeitspeicher abzurufen.
- Die Methode der Orte (oder Loci-Technik), die schon in der Antike entwickelt wurde, nutzt eine Fantasie-Wegstrecke mit festen Ankerplätzen, auf denen man Begriffe, Objekte oder die Argumente eines Vortrags in einer eindeutigen Reihenfolge ablegt. Zuvor müssen abstrakte Inhalte in eine konkrete bildliche Form verwandelt werden (Visualisierung). Bei der späteren Nutzung der Methode bleiben die Orte gleich, nur die dort abgelegten Bilder ändern sich.
- Das Zahl-Form-System und das Zahl-Reim-System nutzt optische beziehungsweise verbale Symbole für die einzelnen Ziffern, zum Beispiel »1 entspricht einer Kerze« (Form) oder »3 entspricht Brei« (Reim). Aus diesen Erinnerungsankern bastelt man eine kleine Fantasie-Anekdote, in der die Zahlensymbole in der gewünschten Reihenfolge vorkommen. So lassen sich auch längere Ziffernreihen anschaulich im Langzeitgedächtnis abspeichern.
- Das Zahl-Wort-System eignet sich ebenfalls für lange Zahlenkombinationen. Hier steht jede Ziffer von 0 bis 9 für einen Buchstaben, in der Reihenfolge des Alphabets. Die Buchstaben, die einer bestimmten Ziffernkombination entsprechen, verwendet man als Anfangsbuchstaben, aus denen ein ziemlich sinnloser, aber einprägsamer Merksatz entsteht. Das »Dechiffrieren« der Buchstaben führt zu den ursprünglichen Zahlen.

Adrian Urban

Ein besseres Gedächtnis für Dummies

WILEY-VCH

WILEY-VCH Verlag GmbH & Co. KGaA

Bibliografische Information
der Deutschen Nationalbibliothek
Die Deutsche Nationalbibliothek verzeichnet diese Publikation in der Deutschen Nationalbibliografie; detaillierte bibliografische Daten sind im Internet über http://dnb.d-nb.de abrufbar.

1. Auflage 2012

Printed in Germany

Gedruckt auf säurefreiem Papier

Coverfoto: istockphoto, Oleg Prikhodko, Cimmerian
Korrektur: Frauke Wilkens
Satz: Mitterweger und Partner, Plankstadt
Druck und Bindung: CPI – Ebner & Spiegel, Ulm

ISBN: 978-3-527-70771-3

Cartoons im Überblick

von Rich Tennant

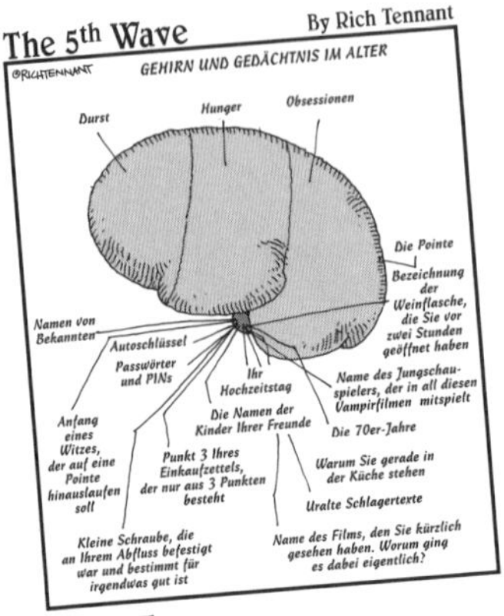

Seite 27

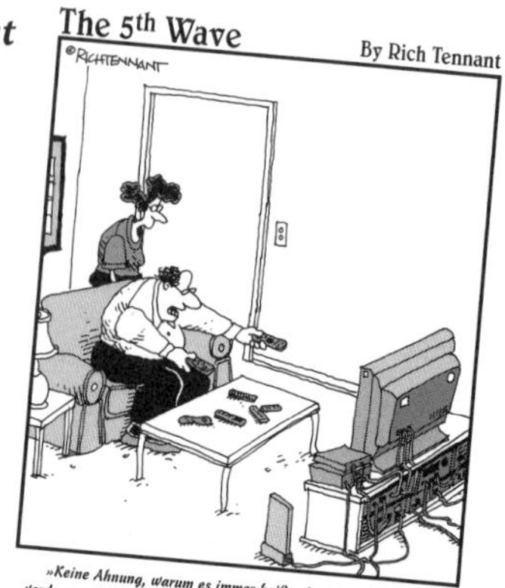

»Keine Ahnung, warum es immer heißt, dass das Fernsehen verdummt. Man muss schon ganz schön schlau sein, um herauszufinden, wozu all diese Fernbedienungen da sind: TV, Spielekonsole, Verstärker, DVD-Player, Sat-Empfänger, Videorekorder …«

Seite 59

»Ich hoffe, das geht dir nicht allzu sehr auf die Nerven. Der Arzt hat zu meiner Frau gesagt, dass sie ihr Gedächtnis am besten trainiert, wenn sie neue Erfahrungen macht.«

Seite 159

»Seltsam, bei dem Test kam nichts Problematisches heraus. Wahrscheinlich sind Ihre Gedächtnisschwierigkeiten bloß Ausdruck von Stress.«

Seite 239

»Wissen Sie, ich habe in den letzten Jahren auch 80 Stunden die Woche gearbeitet, und das war nicht das geringste Problem für mich oder meine Frau … ihr Name fällt mir bestimmt gleich ein.«

Seite 297

Fax: 001-978-546-7747
Internet: www.the5thwave.com
E-Mail: richtennant@the5thwave.com

Über den Autor

Adrian Urban, Jahrgang 1966, ist Diplompsychologe und Psychologischer Psychotherapeut für Erwachsene, Kinder und Jugendliche.

Neben Tätigkeiten im journalistischen Bereich und der Arbeit als Lektor veröffentlichte Adrian Urban bis heute zwölf Sachbücher zu psychologischen, pädagogischen und psychotherapeutischen Themen. *Ein besseres Gedächtnis für Dummies* ist sein viertes Buch über Erinnerung und Gedächtnistraining. Bei Wiley-VCH erschienen zuletzt *Burn-out für Dummies* und *Psychotherapie für Dummies*. Adrian Urban lebt und arbeitet in Berlin.

Inhaltsverzeichnis

Teil III
Gedächtnistraining im Alltag 159

Kapitel 8
Informationen erfolgreich im Langzeitgedächtnis speichern und abrufen 161

Kapitel 9
Die Orientierung im Alltag stärken 179

Einführung

Viele Menschen stellen irgendwann fest, dass sie sich in bestimmten Bereichen nicht auf ihre Erinnerung verlassen können. Besser mit den eigenen Schwächen auf diesem Gebiet zurechtzukommen und die persönlichen Stärken systematisch auszubauen, ist das Ziel des Buches, das Sie gerade lesen.

Höchstleistungen wie im professionellen Gedächtnissport müssen Sie jedoch nicht von sich erwarten, denn sie lassen sich nur mit erheblichen Anstrengungen erreichen. Ein Erinnerungstraining hilft zwar, den Arbeits- und Privatalltag besser zu bewältigen, doch der Zeit- und Kraftaufwand sollte in einem guten Verhältnis zu den positiven Auswirkungen der Übungen stehen.

Über dieses Buch

Dieses Buch befasst sich mit zahlreichen Aspekten zum Thema Erinnerung und zur Stärkung der Gedächtnisleistungen. Beim Schreiben habe ich großen Wert auf den Bezug der verschiedenen Übungen zum Alltag gelegt, vom Konzentrationstraining über wirksame Entspannungspausen zum Ausgleich für anstrengende Tätigkeiten bis zu besonderen Mnemotechniken, bei denen Namen und Gesichter, Begriffe, Argumente oder Zahlenreihen im Mittelpunkt stehen.

Alle Methoden zur systematischen Verbesserung der Erinnerungsfähigkeiten funktionieren nach dem Prinzip der Veranschaulichung abstrakter Informationen durch bestimmte Eselsbrücken (oder Assoziationen). Esel sind äußerst wasserscheu und weigern sich, selbst den kleinsten Bach zu überqueren – außer man baut ihnen eine kleine Brücke. Auch Gedächtnisakrobaten nutzen solche Techniken, um sich Zufallskombinationen von Spielkarten, Daten oder Ziffern einzuprägen.

Neben etlichen praxisorientierten Übungen, die sich natürlich nur dann positiv auf die Erinnerungsleistung auswirken, wenn Sie sie selbst ausprobieren, haben Sie bei der Lektüre die Möglichkeit zu verstehen, wie das menschliche Gedächtnis während der Evolutionsgeschichte entstand und warum es bei den allermeisten Menschen alles andere als perfekt funktioniert.

Spielerische Ideen, zum Beispiel kleine Experimente zur Wahrnehmung von Eindrücken, die häufig der Aufmerksamkeit entgehen, sollen Ihre Neugier und Ihr Interesse anregen. Der Weg zum Ziel, die eigene Erinnerung zu erforschen und die Fähigkeiten in diesem Bereich zu stärken, muss keineswegs ausschließlich harte Arbeit sein – er kann auch Freude machen.

Konventionen in diesem Buch

Aus Gründen der besseren Lesbarkeit habe ich in vielen Fällen darauf verzichtet, Formulierungen wie »Leserinnen und Leser« zu verwenden. Normalerweise nutze ich nur die männliche Form und hoffe sehr, dass sich meine Leserinnen ebenfalls angesprochen fühlen.

Längere Übungen sind als grau unterlegte Kästen formatiert. Wenn es zu einem bestimmten Aspekt unterschiedliche Mnemotechniken gibt, die den gleichen Zweck erfüllen, haben Sie die Wahl, eine Methode zu finden, die Ihnen am ehesten entgegenkommt. In solchen Fällen informiere ich Sie im jeweiligen Kapitel.

Törichte Annahmen über den Leser

Vielleicht irre ich mich, aber ich bin beim Schreiben dieses Buches davon ausgegangen, dass meine Leserinnen und Leser daran interessiert sind, sich mit ihrer Erinnerung zu beschäftigen, persönliche Stärken und Schwächen zu erkennen und ihre Gedächtnisleistungen in manchen Bereichen zu verbessern. Der Schwerpunkt der Darstellung liegt hier bei Erklärungen und Übungen, die sich im beruflichen und privaten Alltag nutzen lassen, unabhängig davon, ob Sie im jungen, mittleren oder höheren Erwachsenenalter sind.

Die Lektüre erfordert keinerlei Vorkenntnisse. Neugier, Interesse und Freude daran, sich selbst und das eigene Gedächtnis zu erforschen, genügen vollkommen.

Was Sie nicht lesen müssen

Einige Abschnitte dieses Buches erinnern an Darstellungen aus früheren Kapiteln, andere dienen der Vertiefung. Diese Ausführungen können Sie gerne überspringen.

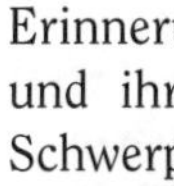

Absätze, die mit dem Symbol »Wissenschaftlicher Kram« markiert sind, beschreiben Theorien und Forschungsergebnisse zum Thema Erinnerung und zu den Zusammenhängen von Gehirn und Gedächtnis.

Manche Abschnitte verweisen auf Aspekte, die ich bereits an anderer Stelle erwähnt habe. Falls Sie *Ein besseres Gedächtnis für Dummies* von vorn bis hinten durchlesen sollten, können Sie diese Absätze weglassen, ohne etwas zu verpassen.

Wenn Sie jedoch lieber im Buch herumblättern und nach Ausführungen zu bestimmten Themen suchen, die Sie interessieren könnten, empfehle ich Ihnen, Absätze, die mit dem Symbol »Erinnerung« versehen sind, nicht zu überspringen.

Wie dieses Buch aufgebaut ist

Wenn Sie Lust darauf haben, können Sie *Ein besseres Gedächtnis für Dummies* zum Nachschlagen verwenden, je nachdem, was Sie gerade spannend finden, welche Übung Sie ausprobieren möchten und über welches Thema Sie ausführlich informiert werden wollen.

Sie müssen dieses Buch also keineswegs von der ersten bis zur letzten Seite durchlesen, denn die einzelnen Teile und Kapitel bauen nicht aufeinander auf. Sobald populärwissenschaftliche Beschreibungen im Mittelpunkt stehen, erkläre ich die Fachbegriffe jedes Mal dort, wo sie auftauchen. Das Gleiche gilt für alle Fremdwörter, die nicht allgemein bekannt sind. Vielleicht helfen Ihnen außerdem das Inhaltsverzeichnis und das ausführliche Stichwortverzeichnis bei der Orientierung.

Teil I: Erinnern, Speichern, Ordnen, Vergessen: Gedächtnisfunktionen

Zunächst stelle ich Ihnen die Themen des Buches in einem Überblick vor. Sie erfahren, nach welchen Prinzipien Mnemotechniken zur Stärkung des Gedächtnisses funktionieren. Ein weiterer Abschnitt beschreibt, was Sie tatsächlich von Ihrer Erinnerung erwarten können und welche Hoffnungen eher unrealistisch sind. Ein Fragebogen zur Selbsteinschätzung Ihrer Gedächtnisleistungen hilft Ihnen dabei, Ihre Stärken und Schwächen in diesem Bereich zu erkennen und sie mit den Ergebnissen einer repräsentativen Bevölkerungsstichprobe zu vergleichen.

Danach geht es um die Frage, wie sich die menschlichen Erinnerungsfunktionen in der Evolutionsgeschichte durch Anpassung an die Umweltbedingungen entwickelt haben. Viele Eigenheiten des Gedächtnisses lassen sich erst durch einen Blick in die Vergangenheit erklären. Etwa warum wir meistens dazu neigen, das, was uns wichtig ist, in Erinnerung zu behalten – allerdings durch Gefühle verzerrt –, und warum wir Eindrücke, die wir für weniger entscheidend halten, häufig nicht mehr aus dem Langzeitgedächtnis abrufen können.

Neben den Hintergründen von Vergessen und Verdrängen wird auch der Umgang mit Neuigkeiten und Wiederholungen in diesem Teil des Buches dargestellt, denn neue Erfahrungen, aus denen Menschen etwas lernen können, bleiben oft deutlich nachhaltiger in Erinnerung als Erlebnisse, die sich mehrfach wiederholen und zu alten Gewohnheiten geworden sind.

Teil II: Aufmerksamkeit, Entspannung und Erinnerung

Im zweiten Teil des Buches beschreibe ich zunächst das wahrscheinlich bekannteste Modell der Erinnerungsfunktionen, die sich zeitlich unterscheiden, vom sensorischen Gedächtnis (oder Ultrakurzzeitgedächtnis) über das Kurzzeitgedächtnis bis zum Langzeitgedächtnis und seinen Eigenschaften.

Viele Übungen und interessante Experimente zur Selbstbeobachtung inspirieren Sie vielleicht, die verschiedenen Aspekte Ihrer Erinnerung zu erforschen und sich von dem einen oder anderen Ergebnis dieser Beobachtungen überraschen zu lassen. Zum Beispiel können Sie Gedächtniseindrücke bemerken, die der Aufmerksamkeit in anderen Fällen entgehen, Sie haben die Möglichkeit, allein oder mit einem Partner ungewöhnliche Sinneswahrnehmungen auszuprobieren, und ich stelle Ihnen sinnvolle Wege vor, um verschüttete biografische Erinnerungen durch zahlreiche Abrufmöglichkeiten erneut zu aktivieren.

Danach steht die Frage im Mittelpunkt, warum viele eindrückliche Erinnerungen mit starken Gefühlen verbunden sind und wie sich diese Verknüpfungen nutzen, aber auch manipulieren lassen. In einem weiteren Abschnitt stelle ich einige besondere Talente von Menschen vor, die, anders als Normalsterbliche, in bestimmten Bereichen so gut wie nichts vergessen, womit sie sich jemals befasst haben, die sogenannten Savants. Allerdings haben diese ungewöhnlichen Fähigkeiten, die an Computerleistungen erinnern, erhebliche Schattenseiten. In einem nicht ganz ernst gemeinten Test können Sie prüfen, ob Sie über solche und ähnliche Superkräfte verfügen.

Anschließend beschreibe ich, wie sich äußere und innere Ablenkungen – zu Letzteren gehören unter anderem abschweifende Gedanken, Ängste und Grübeleien – auf das Erinnerungsvermögen auswirken und welche Möglichkeiten zur Selbsthilfe Ihnen zur Verfügung stehen, um etwas gegen solche Beeinträchtigungen zu unternehmen.

Ein weiteres Kapitel beschäftigt sich mit den Zusammenhängen von Konzentration, Entspannung und regelmäßigen Pausen. Verschiedene Entspannungsübungen, unter anderem das Autogene Training, unterstützen Sie vielleicht dabei, Stressbelastungen durch anstrengende Tätigkeiten abzubauen, wodurch

Sie Ihrem Gehirn, der Grundlage aller Erinnerungsleistungen, immer wieder die Gelegenheit geben, sich zu erholen und danach wieder fit zu sein für berufliche oder private Herausforderungen.

Teil III: Gedächtnistraining im Alltag

Der dritte Teil des Buches beginnt mit einer Darstellung der Möglichkeiten, die Sie haben, um Ihr Langzeitgedächtnis effektiv zu nutzen, wobei Ihre persönlichen Stärken und Schwächen in diesem Bereich ebenso berücksichtigt werden wie die Eigenheiten der langfristigen Speicherung von Gedächtniseindrücken.

Danach stehen Aspekte im Mittelpunkt, die im Berufs- und Privatleben entscheidend sind. Zunächst geht es um das Einprägen von Sachtexten durch intensives, interessegeleitetes Durcharbeiten. Ein weiteres Kapitel enthält ein Training zur Stärkung der räumlichen und zeitlichen Orientierungsfähigkeiten und stellt Ihnen etliche Übungen zur Verfügung, durch die Sie Alltagsvergesslichkeiten abbauen und in vielen Fällen auf äußere Gedächtnisstützen verzichten können, etwa beim Einkaufen.

Im Berufsleben helfen Ihnen möglicherweise einige erprobte Techniken zur schnellen Verknüpfung von unbekannten Namen mit den passenden Gesichtern und anderen Eigenschaften der Personen, die Sie kennenlernen. Ein Abschnitt stellt Ihnen Wege vor, durch die Sie Termine, Zeiten, Orte und Arbeitsabläufe assoziativ in Ihrem Langzeitgedächtnis verankern können.

Schließlich erfahren Sie, durch welche Tipps und Tricks es Ihnen gelingt, Erinnerungsprobleme aufzulösen – oder sie elegant zu umschiffen. Dazu gehören unter anderem Übungen im Fehlermachen, ohne sich aus dem Konzept bringen zu lassen, und Ideen, wie Sie am besten mit kurzfristigen Blackouts umgehen können. Ein letzter Abschnitt stellt die Hoffnungen, die manche Menschen dazu bringen, Präparate einzunehmen, die ihnen eine Steigerung ihrer Gedächtnisleistungen versprechen, den ernüchternden Tatsachen gegenüber.

Teil IV: Begriffe, Lernaufgaben und Zahlen einprägen

Im vierten Teil des Buches stehen zahlreiche Mnemotechniken im Mittelpunkt, die Ihnen helfen können, abstrakte Informationen in einprägsame Bilder, Geschichten oder Merksätze umzuwandeln, die sich deutlich besser aus dem Langzeitspeicher abrufen lassen als die ursprünglichen Daten.

Zunächst geht es um die effektive Vorbereitung von schriftlichen oder mündlichen Prüfungen, den Einsatz von Reimen und Merksprüchen beim Lernen und

um die Frage, wie es Ihnen gelingen kann, eine freie Rede ohne äußere Hilfsmittel wie einen Notizzettel zu bewältigen. Die Methode zur Verankerung der Argumente eines Vortrags in der richtigen Reihenfolge, die sogenannte Loci-Technik, wurde bereits in der Antike entwickelt, und sie lässt sich auch auf andere Erinnerungsbereiche übertragen.

Danach stelle ich einige Assoziationsansätze vor, die es Ihnen erleichtern, sich eine neue Fremdsprache zu erschließen oder Ihre Fremdsprachenkenntnisse weiter auszubauen. Ein weiteres Kapitel beschreibt Mnemotechniken, die dabei helfen, kürzere oder längere Zahlenreihen über bildliche und verbale Eselsbrücken im Langzeitgedächtnis zu speichern. Zu solchen Ziffernkombinationen gehören unter anderem Telefon- oder Kontonummern, Geheimzahlen und persönliche Daten wie Geburtstage oder andere Jubiläen.

Ein letzter Abschnitt befasst sich mit den Tricks von Gedächtnisakrobaten, die in Wettbewerben gegeneinander antreten. Obwohl solche Erinnerungskünstler erstaunliche Leistungen zeigen, beruhen ihre Methoden oft auf den gleichen Mnemotechniken, die ich Ihnen in diesem Buch beschreibe.

Teil V: Der Top-Ten-Teil

Wie in jedem ... *für Dummies*-Band finden Sie in diesem Teil mehrere nützliche Listen, die wichtige Aspekte des Buches zusammenfassen. Dazu gehört ein Abschnitt, in dem ich einige populäre, aber falsche Vermutungen zum Thema Gedächtnis den wissenschaftlichen Fakten gegenüberstelle. Danach beschreibe ich mehrere kurze Konzentrations- und Entspannungsübungen zur Erholung Ihrer Erinnerungsfähigkeiten und stelle Ihnen die wichtigsten Prinzipien der verschiedenen Mnemotechniken vor.

Symbole, die in diesem Buch verwendet werden

Das Symbol »Wichtig« weist auf zentrale Informationen hin, von Erläuterungen zu den Fragebögen, die ich Ihnen vorstelle, bis zu bestimmten Varianten von Erinnerungsübungen, die möglicherweise besser auf Sie zugeschnitten sind als die übliche Vorgehensweise.

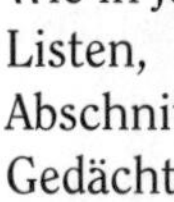

Das Symbol »Tipp« bezieht sich auf praxisorientierte Hinweise und Ratschläge, die Ihnen das Erforschen und Trainieren Ihres Gedächtnisses erleichtern können.

Mit dem Symbol »Übung« sind kleinere Trainingsaufgaben markiert. Längere Übungen, die etwas mehr Vorbereitung erfordern, werden zudem mit grau unterlegten Kästen versehen.

Das Symbol »Vorsicht« weist auf problematische Aspekte zum Thema Erinnerung und auf mögliche Nebenwirkungen hin, die mit bestimmten Übungen einhergehen können.

Dieses Symbol bedeutet »Wissenschaftlicher Kram«. In den meisten Fällen markiert es Theorien und Forschungsergebnisse, die beim Thema Gedächtnis eine wichtige Rolle spielen.

Mit dem Symbol »Erinnerung« sind Erläuterungen gekennzeichnet, die ich bereits in einem früheren Abschnitt dargestellt habe und die ich aus Verständnisgründen noch einmal erwähne.

Wie es weitergeht

Wenn Sie Lust haben, können Sie dieses Buch von vorn bis hinten durchlesen, oder Sie fangen mit einem Kapitel an, das Sie besonders interessiert. Außerdem lässt sich *Ein besseres Gedächtnis für Dummies* auch als Nachschlagewerk nutzen.

Hoffentlich können Sie von der einen oder anderen Übung profitieren und interessante Erkenntnisse gewinnen. Ich würde mich sehr freuen, wenn es mir gelänge, Ihnen einen Teil meiner Faszination für das Thema Mensch und Erinnerung bei der Lektüre dieses Buches zu vermitteln.

Teil I

Erinnern, Speichern, Ordnen, Vergessen: Gedächtnisfunktionen

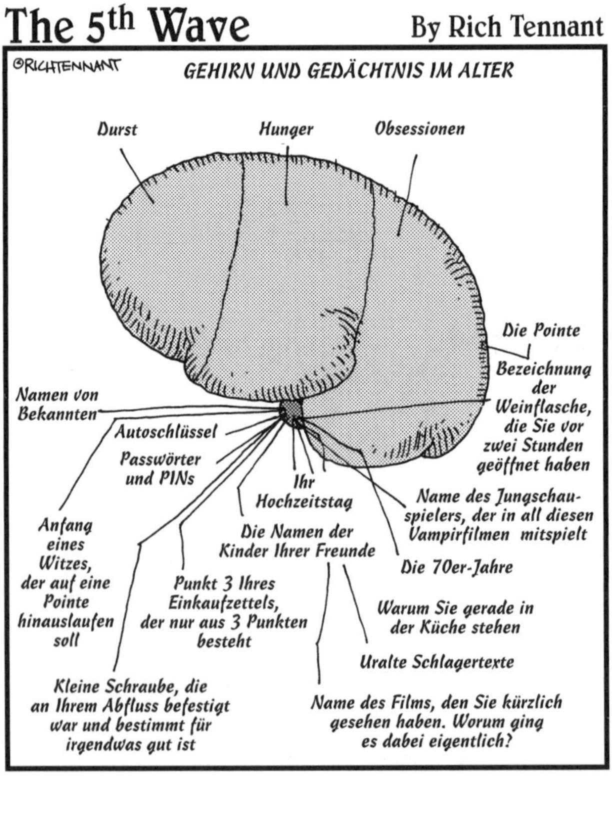

In diesem Teil ...

beschreibe ich Ihnen die wichtigsten Prinzipien von Techniken zur Stärkung des Gedächtnisses. Danach geht es darum, was Sie tatsächlich von Ihrem Gedächtnis erwarten können und welche Hoffnungen weniger realistisch erscheinen. Ein weiterer Abschnitt befasst sich mit der Frage, wie sich die menschliche Erinnerung in der Anpassung an bestimmte Umweltbedingungen entwickelt hat, warum das Gedächtnis, im Gegensatz zu Computern, wichtige Erfahrungen anders behandelt als unwichtige, und was sich daraus ableiten lässt, wenn Sie Ihr Gedächtnis gezielt ausbauen wollen. Neben verschiedenen Übungen ergänzt ein Fragebogen zur Selbsteinschätzung diesen Teil.

Erinnerung und Gedächtnistraining

1

In diesem Kapitel

- Wie die menschliche Erinnerung funktioniert
- Grundprinzipien von Methoden zur Verbesserung der Gedächtnisfunktionen
- Realistische und weniger realistische Hoffnungen: Was Sie von Ihren Erinnerungsleistungen erwarten können
- Fragebogen zur Selbsteinschätzung

Zunächst stelle ich Ihnen die wichtigsten Prinzipien vor, nach denen sich die menschliche Erinnerung richtet, einschließlich der Grundlagen, auf denen fast alle Techniken zur Stärkung des Gedächtnisses basieren.

Anschließend geht es um mehr oder weniger angemessene Erwartungen an das eigene Erinnerungsvermögen und um die Veränderungen der Gedächtnisleistungen, abhängig vom wachsenden Lebensalter. Ein Fragebogen, durch den Sie herausfinden können, wie Sie bei Alltagserinnerungen im Vergleich zum Durchschnitt der Bevölkerung abschneiden, schließt das Kapitel ab.

Wie das Gedächtnis funktioniert

Der Begriff »Gedächtnis«, eigentlich eine Zusammenfassung von unterschiedlichen Funktionen, bezeichnet die Fähigkeit von Lebewesen mit einem Nervensystem, Informationen aufzunehmen, sie zu speichern und bei Bedarf wieder abzurufen.

Während dieser Vorgänge, die beim Menschen und bei höher entwickelten Tieren hauptsächlich das Gehirn betreffen, verändern sich Nervenleistungen und Nervenstrukturen vorübergehend oder dauerhaft, abhängig davon, wie lange eine bestimmte Erinnerung verfügbar ist und wie oft sie genutzt wird.

Bei allen Gedächtnisleistungen arbeiten zahlreiche Gehirnfunktionen zusammen:

- ✔ Der erste und früheste zeitabhängige Verarbeitungsbereich wird sensorisches Gedächtnis (oder Ultrakurzzeitgedächtnis) genannt.

- Die zweite, mittlere Speicherfunktion bezeichnet man als Kurzzeitgedächtnis (oder Arbeitsgedächtnis).
- Der dritte und umfassendste Bereich der Erinnerung ist das Langzeitgedächtnis.

Diese zeitabhängigen Speichervorgänge stelle ich Ihnen ausführlich in Kapitel 3 vor.

Neben bewussten Lernprozessen, etwa beim Einprägen von Vokabeln einer neuen Fremdsprache, spielen bei der Erinnerung auch unbewusste Lernvorgänge eine wichtige Rolle. Etwa wenn motorische Abläufe wie Gehen oder Fahrradfahren im Zentrum stehen, bei denen der Großteil der entsprechenden Vorgänge unbewusst bleibt.

Die menschliche Erinnerung wird von Fachleuten häufig in zwei Systeme mit verschiedenen Funktionen unterteilt. Das sogenannte prozedurale Gedächtnis umfasst praktische Handlungen, die automatisiert ablaufen und zumeist ohne bewusstes Nachdenken auskommen, wozu vor allem die motorischen Fähigkeiten zählen.

Hingegen lassen sich viele Aspekte des deklarativen (erklärenden) Gedächtnisses, auf das sich die meisten Übungen in diesem Buch beziehen, vom Bewusstsein kontrollieren oder zumindest beeinflussen. Zu den Inhalten des deklarativen Gedächtnisses zählen sowohl biografische Erinnerungen als auch das individuelle Wissen und Vermutungen über die Welt.

Grundprinzipien von Methoden zur Verbesserung der Gedächtnisleistungen

Viele Verfahren zur Stärkung der Gedächtnisleistung, die sogenannten Mnemotechniken, bestehen aus Übungen, durch die es gelingen soll, bestimmte Sinneseindrücke erfolgreich zu ordnen und zu strukturieren, um diese Erfahrungen besser zu speichern als bisher und sie bei Bedarf wieder aufrufen zu können.

»Mnemotechnik« ist ein aus dem Altgriechischen abgeleitetes Kunstwort, das sich aus den Begriffen für »Gedächtnis« und »Kunst« zusammensetzt. Wörtlich bedeutet Mnemotechnik also »Gedächtniskunst« und bezeichnet zahlreiche Merkhilfen (oder Eselsbrücken), die vor allem unanschauliche Erinnerungen so »übersetzen«, dass sie sich leichter einprägen und später ohne Probleme abrufen lassen.

Ein Beispiel für eine bewährte Mnemotechnik ist der Merkspruch. Wer sich etwa die Reihenfolge der Planeten unseres Sonnensystems einprägen möchte, kann dabei auf den Satz »**M**ein **V**ater **er**klärt **mi**r **j**eden **S**onntag **u**nseren **N**achthimmel« zurückgreifen – unter der Voraussetzung, dass er die Namen der Planeten bereits kennt. Hier steht jeder Anfangsbuchstabe eines Wortes für einen Himmelskörper, von der Sonne aus betrachtet, nämlich **M**erkur, **V**enus, **E**rde, **M**ars, **J**upiter, **S**aturn, **U**ranus und **N**eptun. (Pluto gilt heutzutage nicht mehr als Planet, sondern nur noch als einer von Tausenden Kleinplaneten am äußeren Rand des Sonnensystems.)

Wie Mnemotechniken funktionieren

Woran liegt es, dass wir uns den Merkspruch häufig besser einprägen können als die Planetenreihenfolge ohne Eselsbrücke?

Ganz einfach: Der Satz ist um einiges anschaulicher als eine zunächst sinnlos erscheinende Reihung von Himmelskörpern. Das menschliche Gedächtnis bevorzugt subjektiv sinnvolle Informationen – selbst wenn es nur darum geht, sich einen Spruch zu merken, dessen Sinn sich erst auf den zweiten Blick erschließt.

Die allermeisten Mnemotechniken machen aus abstrakten Informationen konkrete Inhalte, aus unanschaulichen Daten anschauliche Aussagen (oder, häufiger, Bilder) und aus uninteressantem Wissen kurzweilige Geschichten. Eigentlich neigt unser Gedächtnis dazu, sich hauptsächlich Erfahrungen einzuprägen, die uns bewegen und die uns wichtig sind – eine Folge der evolutionären Entwicklung der Erinnerungsfunktionen, die ich Ihnen in Kapitel 2 näher vorstelle.

Abstraktes Einpauken von allen afrikanischen Hauptstädten, Dutzenden von Dezimalstellen einer Bruchzahl oder eben der Reihenfolge der Planeten unseres Sonnensystems gehört nicht zu den Erfahrungen, für die sich das menschliche Gedächtnis vor Hunderttausenden von Jahren entwickelt hat. Mnemotechniken tricksen also unsere – relative – Unfähigkeit aus, unanschauliche Informationen abzuspeichern und wieder aufzurufen, indem sie diese Sinneseindrücke in anschauliche, konkrete und subjektiv interessante Informationen umwandeln.

Gedächtnistraining: Chancen und Grenzen

Die meisten Mnemotechniken benötigen eine längere Übungsphase, bis die jeweilige Methode sicher etabliert ist und erfolgreich genutzt werden kann. Das

gilt zum Beispiel für Wege, sich abstrakte Zahlenkombinationen durch Veranschaulichung einzuprägen (mehr zu diesem Thema finden Sie in Kapitel 14).

Diese Einschränkung betrifft unter anderem auch den hilfreichen Einsatz von Eselsbrücken beim Erlernen von neuen Vokabeln einer Fremdsprache, die ich in Kapitel 13 näher beschreibe, und den Versuch, sich die Argumente eines Vortrags in der richtigen Reihenfolge mit der sogenannten Methode der Orte (oder Loci-Technik) zu merken (mehr dazu finden Sie in Kapitel 12).

Je spezifischer eine eingeübte Mnemotechnik ist, umso weniger kann das Erlernte auf andere Wissensbereiche übertragen werden. Falls Sie trainiert haben, unbekannte Namen mit Gesichtern zu assoziieren, hilft Ihnen das kaum, wenn es darum geht, sich längere Zahlenkombinationen einzuprägen, etwa Ihre Kontoverbindung. Dieser sogenannte Wissenstransfer ist deutlich wahrscheinlicher, wenn sich die Aufgabenstellungen ähnlich sind. Zum Beispiel falls Sie Eselsbrücken zum Lernen von Vokabeln einer neuen Fremdsprache verwenden und dabei auf Strategien zurückgreifen können, die Sie früher eingesetzt haben, als es darum ging, eine andere Fremdsprache zu erlernen.

Eine Schulung von Aufmerksamkeit und Konzentrationskraft, etwa durch eine Verringerung von inneren Ablenkungsfaktoren – wie Ängsten oder Grübeleien – oder durch einen Rückgang von chronischen Stressempfindungen bei regelmäßiger Entspannung kann Ihnen, anders als viele spezifische Mnemotechniken, dabei helfen, zahlreiche Gedächtnisfunktionen zu stärken. Dazu gehören vor allem das Ordnen, das Einprägen und der gezielte Abruf von Informationen, die Sie sich merken wollen. Mehr zum Thema Entspannungsübungen lesen Sie in Kapitel 7; die Verringerung von inneren und äußeren Ablenkungen stelle ich Ihnen in Kapitel 6 vor.

Außerdem unterstützt Sie das Training von Aufmerksamkeit und Konzentration dabei, Erinnerungsübungsmethoden zu erlernen und anzuwenden, zum Beispiel die Verknüpfung von beruflichen Terminen mit den passenden Orten und Personen, ohne auf einen Kalender oder einen Computer zurückzugreifen. Mehr zum Thema Gedächtnistraining im Arbeitsleben finden Sie in Kapitel 10. Auch wenn Sie darin geübt sind, sich neue Wissensbereiche erfolgreich anzueignen – Stichwort »das Lernen lernen« –; und wenn es Ihnen gelingt, sich Ihren Aufgaben in den meisten Fällen mit Freude und Motivation zuzuwenden, helfen Ihnen diese Kompetenzen sehr, wenn es darum geht, bestimmte Gedächtnisfunktionen gezielt zu stärken.

Was Sie von Ihrem Gedächtnis erwarten können

Viele Erinnerungsleistungen lassen sich durch Training verbessern. Aber falls Ihnen ein Ratgeber oder ein mehr oder weniger kostenintensives Seminar verspricht, in Zukunft »nichts mehr zu vergessen« oder »Übungen fürs perfekte Gedächtnis« zu erlernen, sind solche Aussagen im höchsten Maße unseriös.

Stellen Sie sich nur einmal vor, Sie würden tatsächlich nie wieder etwas vergessen. Dann hätten Sie Ihr ganzes Leben lang in Erinnerung, was Sie heute beim Frühstück gegessen haben, welche Farbe die Zahnbürste hat, die Sie gerade benutzen, und wie das Auto aussah, das heute vor Ihnen im Stau stand. Ihr Gedächtnis wäre mit unzähligen überflüssigen Informationen überfrachtet, und es würde Ihnen sehr schwerfallen, Wichtiges von Unwichtigem zu trennen.

Übrigens sind das keine rein theoretischen Überlegungen. Es gibt tatsächlich einige Menschen, die sich in bestimmten Bereichen an so gut wie alles erinnern können, was ihnen widerfährt. Bei manchen Betroffenen geht es hierbei um das biografische Gedächtnis, andere lernen alles auswendig, was sie jemals gelesen haben, ohne sich dabei im Entferntesten anzustrengen, oder sie beherrschen eine neue Fremdsprache in wenigen Wochen.

So eindrucksvoll solche Extremleistungen auch erscheinen mögen, sie haben einen erheblichen Preis, eben die Unfähigkeit, wichtige Informationen von unwichtigen zu unterscheiden.

Wichtiges und Unwichtiges zu trennen ist der Hauptgrund dafür, warum unser Gedächtnis normalerweise gewisse Sinneseindrücke auswählt, um sie abzuspeichern, und andere ignoriert oder schnell vergisst. Es orientiert sich dabei vor allem an den Gefühlen, die mit einer Erfahrung verbunden sind: Starke Emotionen stehen für – subjektiv oder objektiv – bedeutsame Ereignisse und sollten deshalb in Zukunft bevorzugt erinnert werden, während Erlebnisse, die mit wenig ausgeprägten Gefühlen einhergehen, vergleichsweise unwichtig sind und deshalb oft vergessen werden. Mehr zu diesem Thema finden Sie in Kapitel 5.

Die allermeisten Mnemotechniken beruhen auf dem Prinzip, aus langweiligen Daten, die wir uns normalerweise kaum merken können, interessante und kurzweilige Inhalte zu machen, die sich dann um ein Vielfaches besser einprägen lassen.

Etwa wenn ein Fußballfan die vierstellige PIN-Zahlenkombination seiner EC-Karte, zum Beispiel **7498**, in zwei »Jahreszahlen« des 20. Jahrhunderts umwan-

delt und sich die Geheimnummer merkt, indem er an die gewonnene Weltmeisterschaft von '74 und den Titel des Deutschen Meisters von '98 (FC Kaiserslautern, direkt nach dem Aufstieg aus der Zweiten Bundesliga) denkt. So hat der Fußballfan aus vier bedeutungslosen Ziffern zwei subjektiv bedeutsame Ereignisse gemacht, nämlich »gewonnene Fußballmeisterschaft im eigenen Land« (**74**), gefolgt von »Meisterschale unmittelbar nach dem Wiederaufstieg in die Erste Liga« (**98**).

Bei allen Gedächtnisübungen in diesem Buch sollten Sie berücksichtigen, dass es im Allgemeinen deutlich einfacher ist, die eigenen Stärken auszubauen als die Schwächen zu verringern. Schwächen erfolgreich auszugleichen, ob bei der Erinnerung oder in anderen Bereichen, die das Lernen betreffen, dauert häufig länger und bedarf größerer Anstrengungen. Andererseits können Sie besonders stolz auf sich sein, wenn es Ihnen irgendwann gelingt, sich neue Gesichter und Namen etwas besser einzuprägen, falls diese Fähigkeit nicht zu Ihren Stärken zählt.

Mnemotechniken zum Merken abstrakter, unanschaulicher oder langweiliger Informationen, etwa das Einprägen der Einkäufe ohne Zettel oder das Abspeichern langer Zahlenkolonnen, sind durchaus wirksam, sobald Sie die entsprechende Methode hinreichend geübt und angewandt haben.

Doch bei weitergehenden Ansprüchen, zum Beispiel wenn Sie vorhaben, sich in ein neues Wissensgebiet einzuarbeiten, oder eine Prüfung vorbereiten, führt kein Weg an verstehendem, interessegeleitetem Lernen vorbei. In dem Buch, das Sie gerade lesen, wird das an vielen Stellen berücksichtigt – schließlich haben nur wenige Männer und Frauen das Ziel, eine »Gedächtnisweltmeisterschaft« zu gewinnen, indem sie ohne Hilfsmittel mindestens 67.891 Nachkommastellen der Kreiszahl Pi fehlerfrei vortragen (der offizielle Weltrekord liegt derzeit bei 67.890 Ziffern, ein inoffizieller sogar bei etwa 100.000 Stellen).

Das Gedächtnis ist kein Computer

Wenn man von wenigen Dutzend Menschen absieht, die, oft als Folge eines Unfalls oder anderer neurologisch-psychologischer Auffälligkeiten, in manchen Bereichen über ein fast perfektes Gedächtnis verfügen, entspricht unser Erinnerungsvermögen weder den Speicherfunktionen eines Computers noch den Abbildungsfähigkeiten einer Filmkamera – egal wie intensiv Sie Ihr Gedächtnis trainieren.

Bei vielen Abrufvorgängen aus der Erinnerung werden bestimmte Inhalte selektiv verstärkt oder abgeschwächt, anders interpretiert oder »überschrieben«, häu-

fig bedingt durch neue Erfahrungen oder Bewertungen, die der Betroffene mehr oder weniger bewusst in seine Gedächtnisinhalte eingliedert.

Mit der Zeit sind zumeist die Details einer Erinnerung kaum noch verfügbar, und auch die Aussagen anderer Menschen zu einem bestimmten Ereignis können das Gedächtnis beeinflussen – etwa wenn jemand fest davon ausgeht, er erinnere sich an eine frühe Kindheitserfahrung, obwohl ihm die entsprechende Anekdote bloß mehrmals von seiner Mutter erzählt worden war.

Auch bei subjektiv oder objektiv wichtigen Erlebnissen, die das Erinnerungsvermögen eigentlich bevorzugt abspeichert, kann es zu teilweise erheblichen Veränderungen der Wirklichkeit kommen, mit und ohne Gedächtnistraining.

Das lässt sich häufig beobachten, wenn mehrere Zeugen einer Straftat vor Gericht aussagen und sich die durchaus aufrichtig geschilderten Erinnerungen mitunter ausschließen. Starke emotionale Berührung, die ja im Normalfall eine hervorragende Grundlage für langfristiges Abspeichern ist, führt anscheinend auch dazu, dass bestimmte Aspekte im Vordergrund stehen, oft durch Gefühle verzerrt, und andere abgeschwächt oder gänzlich ignoriert werden.

Hinzu kommt die Neigung vieler Menschen, peinliche oder unangenehme Erinnerungen, die ihrem Selbstbild widersprechen, auszublenden oder so »umzuformulieren«, dass sie gut dabei wegkommen – jedenfalls besser als ohne Verdrängungsleistungen. Mehr zu diesem Thema finden Sie in Kapitel 3.

Erinnerungsleistungen in jungen Jahren und im höheren Lebensalter

Lange gingen Wissenschaftler davon aus, dass die Entwicklung des Gehirns, Grundlage für alle Gedächtnisleistungen, mit dem Ende der Pubertät im Wesentlichen abgeschlossen sei. Nur die Gehirne von Kindern verfügten über die sogenannte Plastizität, die es zum Beispiel ermöglicht, dass nach einem Unfall mit Gehirnschaden in jungen Jahren Funktionen zerstörter neurologischer Bereiche von anderen Teilen übernommen werden. Dass das zentrale Nervensystem von Kindern besonders flexibel ist und sich auf viele Veränderungen umstellen kann, gilt noch heute. Doch inzwischen hat sich herausgestellt, dass auch die Plastizität des Gehirns bei Erwachsenen keineswegs unterschätzt werden sollte.

- ✔ Bei Londoner Taxifahrern, deren Laufbahn ja im Allgemeinen nicht vor der Pubertät begonnen hat, sind die Hirnstrukturen, die hauptsächlich zur

räumlichen Orientierung dienen, umso stärker ausgeprägt, je länger sie als Fahrer arbeiten.

- Auch wenn jemand im höheren Erwachsenenalter beschließt, das Spielen eines Instruments zu erlernen, vergrößert das mit der Zeit die Gehirnareale, die beim Musizieren aktiviert werden.

Grundsätzlich bleibt die körperliche Grundlage der Erinnerungsfunktionen bis ins hohe Alter relativ flexibel, obwohl sich die Gedächtnisleistungen ungefähr ab dem Alter von dreißig verringern. Die mit den Jahren zurückgehende Geschwindigkeit der Speicher- und Abrufvorgänge kann oft lange durch den Zuwachs an Weltwissen und anderen mentalen Fähigkeiten, über die ein Erwachsener im Vergleich zu Kindern verfügt, ausgeglichen werden. Gezielte Übungen zur Stärkung des Gedächtnisses, Interesse an der Welt und der regelmäßige Austausch mit anderen Menschen sind ein gutes Mittel, um auch als Senior geistig fit zu bleiben.

Statt zum Beispiel ein Kreuzworträtsel nach dem anderen zu lösen, empfiehlt es sich, immer wieder unterschiedliche Aufgaben anzugehen, die am besten Freude machen und den eigenen Interessen entsprechen sollten. Routinen und alte Gewohnheiten, so wichtig sie auch im Leben sind, beanspruchen unsere Erinnerungsfunktionen kaum. Anders als Abwechslung, innere und äußere Beweglichkeit und jede neue Herausforderung, die sich tatsächlich umsetzen lässt.

Experten raten dazu, dass jemand, der bemerkt, dass seine Erinnerungsleistungen langsam nachlassen, damit anfangen sollte, sein Gedächtnis systematisch zu trainieren, am besten täglich. Sie könnten Ihre Tageszeitung gelegentlich anders lesen, indem Sie sie verkehrt herum in den Händen halten, oder Ihre Einkäufe, bevor Sie die Kasse erreichen, im Kopf zusammenrechnen – der Einfachheit halber zunächst ohne sogenannte Schwellenpreise, also »1 Euro« statt »98 Cent«.

Falls Sie gerne Kreuzworträtsel lösen und Sie dieses Hobby inzwischen nicht mehr wirklich herausfordert: Warum probieren Sie es nicht einmal mit einem Sudoku, einem Zahlenpuzzle, bei dem es darum geht, die Leerstellen von Quadraten, Blöcken mit jeweils 3 mal 3 Feldern, so mit Ziffern von 1 bis 9 auszufüllen, dass in jeder Zeile, in jeder Spalte und in jedem Block alle Zahlen von 1 bis 9 immer nur einmal vorkommen. Einige Ziffern sind bereits vorgegeben, die anderen werden ausgefüllt.

Manche Spiele stärken nicht nur die Konzentrationsfähigkeit, sondern auch andere Bereiche, die sich positiv auf die Gedächtnisleistungen auswirken.

- ✔ Schach zum Beispiel fördert neben dem räumlichen Vorstellungsvermögen auch das strategische und analytische Denken.
- ✔ Memory unterstützt Sie bei der Orientierung und bei bildhaften Erinnerungsleistungen.
- ✔ Wenn Sie Freude daran haben, Fernseh-Quizsendungen wie »Wer wird Millionär?« mitzuspielen, aktiviert das viele Bereiche Ihres Langzeitgedächtnisses im Wissensbereich.

Welcher neuen Erinnerungsherausforderung auch immer Sie sich gerne stellen wollen: Berücksichtigen Sie Ihre persönlichen Interessen, nehmen Sie sich nicht zu schnell zu viel vor und setzen Sie eher auf Regelmäßigkeit, moderate zeitliche Ansprüche und auf zwei oder drei spannende Ideen als auf zahlreiche Aufgaben am Tag, die Sie wahrscheinlich bald überfordern würden. Auch bei den Übungen in diesem Buch ist es sinnvoll, immer wieder zwischen unterschiedlichen Bereichen, die die verschiedenen Gedächtnisfunktionen beanspruchen, hin- und herzuwechseln, jedoch möglichst ohne Ansprüche auf Höchstleistungen oder eine perfektionistische Grundhaltung.

Ein Fragebogen zur Selbsteinschätzung

Wenn Sie wissen wollen, wie Ihr Gedächtnis verglichen mit einer repräsentativen Bevölkerungsstichprobe abschneidet, können Sie sich ein bisschen Zeit nehmen und den folgenden Selbsteinschätzungsfragebogen durchgehen. Am besten mit einem Stift und einem Zettel, auf den Sie zu jeder durchnummerierten Aussage eine Zahl von 1 bis 9 schreiben.

- ✔ »1« steht hierbei für »Das ist mir in den letzten sechs Monaten kein einziges Mal passiert«.
- ✔ »2« bedeutet »Das habe ich im letzten halben Jahr etwa einmal erlebt«.
- ✔ »3« heißt »Das ist mir in den letzten sechs Monaten mehr als einmal passiert, aber seltener als einmal pro Monat«.
- ✔ »4« steht für »Das erlebe ich ungefähr einmal im Monat«.
- ✔ »5« bedeutet »Das passiert mir häufiger als einmal monatlich, aber seltener als einmal pro Woche«.
- ✔ »6« heißt »Das erlebe ich etwa einmal in der Woche«.
- ✔ »7« steht für »Das passiert mir häufiger als einmal pro Woche, aber seltener als einmal täglich«.

- ✔ »8« bedeutet »Das erlebe ich ungefähr einmal am Tag«.
- ✔ »9« heißt »Das passiert mir mehrmals täglich«.

Die Auswertung Ihrer Testergebnisse finden Sie im Anschluss an die 27 Aussagen dieses Fragebogens, der in den 1970er-Jahren von amerikanischen Psychologen entwickelt und von mir etwas umformuliert wurde. Die Durchschnittswerte, die ich Ihnen nach dem Test vorstelle, stammen von Personen aller Altersgruppen und beiderlei Geschlechts, die diese Fragen an einem psychologischen Institut der britischen Universität Cambridge beantwortet haben.

Der Test enthält ausschließlich Fehlleistungen des Gedächtnisses, die in vielen Lebenssituationen auftreten können. Um die Vergleichbarkeit mit der repräsentativen Stichprobe der Universität Cambridge zu gewährleisten, habe ich beschlossen, keine Fragen zu den Erinnerungsstärken hinzuzufügen. Ihre persönlichen Kompetenzen im Gedächtnisbereich können Sie in Kapitel 8 näher erkunden.

Der Gedächtnistest

Die 27 Aussagen dieser Liste beschreiben hauptsächlich Erinnerungsfehlleistungen, die bei jedem Menschen zeitweilig vorkommen, einige häufiger, andere seltener. Wie oft haben Sie diese Gedächtnisschwächen in der letzten Zeit bei sich selbst beobachtet?

1. Es fällt mir schwer, Orte zu erkennen, an denen ich nach den Aussagen anderer Menschen schon einige Male war.
2. Ich vergesse, wo ich etwas abgelegt habe, oder verliere Gegenstände in meiner Wohnung.
3. Ich folge irrtümlich meinen früheren Alltagsroutinen, nachdem es zu Änderungen meiner Gewohnheiten gekommen ist, zum Beispiel wenn etwas inzwischen an einem anderen Ort aufbewahrt wird oder zu einem anderen Zeitpunkt geschieht als bisher.
4. Es fällt mir schwer, einer Fernsehsendung zu folgen.
5. Ich vergesse, wann etwas passiert ist, zum Beispiel ob es gestern oder in der letzten Woche geschah.
6. Ich muss prüfen, ob ich etwas tatsächlich erledigt habe, das ich mir vorgenommen hatte.

7. Mir fällt etwas nicht mehr ein, das man mir gestern oder vor einigen Tagen mitgeteilt hat, und ich muss eventuell daran erinnert werden.
8. Ich vergesse, einen Gegenstand mitzunehmen, oder lasse etwas liegen und muss zu meinem früheren Aufenthaltsort zurückgehen, um es abzuholen.
9. Bei Gesprächen bemerke ich nicht, dass ich vom Thema abgekommen bin.
10. Ich fange an, etwas zu lesen, zum Beispiel ein Buch oder eine Zeitschrift, und stelle erst später fest, dass ich es schon einmal gelesen habe.
11. Es fällt mir schwer, mir neue Fertigkeiten zu erschließen, nachdem ich sie ein- oder zweimal geübt habe, etwa die Regeln eines unbekannten Spiels oder die Bedienung eines neuen technischen Geräts.
12. Nahe Verwandte oder Bekannte, die ich oft sehe, erkenne ich nicht auf den ersten Blick.
13. Ich vergesse, etwas zu tun, das ich jemandem versprochen oder selbst geplant habe.
14. Ein Wort liegt mir »auf der Zunge«. Obwohl ich weiß, worum es geht, fällt mir der Begriff längere Zeit nicht ein.
15. Bei Unterhaltungen vergesse ich, was ich soeben gesagt habe, und frage eventuell bei meinem Gesprächspartner nach.
16. Wichtige Einzelheiten der Ereignisse oder Aktivitäten des Vortags fallen mir nicht mehr ein.
17. Ich nehme mir vor, jemandem etwas Bedeutsames mitzuteilen oder ihn an etwas zu erinnern, und vergesse es dann.
18. Es fällt mir schwer, dem Inhalt eines Artikels einer Zeitung oder Zeitschrift zu folgen, und ich verliere den roten Faden.
19. Ich bringe Details, die mir jemand erzählt hat, durcheinander.
20. Ich vergesse bedeutsame persönliche Daten, etwa mein Geburtsdatum oder meine Postanschrift.
21. An Einzelheiten von Aktivitäten, mit denen ich mich regelmäßig beschäftige, erinnere ich mich nicht mehr, zum Beispiel an bestimmte Arbeitsprozesse oder deren zeitlichen Verlauf.

22. Ich erzähle einem Angehörigen oder einem Bekannten versehentlich einen Witz oder eine Geschichte, die ich ihm schon einmal erzählt habe.
23. Ich vergesse, wo ich Gegenstände normalerweise aufbewahre, oder suche sie an einem falschen Ort.
24. Ich bemerke, dass mir die Gesichter von berühmten Personen, die mir eigentlich bekannt sind, fremd erscheinen, zum Beispiel auf Fotos oder im Fernsehen.
25. Wenn ich mit einem Fahrzeug oder zu Fuß in einer Gegend oder einem Gebäude unterwegs bin, wo ich schon häufig war, verirre ich mich oder bewege mich in die falsche Richtung.
26. Ich wiederhole versehentlich etwas, was ich gerade zu jemandem gesagt habe, oder ich stelle ihm unabsichtlich zweimal die gleiche Frage.
27. Aus Versehen führe ich eine Routineaufgabe mehrfach durch, zum Beispiel indem ich mir die Zähne putze oder das Gesicht wasche, obwohl ich das gerade schon getan habe.

Die Testauswertung

Wenn Sie alle 27 Aussagen des Fragebogens mit Punktwerten von »1« bis »9« versehen haben, abhängig von der Häufigkeit ihres Auftretens, rechnen Sie einfach alle Punkte zusammen. Anschließend können Sie Ihren Punktwert mit dem Durchschnitt der Personen vergleichen, die von der Universität Cambridge getestet wurden und statistisch der Gesamtbevölkerung Großbritanniens entsprechen. Höchstwahrscheinlich lassen sich die Ergebnisse der englischen Untersuchung problemlos auf deutsche Verhältnisse übertragen.

- Ein Gesamtpunktwert zwischen 27 und 58 bedeutet, dass Sie ein überdurchschnittliches Gedächtnis haben.
- Bei einem Punktwert zwischen 59 und 116 liegen Sie, verglichen mit der repräsentativen Stichprobe, im Durchschnittsbereich.
- Ein Gesamtpunktwert zwischen 117 und 243 entspricht einem unterdurchschnittlichen Gedächtnis.

Wenn Sie Lust haben, können Sie diesen Test nach der Lektüre des Buches und nach dem Ausprobieren einiger Übungen, die ich Ihnen in den weiteren Kapiteln vorstellen werde, noch einmal wiederholen und beobachten, ob sich Ihre Selbst-

einschätzung in manchen Fragen, die das Gedächtnis betreffen, vielleicht zum Positiven verändert hat.

Individuelle Stärken und Schwächen bei der Testauswertung erforschen

Obwohl die 27 Aussagen des Fragebogens zur Selbsteinschätzung zum Teil mehrere Aspekte von Erinnerungsleistungen abdecken, habe ich versucht, sie in vier verschiedene Kategorien zu unterteilen, die ich Ihnen nun vorstellen möchte. Anschließend können Sie überprüfen, welche Gedächtnisbereiche eher zu Ihren Stärken gehören und welche Ihnen mehr Schwierigkeiten bereiten.

1. Probleme mit Routinen und anderen Alltagserinnerungen werden in den Aussagen 3, 5, 6, 8, 10, 21, 23 und 27 des Fragebogens beschrieben.
2. Vergesslichkeiten in der Kommunikation mit anderen Menschen spielen bei den Aussagen 7, 9, 12, 13, 14, 15, 17, 19, 22 und 26 eine wichtige Rolle.
3. Schwierigkeiten mit dem räumlichen Orientierungsvermögen stehen im Hintergrund der Aussagen 1, 2 und 25.
4. Erinnerungsbedingte Verständnisprobleme werden in den Aussagen 4, 11, 16, 18, 20 und 24 thematisiert.

Falls es Sie interessiert, können Sie in einem zweiten Auswertungsschritt feststellen, ob Sie zum Beispiel auf dem Gebiet der räumlichen Orientierungsleistungen besser sind als beim Umstellen auf neue Routinen oder ob Sie seltener erinnerungsbedingte Verständnisprobleme bei sich beobachten als Vergesslichkeiten in der Kommunikation mit Ihren Verwandten und Bekannten.

Um Ihre persönlichen Gedächtnisleistungen zu prüfen, rechnen Sie Ihre Punkte in jeder der vier Kategorien des Fragebogens zusammen und ermitteln dann Ihre jeweiligen Durchschnittswerte, indem Sie die Punkte durch die Zahl der Einzelaussagen jeder Kategorie teilen, wobei Sie einen Taschenrechner einsetzen können.

Falls Sie den Bereich der räumlichen Orientierung analysieren wollen und zum Beispiel bei der Aussage Nummer 1 den Punktwert »3« notiert haben, bei der Aussage Nummer 2 den Punktwert »4« und bei der Aussage Nummer 25 den Wert »1«, addieren sich Ihre Punkte bei diesem Gedächtnisaspekt zu 8. 8 geteilt durch 3 – also durch die Anzahl der entsprechenden Aussagen – ist 2,67 und entspricht Ihrem Durchschnittswert in räumlichen Orientierungsfragen.

Anschließend verfahren Sie mit den anderen Kategorien genauso. Sollten Sie etwa bei Problemen mit Routinen und anderen Alltagserinnerungen einen durchschnittlichen Punktwert von 5,63 feststellen, dann gehört das räumliche Orientierungsvermögen eher zu den Stärken Ihres Gedächtnisses als die Umstellung auf neue Gewohnheiten und die Fähigkeit, sich gut an Alltagserfahrungen zu erinnern.

Wie auch beim Gesamttest gilt hier, dass Sie den entsprechenden Bereich umso besser beherrschen, je niedriger der durchschnittliche Punktwert einer Kategorie ausfällt.

Selbstbeobachtung und Fremdeinschätzung vergleichen

Allerdings muss Ihre Selbsteinschätzung bei Fragen, die das Gedächtnis im Alltag prüfen, nicht unbedingt objektiv zutreffen – oder sie gilt nur für die letzten Wochen und Monate.

Zeitweilige Ängste, depressive Verstimmungen und chronische Stressbelastung wirken sich negativ auf das Gedächtnis aus, weil bei Menschen, die häufig grübeln, Konzentrationskraft und Aufmerksamkeit längerfristig zurückgehen. Mehr zu diesem Thema finden Sie in Kapitel 6.

- Wenn Sie dazu neigen, Ihre Fähigkeiten zu überschätzen oder Ihr Licht unter den Scheffel zu stellen, können Sie, nachdem Sie den Gedächtnistest selbst durchgeführt haben, einen Vertrauten auffordern, Ihre Erinnerungsleistungen einzuschätzen.
- Geben Sie ihm den Fragebogen ohne Ihre Bewertungen und bitten Sie ihn, sich bei allen 27 Aussagen zu überlegen, wie Sie jeweils dabei abschneiden könnten.
- Nachdem Ihr Gesprächspartner die Punktwerte, die er bei Ihnen vermutet, zu jeder Frage notiert hat, vergleichen Sie sie mit Ihrer Selbsteinschätzung und sprechen darüber – möglichst ohne verletzt auf die Rückmeldung zu reagieren, denn Sie haben Ihren Freund oder Angehörigen ja um ein ehrliches Feedback gebeten, und dass er den Mut dazu hatte, ist eigentlich ein Ausdruck großen Vertrauens.

Die Grundlagen der Erinnerung

2

In diesem Kapitel

- Gedächtnis und Umweltanpassung
- Warum sich Erinnerungen beeinflussen und manipulieren lassen
- Wichtiges und Unwichtiges, Neuigkeiten und Wiederholungen

Zunächst beschreibe ich, wie sich wichtige Erinnerungsfunktionen entwickelt haben und welche Folgen diese Anpassungsleistungen für das menschliche Gedächtnis hatten. Danach geht es um einige Konsequenzen, die sich aus den Entwicklungsprozessen ableiten lassen, etwa die erhebliche Anfälligkeit unserer Erinnerung für Beeinflussungen durch andere Personen.

Der Sinn vieler vermeintlicher Schwächen unseres Gedächtnisses liegt darin, dass wir uns bevorzugt einprägen, was wir für wichtig halten, und vergessen oder ignorieren, was uns unwichtig vorkommt. Neue und interessante Informationen werden dabei stärker gewichtet und erinnert als Wiederholungen oder langweilige Lebenserfahrungen, was Sie in diesem Kapitel durch einige Übungen erforschen und prüfen können.

Wie sich das Gedächtnis entwickelt hat

Wie alle Aspekte des Lebens haben sich die Erinnerungsfunktionen im Wechselspiel von zufälligen genetischen Veränderungen – den Mutationen des Erbguts – und der Anpassung an unterschiedliche Umweltbedingungen (natürliche Selektion) entwickelt. Dadurch entstehen im Laufe der Zeit auch neue Arten, indem Lebewesen, die ursprünglich zu einer einzigen Gattung gehörten, sich genetisch so weit voneinander entfernen, dass sie miteinander keine fortpflanzungsfähigen Nachkommen mehr zeugen können, was dann zu einer Aufspaltung in verschiedene Arten führt. Das sind einige zentrale Aussagen der Evolutionslehre von Charles Darwin (1809–1882) in einer kurzen Zusammenfassung.

Die allermeisten Zufallsveränderungen bei Erbinformationen, die zum Beispiel durch UV-Strahlung oder durch »Kopierfehler« bei der Weitergabe der Gene an die nächste Generation entstehen können, wirken neutral oder negativ, was die Überlebensfähigkeiten eines Organismus betrifft. In einigen Fällen entsteht so jedoch ein Anpassungsvorteil,

etwa wenn eine Mutation dazu führt, dass das betroffene Lebewesen besser gegen eine bestimmte Krankheit geschützt ist. Vor allem bei stark veränderlichen Umweltbedingungen, zum Beispiel dem Übergang von einer Savannenlandschaft zu einer Wüste, sind manche Träger von neuen Erbinformationen im Vorteil, verglichen mit der Normvariante, wenn sie zufällig besser an den Wandel angepasst sind als die »Stammbelegschaft«.

Von einfachen zu komplexen Erinnerungen

Weshalb sich Gedächtnisfunktionen im Verlauf der Evolutionsgeschichte durchgesetzt und fortwährend strukturell verbessert haben, liegt auf der Hand: Ein Tier, zu dessen genetisch gesteuertem Instinktverhalten die Fähigkeit zählt, sich Futter – oder einem potenziellen Geschlechtspartner – anzunähern und vor Feinden zu fliehen, hat vergleichsweise gute Überlebenschancen. Diese Kompetenzen, also gezielte Bewegungen eines Organismus, abhängig von bestimmten Außenreizen, haben bereits Einzeller und einfache vielzellige Tiere. Sie bilden die Grundlage der einfachsten »Erinnerungsvorgänge« – selbst wenn diese Fähigkeiten, anders als beim Menschen, nichts mit individuellen Lernprozessen zu tun haben.

Mehr oder weniger gezielte Bewegungen, Reflexe und instinktives Angriffs- oder Fluchtverhalten sind also evolutionsgeschichtlich entstanden, weil sie die Chancen der unterschiedlichen Lebewesen deutlich verbesserten, ihre Gene erfolgreich an die nächste Generation weiterzugeben: Eine Stubenfliege, die »weiß«, dass sie bei schnellen Annäherungsbewegungen sofort wegschwirren muss, wird seltener gefressen; eine Spinne, die ihr Opfer nicht orten kann, das gerade im Netz zappelt, verhungert. Doch schon Gliederfüßer, wozu unter anderem Insekten und Spinnentiere gehören, sind – wenn auch in sehr begrenztem Maße – fähig, aus ihren Lebenserfahrungen zu lernen, statt sich ausschließlich auf die ererbten Instinkte verlassen zu müssen.

Von Instinkthandlungen zum individuellen Lernen

Lernvorgänge, die bei Wirbeltieren, also Fischen, Amphibien, Reptilien, Vögeln und Säugern, eine zunehmend wichtigere Rolle spielen, gelten als entscheidender Entwicklungsschritt der Gedächtnisfunktionen auf dem Weg zur Evolution des Menschen.

Da Säugetiere in ihrer Kindheit durch Nachahmung von Verhaltensweisen viel von ihren Eltern und Geschwistern lernen, sind bei ihnen die Fähigkeiten besonders stark ausgeprägt, sich bestimmte Kenntnisse und Handlungsabläufe zu merken und sie bei Bedarf wieder aus der Erinnerung abzurufen. Das individuelle Gedächtnis ist auf dieser evolutionären Stufe ein entscheidender Faktor, der die Überlebenswahrscheinlichkeit der Mitglieder einer Art beeinflusst. Es wäre ohne eine erhebliche Weiterentwicklung des Gehirns, wenn man es mit dem Nervensystem primitiverer Tiere vergleicht, nicht vorstellbar.

Bei den Primaten, zu denen auch der Mensch gehört, kommt zu den angeborenen Reflexen und Instinkten, deren Bedeutung zurückgeht, und den individuellen Lernvorgängen das Denken hinzu – wenn auch zunächst in einfacher Form. Unter »Denken« verstehen Wissenschaftler die aktive, verstandesmäßige und ordnende Verarbeitung von Informationen, um Bedeutungen zu erkennen, Entscheidungen zu treffen und Probleme zu lösen. Hierzu zählt der Gebrauch eines Stocks bei wild lebenden Schimpansen, um leckere Termiten aus ihrem Bau zu angeln.

Erst auf dieser Entwicklungsstufe können sich Tiere – und wir Menschen – wirklich in die Gefühlswelt anderer Mitglieder ihrer Art hineinversetzen. Im Großhirn von Primaten, das wurde erst im Jahr 1995 entdeckt, gibt es sogenannte Spiegelneuronen, Nervenzellen, die bei der Betrachtung eines Vorgangs oder eines handelnden Artgenossen die gleichen Reize auslösen, die dabei entstehen, wenn der Betreffende diese Verhaltensweisen selbst ausführen würde.

Viele Forscher gehen davon aus, dass es diese Spiegelneuronen erheblich erleichtern, sich in jemand anderen hineinzuversetzen und dessen Handlungen nachzuahmen oder vorauszusehen. Zum Beispiel imitieren Makaken, Altweltaffen, die uns evolutionär deutlich ferner stehen als Schimpansen, schon kurz nach ihrer Geburt den Gesichtsausdruck eines Menschen, der sie im Arm hält, etwa indem sie ebenfalls die Zunge herausstrecken.

Gegenseitiges Nachahmen ist eine wichtige Grundlage für individuelle Kommunikationsleistungen, die beim Menschen vor einigen Zehntausend Jahren entscheidend zur Entstehung gemeinschaftlicher Kulturen beigetragen haben dürften und ohne höhere Gedächtnisfunktionen unvorstellbar wären.

Die Evolutionsgeschichte benötigte über 650 Millionen Jahre, um aus den primitiven Nervensystemen einfacher Tiere das enorm komplexe Gehirn des Menschen entstehen zu lassen, das heute als komplizierteste Struktur gilt, die wir kennen, einschließlich aller Maschinen. Es

besteht aus etwa 100 Milliarden Nervenzellen (Neuronen), die über ungefähr 100 Billionen Kontaktstellen (Synapsen) miteinander verbunden sind – das ist eine 1 mit 14 Nullen.

Vor allem das sogenannte Vorderhirn, aus dem sich beim Menschen die vielfach gefaltete Großhirnrinde entwickelte, hat sich bei Wirbeltieren ständig erweitert, um den Anforderungen der Umwelt gerecht zu werden. Über den stammesgeschichtlich jüngsten Teil der Großhirnrinde, den sogenannten Neocortex, verfügen nur Säugetiere. Er integriert alle Sinneseindrücke zu einem sinnvollen Ganzen und erlaubt es, sich Informationen längere Zeit zu merken, um mit mehr oder weniger angemessenen Verhaltensmustern auf Umwelteinflüsse zu reagieren. Beim Menschen ist dieser Bereich besonders stark ausgeprägt, was seine Bedeutsamkeit für das Gedächtnis und für höhere Denkfunktionen unterstreicht.

Wenn sich ein Mensch bewusst oder unbewusst mit Informationen aus der Außen- oder Innenwelt beschäftigt, werden Sinneseindrücke und Erinnerungen in verschiedenen Bereichen des Gehirns verarbeitet, indem die Nervenzellen (oder Neuronen) elektrochemische Reize weiterleiten. Sie »feuern« und übertragen dabei chemische Botenstoffe, die sogenannten Neurotransmitter, an benachbarte Neuronen.

Hierbei entstehen zwischen den Nervenzellen neue Verbindungen (Synapsen), zunächst vorläufig. Wenn das Gelernte langfristig im Gedächtnis behalten wird, entwickeln sich aus diesen Kontaktstellen dauerhafte Verknüpfungen. Intensives Üben beschleunigt die Übertragung von neuen Eindrücken in das Langzeitgedächtnis, das im Neocortex angesiedelt ist, also dem evolutionsgeschichtlich jüngsten Bereich der Großhirnrinde.

Die Entwicklung der Gedächtnisfunktionen nach der Geburt

Das Gehirn eines Neugeborenen besteht bereits aus ähnlich vielen Nervenzellen wie das eines Erwachsenen, die aber noch kleiner und deutlich weniger miteinander vernetzt sind. Die meisten synaptischen Verknüpfungen zwischen den Neuronen, die einen Großteil der Leistungsfähigkeit des Gehirns ausmachen, entstehen erst nach der Geburt, abhängig von der jeweiligen Umgebung und vom Austausch mit anderen Personen.

Das Gehirn eines Neugeborenen scheint in seinen Entwicklungschancen relativ frei zu sein, wenn man es mit den Gehirnen anderer Säugetiere vergleicht, doch zur Entfaltung seiner vielfältigen Fähigkeiten ist es stark auf Außenreize und Anregungen im Kontakt mit der Außenwelt angewiesen.

In den ersten Tagen und Monaten nach der Geburt führt so gut wie jeder Impuls im Austausch mit der Umgebung eines Babys zu einer Vermehrung der Verbindungen (Synapsen) zwischen den Nervenzellen des jungen Gehirns. Im ersten Vierteljahr gilt das vor allem für die Reifung der Sinnesleistungen wie Riechen, Sehen und Hören. Später entstehen neuronale Verknüpfungen, die Bilder, Handlungsmuster, Gedanken und andere Wechselwirkungen im Verhältnis zur äußeren Welt widerspiegeln.

Eine wichtige Voraussetzung für die angemessene Entwicklung des Säuglingsgehirns, einschließlich seiner Gedächtnisleistungen, ist ein hohes Maß an Zuwendung und Zuneigung, das das Baby von seinen Bezugspersonen bekommt – im Normalfall sind das zunächst vor allem die Eltern. Verhaltensweisen wie Lächeln, Streicheln, Wiegen oder zärtliche Worte helfen einem Säugling nicht nur, sich zunehmend sicher und geborgen zu fühlen, sie stärken auch die Vernetzung seines Gehirns.

Wenn die Eltern ein Baby außerdem bewusst oder unbewusst dabei unterstützen, sich Gefühle, Gegenstände, Orte, Bewegungen und Geräusche zu erschließen, ist das eine hervorragende Grundlage für den Aufbau von Vertrauen und für weitere Fortschritte bei der Verknüpfung der Nervenzellen im Säuglingsgehirn.

Echte biografische Erinnerungen an die Kindheit sind ungefähr ab dem Alter von drei Jahren möglich, bei manchen Menschen auch deutlich später. Die entsprechenden Gedächtnisleistungen setzen eine gute Beherrschung der Muttersprache voraus. Erst zwischen zwei und drei Jahren beginnt ein Kind zu begreifen, dass es ein eigenständiges Leben führt, es versteht einige Zusammenhänge seiner Welt und erlernt langsam den Unterschied zwischen Vergangenheit, Gegenwart und Zukunft. Meistens sind die Fähigkeiten des Gehirns, die eigenen Lebenserinnerungen optimal abzuspeichern, erst in der Pubertät vollständig ausgeprägt.

Warum sich Erinnerungen beeinflussen und manipulieren lassen

Viele Erwachsene, die davon ausgehen, dass sie über detaillierte Erinnerungen an ihre frühe Kindheit verfügen, verwechseln manche davon mit Geschichten, die ihnen aus dieser Zeit erzählt wurden, etwa von den Eltern oder von älteren Geschwistern. Solche falschen Gedächtnisinhalte können auch durch Fotos oder Filme entstehen, die jemand betrachtet hat, ohne sich daran zu erinnern. Außerdem neigt unser Gedächtnis dazu, fehlende Informationen zu ergänzen oder sie sogar vollständig zu erfinden, um ein subjektiv sinnvolles, befriedigendes Ganzes daraus zu machen, auch im höheren Lebensalter.

Das liegt unter anderem daran, dass große Teile der menschlichen Erinnerung in der Kommunikation mit der Außenwelt entstehen, angefangen mit der Geburt. Vor allem wenn wir uns mit anderen Personen austauschen, lernen wir etwas, auch über uns selbst. Kinder, die ihren Eltern normalerweise vertrauen, prägen sich dann die Anekdoten, die ihnen immer wieder erzählt werden, genauso ein wie das, was sie aus eigener Erfahrung erlebt haben.

»Echte« und »falsche« Kindheitserinnerungen

Da das Gedächtnis, bei Kleinen und Großen, als Kommunikationsorgan verstanden werden kann, das stets anstrebt, eine schlüssige Erklärung der Welt und der eigenen Person herzustellen, lassen sich »echte« und »falsche« Erinnerungen häufig kaum oder gar nicht unterscheiden. Außerdem verfügt unser Erinnerungsvermögen nur über sehr begrenzte Fähigkeiten, subjektive und objektive Informationen, Fantasien und Wirklichkeiten zu trennen.

Die Schwierigkeiten, zwischen eigenen Erlebnissen und den Berichten anderer Menschen zu differenzieren, hängen mit der Funktionsweise der sogenannten Spiegelneuronen in Primatengehirnen zusammen, an die Sie sich vielleicht erinnern. Diese Hirnstrukturen helfen, sich in andere Personen hineinzuversetzen und deren Handlungen nachzuahmen. Wenn Spiegelneuronen arbeiten, lösen sie bei der passiven Betrachtung einer Verhaltensweise die gleichen Nervenreize aus, die ablaufen, wenn dieser Vorgang aktiv durchgeführt wird.

Spiegelneuronen sind eigentlich eine gute Unterstützung bei vielen Lernvorgängen, aber mit der Schattenseite, dass wir in manchen Fällen nicht mehr zwischen dem unterscheiden können, was wir selbst erlebt haben, und dem, was uns einst vorgemacht oder erzählt wurde.

Wenn Sie Lust darauf haben, nehmen Sie sich einen Zettel und einen Stift und denken Sie ein paar Minuten über Ihre frühesten Erinnerungen nach. Was ist damals passiert, wie alt waren Sie und welche Gefühle verbinden sich mit diesen Eindrücken? Notieren Sie alles, was Ihnen dazu einfällt, zum Beispiel die handelnden Personen, die jeweiligen Ereignisse und deren Bedeutung für Sie als Kind.

Wenn Sie Ihre frühen Erinnerungen erforschen, ist es wahrscheinlich, dass Ihnen hauptsächlich Situationen einfallen, die mit starken Emotionen einhergegangen sind. Das menschliche Gedächtnis speichert bevorzugt Ereignisse, die subjektiv wichtig erscheinen, und das beste Anzeichen für persönliche Bedeutung sind ausgeprägte Gefühle. (Mehr zu diesem Thema finden Sie in Kapitel 5.) Häufig geht es bei solchen Anekdoten um subjektiv bedeutsame Ereignisse, zum Beispiel um Krankheiten, Unfälle, die Geburt eines Geschwisterchens oder einen schönen Urlaub.

Das muss jedoch nicht bedeuten, dass die Kindheitserlebnisse, die Ihnen in den Sinn kommen, auf »echten« Erinnerungen basieren. Wenn Ihnen Ihre Eltern früher etwas über Ihre Kindheitserfahrungen erzählt haben, verband sich das bei Ihnen wahrscheinlich mit intensiven Gefühlen, da Sie diese Geschichten spannend fanden. Später wurden sie dadurch vielleicht fälschlich zu »selbst erlebten« Gedächtniseindrücken. Allerdings sind auch echte Erinnerungen an die Kindheit mit ausgeprägten Empfindungen verknüpft, genauso wie die allermeisten langfristigen Gedächtnisinhalte aus späteren Lebensphasen. Beides ist manchmal schwer zu entwirren.

Wenn es Sie interessiert, können Sie die Personen fragen, die sich mit dem verbinden, was Sie für Ihre eigenen frühen Kindheitserinnerungen halten, ob und in welchem Alter Sie das jeweilige Ereignis tatsächlich erlebt haben und was Ihre Angehörigen noch darüber wissen. Anschließend vergleichen Sie die Angaben, indem Sie Gemeinsamkeiten und Unterschiede zwischen Ihrer Selbsteinschätzung und den Erinnerungen der beteiligten Personen aufschreiben.

Es gibt zwar Menschen, bei denen die ersten echten Erinnerungen ab dem Alter von zweieinhalb Jahren einsetzen, doch das ist ziemlich selten. Falls eine Kindheitserfahrung, bei der Sie prüfen wollen, ob Sie sich wirklich selbst daran erinnern können oder ob man sie Ihnen nur erzählt hat, vor Ihrem dritten Geburtstag passierte, spricht vieles dafür, dass es Berichte oder Fotos, aber keine echten Gedächtniseindrücke waren. Das gilt zum Beispiel für Erlebnisse, die sich um Themen wie »Mein erstes Wort« oder »Als ich gerade gelernt habe zu gehen, bin ich umgefallen und gegen den Tisch geknallt« ranken, denn ohne sichere Beherrschung der Muttersprache bilden sich keine Erinnerungsspuren, die im späteren Leben wieder abgerufen werden können.

Ein Hinweis darauf, dass eine frühe Erfahrung ab dem Alter von drei oder vier Jahren auf echten Gedächtniseindrücken beruhen könnte, wären Unterschiede zwischen dem, was Sie selbst in Erinnerung haben, und dem, was Ihre Eltern darüber wissen, vor allem bei den Details. Zum Beispiel wenn Ihre Mutter bestätigt, dass Sie mit vier Jahren tatsächlich vom Fahrrad gestürzt sind, aber, anders als Sie selbst, nicht mehr weiß, dass Sie im Krankenhaus mit bunten Autos spielen durften, bevor man Sie schließlich betäubt hat, um die Platzwunde zu nähen.

Prägung und Beeinflussung durch Vorerfahrungen

Das Gedächtnis von Kindern, Jugendlichen und Erwachsenen, wird neben den Gefühlen auch durch Vorurteile und Erwartungen geprägt. Diese Vorannahmen sollen uns dabei unterstützen, trotz der unvollständigen Informationen, mit denen wir häufig konfrontiert werden, angemessene Entscheidungen zu treffen. Das gilt sowohl für das Abspeichern und Ordnen von Erinnerungen als auch für deren Abruf aus dem Gedächtnis, und ist in vielen Fällen sehr hilfreich. Etwa wenn jemandem die ausgestreckte Hand gereicht wird und er aus Erfahrung weiß, dass es besser wäre, sie zu schütteln, als seinem Gegenüber eine reinzuhauen.

Wer sich an ein bestimmtes Lebensereignis erinnert, lässt spätere Erlebnisse und Bewertungen unbewusst in seine Betrachtungen einfließen, wodurch sich manche Erinnerungen mit der Zeit erheblich verändern.

Verzerrungen durch spätere Bewertungen können durchaus helfen, aus den eigenen Erinnerungen und der Persönlichkeit ein überzeugendes Ganzes zu machen. Doch unterstützen sie uns nicht unbedingt dabei, ein objektives Bild von uns und unserer Welt herzustellen. Es fällt den Menschen häufig schwerer, etwas objektiv zu beurteilen, als Erinnerungen nach ihrer subjektiven Stimmigkeit zu ordnen und sie nach diesem Prinzip fantasievoll zu ergänzen. Das bringt auch einige Nachteile mit sich, denn das durch zahlreiche Vorerfahrungen geprägte Gedächtnis von Jugendlichen und Erwachsenen lässt sich austricksen und übertölpeln. Das wird nicht nur von Hütchenspielern, geschickten Taschendieben und Berufsmagiern ausgenutzt.

Viele Zauberer betrachten übrigens Kinder als »schwierigstes Publikum der Welt«, da sie noch nicht so viel Wissen gespeichert haben, wie die Welt im Normalfall funktioniert. Deshalb lassen sie sich weniger von Spielereien mit schwarzen Tüchern oder in der Hand versteckten

Bällen ablenken und durchschauen deutlich häufiger die Tricks des Magiers als Erwachsene. Letztere werden dadurch manipuliert, dass der Zauberer ihre erfahrungsbedingten Vorannahmen geschickt unterläuft. (Mehr dazu erfahren Sie im Buch *Zauberei für Dummies* von Oliver Erens.)

Wie falsche Erinnerungen zu echten werden können

Wie sich komplett erfundene Geschichten in das Gedächtnis von Teenagern und Erwachsenen hineinschmuggeln lassen, zeigt ein Beispiel aus einem »Spiegel«-Artikel. Der 14-jährige Amerikaner Chris Coan schilderte detailliert, wie er im Alter von fünf Jahren in einem Einkaufszentrum seine Mutter aus den Augen verloren hatte, wie er sich in dieser Situation fürchterlich ängstigte und wie ihn die Mutter später in Begleitung eines alten Mannes mit Brille, Flanellhemd und Halbglatze wiederfand.

Doch der kleine Chris hatte die unangenehme Geschichte vom vorübergehenden Verlust seiner Mutter gar nicht erlebt. Die Psychologin Elisabeth Loftus griff zu einem Trick, um dem 14-Jährigen eine falsche Erinnerung »einzupflanzen«: Sie bat dessen älteren Bruder Chris, drei authentische Anekdoten aus seiner frühen Kindheit zu erzählen und außerdem eine falsche einzuschmuggeln. Diese Methode funktionierte so gut, dass Chris nicht nur fest davon ausging, die Geschichte aus dem Einkaufzentrum erlebt zu haben, sondern seine falsche Erinnerung auch noch mit passenden Details ausschmückte.

Als Chris einige Wochen später vom Bruder erfuhr, dass der ihn belogen hatte, als er ihm die Anekdote vom Verlorengehen im Einkaufzentrum erzählte, konnte das der 14-Jährige zunächst gar nicht akzeptieren: »Ich weiß doch genau, wie ich damals geweint habe und wie unsere Mama auf mich zukam und sagte: ›Mach das bloß nie wieder!‹« Diese Einzelheiten hatte sich Chris ausgedacht, ohne es zu merken.

Wie kann so etwas geschehen? Gerade das autobiografische Gedächtnis arbeitet sehr unzuverlässig, was manchmal dazu führt, dass es irgendwann unmöglich ist, echte Erfahrungen von manipulierten Erlebnissen zu unterscheiden.

Da unser Erinnerungsvermögen in der Kommunikation mit anderen Menschen entsteht, kann es passieren, dass jemand einer vertrauenswürdigen Person mehr glaubt als seinem eigenen Gedächtnis. Es kann ja ohne Weiteres sein, dass er tatsächlich etwas Wichtiges vergessen hat, woran ihn sein Freund oder Angehöriger erinnern muss. Da es unsere Gehirnfunktionen häufig nicht erlauben, Fantasie und Wirk-

lichkeit sicher zu trennen, kann so aus einer falschen Information eine echte Erinnerung werden.

Fantasie, Realität und Erinnerung

Da sich das Gedächtnis im Verlauf einer langen Evolution entwickelt hat, sollte der Umstand, dass unser Erinnerungsvermögen häufig Mühe hat, Fantasie und Wirklichkeit, Glauben und Wissen voneinander zu unterscheiden, größeren Nutzen als Schaden mit sich bringen. Andernfalls hätten sich die Gedächtnisfunktionen vielleicht in eine andere Richtung entwickelt. Dass es neurobiologisch möglich wäre, sich so gut wie alle autobiografischen Erfahrungen einzuprägen, zeigen die wenigen Männer und Frauen, deren Erinnerungsvermögen in diesem Bereich fast perfekt ist, da sie praktisch alles genau speichern und später wieder abrufen können, was sie erleben. (Mehr zu diesem Thema finden Sie in Kapitel 5.)

Ein Teil der Antwort auf die Frage, weshalb die allermeisten Menschen sich nicht alles merken, was sie erleben, ist relativ einfach: Das Erinnerungsvermögen wäre mit zahlreichen überflüssigen Informationen überfrachtet, die der Betroffene höchstwahrscheinlich nie wieder benötigt – zum Beispiel mit den visuellen Eindrücken beim gelangweilten Zappen durchs nachmittägliche Fernsehprogramm oder den Gesichtern der Personen, die heute mit ihm im U-Bahn-Abteil saßen.

Warum wir uns häufig auch das, was uns subjektiv berührt und bewegt, nicht genau einprägen, bedarf einer näheren Erläuterung. Eigentlich speichert das biografische Gedächtnis in erster Linie Situationen ab, die uns wichtig sind, was immer mit starken Gefühlen einhergeht. Deshalb sollte ein bedeutsames Lebensereignis wie der Verlust der Mutter in einem Einkaufzentrum nicht zu den Erinnerungen gehören, die sich in späteren Jahren vom Bruder »einpflanzen« lassen, obwohl sie nie geschehen sind – selbst wenn man berücksichtigt, dass das biografische Gedächtnis im Alter von fünf Jahren noch nicht so gut funktioniert wie bei größeren Kindern oder Erwachsenen.

Bedingt durch seine Evolutionsgeschichte, ist der Mensch ein soziales und kommunikatives Lebewesen, das anderen Mitgliedern seiner Gruppe Vertrauen entgegenbringen muss, zumindest in den meisten Fällen.

Da der 14-jährige Chris, dem mithilfe einer Psychologin von seinem großen Bruder suggeriert wurde, er habe vergessen, dass er als kleines Kind die Mutter in einem Einkaufszentrum verloren hatte, aus Erfahrung wusste, dass er dem Älteren in wichtigen Belangen vertrauen kann, glaubte er ihm auch die erfun-

dene Geschichte. Er eignete sie sich sogar unbewusst an, und sie wurde zu einem Teil seiner biografischen Erinnerungen. Dass die falsche Anekdote durchaus zu den wahrscheinlichen Ereignissen im Leben eines Fünfjährigen zählt und dieser Altersbereich mit vielen Gedächtnislücken versehen ist, wenn jemand als Jugendlicher oder Erwachsener darüber nachdenkt, hat diesen Prozess befördert.

In den meisten Fällen ist es sinnvoller, einem engen Angehörigen, zu dem man erfahrungsgemäß Vertrauen haben kann, etwas zu glauben, das sich nicht ohne Weiteres überprüfen lässt, als jede seiner Äußerungen mit Misstrauen zu betrachten.

Nachdem Chris schließlich erfahren hatte, dass er belogen worden war, dürfte es allerdings ein Weilchen dauern, bis er seinem großen Bruder wieder bedingungslos vertraut. Die Vorannahmen, die sein Erinnerungsvermögen und sein Kommunikationsverhalten in der Familie prägen, haben sich also verändert, von »Ich glaube meinem älteren Bruder, was er mir erzählt« zu »Ich kann ihm nicht mehr alles abnehmen, weil er mein Vertrauen missbraucht hat«.

Warum viele Zeugenaussagen unzuverlässig sind

Seit Langem klagen Richter, Ermittlungsbehörden und Prozessgutachter darüber, dass sie nicht nur damit rechnen müssen, dass Angeklagte bewusst lügen, um sich zu schützen. Auch durchaus aufrichtige Gerichtsaussagen von Zeugen eines Verbrechens haben oft wenig mit dem zu tun, was wirklich geschah. Woran liegt das?

Normalerweise prägen sich Menschen bevorzugt ein, was sie für wichtig halten, und sie können es später oft aus ihrer Erinnerung abrufen. Subjektive Bedeutung wird hierbei vom Gedächtnis »unterstellt«, wenn ein Ereignis mit starken Gefühlen wie Freude, Wut, Angst oder Traurigkeit verknüpft war. Allerdings spielen bei »negativen« Emotionen auch Verdrängungsprozesse eine Rolle, vor allem wenn ein Erlebnis den Betroffenen in einem schlechten Licht erscheinen lassen würde. Im Extremfall können solche Erfahrungen vollständig aus dem Bewusstsein verschwinden. Mehr dazu erfahren Sie in Kapitel 3.

Angenommen, eine Bankangestellte macht eines Tages die unangenehme Erfahrung, dass sie ein vermeintlicher Kunde mit der Waffe bedroht und die Herausgabe von Bargeld fordert, nachdem es ihm irgendwie gelungen ist, die Überwachungskameras auszuschalten. Definitiv ein Ereignis, das sich das Opfer ein Leben lang merken wird. Warum kann sich die Mitarbeiterin dann bei der Befra-

gung durch die Polizei nicht mehr daran erinnern, wie der Verbrecher aussah? Warum sind viele Gedächtniseindrücke verzerrt oder durch Fantasie-Erinnerungen ersetzt, wenn man sie mit dem vergleicht, was andere Zeugen gesehen zu haben glauben?

Die meisten Wissenschaftler gehen davon aus, dass unser Erinnerungsvermögen nicht in erster Linie dazu da ist, die Vergangenheit zu verwalten, wie ein Bibliothekar seine Buchbestände verwaltet. Das Gedächtnis beschäftigt sich vielmehr damit, soweit es erforderlich ist, aus der Vergangenheit zu lernen, um daraus gangbare Wege für die Zukunft zu entwerfen.

Angriff oder Flucht: Der Tunnelblick und das Gedächtnis in Gefahrensituationen

Wenn es darum geht, sich etwas langfristig einzuprägen, orientiert sich das Gedächtnis an den subjektiv wichtigen Erfahrungen, wozu natürlich auch die Bedrohung durch einen Banküberfall gerechnet werden muss. Was also wird die Angestellte nach dem schlimmen Erlebnis höchstwahrscheinlich im Gedächtnis behalten, wenn sie später über diese Situation nachdenkt? Sie erinnert sich an ihre Angst, vielleicht auch an ihren Wunsch zu fliehen, und bestimmt daran, wie sie alles daran gesetzt hat, sich möglichst unauffällig und unprovokativ zu verhalten, um nicht vom Täter erschossen zu werden.

In Gefahrenlagen stellt sich das Gehirn auf eine Art Notfallprogramm um, das sich mit Begriffen wie »Angriff oder Flucht« – beziehungsweise andere Formen von Selbstschutz – beschreiben lässt und eher Instinkthandlungen als bewusste Überlegungen ermöglicht. Ein uraltes Entscheidungssystem aus unserer Vergangenheit, das auch bei Tieren in Gefahrensituationen automatisch abläuft.

Bedrohliche Lebenslagen führen oft zu einer Art Tunnelblick, der nur die subjektiv wichtigsten Eindrücke der Gefahrensituation aufnimmt, zumeist in einer Form, die durch die starken Emotionen und die seelisch-körperlichen Stressempfindungen des Betroffenen verzerrt ist.

Auf das Beispiel der überfallenen Bankangestellten bezogen, wären die wichtigsten Informationen vermutlich die Ängste, das Schutzverhalten und der Umstand, dass sich ein Kunde als bewaffneter Bankräuber erwies – nicht unbedingt dessen Äußeres oder der genaue Ablauf der Tat. In den Wochen und Monaten nach dem Verbrechen wird die Angestellte wahrscheinlich unbewusst einiges dazu tun, um sich noch besser zu schützen als bisher. Vielleicht lässt sie sich in

eine andere Filiale versetzen, um ihre Bedrohungsgefühle zu verringern, möglicherweise achtet sie auch misstrauisch auf Anzeichen, die darauf hindeuten könnten, dass ein Kunde üble Absichten hat. Diese Selbstschutzreaktionen hat sie durch das schlimme Ereignis erlernt, anders als eine genaue Beschreibung der Risikosituation oder des Gesichts des Täters.

Bei der Erinnerung an traumatische Erlebnisse erweist sich das Gedächtnis als besonders unzuverlässig. Stressbedingte biochemische Prozesse im Gehirn können die langfristige Archivierung von Erinnerungen erheblich beeinträchtigen, wodurch nur noch Bruchstücke des ursprünglichen Ereignisses gespeichert werden.

Da wir alle dazu neigen, unsere Erfahrungen verstehen und angemessen einordnen zu wollen, versucht die Erinnerung, Gedächtnislücken nach bedrohlichen Situationen kreativ zu schließen, zum Beispiel durch Berichte anderer Menschen, die das traumatische Ereignis ebenfalls erlebt haben, oder durch das, was unbewusst damit assoziiert wurde. Dazu kann nach einem Banküberfall etwa das Gerücht gehören, der Verbrecher habe einen falschen Bart getragen, oder eine Zeugenbefragung durch die Ermittlungsbehörden, bei der unbeabsichtigt suggeriert wird, der Täter habe möglicherweise einen Komplizen gehabt.

In extremen Fällen führt der Wunsch eines Menschen, ein einheitliches, widerspruchloses Bild von sich selbst zu bewahren, sogar dazu, dass sich ein Straftäter so lange einredet, er sei kein Verbrecher, bis er es irgendwann glaubt – obwohl er sich dabei selbst belügt. Auch der umgekehrte Verlauf kommt gelegentlich vor: Jemand, der eigentlich unschuldig ist, aber so oft gehört hat, dass er dringend tatverdächtig sei, geht mit der Zeit selbst davon aus. Einschließlich aller falschen Erinnerungen, die diese dramatische Veränderung der realen Umstände erst plausibel machen.

Wichtiges und Unwichtiges, Neuigkeiten und Wiederholungen

Gedächtniseindrücke, die langfristig im Gehirn gespeichert werden, sind eine äußerst subjektive Angelegenheit. In vielen Fällen gelingt es uns relativ gut, uns das einzuprägen, was wir für wichtig halten, auch wenn diese Erinnerungen kein objektives Bild der Wirklichkeit herstellen.

Starke Gefühle, die mit einer Situation assoziiert werden, sind im Allgemeinen das beste Anzeichen für subjektive Bedeutsamkeit, trotz aller Einschränkungen durch persönliche Verzerrungen und Voranahmen, die wir unbewusst auf Erlebnisse und Informationen übertragen.

Nicht nur bei negativen Erfahrungen wie der Beobachtung eines Banküberfalls, auch bei positiven Ereignissen weichen die Erinnerungen der Beteiligten häufig voneinander ab, wenn auch in vielen Fällen nicht so stark wie nach einem Trauma. Das liegt vor allem daran, dass es Unterschiede zwischen den Menschen gibt, welche Aspekte einer bestimmten Situation sie für wichtig und welche sie für eher unwichtig halten.

Wenn Sie Lust haben auf ein kleines Gedächtnisexperiment, dann holen Sie sich einen Stift und ein Blatt Papier und denken über ein besonders schönes Familienerlebnis aus Ihrer späteren Kindheit oder Ihren Jugendjahren nach. Das kann ein Urlaub, ein Geburtstag oder ein eindrucksvolles Weihnachtsfest sein, an das Sie sich noch gut erinnern. Lassen Sie sich genug Zeit und notieren Sie alle Aspekte des Ereignisses, die Ihnen einfallen. Danach bitten Sie einen älteren Familienangehörigen, der damals dabei war, darum, Ihnen zu berichten, was er noch im Gedächtnis hat. Diese Informationen schreiben Sie auf einen anderen Zettel. Anschließend tauschen Sie sich über die Unterschiede und Gemeinsamkeiten Ihrer Eindrücke aus.

Wichtiges bleibt im Gedächtnis, Unwichtiges verblasst

An viele persönliche Erfahrungen können wir uns umso besser erinnern, je weniger Zeit seit dem Erlebnis vergangen ist. Doch manche Situationen aus der ferneren Vergangenheit brennen sich fast unauslöschlich ins Gedächtnis ein, während andere, die viel später stattgefunden haben, bald verblasst sind. Auch in diesen Fällen spielt die subjektive Bedeutung des Ereignisses eine entscheidende Rolle: Was die Menschen für wichtig halten, wird bevorzugt gespeichert, allerdings individuell gewichtet und oft durch Voranahmen oder nachträgliche Bewertungen verzerrt.

Eher Unwichtiges geht zwar nicht unbedingt verloren. Das zeigen Untersuchungen, nach denen Versuchspersonen viele Informationen, die sie nicht mehr aktiv abrufen können, zumindest schneller wiedererkennen als Probanden, die sich nicht damit befasst haben. Doch diese subjektiv unwichtigen Erinnerungen lassen sich später häufig kaum noch durch bewusstes Nachdenken reaktivieren.

Vergleichen Sie einmal Ihre Erinnerungen an eine wichtige und erfreuliche Erfahrung Ihres Erwachsenenlebens, die schon längere Zeit zurückliegt, mit dem, was Ihnen zu einem ereignisarmen bis langweiligen Tag einfällt, den Sie kürzlich erlebt haben. Das wichtige Ereignis kann Ihre bestandene Fahrprüfung sein, der Moment, in dem Sie Ihren Partner kennengelernt haben, oder eine Erinnerung an Ihren größten beruflichen Erfolg. Lassen Sie sich Zeit und notieren Sie alles, was Sie mit der angenehmen Erfahrung verbinden. Anschließend verfahren Sie genauso mit dem ereignisarmen Tag. Vieles spricht dafür, dass die wichtige Erinnerung deutlich präsenter ist als die unwichtige, obwohl sie früher stattfand.

Einige Wissenschaftler bezeichnen es als »subjektives Zeit-Paradoxon«, dass langweilige Stunden schier endlos erscheinen können, während man sie erlebt, jedoch in der Erinnerung stark schrumpfen, weil ja kaum etwas passiert ist. Für spannende Stunden gilt das Gegenteil: Sie vergehen wie im Flug, doch im Nachhinein verbinden wir mit ihnen viele Einzelereignisse, was dazu führt, dass sie häufig länger erscheinen, als sie tatsächlich waren.

Neue Erfahrungen sind oft präsenter als Wiederholungen

Dass sich die Menschen wichtige Erlebnisse, die zum ersten Mal stattfinden, in den meisten Fällen intensiver und längerfristiger einprägen als Wiederholungen, ist tief in der Evolution verwurzelt. Hier geht es darum, vor allem Erfahrungen im Gedächtnis zu behalten, aus denen man etwas für die Zukunft ableiten kann.

Schon in der Vor- und Frühgeschichte war es überlebenswichtig, aus emotional belastenden Fehlern zu lernen, um sie später, wenn irgend möglich, vermeiden zu können. Ähnliches gilt für positive Erlebnisse, die zum ersten Mal passieren, denn die Betroffenen lernen aus ihrem Erfolg, um möglichst weiter darauf aufzubauen.

Falls ein Rivale eines Steinzeit-Stammesführers im Kampf eine Niederlage erlitt und dann nicht mehr mit dem Häuptling konkurrieren konnte, spricht einiges dafür, dass er diese Auseinandersetzung lange erinnern würde, um daraus angemessene Handlungsoptionen für die Zukunft abzuleiten – auch wenn er sich vielleicht eingeredet hat, er sei nicht wirklich für seine Niederlage verantwortlich. Wiederholte Kämpfe, die dieser Mann ebenfalls verlor, dürften hingegen in der Rückschau verschwimmen, denn sie änderten nichts Entscheidendes an seiner Lage.

Falls der gleiche Stammesangehörige jedoch eine weitere Auseinandersetzung mit dem Häuptling gewinnen konnte, vielleicht sogar anschließend dessen Platz einnahm, wird er sich dieses Ereignis vermutlich lebenslang eingeprägt haben, denn es beeinflusste seine Situation erheblich. Spätere Siege, also Varianten des ersten positiven Erlebnisses, musste er nicht unbedingt genau im Gedächtnis speichern, da sie seine Situation in der Gruppe nicht entscheidend veränderten.

An der Beobachtung, dass die Menschen subjektiv wichtige Ereignisse, die sie erstmalig erleben, in den allermeisten Fällen besser in Erinnerung behalten als Wiederholungen, hat sich bis heute nichts geändert. Der erste (und der letzte) Schultag ist fast immer präsenter als der 873., und wie das erste eigene Auto aussah, lässt sich besser abrufen als die Merkmale des siebten Wagens, den man 25 Jahre später gekauft hat.

Wenn Sie Lust darauf haben, nehmen Sie sich ein paar Minuten Zeit und notieren Sie alles, was Sie noch über den ersten Tag in der Firma wissen, in der Sie gerade arbeiten. (Freiberufler nehmen stattdessen den Beginn ihrer Selbstständigkeit; falls Sie gerade eine neue Stelle suchen, empfiehlt sich der erste Tag Ihrer letzten beruflichen Tätigkeit.) Sobald Ihnen nichts mehr zu diesem Thema einfällt, versuchen Sie sich an den Erinnerungen, die Sie mit dem *zweiten* Tag des entsprechenden Arbeitsverhältnisses verbinden. Vermutlich sind Ihnen beim ersten Teil dieses Experiments deutlich mehr Einzelheiten eingefallen, als es um vormals unbekannte Abläufe, Örtlichkeiten und Personen ging.

Neue Erkenntnisse, Abwechslung, Neugier und persönliches Interesse sind auch ein hervorragendes Mittel, um Ihre Erinnerungsleistungen gezielt zu stärken oder sich einen bestimmten Wissensbereich näher zu erschließen.

Teil II

Aufmerksamkeit, Sinnesleistungen und Erinnerung

The 5th Wave By Rich Tennant

»Keine Ahnung, warum es immer heißt, dass das Fernsehen verdummt. Man muss schon ganz schön schlau sein, um herauszufinden, wozu all diese Fernbedienungen da sind: TV, Spielekonsole, Verstärker, DVD-Player, Sat-Empfänger, Videorekorder…«

In diesem Teil ...

beschreibe ich zunächst die zeitabhängigen Funktionen der Erinnerung, vom sogenannten sensorischen Gedächtnis über das Kurzzeitgedächtnis bis zur langfristigen Speicherung von Informationen, einschließlich der Zusammenhänge von Aufmerksamkeit, Erinnerung und Vergessen. Danach stehen verschiedene spielerisch angelegte Sinnesübungen im Zentrum, durch die Sie Ihre Wahrnehmungsleistungen und Ihr biografisches Gedächtnis erforschen und trainieren können.

Anschließend stelle ich Ihnen die Verbindungen zwischen dem Erinnerungsvermögen und den Gefühlen vor, wobei ich auch auf die wenigen Menschen mit ungewöhnlichen, fast perfekten Gedächtnisleistungen eingehe. Die Frage, wie sich äußere und innere Ablenkungen, zu Letzteren gehören zum Beispiel Ängste und Grübeleien, wirksam verringern lassen, behandle ich ebenfalls ausführlich. Ein weiterer Abschnitt beschreibt die Wechselwirkungen zwischen regelmäßigen Erholungspausen und den Erinnerungsfähigkeiten. Einige bewährte Entspannungs- und Meditationsübungen, die ich beschreibe, können Ihnen dabei helfen, sich besser zu konzentrieren.

Sensorisches Gedächtnis, Kurzzeitgedächtnis und Langzeitgedächtnis

3

In diesem Kapitel

- Wie die zeitabhängigen Funktionssysteme des Gedächtnisses arbeiten
- Übungen zur Wahrnehmung von Erinnerungen, die normalerweise schnell vergessen werden
- Vergessen und Verdrängen

Ich stelle Ihnen nun ein wichtiges Gedächtnismodell vor, das die Erinnerung abhängig von ihrem zeitlichen Verlauf beschreibt: Das sogenannte sensorische Gedächtnis, das auch Ultrakurzzeitgedächtnis genannt wird, das Kurzzeit- oder Arbeitsgedächtnis und das Langzeitgedächtnis zur dauerhaften Speicherung von Erinnerungen. Die ersten beiden Stufen dieses Modells, also sensorisches Gedächtnis und Kurzzeitgedächtnis, verringern hierbei die Fülle der eingehenden Informationen, während die Daten im Langzeitgedächtnis mit weiteren Erinnerungsinhalten angereichert werden.

Immer wieder können Sie durch Übungen die zeitabhängigen Leistungen Ihres Gedächtnisses spielerisch erforschen. Ein Abschnitt zu den Hintergründen von Vergessen und Verdrängen, die ebenfalls zu den entscheidenden Funktionen der menschlichen Erinnerung gehören, beendet das Kapitel.

Das zeitabhängige Modell des Gedächtnisses

Die Unterteilung des Gedächtnisses in drei Bereiche mit unterschiedlicher Verarbeitungsdauer und -tiefe hat eine lange wissenschaftliche Tradition, und sie ist mit Begriffen wie »Kurzzeitgedächtnis« und »Langzeitgedächtnis« auch im üblichen Sprachgebrauch verwurzelt.

Neuere Forschungen deuten darauf hin, dass man weniger von einem zeitabhängigen, sondern eher von einem inhaltsspezifischen Modell der Speicherung von Erinnerungen ausgehen sollte. Demnach scheinen sich die verschiedenen Gedächtnissysteme auf unterschiedliche

Qualitäten von Informationen zu spezialisieren, zum Beispiel abhängig davon, ob es um Bewegungs- oder Wissenserinnerungen oder um optische oder akustische Signale geht. Trotz dieser Einschränkung möchte ich Ihnen das ältere zeitabhängige Gedächtnismodell nicht vorenthalten, denn es hat einen hohen Erklärungswert und lässt sich auch gut im Selbstversuch erkunden.

Informationsverarbeitung im Flaschenhals

Anders als ein Computer wählt das Gedächtnis aus der Menge der Umweltdaten bestimmte Informationen aus, um sie weiterzuverarbeiten, und vergisst oder ignoriert den Rest. Dieser Umstand erlaubt uns eine angemessene Orientierung im Leben, ohne uns dauernd mit überflüssigen Reizen zu überfordern.

Das sogenannte Flaschenhalsmodell beschreibt, wie das Gedächtnis aus zahlreichen Daten aus der Außenwelt vergleichsweise wenige subjektiv bedeutsame Informationen herausfiltert, die anschließend assoziativ mit Erinnerungsinhalten aus der Innenwelt angereichert werden, um sie einzuordnen und bei Bedarf wieder abrufen zu können.

Wie in einem Flaschenhals – oder, etwas passender, einer Sanduhr, die oben geöffnet ist – verringert sich die Informationsmenge, die von den Sinnen aufgenommen wird, zunächst erheblich, bis sie sich im Langzeitgedächtnis wieder erhöht. Unsere Sinnesfunktionen, unter anderem Sehen, Hören, Tasten, Wärmeempfindungen, Riechen und Schmecken, nehmen nach dem Flaschenhalsmodell pro Sekunde etwa 1 Milliarde Bits – vergleichbar mit ebenso vielen Ein-/Aus-Schaltern – aus der Umwelt auf. Zum Vergleich: Ein moderner PC mit einer Hochgeschwindigkeits-DSL-Leitung lädt maximal ungefähr 1 Million Bits pro Sekunde aus dem Internet herunter also etwa ein Tausendstel des menschlichen Sinnesapparats.

Diese Datenflut verringert die menschlichen Erinnerungsfunktionen auf zirka 100 Bits in der Sekunde, die dann mehr oder weniger intensiv verarbeitet werden. Das ist ungefähr der zehnmillionste Teil der ursprünglichen Menge.

Anschließend verbinden sich die weitergeleiteten Informationen im Langzeitgedächtnis durch bewusste und unbewusste Prozesse mit Eindrücken und Interpretationen, die bereits ein Bestandteil der Erinnerungen sind. Dieser Vorgang ist besonders wichtig, denn erst das Ordnen, Bewerten und Verknüpfen neuer Gedächtniseindrücke mit früheren Erinnerungen hilft uns dabei, aus der Vergangenheit für die Zukunft zu lernen und bei Bedarf Inhalte gezielt abzurufen.

Der langfristige Speicherprozess erhöht die Datenmenge von zirka 100 Bits pro Sekunde auf etwa 10 Millionen binärer Einheiten in der Sekunde, das entspricht dem Hunderttausendfachen der Informationen, die das Gehirn über die Ebene des Kurzzeitgedächtnisses weitergeleitet hat. Dem Arbeitsspeicher eines PC stehen bei maximaler Auslastung heutzutage etwa 16 Milliarden Bits pro Sekunde zur Verfügung, also das 1.600-Fache der langfristigen Erinnerungsdatenverarbeitungsrate des menschlichen Gehirns.

Das sensorische Gedächtnis

Die erste Wahrnehmungsstufe der zeitabhängigen Erinnerung ist das Sinnesgedächtnis (sensorisches Gedächtnis), das manchmal auch als Ultrakurzzeitgedächtnis bezeichnet wird, da es Umweltinformationen, abhängig vom Sinnesreiz, für einige Millisekunden bis zu wenigen Sekunden aufnimmt, bevor der Großteil der Daten wieder verblasst.

Die sensorische Wahrnehmung bildet die physikalischen Reize ab, die unsere Sinnesrezeptoren erreichen. Dazu gehören unter anderem die visuellen Informationen, die die Augen aufnehmen, akustische Daten, die über die Ohren im Gehirn ankommen, Geruchs-, Geschmacks- und Tasteindrücke. Hierbei hält das Ultrakurzzeitgedächtnis die jeweiligen »Originaldaten« für weniger als eine Sekunde fest, um einen kleinen Teil davon an die nächste Wahrnehmungsstufe, das Kurzzeitgedächtnis, weiterzuleiten. Der große Rest wird vom Erinnerungsvermögen sofort vergessen beziehungsweise ignoriert.

Ohne Sinnesgedächtnis würde der Mensch jeden Reiz nur gerade so lange sehen, hören, riechen oder ertasten, wie er physikalisch dauert, und hätte dabei nicht genug Zeit, um wichtige Informationen zu erkennen und sie angemessen zu verarbeiten.

Die Funktionsweise des Sinnesgedächtnisses wird unter anderem in der Kino- und Fernsehtechnik genutzt, denn jeder Film besteht aus einer schnellen Abfolge von Einzelbildern, 24 pro Sekunde. Während ein Bild zum nächsten wechselt, ist eigentlich nichts zu sehen, doch das Ultrakurzzeitgedächtnis gleicht die winzigen Zeiträume zwischen den Einzelbildern aus, was dem Betrachter den Eindruck vermittelt, dass der Film ohne Unterbrechungen präsentiert wird.

Wenn Sie Lust darauf haben, können Sie in einem kleinen Experiment Ihrem Sinnesgedächtnis beim Arbeiten zusehen. Gehen Sie am Abend mit einem angezündeten Räucherstäbchen in ein dunkles Zimmer Ihrer Wohnung und bewegen Sie den glühenden Holzstab mit der Hand hin und her. Sie werden bemerken, dass das Licht eine Leuchtspur hinterlässt, mit der Sie zum Beispiel Wörter in die Luft »schreiben« können. Das liegt nicht an den tatsächlichen physikalischen Eigenschaften des Räucherstäbchens, sondern daran, dass sich Ihr Ultrakurzzeitgedächtnis die optischen Signale länger einprägt, als sie wirklich dauern, um einen Teil davon auf höheren Ebenen Ihres Erinnerungsvermögens weiterzuverarbeiten.

Die sensorische Wahrnehmung hilft uns dabei, das Gefühl zu bekommen, dass unser Leben kontinuierlich verläuft. Das ist unter anderem eine entscheidende Grundlage für das Empfinden von Gegenwart und Augenblick, wobei wir eine Zeitspanne von etwa 30 Millisekunden als »Jetzt« empfinden – geringere Zeitabstände kann das Erinnerungsvermögen nicht unterscheiden.

Verschiedene Sinne werden unterschiedlich behandelt

Das Ultrakurzzeitgedächtnis arbeitet etwas unterschiedlich, abhängig vom betroffenen Sinnesorgan. Im akustischen Bereich spricht man zum Beispiel vom »echoischen Gedächtnis«, vergleichbar mit dem kurzen Echo eines Rufs in den Bergen. Diese Struktur hilft unter anderem dabei, etwas zu wiederholen, was jemand soeben im Gespräch gesagt hat, ohne dass der Betroffene sich wirklich auf das konzentrieren müsste, was er gerade gehört hat. Das echoische Gedächtnis speichert Informationen länger als andere Ultrakurzzeit-Untersysteme, nämlich bis zu ungefähr zwei Sekunden.

Die visuelle sensorische Erinnerung wird auch »ikonografisches Gedächtnis« genannt, ein Begriff, der sich von den altgriechischen Wörtern für »Bild« und »Schreiben« ableitet. Hierbei geht es also um das kurzfristige »Einschreiben« – oder »Abschreiben« – optischer Informationen in den Ultrakurzzeitspeicher. Diese Daten werden bis zu 15 Millisekunden bewahrt, deutlich kürzer als bei der akustischen sensorischen Wahrnehmung.

Die Funktionen des sensorischen Gedächtnisses mit mehreren Sinnen beobachten

Eine wichtige Voraussetzung für diese etwas längere Aufmerksamkeitsübung wäre, dass Sie sich ein bisschen Zeit und Ruhe dafür nehmen. Falls erforderlich, bitten Sie Ihre Angehörigen darum, Sie circa zwanzig Minuten (oder eine halbe Stunde) nicht zu stören. Auch Ihre Telefone können Sie vorübergehend ausschalten.

Setzen Sie sich in einem Raum Ihrer Wohnung, in dem Sie allein sind, auf einen bequemen Stuhl oder einen Sessel. Falls Sie nicht Gefahr laufen, demnächst einzuschlafen, können Sie sich auch auf ein Sofa legen. Atmen Sie ein paar Mal tief in Ihren Bauch hinein und wieder heraus, um zur Ruhe zu kommen, und überlassen Sie Ihren Atem dann wieder ganz sich selbst, ohne ihn bewusst zu beschleunigen oder zu verlangsamen.

Nun konzentrieren Sie sich zunächst auf Ihren Gesichtssinn, indem Sie Ihre Augen langsam durch das Zimmer wandern lassen und dabei auch auf die Details Ihrer optischen Wahrnehmung achten. Mit der Zeit fallen Ihnen wahrscheinlich einige Einzelheiten auf, die Sie bisher noch nicht bemerkt haben, zum Beispiel ein dunkler Schatten auf der Wand, ein kleiner Fleck an der Decke oder ein gewölbtes Stück Parkettboden.

Abgesehen von lichtabhängigen Schattenwürfen sind diese Details Ihres Zimmers jedes Mal, wenn Sie hinsehen, in Ihrem sensorischen Gedächtnis, doch sie verblassen sofort wieder, wenn sich Ihre Sinne mit anderen Objekten beschäftigen – außer Sie richten Ihre visuelle Wahrnehmung auf etwas Bestimmtes, etwa wenn Sie ein Buch in Ihrem Regal finden wollen oder ein abgelöstes Tapetenstück bemerken, das es wieder festzukleben gilt. Die bewusste Konzentration auf »belanglose« Einzelheiten, die sonst Ihrer Alltagsaufmerksamkeit entgehen, überträgt diese Aspekte für ein Weilchen aus Ihrem sensorischen Speicher in das Kurzzeitgedächtnis, sodass Sie darüber nachdenken können.

Jetzt schließen Sie Ihre Augen und wenden Ihre Wahrnehmung dem Gehörsinn zu. Vielleicht bemerken Sie, wie die Vögel draußen zwitschern, oder Sie beobachten die Motorengeräusche eines fahrenden Autos. Es ist recht wahrscheinlich, dass Ihre akustischen Beobachtungen umso vielschichtiger und facettenreicher werden, je länger Sie sich bei der ungewohnten Übung mit ihnen befassen.

Auch hier gilt, dass all diese Sinneseindrücke ständig in Ihrem sensorischen Gedächtnis »zwischengespeichert« werden, solange Sie im Wachzustand sind. Im Allgemeinen verblasst ein Großteil der akustischen Hintergrundwahrnehmungen jedoch nach einem kurzen Moment, um den nächsten Hörreizen Platz zu machen, falls Sie ein solches Signal nicht für bedeutsam halten und ihm deshalb Ihre Aufmerksamkeit zuwenden.

Nun richten Sie Ihre Konzentration auf den Tastsinn, wobei Sie Ihre Augen geschlossen halten können. Wie sitzt oder liegt es sich gerade, was fühlen Sie mit Ihren Armen, Ihren Beinen, dem Kopf, dem Oberkörper und dem Unterleib?

Wenn Sie wollen, können Sie auch die derzeitigen Wahrnehmungen Ihrer Innenwelt erforschen. Wo sind Sie im Moment eher entspannt und wo vielleicht etwas verkrampft? Welche Wärme- oder Kälteempfindungen beobachten Sie in diesem Augenblick? Spüren Sie, wie das Blut durch Ihren Körper fließt? In welchem Rhythmus schlägt Ihr Herz? Bei solchen Beobachtungen Ihres Inneren ist es übrigens besonders wichtig, keine Angst zu haben und nichts daran verändern zu wollen. Ihr Körper weiß schon, was er gerade tut, und er reguliert seine Funktionen von selbst.

Anschließend rekeln und strecken Sie sich ein bisschen, um wieder ganz wach zu werden, öffnen Ihre Augen und beenden das kleine Selbstbeobachtungsexperiment.

Bei dem letzten Teil der Übung haben Sie Ihre Aufmerksamkeit auf Signale gerichtet, die normalerweise von Ihrer sensorischen Wahrnehmung eher selten an die nächste Verarbeitungsstufe, das Kurzzeitgedächtnis, weitergeleitet werden – außer Sie neigen zu ängstlichen Überprüfungen Ihrer Körperfunktionen, fühlen sich anderweitig unwohl oder sind gerade krank. Die bewusste Steuerung Ihrer Konzentration hat Ihnen dabei geholfen, einen Teil dieser Innenreize, die häufig unterschwellig bleiben, in den Kurzzeitspeicher zu übertragen.

Aufmerksamkeit und subjektive Bedeutsamkeit bei kurzfristigen Wahrnehmungen

Aufmerksamkeit und das Erkennen von subjektiv bedeutungsvollen Mustern in den Sinneseindrücken tragen dazu bei, einen Bruchteil der Datenmenge aus dem Sinnesgedächtnis in das nächste zeitabhängige Verarbeitungssystem, das Kurzzeitgedächtnis, zu überführen.

Der Begriff »Aufmerksamkeit« bezeichnet nicht nur bewusste, gezielt gelenkte Vorgänge, etwa wenn ein Mensch bei einem Spaziergang bemerkt, dass es gerade anfängt zu regnen, und sich deshalb einen Unterstand sucht, sondern auch unbewusste Prozesse, zum Beispiel die Wahrnehmung einer Polizeisirene, während jemand mit seiner Arbeit beschäftigt ist. Potenzielle Gefahrensignale und andere Auffälligkeiten werden in vielen Situationen automatisch bemerkt, was zu einer vorübergehenden Konzentration auf diese Reize der Außenwelt führt.

Obwohl die Sinnesinformationen auf der sensorischen Gedächtnisebene weitgehend den physikalischen Daten entsprechen und die Inhalte auf dieser Stufe kaum weiterverarbeitet werden, lässt sich die Wahrscheinlichkeit einer längerfristigen Speicherung erhöhen, wenn der Betroffene das, was er gerade wahrnimmt, mit einer subjektiven Bedeutung verbindet.

Etwa im Fall einer Polizeisirene, die kurz die Aufmerksamkeit erregt: »Heute sind aber viele Einsatzfahrzeuge unterwegs, bestimmt ist etwas Schlimmes passiert.« So ist aus einem ziemlich unwichtigen Einzelereignis – ich höre eine Polizeisirene – ein bedeutsames Reizmuster geworden: Ich habe in den letzten Minuten einen Sirenenton nach dem anderen vernommen, was vermutlich mit einem ungewöhnlich heftigen Unfall oder einem spektakulären Verbrechen zusammenhängt.

Das Kurzzeitgedächtnis

Die zweite zeitabhängige Stufe des Erinnerungsvermögens wird Kurzzeitgedächtnis genannt. Einige Forscher bezeichnen diese Ebene der Informationsverarbeitung auch als »Arbeitsgedächtnis«, was an den Arbeitsspeicher eines Computers erinnert, der einen schnellen Zugriff auf aktive Programme und aktuell genutzte Daten erlaubt.

Heutzutage gilt das Kurzzeitgedächtnis als Bündel verschiedener Untersysteme zur kurzfristigen Einprägung von Erinnerungen, von denen wir den Großteil anschließend vergessen, während ein kleinerer Teil der Informationen weiterverarbeitet und an das Langzeitgedächtnis übermittelt wird.

Zu diesen Untersystemen gehört unter anderem ein räumlich-visueller »Notizblock«, um optische Eindrücke für kurze Zeit zu speichern, und eine Art akustischer Schleife, die verbale Daten abbildet. Diese Hörinformationen sind relativ lange verfügbar, falls sie der Betroffene gedanklich wiederholt, zum Beispiel beim Einprägen einer unbekannten Telefonnummer.

Anders als in der Alltagssprache verwendet man den Begriff »Kurzzeitgedächtnis« in der Wissenschaft nicht für Informationen, die der Mensch stunden- oder tagelang erinnert, denn für diese Einprägungsprozesse ist das Langzeitgedächtnis zuständig. Als Kurzzeitgedächtnis werden stattdessen Datenverarbeitungsvorgänge bezeichnet, die einen Zeitraum von einigen Sekunden bis zu wenigen Minuten – bei optimalen Bedingungen – umfassen und deren Speicherkapazität eng begrenzt ist.

Die Funktionen und Grenzen des Arbeitsgedächtnisses

Das Arbeitsgedächtnis stellt einen subjektiv verständlichen Zusammenhang von aktuellen Ereignissen her und verbindet die einzelnen Episoden unserer Lebenserfahrungen zu einer kontinuierlichen Geschichte. Das Kurzzeitgedächtnis filtert dabei einen kleinen Teil der Eindrücke des Sinnesgedächtnisses heraus, normalerweise in der Form mehr oder weniger vertrauter, subjektiv bedeutungsvoller Bild- und Sprachmuster in einer bestimmten zeitlichen Abfolge. Die meisten Informationen, die so verarbeitet werden, sind akustischer Natur. Viele ursprünglich visuelle Daten werden zuvor in verbale Signale »übersetzt«, zumeist unbewusst.

Das Fassungsvermögen des Kurzzeitgedächtnisses ist dabei deutlich begrenzter, wenn man es mit den anderen zeitabhängigen Erinnerungen vergleicht, also mit der sensorischen Wahrnehmung und dem Langzeitgedächtnis. Im Regelfall beschränkt es sich auf die kurzfristige Speicherung von fünf bis neun »Informationseinheiten«, die oft innerlich wiederholt werden, um sie möglichst lange im Arbeitsspeicher zu bewahren. Solche Einheiten können zum Beispiel Ziffern wie »6« oder »8« sein, aber auch miteinander verkettete Daten, etwa zwei- oder dreistellige Zahlenkombinationen oder der aus zwei Einzelwörtern zusammengesetzte Begriff »Trauerweide«.

Wenn jemand versucht, gleichzeitig mehr als neun Informationseinheiten in seinem Arbeitsgedächtnis zu behalten, kann er sich zwar manchmal die neuen, über die Grenze von neun Einheiten hinausgehenden Daten einprägen, doch die ersten Informationen dieser Reihe geraten in Vergessenheit.

Es gibt drei Herangehensweisen, durch die sich die begrenzte Kapazität des Kurzzeitgedächtnisses steigern lässt. Eine davon ist die sinnhafte Verknüpfung von Informationseinheiten zu einem größeren Ganzen, zum Beispiel wenn Sie sich die Reihenfolge der vier Ziffern »1«, »9«, »8« und »0« im Zusammenhang einprägen, etwa als Jahreszahl »1980«.

Wie Ihr Kurzzeitgedächtnis arbeitet

Um die Kapazität Ihres Kurzzeitgedächtnisses zu erforschen, können Sie einen kleinen Test machen. Holen Sie sich dazu ein Blatt Papier und einen Stift und lesen Sie die folgenden sieben Ziffern nacheinander laut vor, wobei Sie jede Zahl nur einmal ansehen und zwischen den einzelnen Ziffern einen Abstand von ein bis zwei Sekunden einhalten.

Anschließend legen Sie das Buch weg und schreiben die Zahlen, an die Sie sich erinnern, auf Ihren Zettel.

6 2 8 0 4 9 5

Wenn es Ihnen gelang, alle sieben Ziffern erfolgreich aus dem Kurzzeitgedächtnis abzurufen, sind Sie in dem Bereich ziemlich gut – mehr als neun vergleichbare Informationseinheiten lassen sich kaum im Arbeitsgedächtnis festhalten. Auch diese Behauptung können Sie in einem zweiten Schritt überprüfen. Wieder lesen Sie, bewaffnet mit Papier und Stift, die folgenden Zahlen hintereinander laut vor, wobei Sie jede Ziffer einmal angucken und zwischen den einzelnen Zahlen eine Pause von ein bis zwei Sekunden einlegen.

Danach notieren Sie die Ziffern, die Ihnen noch in Erinnerung sind.

7 3 8 1 5 4 2 9 9 6 0

Da es beim zweiten Teil des Experiments darum ging, elf einzelne Zahlen im Kurzzeitgedächtnis zu behalten, was die Kapazität des Arbeitsspeichers deutlich übersteigt, ist es sehr wahrscheinlich, dass Sie einige Ziffern vergessen haben. Möglicherweise haben Sie sich jedoch an die Zahlenkombination »9 9« besonders gut erinnert, denn die Wiederholung der Ziffer 9 fiel Ihnen auf, und so wurde aus zwei Informationseinheiten eine einzige.

Übrigens ist es für das Arbeitsgedächtnis kein Problem, sich eine lange Zahlenkombination wie

2 4 6 8 10 12 14 16 18 20 22 24 26 28 30

erfolgreich zu merken, obwohl sie mit 15 Ziffern deutlich über das Maximum von neun Informationseinheiten hinausgeht. Der Grund dafür liegt auf der Hand: Man muss sich dafür nur das Prinzip »Alle geraden Zahlen zwischen 2 und 30« vergegenwärtigen, was dann nicht mehr 15 Einzeleinheiten, sondern nur noch vier Informationen, nämlich »gerade Zahlen«, »ohne Ausnahme«, »beginnend bei 2«, »endend bei 30« umfasst – vorausge-

setzt, die entsprechenden Kenntnisse der Grundrechenarten, die Sie für die Bearbeitung dieser Aufgabe aktivieren müssten, sind Teil Ihrer Langzeiterinnerungen und helfen Ihnen bei dieser Kurzzeitaufgabe.

Die zweite Methode, die viele Menschen unbewusst anwenden, wenn sie sich Daten wie eine neue Telefonnummer merken wollen, ist die einfache Wiederholung der Informationen in Gedanken über Sekunden oder wenige Minuten, bis man sie nutzen oder aufschreiben kann.

Die oft erprobte Technik der inneren Wiederholung von Daten im Kurzzeitgedächtnis gilt als ziemlich störanfällig, was sich, zum Beispiel bei einer neuen Telefonnummer, spätestens dann erweist, wenn jemand die entsprechenden Zahlen innerlich wiederholt und während dieser Zeit von einem lauten Knall auf der Straße vor seinem Haus abgelenkt wird. Dann bleibt einem nichts anderes übrig, als noch einmal von vorn anzufangen – falls sich die neue Telefonnummer überhaupt ein zweites Mal herausfinden lässt.

Eine dritte Herangehensweise hat sich als besonders erfolgreich erwiesen, wenn es darum geht, die inhaltlichen und zeitlichen Begrenzungen des Arbeitsgedächtnisses zu erweitern. Bei dieser Methode wird das, was Sie eine Weile behalten wollen, ebenfalls innerlich wiederholt. Zuvor jedoch haben Sie die gewünschten Informationen mit der Hilfe Ihres Langzeitgedächtnisses analysiert, vorstrukturiert und so mit bereits gespeichertem Wissen verknüpft.

Neben einer erhöhten Aufmerksamkeit, die ohnehin beim Einprägen hilft, verbinden Sie so neue Daten mit Ihrer persönlichen Erfahrungswelt und mit einer subjektiven Bedeutung.

Kurzzeitspeicherung mit und ohne innere Vorstrukturierung

Wenn Sie Lust darauf haben, greifen Sie zu einem Zettel und einem Stift. Versuchen Sie sich als Erstes folgende Liste mit sieben unsortierten, relativ einfachen Begriffen aus der Biologie 20 Sekunden lang einzuprägen, indem Sie sie nicht weiter bearbeiten und ausschließlich in Gedanken wiederholen. Nach diesen 20 Sekunden klappen Sie das Buch zu, bleiben weitere zehn Sekunden dabei, die Wörter innerlich zu wiederholen, und notieren anschließend die Begriffe, die Ihnen nach diesem Zeitraum noch einfallen.

1. **Bakterie**
2. **Atmung**
3. **Wirbeltier**
4. **Ahornblatt**
5. **Flügel**
6. **Regenwurm**
7. **Ausscheidungsorgan**

Wie viele Wörter sind Ihnen in Erinnerung geblieben? Gab es Begriffe, die Sie etwas verändert im Kurzzeitgedächtnis hatten, und andere, die Sie sich exakt einprägen konnten? Es ist wahrscheinlich, dass Sie sich das erste und das letzte Wort dieser Reihe erfolgreich merken konnten, denn der Anfang und das Ende solcher Listen wird vom Arbeitsgedächtnis häufig bevorzugt.

Beim zweiten Teil der Übung geht es ebenfalls um sieben relativ einfache biologische Begriffe, die zunächst wirken, als stünden sie nicht in einem erkennbaren Zusammenhang. Lesen Sie diese Wörter kurz durch, ohne sie in Gedanken zu wiederholen.

1. **Milchdrüse**
2. **Eierleger**
3. **Schwimmhäute**
4. **Säugetier**
5. **Giftstachel**
6. **Plattschwanz**
7. **Einzelgänger**

Wenn Sie die sieben Begriffe durch einfaches inneres Wiederholen im Kurzzeitspeicher behalten wollten, würden Sie anschließend ähnlich viele Wörter wie beim letzten Übungsdurchgang erfolgreich abrufen können und den Rest vergessen. Allerdings stehen die Begriffe durchaus in einem inhaltlichen Zusammenhang, auch wenn er sich nicht auf den ersten Blick erschließt.

Stichwort Schnabeltier: Vielleicht erinnern Sie sich an das überaus merkwürdige australische **Säugetier**, das, anders als fast alle seiner Verwandten,

Eier legt und die Jungen nach dem Schlüpfen an Land mit einer primitiven **Milchdrüse** säugt. Schnabeltiere haben **Schwimmhäute** zwischen Fingern und Zehen, wie durch ihren **Plattschwanz** sind sie so hervorragend an das Leben im Wasser angepasst. Außerhalb der Paarungszeit gelten sie als **Einzelgänger**, und die Männchen verfügen über einen **Giftstachel** zur Gefahrenabwehr.

Nun können Sie sich die Wörter der oben stehenden Liste im Lichte dieser neuen Erkenntnisse noch einmal durchlesen. Wenn Sie Lust haben, ordnen Sie die Begriffe zusätzlich nach ihrer Wichtigkeit. Nicht objektive Bedeutsamkeit ist hier das Ziel, sondern Ihre subjektiven Prioritäten.

Eine andere bewährte Möglichkeit der Bearbeitung wäre, dass Sie, wenn Sie das obskure Lebewesen bereits kennen, dessen Aussehen innerlich abrufen (Visualisierung) und dabei die einzelnen Eigenschaften der Liste in einer Reihenfolge, die Sie überzeugt, optisch »scannen«, also zum Beispiel den Plattschwanz des Schnabeltiers nach den Schwimmhäuten und der Milchdrüse wahrnehmen.

Anschließend wiederholen Sie die geordneten Wörter innerlich 20 Sekunden lang, legen dann wieder das Buch weg, während Sie 10 Sekunden lang in Gedanken mit dem Wiederholungsvorgang fortfahren. Danach notieren Sie alles, was Sie noch in Erinnerung haben, auf einem Zettel.

Die Wahrscheinlichkeit, dass Sie sich beim zweiten Übungsdurchgang mehr Begriffe merken konnten als beim ersten, ist ziemlich hoch. Das gilt erst recht, wenn Sie neue Kurzzeitinformationen selbstständig mithilfe Ihres Langzeitgedächtnisses vorstrukturieren und mit Ihrem Vorwissen verbinden, statt hierbei die Vorschläge einer anderen Person – in diesem Fall meine Ideen zum Thema – nachzuvollziehen. Diese Methode ist übrigens auch sehr gut dazu geeignet, neue Daten dauerhaft im Langzeitspeicher zu verankern.

Das Langzeitgedächtnis

Die dritte Ebene der menschlichen Erinnerung, nach dem Sinnesgedächtnis und dem Kurzzeitspeicher, wird Langzeitgedächtnis genannt. Wenn dessen Funktionen ungestört sind, hat es im Alltag offenbar keine Kapazitätsgrenzen.

Im Langzeitgedächtnis finden die meisten Verarbeitungsprozesse statt, was sich auch daran erkennen lässt, dass die Informationsmenge, die sich von der sensorischen bis zur kurzfristigen Erinnerung deutlich verringert hat, im Langzeitspeicher wieder zunimmt. Das liegt daran, dass wir neue Sinneseindrücke, um sie erfolgreich dauerhaft aufzubewahren, gedanklich interpretieren, emotional bewerten und mit unseren Vorerfahrungen verknüpfen, bewusst wie unbewusst.

Wie das Sinnesgedächtnis und der Kurzzeitspeicher besteht auch das Langzeitgedächtnis aus mehreren Systemen, die verschiedene Arten von Informationen aufnehmen, bearbeiten und bewahren.

✔ Das erklärende Gedächtnis, das man auch deklaratives Gedächtnis nennt, wird unterteilt in ein System, das biografische Erinnerungen speichert, und ein weiteres, das für das Wissen über die Welt verantwortlich ist. Da wir uns die meisten Erkenntnisse über das Leben und die Menschen schon in der Kindheit durch Sprache erschließen, arbeitet das Wissensgedächtnis hauptsächlich mit verbalen Signalen (oder Codes), indem es zum Beispiel ein Gemälde, das jemand betrachtet, mit sprachlichen Beschreibungen und Interpretationen verknüpft, worüber die Bildeigenschaften später wieder aktiviert werden. Aber natürlich bestehen Erinnerungen aus unterschiedlichen Erfahrungen aller möglichen Sinneskanäle, sie werden bloß verbal geordnet und interpretiert.

Interesse, persönliche Bedeutung und starke Gefühle, die mit einer Langzeitspeicherung einhergehen, erhöhen die Wahrscheinlichkeit, dass wir bestimmte Informationen – häufig in subjektiv verzerrter Form – erfolgreich abrufen können. Die Funktionen des erklärenden Gedächtnisses, die im Neocortex, dem entwicklungsgeschichtlich jüngsten Bereich der Großhirnrinde, angesiedelt sind, lassen sich in gewissen Grenzen durch das Bewusstsein steuern und beeinflussen.

✔ Das sogenannte Verhaltensgedächtnis (prozedurales Gedächtnis) speichert automatisierte Handlungsprozesse und Fertigkeiten, die oft mit komplexen Bewegungen verbunden sind. Dieses Langzeit-Erinnerungssystem ist dafür verantwortlich, dass wir motorische Abläufe wie Gitarrespielen, Tanzen, Handarbeiten oder Autofahren erlernen und später auch dann wieder erfolgreich aktivieren können, wenn wir uns jahrelang nicht mit ihnen beschäftigt haben.

Da das Verhaltensgedächtnis nicht die Großhirnrinde, sondern evolutionsgeschichtlich ältere, untergeordnete Bereiche des Gehirns beansprucht, deren Funktionen weitgehend automatisch ablaufen, ist es kaum möglich, diese Vorgänge hauptsächlich durch das Bewusstsein zu steuern. Aber natürlich kann man solche Prozesse motorisch einüben und weiter ausbauen, zum Beispiel begleitet von verbalen Anweisungen im Sport oder in der Fahrschule.

Systematische Störfaktoren bei Langzeiterinnerungen

Motorische Prozesse, für die das prozedurale Langzeitgedächtnis verantwortlich ist, werden häufig durch Gewohnheiten beeinträchtigt, die in der Vergangenheit durchaus angemessen waren, aber inzwischen nicht mehr zu den veränderten Umständen passen. Diese Beobachtung kann jeder nachvollziehen, der als Kontinentaleuropäer Großbritannien besucht hat und mit seinem Routineverhalten, beim Überqueren einer Straße zuerst nach links und dann nach rechts zu sehen, fast mit dem inseltypischen Linksverkehr kollidiert wäre.

Biografische Erinnerungen und Wissensdaten, die das erklärende (deklarative) Langzeitgedächtnis bearbeitet, sind besonders störanfällig, wenn eine neue Information einer bereits gespeicherten ähnelt – und umgekehrt –, was dann häufig zu Verwechslungen führt.

Wenn es Sie interessiert, in einem kleinen Experiment zu prüfen, wie neuere Gedächtnisinhalte ältere Eindrücke verdrängen können, versuchen Sie einmal, sich möglichst genau an Ihre letzte Anschrift zu erinnern, einschließlich der Postleitzahl, bevor Sie an den Ort gezogen sind, an dem Sie jetzt leben. (Alternativ können Sie sich auch an Ihrer letzten ehemaligen Festnetz- oder Handy-Telefonnummer erproben.) Es ist recht wahrscheinlich, dass einige – oder alle – früheren Informationen inzwischen durch die aktuellen Daten ersetzt wurden, was den Abruf der älteren Gedächtniseindrücke sehr erschwert. Da Sie Ihre frühere Adresse oder Telefonnummer heute nicht mehr benötigen, wurden die alten Erinnerungen vermutlich durch neue überschrieben.

Mehr zum Thema Langzeitgedächtnis und zu den Methoden, durch die sich das Speichern und Aufrufen von Informationen aus diesem Erinnerungssystem verbessern lässt, finden Sie in Kapitel 8.

Wie aus Einzelheiten das ganze Bild entsteht

Unabhängig von der Verarbeitungsebene, also bei der sensorischen Erinnerung wie auch beim Kurzzeit- und beim Langzeitgedächtnis, versucht das menschliche Gehirn, die Vielzahl der Informationsbündel, die von den verschiedenen Sinneskanälen oder aus den Speichern der Innenwelt kommen, zu einem sinnvollen Ganzen zusammenzufügen.

Andernfalls hätten wir keine Chance, uns in der Welt angemessen zu orientieren und mit anderen Personen zu kommunizieren, denn wir würden uns in unzähligen Wahrnehmungsdetails verlieren.

Normalerweise sind fünf Kategorien von Umweltreizen für die Erinnerungsfunktionen entscheidend, nämlich

- ✔ die sinnliche Herkunft einer Information, also Sehen, Hören, Riechen, Schmecken, Tasten, Kälte- und Wärmegefühle oder die Empfindung von Schmerz.
- ✔ die qualitativen Eigenschaften des Reizes. Beim Sehen gehören unter anderem Farbe, Helligkeit und Kontrast zu dieser Kategorie.
- ✔ die Intensität des Signals; beim Hören ist das die Lautstärke eines Geräusches.
- ✔ der zeitliche Verlauf des übertragenen Reizes, also zum Beispiel quietschende Bremsen eines Autos, gefolgt vom Knall eines Auffahrunfalls.
- ✔ der Ort, an dem das Signal wahrgenommen wurde.

Diese wichtigsten Informationen bildet das Gehirn auf unterschiedliche Weise ab. Zum Beispiel bestimmt der Ort, an dem ein Reiz verarbeitet wird, dessen subjektive Zuordnung. Das Gehirn interpretiert das als »Sehen«, was die Bereiche der Großhirnrinde erregt, die für die visuelle Wahrnehmung zuständig sind.

Die Frage, wie es unserem »Zentralorgan« gelingt, etwa die Farbe, den Geruch und den Geschmack eines Apfels zu einem einheitlichen Ganzen zusammenzuführen, war den Neurowissenschaftlern lange Zeit ein Rätsel. Inzwischen mehren sich die Hinweise darauf, dass die entsprechenden Erregungsmuster von Nervenzellen, in diesem Fall also Muster für optische, geruchs- und geschmacksbedingte Wahrnehmungen eines Objekts, gleichzeitig aktiv sind, was das Gehirn so interpretiert, als seien sie Bestandteile der gleichen Sache – meistens zu Recht.

Ein weiteres Prinzip, nach dem die menschliche Signalverarbeitung funktioniert, ist der Umstand, dass wir in den allermeisten Fällen nur einen Bruchteil der physikalischen Informationen der Außenwelt benötigen, um etwas zu erkennen und es mehr oder weniger angemessen einordnen zu können.

Schließlich erinnern wir uns häufig daran, welche Eigenschaften Gegenstände – oder Menschen – normalerweise haben, und rufen uns dieses Wissen in Erinnerung, wenn wir etwas wahrnehmen, bewusst und unbewusst. Wer zum Beispiel den Tisch eines Freundes zum ersten Mal sieht, beobachtet keineswegs jeden einzelnen Punkt dieses Objekts, so wie es eine Digitalkamera tun würde. Stattdessen beschränkt sich der Betrachter darauf, einige Linien und andere Grundmerkmale des Objekts zu »scannen«.

Ein Gedächtnisvergleich mit ähnlichen Gegenständen führt viel schneller zu der Erkenntnis »Aha, ein neuer Tisch« als der Versuch, sämtliche äußeren Eigenschaften des Objekts präzis zu erfassen.

Vergessen und Verdrängen

Es gibt verschiedene wissenschaftliche Theorien, die zu erklären versuchen, wie es dazu kommt, dass wir einen Teil der Inhalte unseres Langzeitgedächtnisses irgendwann nicht mehr abrufen können.

Vielleicht erinnern Sie sich daran, dass auf der Ebene des Sinnesgedächtnisses und des Kurzzeitgedächtnisses viele Informationen verloren gehen, da stets nur ein kleiner Teil der ursprünglichen Daten an höhere Wahrnehmungs- und Verarbeitungsstrukturen weitergeleitet wird. Andernfalls wäre die menschliche Erinnerung ständig mit überflüssigen Reizen überlastet, die wir später nicht mehr benötigen. Subjektive Bedeutsamkeit, vermittelt durch starke Gefühle, ist das wichtigste Anzeichen für eine dauerhafte Speicherung im Langzeitgedächtnis.

Ursachen für das Vergessen von Langzeitinformationen

Einen wichtigen Faktor für das Vergessen habe ich bereits beschrieben: Spätere Eindrücke können frühere Informationen überlagern, wenn sie sich ähneln, und umgekehrt. Dieser Vorgang wird übrigens »Interferenz« genannt. Doch was geschieht mit den Daten, die wir nicht mehr in Erinnerung haben, ohne dass sich solche Überlagerungsprozesse beobachten ließen?

Viele Jahre bevorzugten die meisten Forscher die Theorie des Spurenzerfalls. Diese Idee besagt, dass Gedächtnisspuren, wenn sie lange nicht genutzt werden, mit der Zeit verblassen und zerfallen, was dann den Abruf aus dem Langzeitspei-

cher unmöglich macht. Das würde bedeuten, dass es umso schwieriger ist, eine Erinnerung wieder aufzurufen, je mehr Zeit seit dem entsprechenden Ereignis vergangen ist. Doch inzwischen konnten Neurowissenschaftler in etlichen Versuchen an Tieren und Menschen beweisen, dass ein Großteil der Nervenquerverbindungen im Gehirn, der sogenannten Synapsen, die sich bei allen Gedächtnisvorgängen bilden und verändern, bestehen bleibt und schnell reaktiviert werden kann, selbst wenn man sie lange Zeit nicht nutzt.

Diese Erkenntnis erklärt auch, weshalb es uns häufig möglich ist, eine Information wiederzuerkennen, über die wir nicht mehr aktiv verfügen. Das lässt sich zum Beispiel bei Fernseh-Quizsendungen beobachten, wenn ein Kandidat eine Frage erfolgreich löst, bei der es »irgendwie geklingelt« hat, als er die möglichen Antworten sah. Ohne diese Hilfestellung wäre es ihm nicht möglich gewesen, das verschüttete Wissen aus seinem Langzeitgedächtnis abzurufen.

Viele Forscher vermuten inzwischen, dass ein funktionierender Langzeitspeicher, wenn man von der frühen Kindheit absieht, Informationen ein Leben lang bewahrt – auch wenn es häufig schwierig ist, verschüttete Erinnerungen erneut zu aktivieren.

Dass manche Inhalte durch bewusste Anstrengungen nicht zu finden sind, liegt oft daran, dass sich der Zusammenhang einer bestimmten Erinnerung nicht mehr herstellen lässt, was dann dazu führt, dass der gewünschte Abruf misslingt. Dieser Vorgang steht oft im Hintergrund der Erfahrung, dass einem etwas »auf der Zunge liegt«, obwohl man die Information nicht reaktivieren kann.

Nicht selten hilft in solchen Fällen bewusste Ablenkung: Wenn Sie sich mit etwas beschäftigen, das nichts mit Ihrer Erinnerungssuche zu tun hat – oder sich einfach ein Weilchen entspannen –, arbeitet das Langzeitgedächtnis häufig unbewusst weiter an der Lösung Ihres Abrufproblems. Irgendwann stellt es dann den nötigen Zusammenhang zur Verfügung, und plötzlich wissen Sie wieder, woran Sie sich gerade erinnern wollten.

Die Hintergründe von Verdrängungsprozessen

Lange Zeit war es höchst umstritten, ob Menschen unangenehme Erfahrungen und Lebensereignisse, die ihr Selbstwertgefühl oder ihr positives Selbstbild beeinträchtigen könnten, aus der Erinnerung verdrängen.

Verdrängung ist ein bedeutender Begriff der Psychoanalyse von Sigmund Freud (1856–1939), und die angemessene Auflösung solcher und ähnlicher Mechanismen des Selbstbetrugs steht im Zentrum sei-

nes Behandlungsverfahrens. Ob es Verdrängungsprozesse wirklich gibt, war lange Zeit eher eine Frage des Standpunkts als der wissenschaftlichen Erkenntnis.

Es mehren sich die Hinweise, dass Verdrängungsvorgänge wirklich existieren – und dass sie sich sogar durch moderne bildgebende Diagnoseverfahren wie die Magnetresonanztomografie (MRT) im Gehirn beobachten lassen.

Ein »Spiegel«-Artikel berichtet von einem Versuch an der University of Colorado, bei dem freiwilligen Teilnehmern neben unproblematischen Fotos von menschlichen Gesichtern auch negativ bewertete Bilder von Unfallszenen, verletzten Soldaten und elektrischen Stühlen gezeigt wurden. Anschließend schob man die Versuchspersonen in die MRT-Röhre, wo sie nur noch die unproblematischen Porträts betrachten sollten.

Eine Hälfte der Gruppe wurde aufgefordert, sich an die negativen Fotos, die sie zusammen mit den positiven gesehen hatten, zu erinnern, die andere Hälfte bat man, die unangenehmen Erinnerungen gezielt zu unterdrücken. Das funktionierte tatsächlich, und die Forscher stellten fest, dass es Bereiche im Gehirn gibt, die negative visuelle Erinnerungen hemmen können, und andere, denen es gelingt, die entsprechenden emotionalen Bewertungen zu blockieren.

Mehr oder weniger bewusste Verdrängungsleistungen können in manchen Fällen helfen, schlimme Lebenserfahrungen teilweise oder vollständig aus dem aktiven Gedächtnis zu löschen. Allerdings haben Wissenschaftler bislang noch keine Versuchsanordnung gefunden, durch die sich beweisen ließe, dass Menschen negative Erlebnisse durch unbewusste Prozesse aus dem Teil ihrer Erinnerung, der dem Bewusstsein zugänglich ist, entfernen können, wie es Sigmund Freud einst beschrieben hat.

Besonders traumatische Erfahrungen wie eine Vergewaltigung oder ein Überfall scheinen sich in vielen Fällen in das Gedächtnis des Betroffenen einzubrennen, anstatt, was vermutlich gesünder wäre, aus dem Bewusstsein verdrängt zu werden. Die Erinnerungsschleifen, die in solchen Fällen entstehen und das Opfer lange quälen können, bedürfen unbedingt einer psychotherapeutischen Behandlung. Mehr zu diesem Thema erfahren Sie in meinem Buch *Psychotherapie für Dummies*.

Obwohl unbewusste Verdrängungsvorgänge neurophysiologisch nicht belegt werden können, sprechen sowohl im Alltag als auch in der Psychotherapie viele Beobachtungen dafür, dass es sie gibt. Vielleicht nicht unbedingt bei starken Traumatisierungen, die jemand erleiden musste, aber recht häufig bei Erlebnissen, die den Betroffenen, würde er sich wirklich daran erinnern, in einem schlechten Licht dastehen ließen und sein positives Selbstbild gefährdeten.

Sinnesübungen und biografische Erinnerungen

4

In diesem Kapitel

- Ungewöhnliche Sinneswahrnehmungen erkunden
- Sinnesübungen mit einem Partner erleben
- Persönliche Erinnerungen über assoziative Verknüpfungen aktivieren
- Gedächtnis und Schlaf verstehen
- Träume merken und verarbeiten

Zunächst stelle ich Ihnen einige interessante Übungen vor, durch die Sie spielerisch Ihre Aufmerksamkeitsfähigkeiten erforschen und ausbauen können. Einen Teil dieser Übungen führen Sie am besten allein durch, andere sind für zwei Personen geeignet, falls Ihnen ein guter Freund oder Ihr Partner zur Verfügung steht.

Anschließend beschreibe ich das autobiografische Verarbeitungssystem des Langzeitgedächtnisses. Sie erfahren, wie Sie viele vorübergehend verblasste Inhalte Ihrer Erinnerungen wiederherstellen können, indem Sie den Zusammenhang einer Lebenserfahrung durch vielfältige gedankliche Verknüpfungen aktivieren.

Danach geht es um die Zusammenhänge zwischen Gedächtnis, Lernen und Schlaf. Zuletzt präsentiere ich Ihnen einige Ideen, die Ihnen dabei helfen sollen, sich Ihre Nachtträume bei Bedarf besser einzuprägen und belastende Traumgeschichten im Wachzustand erfolgreich zu verarbeiten.

Sinnesübungen zur Erkundung und Verbesserung der Aufmerksamkeit

Abgesehen von automatisierten Gewohnheitshandlungen, über die wir, solange sie zur Situation passen, kaum oder gar nicht nachdenken müssen, erfordern die meisten Erinnerungen eine mehr oder weniger stark ausgeprägte Aufmerksamkeit.

Aufmerksamkeit kann sich nach außen richten, wenn jemand einen Sinnesreiz bewusst wahrnehmen und ihn sich einprägen möchte, und nach innen, wenn es um die Konzentration auf Gedanken, den Vergleich eines aktuellen Erlebnisses mit früheren Erfahrungen und andere Erinnerungen geht. Im Alltag arbeiten diese beiden Prozesse fast immer zusammen.

Chancen und Grenzen von Aufmerksamkeitsreaktionen

Durch Aufmerksamkeitsreaktionen wählen Menschen aus den zahlreichen Außenreizen, mit denen sie täglich konfrontiert werden, was sie interessiert und was sie für bedeutsam halten. Subjektiv unwichtige Signale werden normalerweise kaum oder gar nicht wahrgenommen, oder man vergisst sie schnell. Dieses Prinzip hat sich auch die Werbung zunutze gemacht, indem sie unzählige Reize verwendet, auf die potenzielle Kunden mit Neugier und Interesse reagieren sollen – etwa junge, schöne Frauen und Männer, die überaus glücklich wirken, weil sie ihre »Freunde« stets mit der »richtigen« Süßigkeit überraschen.

Allerdings ist der Mensch keineswegs Sklave seiner Außenwahrnehmungen. Wir können beschließen, auf bewusst wahrgenommene Signale nicht zu reagieren – zum Beispiel wenn uns eine Werbung nervt, was uns vielleicht dazu bringt, das aufgedrängte Produkt nicht zu kaufen. Außerdem gibt es auch einige Fälle, bei denen jemand seine Aufmerksamkeit auf etwas richtet, was er nicht bewusst registriert hat, etwa beim Geräusch einer Feuerwehrsirene, die sich in verfremdeter Form in einen Nachttraum einschleicht.

Neben äußeren Ablenkungen kann die Konzentrationskraft auch durch innere Ablenkungen beeinträchtigt sein. Außer für Müdigkeit, Unwohlsein und körperlichen Erkrankungen gilt das vor allem für abschweifende Gedanken und Tagträume, aber auch für selbstkritische bis selbstzerstörerische Grübeleien, wie sie zum Beispiel bei Depressionen, Angststörungen oder Burn-out-Erkrankungen beobachtet werden. Mehr dazu, wie Sie mit solchen Aufmerksamkeitsproblemen angemessen umgehen können, finden Sie in Kapitel 6. Erfolg versprechende Maßnahmen gegen eine beginnende oder fortgeschrittene Ausbrennsymptomatik beschreibe ich in meinem Buch *Burn-out für Dummies*.

Aufmerksamkeitsübungen zur Stärkung des Gedächtnisses

Einige Übungen eignen sich sowohl zur Stärkung der Konzentrationsfähigkeit als auch zur Verbesserung der Erinnerung. Hier steht hauptsächlich das Kurzzeitgedächtnis und der Übergang zum Langzeitgedächtnis im Mittelpunkt. Mehr zum Thema kurz- und langfristige Erinnerung finden Sie in Kapitel 3.

Einige kurze Konzentrationsübungen

Aufmerksamkeitsübungen funktionieren erfahrungsgemäß am besten, wenn Sie eine Weile ungestört sind. Nehmen Sie sich also ein bisschen Zeit und Ruhe, schalten Sie Ihre Telefone aus und bitten Sie Ihre Familie gegebenenfalls darum, für ein paar Minuten allein sein zu dürfen.

Wenn es Sie interessiert, versuchen Sie sich an der möglichst genauen Beschreibung eines Alltagsgegenstands, den Sie bereits gut kennen, ohne dieses Objekt noch einmal anzusehen. Das kann zum Beispiel Ihre Kaffeemaschine sein, ein Blumenstrauß, der auf Ihrem Tisch steht, Ihre Haustür oder ein Bild, das in Ihrem Wohnzimmer hängt.

Entweder Sie beschränken sich darauf, Ihre Beobachtungen in Gedanken durchzuführen, zunächst mit geöffneten Augen, oder Sie notieren sie auf einem Blatt Papier. Konzentrieren Sie sich auf das Aussehen Ihres Alltagsobjekts. Welche Farben sind Ihnen in Erinnerung, und wie grenzen sie sich voneinander ab? Wirkt die Oberfläche eher glänzend oder eher matt? Wie sehen Form und Konturen aus? Welche optischen Kontraste weist der Gegenstand auf? Aus welchem Material wurde er gefertigt, und wie groß ist er?

Dann richten Sie Ihre Aufmerksamkeit in Gedanken auf den Tastsinn. Wie würde sich Ihr Alltagsobjekt mit den Händen anfühlen? Spüren Sie Wärme oder Kühle? Wie empfinden Sie das Material, aus dem der Gegenstand besteht? Versuchen Sie ihn überall abzutasten, oben, unten, hinten und vorn. Wie würde es sich anfühlen, wenn Sie das Objekt vollständig in den Händen hielten? Welche Emotionen löst es in Ihnen aus?

Jetzt schließen Sie Ihre Augen und stellen sich den Alltagsgegenstand in allen Einzelheiten vor. Dieser Vorgang wird »Visualisierung« genannt, und Visualisieren ist auch eine besonders wichtige Methode, die bei vielen Mnemotechniken eingesetzt wird, um eher abstrakte Informationshäppchen

zu spannenden Bildern und Geschichten zu verknüpfen, was die Langzeit-Erinnerungsfähigkeiten deutlich erhöht. Mehr zum Thema Visualisierung finden Sie unter anderem in den Kapiteln 12 und 14.

Mit geschlossenen Augen können Sie sich nun auch auf die anderen Sinne konzentrieren, mit denen Sie Ihr Objekt im ersten Teil der Übung wahrgenommen haben, also auf den Tastsinn, auf Kälte- oder Wärmeempfindungen und auf Ihre Gefühle. Vielleicht fallen Ihnen in dieser Situation noch ein paar Eigenschaften des Gegenstands auf, die Sie vorher nicht in Erinnerung hatten.

Danach öffnen Sie die Augen und fassen Ihre Erkenntnisse zusammen, entweder in Gedanken oder, was häufig eine gute Gedächtnisstütze ist, schriftlich. (Wenn es Ihnen Spaß macht, können Sie das Objekt auch als Skizze zeichnen.) Zuletzt überprüfen Sie Ihre Erinnerungen am realen Gegenstand. Welche Vermutungen stimmten, wo wichen sie von der Wirklichkeit ab? Konnten Sie sich eher das »ganze Bild« ins Gedächtnis rufen oder bestimmte Details? Haben Sie Einzelheiten dazu erfunden oder etwas Wesentliches übersehen?

Wenn Sie Lust haben, wiederholen Sie diese Übung bei Bedarf, entweder mit einem anderen Objekt oder mit dem, das Sie bereits näher erforscht haben. So bemerken Sie etwaige Fortschritte beim Beobachten und Konzentrieren recht schnell.

Hier noch zwei Varianten der letzten Übung:

1. Holen Sie sich einen kleinen Gegenstand wie eine Gabel, einen Kugelschreiber oder ein Wasserglas, das Sie vor sich hinstellen. Konzentrieren Sie sich nur auf dieses Objekt und beobachten Sie es, ohne viel darüber nachzudenken. »Tasten« Sie den Gegenstand von allen Seiten mit Ihrer Wahrnehmungskraft ab.

2. Setzen Sie sich an einen Tisch und legen Sie dort ein Alltagsobjekt hin. Nehmen Sie seine Eigenschaften, sein Material und seine Raumdimensionen wahr, im Großen und Ganzen wie in den Einzelheiten. Zunächst vielleicht optisch, gefolgt vom Tastsinn und von Ihren Gefühlen, wobei Sie sich hinreichend Zeit lassen sollten. Danach schließen Sie Ihre Augen und visualisieren den Gegenstand möglichst genau aus der Erinnerung. Anschließend überprüfen Sie Ihr Gedächtnis, indem Sie das Objekt noch einmal ansehen.

Sinnesübungen mit einem Partner

Da ein Großteil unserer Erinnerungsleistungen in der Kommunikation entsteht, beginnend mit der Kindheit, sind viele Gedächtnisübungen besonders sinnvoll, wenn sie den Kontakt zu den Mitmenschen im Blick haben.

Wenn sich jemand zum Beispiel effektiv auf eine Schul- oder Universitätsprüfung vorbereiten will, empfiehlt es sich häufig, eine Lerngruppe mit anderen Kandidaten zu gründen, statt ausschließlich »im stillen Kämmerlein« vor Büchern und Computer zu sitzen. Vor allem bei mündlichen Tests ähnelt dann die Vorbereitungssituation der eigentlichen Prüfung, was die Wahrscheinlichkeit eines Scheiterns deutlich verringert. Mehr zu diesem Thema finden Sie in Kapitel 12.

Auch bei Aufmerksamkeitsübungen, die die kurzfristigen Wahrnehmungsfunktionen und die Konzentrationskraft stärken sollen, ist es häufig spannend, gemeinsam mit einem engen Vertrauten, etwa dem Partner oder einem guten Freund, zu trainieren.

Nach jedem der folgenden Experimente, bei denen es nicht um Höchstleistungen, sondern um Selbsterfahrung gehen sollte, können Sie dann mit Ihrem Angehörigen über das Erlebnis sprechen oder, falls es ihn interessiert, die Rollen tauschen.

Diese Übung lehnt sich an die sogenannten »Kim-Spiele« für Kinder an. Bitten Sie einen Vertrauten darum, vier bis sieben kleinere Alltagsgegenstände auf einem Tablett »anzurichten«, das er Ihnen anschließend präsentiert. Sie betrachten die Objekte und deren räumliche Anordnung aufmerksam etwa eine halbe Minute lang, ohne dabei zu sprechen. Danach stellt Ihr Partner das Tablett ab, ohne dass Sie es sehen könnten. Nach einer kurzen Pause beschreiben Sie ihm die Gegenstände und deren Ort auf dem Tablett, soweit Sie sich daran erinnern, oder zeichnen sie skizzenartig auf einen Zettel. Zuletzt überprüfen Sie Ihr Kurzzeitgedächtnis, nachdem Ihr Vertrauter das Tablett wieder in Sichtweite hingestellt hat.

Andere Partnerexperimente, bei denen spielerisch orientierte Sinnesübungen im Mittelpunkt stehen, erfordern etwas Mut und ein Gegenüber, auf das Sie sich verlassen und dem Sie bedingungslos vertrauen können, denn hier geht es darum, kurze Zeit die Kontrolle an einen anderen Menschen abzugeben.

Mit verbundenen Augen die Welt wahrnehmen

Diese Übung lässt sich in Ihrer Wohnung oder, was oft noch interessanter ist, in Ihrem Garten oder in der freien Natur durchführen. Alles, was Sie dazu brauchen, ist ein Tuch, mit dem sich Ihre Augen verbinden lassen, und ein Mensch, dem Sie ohne Angst ein paar Minuten die Verantwortung für Ihr Wohlbefinden übertragen können.

Der Zweck des Selbstbeobachtungsexperiments besteht darin, Ihr wichtigstes sensorisches Organ, bei den allermeisten Menschen ist das der Gesichtssinn, vorübergehend auszuschalten, um anderen Sinneseindrücken, die häufig im Hintergrund der Alltagswahrnehmung bleiben, hinreichend Platz einzuräumen.

Erst verbindet Ihnen also Ihr Partner die Augen, sodass Sie wirklich nichts mehr sehen können. Ihr Gefährte hat nun die Aufgabe, Sie in den nächsten zehn oder fünfzehn Minuten am Arm durch Ihre Wohnung, den Garten oder ein Stück Natur zu führen, wobei Sie sich möglichst zu jeder Zeit sicher fühlen sollten. Bei Naturerlebnissen empfiehlt sich eine gewisse Ungestörtheit, denn es ist nicht das vorrangige Ziel der Übung, irritierte Fragen neugieriger Passanten zu beantworten.

Wenn es geht, unterhalten Sie sich währenddessen nur, wenn es gerade gilt, einem Hindernis auszuweichen oder eine besondere Tasterfahrung zu machen. Falls Sie die Übung irgendwann abbrechen wollen, egal aus welchem Grund, nehmen Sie einfach die Augenbinde wieder ab.

Sobald Sie sich ein bisschen an die neue Situation gewöhnt haben, konzentrieren Sie Ihre Aufmerksamkeit zunächst auf den Gehörsinn. Versuchen Sie festzustellen, von welchen Quellen die Geräusche, die Sie gerade wahrnehmen, stammen könnten, und aus welcher Richtung sie kommen.

Falls Sie die Übung im Garten oder in einem wenig frequentierten Waldstück durchführen und sich ein bisschen mit den unterschiedlichen Vogelstimmen auskennen, haben Sie zudem die Chance, in Gedanken zu raten, welcher Vogel gerade sein Lied erklingen lässt.

Viele Klangschattierungen, viele räumliche Richtungshinweise und etliche Details Ihrer akustischen Beobachtungen würden vermutlich Ihrer Aufmerksamkeit entgehen, wenn, wie sonst, Ihr Gesichtssinn dominierte.

Nun richten Sie Ihre Konzentration auf den Geruchssinn. Welche Gerüche, welche Düfte können Sie unterscheiden? Aus welcher Richtung kommen

sie? Empfinden Sie einen bestimmten Geruch als angenehm oder als eher unangenehm? Falls Sie gerade im Sommerhalbjahr in Ihrem Garten oder in der freien Natur sind: Gelingt es Ihnen, den Duft einer Blume, einer Strauchblüte oder eines blühenden Baumes zu erkennen?

Anschließend können Sie Ihren »Blindenführer« darum bitten, Sie ein paar interessante – und selbstverständlich ungefährliche – Objekte berühren zu lassen. Jetzt konzentrieren Sie sich also auf Ihren Tastsinn. Wenn Sie zu Hause üben, geht es vielleicht um ein Fotoalbum, ein Schreibgerät oder das Stofftier Ihres Kindes. In der Natur steht möglicherweise ein Stück Baumrinde, ein Grasbüschel oder ein interessanter Stein im Zentrum Ihrer Aufmerksamkeit. Wie fühlt sich das jeweilige Objekt an, und welche Gefühle löst es bei Ihnen aus? Worum könnte es sich dabei handeln? Macht es einen Unterschied, ob Sie den Gegenstand von vorn anfassen oder von hinten, von oben oder von unten?

Erkunden Sie auch Ihre Stimmungslage in dieser ungewöhnlichen Situation. Wie leicht, wie schwerfällt es Ihnen, eine Weile die Kontrolle über einen Teil Ihrer Außenwelt an einen Angehörigen oder einen guten Freund abzugeben? Wissen Sie noch, wo Sie gerade sind, oder haben Sie irgendwann die Orientierung verloren? In welchen Situationen fühlen Sie sich bei Ihrem Übungspartner sicher, wann fällt es Ihnen möglicherweise nicht so leicht, ihm bedingungslos zu vertrauen?

Zuletzt nehmen Sie nach einer kurzen Absprache Ihre Augenbinde ab und tauschen sich mit Ihrem Partner über Ihre wechselseitigen Erfahrungen aus. Was hat Ihnen gut gefallen, was hätten Sie sich vielleicht anders vorgestellt? Welche Objekte haben Sie richtig erkannt? Wo kam es zu Unterschieden im Verhältnis zur Wirklichkeit und womit könnten sie zusammenhängen?

Wenn es Ihren vormaligen »Blindenführer« interessiert, sich selbst an solchen ungewöhnlichen Wahrnehmungen zu versuchen, tauschen Sie anschließend die Positionen. Dann werden Sie feststellen, wie Sie sich in der sehenden Rolle fühlen und was Ihnen unter diesen Umständen in Erinnerung bleibt.

Biografische Erinnerungen über gezielte mentale Verknüpfungen aktivieren

Das autobiografische Gedächtnis ist ein Untersystem des erklärenden (deklarativen) Langzeit-Erinnerungsspeichers, zu dem auch das verbal orientierte Wissensgedächtnis gehört.

Die meisten Forscher nennen die persönlichen Erinnerungen »episodisches Gedächtnis«, weil wir uns biografische Erlebnisse als Episoden einprägen, zusammen mit der Zeit und dem Ort, an denen sie geschahen – anders als abstraktes Wissen wie »natürliche Zahlen, die sich nur durch sich selbst und durch 1 teilen lassen, heißen Primzahlen«. Allerdings werden die meisten persönlichen Erinnerungen subjektiv verzerrt und interpretiert. Mehr zu diesem Thema finden Sie in Kapitel 3.

Wie das biografische Gedächtnis arbeitet

Neben bewusst gelenkten Prozessen funktioniert ein Teilbereich des autobiografischen Gedächtnisses unbewusst und weitgehend automatisch. Denn alltägliche Erlebnisse werden im Allgemeinen ohne jede Anstrengung und von Augenblick zu Augenblick erfasst, sodass wir anderen Menschen davon berichten können, obwohl wir uns nicht unbedingt vorgenommen haben, das irgendwann zu tun.

Ein wichtiges Prinzip der persönlichen Erinnerung ist der Umstand, dass wir zusammen mit den Einzelereignissen auch deren individuelle Bedeutung und den zeitlich-räumlichen Zusammenhang speichern, was es uns ermöglicht, vollständige Szenen statt einer Reihe von unverbundenen Details im Gedächtnis zu haben.

Vielleicht erinnern Sie sich daran, dass subjektive Bedeutsamkeit, vermittelt durch starke Gefühle wie Freude, Angst, Wut oder Traurigkeit, den vermutlich wichtigsten Einzelfaktor darstellt, der darüber bestimmt, ob Menschen sich später an eine bestimmte Erfahrung erinnern können. Diese Beobachtung gilt zwar, in gewissen Grenzen, auch für andere Gedächtnissysteme, doch bei der biografischen Erinnerung ist das Prinzip der emotionalen Anbindung am stärksten ausgeprägt.

Dass gerade persönliche Erfahrungen abhängig von ihrer Bedeutung für das Gefühlsleben gespeichert werden, liegt daran, dass an diesen Vorgängen neben evolutionsgeschichtlich jungen, hoch entwickelten Bereichen der Großhirnrin-

de auch ältere Gehirnregionen beteiligt sind, die hauptsächlich Emotionen und Triebe verarbeiten.

Wenn das System der autobiografischen Erinnerung beeinträchtigt ist oder vollständig ausfällt, etwa durch einen Unfall oder eine schwere Erkrankung, hat das häufig keine messbaren Auswirkungen auf andere Gedächtnisleistungen.

Bessere Erinnerungsleistungen durch vergleichbare Umstände beim Erwerben und Abrufen einer Erfahrung

Persönliche Erinnerungen können, das haben viele Experimente festgestellt, am leichtesten aus dem Gedächtnis abgerufen werden, wenn die Umstände der Datensuche den Bedingungen ähneln, mit denen das ursprüngliche Erlebnis zusammenhing. Diese Beobachtung gilt übrigens nicht nur für die eigene Biografie, sondern für alle Bereiche, bei denen Ereignisse mit ihrem zeitlichen und räumlichen Zusammenhang gespeichert werden. Das bedeutet zum Beispiel, dass sich eine ruhige Bibliotheksatmosphäre gut zum Lernen für eine schriftliche Prüfung eignet, die ebenfalls in Stille stattfindet, während sich bei der Vorbereitung auf eine mündliche Prüfung eher eine Lerngruppe empfiehlt, in der sich die Kandidaten im Gespräch austauschen.

Ohne es Ihnen unbedingt zur Nachahmung empfehlen zu wollen: Wer sich im halbalkoholisierten Zustand mit Freunden unterhält, wird sich in vielen Fällen besser an den Inhalt des Gesprächs erinnern können, wenn er beim Nachdenken über den fraglichen Abend ebenfalls beschwipst ist.

Eine äußerst ungewöhnliche Untersuchung fand sogar heraus, dass Froschmänner, denen es gelang, beim Tauchen zu lernen, besser abschnitten, wenn sie nach einer gewissen Zeit unter Wasser getestet wurden, als wenn die Prüfung ihrer neuen Kenntnisse an Land stattfand – auch wenn der Lernstoff weit von Themen wie Wasser oder Tauchsport entfernt war.

Vielfältige Abrufwege nutzen

Das autobiografische Gedächtnis speichert also Langzeiteindrücke zusammen mit den Gefühlen und den Umständen, die sich mit dem Ereignis verbunden haben. Falls Sie an eine bestimmte Lebenserfahrung zurückdenken, an die Sie sich zunächst nur bruchstückhaft erinnern können, ist es sinnvoll, mehrere mögliche Abrufwege auszuprobieren, ohne sich dabei unter Druck zu setzen.

Lebensereignisse über die jeweiligen Umstände in Erinnerung rufen

Wenn es Sie interessiert, die Funktion Ihres biografischen Gedächtnisses zu erforschen, nehmen Sie sich ein bisschen Zeit und Ruhe und legen Stift und Papier bereit. Anschließend konzentrieren Sie sich auf Ihren letzten Aufenthalt in einem Restaurant, bei dem Sie mit Freunden oder Verwandten etwas gegessen haben. (Eine Alternative wäre die letzte Party, an der Sie teilnahmen, oder ein Treffen mit Ihren Vertrauten.)

Erst notieren Sie auf einem Zettel in Stichpunkten, was Ihnen spontan zu dem Ereignis einfällt. Sobald Sie damit fertig sind, systematisieren Sie Ihre Erinnerungssuche in Gedanken, um neben den Rahmenbedingungen dieser Lebenserfahrung vielleicht noch das eine oder andere Detail zu entdecken, das in Ihrem autobiografischen Gedächtnis schlummert. Hierbei empfiehlt es sich, möglichst viele unterschiedliche Sinne und Abrufwege zu verwenden, denn persönliche Erlebnisse lassen sich häufig besonders gut über den Zusammenhang der jeweiligen Situation aktivieren.

Da Ort, Zeit und Verlauf eines Ereignisses beim Einprägen einer biografischen Erinnerung eine besonders wichtige Rolle spielen, gehen Sie bei der Suche nach den verschütteten Einzelheiten einer Lebenserfahrung am besten chronologisch vor und probieren dabei verschiedene Abrufmöglichkeiten und unterschiedliche Sinnesinformationen aus. Nicht selten hilft es, wenn Sie Ihre Augen beim Nachdenken immer wieder schließen, um sich gut auf Ihre Innenwelt konzentrieren zu können. Dazwischen schreiben Sie Ihre frisch aufgetauchten Erinnerungen auf den Zettel.

Falls Sie Ihren letzten Restaurantbesuch in Begleitung anderer Menschen ausgewählt haben, überlegen Sie vielleicht zunächst, zu welcher Tageszeit Sie in welchem Lokal waren und auf welche Küche sich das Restaurant spezialisiert hat.

Wo liegt das Lokal, wie sind Sie damals dort hingekommen, und vor wie vielen Wochen, Monaten oder Jahren fand das Treffen ungefähr statt? Möglicherweise erinnern Sie sich auch noch an die Jahreszeit und an das Wetter, das an diesem Tag herrschte. Wer außer Ihnen war dabei, und in welchem Verhältnis stehen Sie zu den einzelnen Personen? Was war der Anlass für Ihren gemeinsamen Lokalbesuch? Was haben Sie gegessen, und wie hat es Ihnen geschmeckt? Gab es mehrere Gänge, welche Getränke wurden gereicht? Erinnern Sie sich noch, was andere Teilnehmer der Runde bestellt hatten?

Anschließend befassen Sie sich vielleicht mit dem Verlauf des Abends. Welche Themen wurden angesprochen, wer äußerte sich dazu? Gab es Widerspruch oder Streit? Wenn ja, wie wurde die Auseinandersetzung gelöst?

Bei solchen Selbsterforschungen des Gedächtnisses empfiehlt es sich, immer wieder an die eigenen Gefühle zu denken, die sich mit dem jeweiligen Ereignis verbanden, und an die Stimmung, die Sie bei den anderen Gästen wahrgenommen haben. Denn biografische Erinnerungen werden hauptsächlich über subjektive Bedeutsamkeit und ausgeprägte Emotionen im Gedächtnis behalten.

Vielleicht ist Ihnen inzwischen auch eingefallen, welche Kleidung Sie damals getragen haben. Was hatten die anderen Teilnehmer des Essens an, wie wirkte ihre Körpersprache? Gingen alle zur gleichen Zeit fort, oder mussten einige Gäste schon vorher aufbrechen? Wer bezahlte das Essen, wie teuer war es ungefähr? Wann haben Sie den Abend im Restaurant beendet, und was taten Sie danach? Gab es später ein Wiedersehen mit Ihren Vertrauten, möglicherweise auch eine Gegeneinladung? Mit welcher Grundstimmung – oder mit welchen gemischten Gefühlen – erinnern Sie sich an das Ereignis?

Anschließend können Sie Ihre Aufzeichnungen durchsehen. Spannend wäre zum Beispiel die Frage, ob Ihnen beim systematischen Durchforsten Ihres biografischen Gedächtnisses mehr Details eingefallen sind als am Anfang. Zunächst hatten Sie ja notiert, was Ihnen zu dem Thema in Erinnerung geblieben ist, ohne groß darüber nachzudenken.

Welche Eindrücke sind Ihnen noch deutlich präsent, welche Aspekte liegen weniger im Zentrum Ihrer Aufmerksamkeit? Haben Sie die Bilder, die mit dem gemeinsamen Essen verknüpft sind, gut im Gedächtnis? Wie steht es mit der Erinnerung an den Geschmack der Speisen und Getränke? Fällt es Ihnen leicht, den Verlauf des Erlebnisses und der Gespräche abzurufen? Wie sieht es mit der Körpersprache der Beteiligten aus, wie mit vermeintlich weniger wichtigen Einzelheiten wie dem Wetter, das an diesem Tag herrschte, oder den Kleidungsstücken Ihrer Gäste? Wo liegen die Stärken Ihres biografischen Gedächtnisses, wo die Schwächen?

Die Konzentration auf Nebenaspekte einer Erinnerung verbessern

Bei manchen emotional bedeutsamen, positiv empfundenen Ereignissen wie einem schönen Treffen mit Freunden oder einer besonderen Urlaubsreise gelingt es vielen Leuten relativ gut, sich im Nachhinein nicht nur an die wichtigsten Aspekte, sondern auch an einige »Randerscheinungen« der Erfahrung zu erinnern; zum Beispiel an das Wetter am Ferienort oder an das atemberaubende Kleid, das eine Freundin bei ihrer Geburtstagsfeier getragen hat.

Es kann jedoch ein Weilchen dauern, bis man sich diese Nebeneindrücke über eine Aktivierung verschiedener Abrufwege aus dem Gedächtnis erneut erschließt.

Bei Routineerlebnissen wie dem wöchentlichen Einkauf im Supermarkt schaffen es nur relativ wenige Menschen, sich auf Nebenaspekte zu konzentrieren, die nichts mit dem eigentlichen Anlass des Ereignisses zu tun haben.

Routinen verengen häufig den Blick

Dass Gewohnheitshandlungen die meisten Leute dazu verleiten, ihre Aufmerksamkeit auf das Wesentliche einzuengen, liegt hauptsächlich daran, dass wir solche Erlebnisse nicht besonders interessant finden. Routinen sind weitgehend automatisiert, was uns normalerweise nur auffällt, wenn sich die Umstände, an die sie angepasst sind, verändern, sodass die alte Gewohnheit mit einer neuen Realität kollidiert. Etwa nach einem Umzug oder einem Wechsel des Supermarkts, in dem die Getränke plötzlich nicht mehr im zweiten Gang von links, sondern in einem separaten Raum stehen.

In anderen Routinefällen konzentrieren wir uns zumeist kaum, nur soweit es für die Erledigung der jeweiligen Aufgabe erforderlich ist. Um beim Beispiel mit dem Supermarkt zu bleiben, haken wir einen Einkauf nach dem anderen ab, richten unsere Wahrnehmung anschließend auf die Schlangen vor den Kassen, versuchen dabei die kürzeste zu finden, stellen die Lebensmittel auf das Laufband und nehmen sie wieder herunter, zahlen und verpacken die Einkäufe in einer sinnvollen Reihenfolge in Taschen und Tüten.

Den Rest der Zeit verbringen die meisten Menschen, die gerade einer alten Gewohnheit folgen, mit Nachdenken über andere, spannendere Dinge, oder mit Tagträumereien – außer es geschieht etwas Besonderes, das die eigene Aufmerksamkeit fesselt. Beim Einkaufen kann das zum Beispiel ein Kunde sein, dem eine Schnapsflasche aus der Hand fällt, oder eine Kundin, die nicht genug Geld dabei

hat, um ihre Lebensmittel zu bezahlen, und die Verkäuferin darum bittet, einige Artikel zu stornieren.

Tagträume, Gedanken über den weiteren Verlauf des Tages oder Erinnerungen an ein schönes Erlebnis vom letzten Wochenende sind natürlich eine angenehme, befriedigende Sache, doch die Nebenaspekte des eigentlichen Ereignisses geraten dadurch aus dem Blick und lassen sich später nicht mehr aus dem biografischen Gedächtnis abrufen.

Die gezielte Konzentration auf vermeintlich unwichtige Einzelheiten kann der Tendenz, bei Routineaufgaben nur bedeutsame Reize abzuspeichern, etwas Wirksames entgegensetzen.

Die Herangehensweise, bei Gewohnheitshandlungen bewusst auf Nebensächliches zu achten, muss, falls Sie nicht zu den wenigen Personen gehören, die dazu neigen, ihre Umwelt auch bei Routineangelegenheiten aufmerksam wahrzunehmen, ein bisschen trainiert werden.

Sich bewusst auf Nebenaspekte konzentrieren

Bei dieser Übung haben Sie zunächst die Chance einzuschätzen, wie es um Ihre »natürliche Begabung« bei der Konzentration auf vermeintlich unwesentliche Details eines Gewohnheitserlebnisses steht.

Dazu möchte ich Sie darum bitten, an das letzte Gespräch mit jemandem zurückzudenken, der Ihnen *nicht* nahesteht. Das kann durchaus ein kurzer, flüchtiger Kontakt sein, bei dem Sie einem anderen Menschen persönlich begegnet sind. Zum Beispiel beim Einkaufen, bei der Reparatur eines technischen Geräts, beim Gruß eines Nachbarn im Treppenhaus oder bei der Fahrkartenkontrolle in der U-Bahn.

Notieren Sie auf einem Zettel, welche Aspekte der Unterhaltung Ihnen noch in Erinnerung sind. Wo fand das Gespräch statt? Welchen Anlass hatte es? Wie sah die betreffende Person aus, welche Kleidung trug sie, wie empfanden Sie ihre Körpersprache? War sie Ihnen eher sympathisch oder eher unsympathisch? Konzentrieren Sie sich anschließend auf den Ort und die Zeit des Erlebnisses. Können Sie sich an die näheren Umstände der Unterhaltung und, falls sie in einem abgegrenzten Raum stattfand, an das erinnern, was sich sonst noch an diesem Ort befand, im Vordergrund und im Hintergrund? Waren dort, abgesehen von Ihnen und Ihrem »Kurzzeit-Gesprächspartner«, andere Menschen? Wie sahen sie aus, was hatten sie an, wie haben sie auf Sie gewirkt?

Es ist relativ wahrscheinlich, dass Ihnen beim Erforschen dieser subjektiv nicht wirklich bedeutsamen persönlichen Erinnerungen kaum Einzelheiten eingefallen sind und nur die Rahmenbedingungen des Ereignisses präsent waren. Vermutlich haben Sie in dieser Zeit Ihre Aufmerksamkeit auf andere Dinge gerichtet und sich nur so weit konzentriert, wie es für die Erfüllung Ihrer Aufgabe erforderlich war – außer es ist etwas Ungewöhnliches passiert.

Doch diese Tendenz können Sie zumindest ein Stück weit durch die bewusste Steuerung Ihrer Aufmerksamkeit ausgleichen. Im Supermarkt würde das bedeuten, dass Sie nicht einen Einkauf nach dem anderen abhaken und nur dann Ihre sicheren Routinewege verlassen, wenn Sie nach einem bestimmten Produkt suchen, von dem Sie nicht wissen, in welchem Regal es steht.

Wenn Sie Ihre Konzentration auf »nebensächliche« persönliche Erinnerungen stärken wollen, empfiehlt es sich stattdessen, den Blick immer wieder auf Signale zu richten, die nichts mit Ihrer Gewohnheitsaufgabe zu tun haben und die Sie möglicherweise trotzdem interessieren. Das kann ein besonders schönes Gebäude sein, an dem Sie täglich vorbeifahren, ohne es mehr als nur flüchtig wahrzunehmen, ein neuer Weg zur Arbeit, ein Urlaubsort, den Sie noch nicht kennen, oder ähnliche kleine »Alltagsabenteuer«.

Bei anderen weitgehend automatisierten Routinehandlungen wie dem wöchentlichen Einkauf blicken Sie vielleicht in Zukunft häufiger über den Tellerrand, indem Sie auf die äußeren Merkmale von anderen Kunden achten, die Sie sympathisch finden, oder unauffällig ein spannendes Gespräch belauschen. Möglicherweise wechseln Sie auch ab und zu den Supermarkt, um sich eine weniger bekannte Gegend zu erschließen oder Ihren Orientierungssinn durch eine neue Anordnung der Waren herauszufordern. Ihrer Fantasie sind hier keine Grenzen gesetzt, und wiederholte Abwechslungen helfen oft dabei, sich die Fähigkeiten des eigenen Langzeitgedächtnisses bis ins hohe Alter zu erhalten.

Wie Schlaf und Gedächtnisleistungen zusammenhängen

Die Frage, warum Menschen – und alle höheren Tiere – regelmäßig schlafen müssen, lässt sich nach vielen Jahrzehnten einschlägiger Forschungen noch immer nicht wirklich befriedigend klären. Das Gleiche gilt für die Träume, die

sich offenbar bei allen Säugern und Vögeln beobachten lassen, auch wenn man bei Tieren nur indirekt auf Traumerlebnisse schließen kann.

Hier konkurrieren verschiedene wissenschaftliche Ansätze. Eine Auswahl:

- ✔ Schlafphasen haben sich evolutionär entwickelt, weil sie eine gute Anpassung an die irdischen Licht- und Temperaturverhältnisse sind, die mit den Tageszeiten und zumeist auch im jahreszeitlichen Wechsel schwanken. Das führte zu zeitabhängigen Unterschieden im Stoffwechsel vieler Organismen. Je höher sich ein Lebewesen entwickelt hat, umso mehr Schlaf benötigt es im Durchschnitt, denn das Gehirn kann seine maximale Arbeitsleistung erst erreichen, wenn alle äußeren Sinneseindrücke zeitweilig abgeschaltet sind.
- ✔ Im Schlaf können Immun- und Nervensystem, Muskeln und Knochen ungestört repariert werden, wenn es zu Fehlfunktionen kommt. Schlafen unterstützt die Organe außerdem dabei, sich von der täglichen Beanspruchung im Wachzustand zu erholen.
- ✔ Schlaf, vor allem in den sogenannten REM-Phasen, die mit starken Augenbewegungen und häufig auch mit intensiven Träumen einhergehen, ist für die angemessene Entwicklung des Gehirns unabdingbar, vor allem bei Neugeborenen. Wenn Kleinkinder unter regelmäßigem Schlafmangel leiden, führt das zu Verhaltensproblemen, einer besonders hohen Sterblichkeit der Nervenzellen und einer reduzierten Gehirnmasse.
- ✔ Im Schlaf und im Traum werden Erlebnisse aus den Wachphasen verarbeitet, was dazu beiträgt, dass das Gehirn von nicht mehr benötigten Informationen befreit wird. Vor allem die Funktionen des Kurzzeitgedächtnisses, das auch Arbeitsgedächtnis genannt wird, verschlechtern sich durch wiederholten Schlafmangel. Die Leistungen des Wissens-Langzeitgedächtnisses verbessern sich in den Tiefschlafphasen, während die Fähigkeiten der autobiografischen Erinnerung (episodisches Gedächtnis) durch lange REM-Schlafphasen gestärkt werden. Mehr zum Thema Kurz- und Langzeiterinnerungen finden Sie in Kapitel 3.
- ✔ Eine neuere Hypothese besagt, dass der Nachtschlaf dabei hilft, die verschiedenen Stoffwechselprozesse immer wieder zu synchronisieren. Man kann davon ausgehen, dass die zeitabhängigen Körperfunktionen am Morgen zunächst angemessen beginnen, wenn jemand genug Schlaf bekommen hat. Manche dieser Rhythmen geraten am Tag ein wenig aus dem Takt, sie werden etwas unregelmäßig, ihre Geschwindigkeit erhöht oder verlangsamt sich. Nach dieser Theorie stellen unsere Schlafphasen sozusagen alle Stoffwechselsysteme wieder auf null und sorgen damit dafür, dass sie am nächsten Tag wieder in einem gemeinsamen Ablaufrhythmus schwingen.

Es ist recht wahrscheinlich, dass sich die Wirklichkeit aus mehreren konkurrierenden Hypothesen zum Thema Schlaf, Traum und Gedächtnis zusammensetzt, vergleichbar mit einem anspruchsvollen Puzzle, bei dem das ganze Bild erst sichtbar wird, wenn man die einzelnen Stücke erfolgreich kombiniert.

Regelmäßiger, ungestörter Schlaf verbessert das Gedächtnis

Offenbar trägt regelmäßiger, gesunder und erholsamer Schlaf dazu bei, sich Ereignisse und Wissensdaten langfristig zu merken, denn verschiedene Nervennetzwerke im Gehirn strukturieren sich im Schlafzustand um und organisieren sich dort neu.

In Tierversuchen fanden Wissenschaftler heraus, dass bei einer künstlichen Blockade der körpereigenen Botenstoffe, die im Schlaf zu diesen organisatorischen Gehirnveränderungen führen, keine neuen Erinnerungen mehr entstehen, die sich anschließend aus dem Gedächtnis abrufen lassen.

Nicht nur genereller Schlafmangel, sondern auch ein übermäßig leichter Schlaf mit wenig Tiefschlafphasen und vielen Störungen durch häufiges Aufwachen kann die Erinnerungsleistungen beeinträchtigen. Das liegt daran, dass fehlende oder verkürzte Tiefschlafepisoden die Funktionsweise einer verdoppelten Struktur im Gehirn behindern, die für die Übertragung von Kurzzeiterinnerungen in das Langzeitgedächtnis verantwortlich ist.

Diese Verarbeitungsstruktur wird Hippocampus genannt, abgeleitet von einem altgriechischen Begriff, der ein Seeungeheuer, halb Pferd, halb Fisch, bezeichnet, da einer ihrer Bestandteile mit etwas Fantasie an die Form dieses Monsters erinnert. Der Hippocampus gilt als evolutionsgeschichtlich alter Bereich, der dem Gehirn als zentrale Steuerungsinstanz für etliche Erinnerungsprozesse dient.

Dass viele ältere Menschen über einen leichten, häufig unterbrochenen Schlaf klagen, da mit den Lebensjahren auch der Anteil tiefer Schlafphasen zurückgeht, steht in einem direkten Zusammenhang mit den Problemen im hohen Alter, sich neue Erfahrungen längerfristig einzuprägen.

Einige wissenschaftliche Studien konnten die alte Vermutung bestätigen, dass das menschliche Gehirn regelmäßige Ruhepausen benötigt, um aktuelles Wissen sicher im Langzeitspeicher zu verankern, ergänzend zum Nachtschlaf.

Lernen funktioniert am effektivsten, wenn neu erworbene Kenntnisse spätestens alle vier Stunden durch eine längere, erholsame Pause verarbeitet werden, die möglichst nichts mit dem Lernstoff zu tun hat. Kürzere Pausen sollten mindestens alle 90 Minuten eingelegt werden, besser jedoch einmal pro Stunde. Auch eine Mittagsruhe hilft dabei, die Aufnahmekapazitäten für die zweite Hälfte des Tages aufzufrischen. Allerdings empfinden es viele Menschen als Beeinträchtigung ihrer Arbeitsfähigkeit, wenn sie mittags richtig schlafen und anschließend erst wieder wach werden müssen, sodass sich in diesen Fällen eher ein zehnminütiges bis halbstündiges Dösen empfiehlt.

Viele Forscher gehen inzwischen davon aus, dass sich im Schlaf vor allem eher schwache assoziative Verknüpfungen von Langzeit-Gedächtniseindrücken verstärken. Wer etwa vor dem Einschlafen daran denkt, dass er morgen beim Finanzamt eine Verlängerung seiner Fristen für die Abgabe der Steuererklärung beantragen sollte, wird nicht selten am nächsten Tag durch den Anblick seines Computers an die unerledigte Aufgabe erinnert, was ohne die vorangegangene Ruhephase weniger wahrscheinlich wäre.

Andere aktuelle Forschungen weisen darauf hin, dass die menschlichen Erinnerungen die Schlafphasen dazu nutzen, Spreu und Weizen voneinander zu trennen, indem sie die persönlich wichtigen Informationen stärken und eher unbedeutende Daten schwächen. Anschließend lassen sich zumeist nur die subjektiv wichtigen Eindrücke sicher aus dem Langzeitgedächtnis abrufen.

Da die Übertragungsprozesse aus dem Kurzzeit-Erinnerungsspeicher in das Langzeitgedächtnis auf regelmäßige, möglichst ungestörte Schlafphasen angewiesen sind, ist es häufig sinnvoller, den Abend vor einer entscheidenden Lernaufgabe, zum Beispiel einer Prüfung, mit angenehmen, wenig anstrengenden Erlebnissen zu verbringen, als bis zuletzt weiterzubüffeln. Auf keinen Fall sollten Sie, wenn Sie in einer solchen Situation unter Zeitdruck stehen, die Nacht vor der Prüfung mit Lernen verbringen, denn das behindert die Festigung Ihrer Langzeiterinnerungen. Ruhe und ausreichend Schlaf vor wichtigen Herausforderungen sind deutlich effektiver.

Nachtträume merken

Träume finden in allen Schlafphasen statt, nach dem Einschlafen, im Tiefschlaf und im sogenannten REM-Schlaf mit charakteristischen Augenbewegungen und besonders intensiven Traumerlebnissen. Obwohl jeder Mensch träumt, erinnern sich die meisten Erwachsenen eher selten an den Inhalt ihrer Nachtträume.

Warum Menschen überhaupt träumen, ist wissenschaftlich umstritten, allerdings scheinen Nachtträume eine wichtige Rolle beim Verarbeiten der Tageserlebnisse und bei Lernvorgängen des Langzeitgedächtnisses zu spielen. Ob sich jemand an seine Träume erinnern kann oder nicht, hat offenbar keinen Einfluss auf die Lernleistung oder auf andere mentale Verarbeitungsprozesse.

Träume, die im Langzeitgedächtnis erhalten bleiben, entsprechen keineswegs dem, was im Traumschlaf passiert ist, da das Bewusstsein im Traumzustand die Kontrolle verliert. Erst nach dem Aufwachen konstruieren wir aus den Resten, die noch vom Traum übrig geblieben sind, eine Geschichte, die subjektiv plausibel erscheint und eine gewisse logische Ordnung aufweist.

Es klingt ziemlich paradox, aber je häufiger Sie eher leichte Schlafphasen mit vielen Unterbrechungen erleben, desto größer ist Ihre Chance, sich nach dem Aufwachen an Ihre Nachtträume zu erinnern.

Das menschliche Bewusstsein hat häufig Probleme, Träume aus dem Kurzzeitspeicher ins Langzeitgedächtnis zu überführen, was nur in einer kurzen Zeitspanne nach dem Aufwachen möglich ist. Daher empfiehlt es sich, falls Sie diese Fähigkeiten verbessern wollen, im Anschluss an das Traumerwachen eine Weile mit geschlossenen Augen liegen zu bleiben und sich Ihre verbliebenen Erinnerungen so lange zu vergegenwärtigen, bis sich die Eindrücke verfestigt haben. Manche Menschen bevorzugen es, ihre Traumerinnerungen in ein paar kurzen Stichwörtern auf einem Zettel, der griffbereit neben dem Bett liegt, zu notieren. Wenn Sie hierdurch allerdings immer wieder vollständig wach werden, ohne genug geschlafen zu haben, besteht die Gefahr einer Schlafstörung.

Albträume im Wachzustand erfolgreich durcharbeiten

Wer oft Albträume mit ihren charakteristischen Verfolgungs-, Gewalt- und Sterbeszenarien erlebt, stellt nicht selten fest, dass ihm diese Träume relativ gut in Erinnerung bleiben, weil sie normalerweise mit dem Aufwachen, hier also dem Aufschrecken aus dem Schlaf, enden. Häufig wiederholen sich bei solchen belastenden Erfahrungen bestimmte Geschichten und Motive, die sich allerdings von Person zu Person unterscheiden.

Einen schlechten Traum zu einem guten Ende führen

Eine wirksame Methode aus der Psychotherapie, die sich an Hypnosetechniken anlehnt, erlaubt es, Albtraumbilder, unter denen der Betroffene auch im Wachzustand leidet, mithilfe von bewussten Steuerungsfähigkeiten durchzuarbeiten. Diese Methode ist besonders ratsam, wenn der Betroffene immer wieder den gleichen ängstigenden Traumverlauf erlebt und sich danach an einen Teil des Inhalts erinnern kann.

Falls Sie jedoch das Gefühl haben, durch Ihre Albträume seelisch destabilisiert zu werden, verzichten Sie lieber auf selbsthypnotische Verarbeitungsübungen und konsultieren Sie einen qualifizierten Psychotherapeuten oder einen niedergelassenen Nervenarzt.

Nehmen Sie sich für diese Übung ein paar Minuten Zeit und Ruhe. Zunächst setzen Sie sich auf einen bequemen Stuhl oder einen Sessel. Atmen Sie einige Male in den Bauch hinein und wieder heraus, sodass sich Ihre Bauchdecke hebt und senkt. Dann überlassen Sie Ihren Atem ganz sich selbst, ohne ihn langsamer oder schneller zu machen. Schließen Sie Ihre Augen. Wenn Ihnen die Traumerinnerungen irgendwann zu nahegehen, können Sie die Augen jederzeit öffnen und die Übung unterbrechen oder beenden.

Jetzt rufen Sie sich die Eindrücke Ihres Albtraums ins Gedächtnis. Nutzen Sie dabei möglichst mehrere Sinnesqualitäten, vor allem optische und akustische Reize, und rekonstruieren Sie die ängstigende Traumsituation, soweit sie Ihnen noch in Erinnerung ist. Häufig geht es hier um eine – oder mehrere – Gestalten, durch die Sie sich nachts verfolgt gefühlt haben. Können Sie diese Person oder dieses Monster gut erkennen? In welchem Abstand befindet sich der Verfolger? Spielen Sie Ihren Albtraum kurz nach, aber lassen Sie sich nicht von der Schreckgestalt erwischen.

Anschließend variieren Sie Ihren Traum und bringen ihn zu einem guten Ende. Welche Möglichkeiten haben Sie, dem Verfolger entgegenzutreten? Wäre es eine gute Idee, ihn zu fragen, was er von ihnen will oder unter welchen Umständen er bereit ist, Sie in Ruhe zu lassen? Gibt es ein Schutzsymbol, eine Waffe oder einen Vertrauten, der Sie beim Kampf mit der Schreckgestalt angemessen unterstützen könnte? Probieren Sie alle Ideen, die Ihnen gerade einfallen und die Ihnen vielleicht bei der Bewältigung Ihres Albtraums helfen, in der Fantasie aus.

Sobald Sie ein befriedigendes und überzeugendes Ende der Traumsituation gefunden haben, öffnen Sie Ihre Augen und strecken sich ein bisschen, um

wieder ganz wach zu werden. Es ist wahrscheinlich, dass Ihre Träume in den nächsten Nächten weniger belastend wirken. Andernfalls wiederholen Sie die Durcharbeitungsübung in verschiedenen Varianten, bis Sie ohne größere Beeinträchtigungen schlafen können.

Erinnerungen und Emotionen

5

In diesem Kapitel

- Warum wichtige Erinnerungen mit Gefühlen verbunden sind
- Zusammenhänge von Emotionen und Gedächtnisfunktionen erforschen
- Menschen wie Computer: die seltsamen Begabungen der Savants
- Andere Spezialfähigkeiten: eidetische Wahrnehmungen und Synästhesie

Zunächst beschreibe ich Ihnen die enge Verknüpfung von Erinnerungen, Stimmungen und Gefühlen, einschließlich einiger Übungen, durch die Sie diese Zusammenhänge selbst erkunden können.

Anschließend stehen spezielle Gedächtnistalente im Mittelpunkt des Kapitels: die sogenannten Savants (»Wissende«) oder Inselbegabten, deren Erinnerung sich mit den Funktionen eines Computers vergleichen lässt, obwohl – oder weil – bei den meisten von ihnen Emotionen und Gedächtnis kaum miteinander verbunden sind. Allerdings haben solche besonderen Begabungen einen Preis, da die Betroffenen nicht zwischen wichtigen und weniger wichtigen Informationen unterscheiden können.

Danach stelle ich Ihnen andere interessante »Erinnerungsspezialitäten« vor, wozu die Fähigkeit gehört, bildliche Eindrücke so gut wie unverändert abzuspeichern. Früher sprach man von einem fotografischen Gedächtnis, heute werden die Betroffenen als Eidetiker bezeichnet.

Außerdem beschreibe ich das angeborene Talent einiger Personen, verschiedene Sinneserfahrungen ungetrennt wahrzunehmen, zum Beispiel indem sie Buchstaben, Wörter oder Zahlen mit bestimmten Farben verbinden (Synästhesie). Ein nicht ganz ernst gemeinter Test, bei dem Sie überprüfen können, ob Sie selbst über solche und ähnliche »Superkräfte« verfügen, beendet das Kapitel.

Die Verbindung von Gedächtnis und Gefühlen

Fast alle Menschen merken sich hauptsächlich Ereignisse, die mit mehr oder weniger stark ausgeprägten Emotionen verbunden sind. Das gilt vor allem für biografische Erinnerungen und andere Aspekte des sogenannten episodischen

Gedächtnisses, das für die Speicherung von Ereignissen in einem zeitlich-räumlichen Zusammenhang verantwortlich ist. Eine Ausnahme von dieser Regel sind manche Negativerfahrungen, die das Selbstwertgefühl des Betroffenen beeinträchtigen könnten, weshalb er einen Teil dieser Erinnerungen aus seinem Bewusstsein verdrängt. Mehr zu diesem Thema finden Sie in Kapitel 4.

Auch viele wissensorientierte Informationen, die zum Bestandteil des Langzeitgedächtnisses werden, lassen sich erfolgreicher aus der Erinnerung abrufen, wenn sie sich mit persönlichem Interesse und subjektiver Bedeutsamkeit verknüpfen. Das hängt ebenfalls mit dem Gefühlsleben der Person zusammen, die etwas lernen möchte.

Eine vergleichsweise geringe Rolle spielen Emotionen, wenn es um die Funktionsweise des sogenannten prozeduralen Gedächtnisses geht, das oft unbewusst arbeitet und für mehr oder minder komplexe Abfolgen von Körperbewegungen zuständig ist. Doch auch dieser Bereich scheint nicht gänzlich frei von einer Beeinflussung durch die Gefühlswelt zu sein, etwa wenn es einem Jugendlichen äußerst schwerfällt, seine Talente im Schulsport zu verwirklichen, weil er Angst davor hat, von seinen Klassenkameraden ausgelacht und ausgegrenzt zu werden.

Im Hintergrund des Umstands, dass wir uns vor allem Geschichten und Ereignisse einprägen, die mit starken Emotionen einhergehen, steht die Erfahrung, dass ausgeprägte Gefühle ein gutes Anzeichen für subjektive Bedeutsamkeit sind. Was wir wichtig finden und was uns persönlich interessiert, verbindet sich fast automatisch mit Emotionen wie Freude, Lust, Traurigkeit oder Wut. Langweilige Erlebnisse, aus denen sich nichts Wesentliches für die Bewältigung der Zukunft oder für die Interpretation der Vergangenheit ableiten lässt, geraten hingegen bald in Vergessenheit, da wir sie nicht wirklich brauchen.

Neurowissenschaftler haben herausgefunden, dass wir uns Informationen besonders gut merken, wenn wir sie spannend finden, wenn sie uns überraschen, erstaunen oder erschrecken.

Das Prinzip, unanschauliche und eher langweilige Daten in interessante Bilder und Geschichten zu übersetzen, um sie sich besser einprägen zu können, steht im Hintergrund vieler Mnemotechniken, die nicht nur von »Gedächtnisakrobaten« genutzt werden. Mehr zur Theorie und zur Anwendung von Mnemotechniken finden Sie in Teil IV dieses Buches.

Gefühle stärken und verzerren viele Erinnerungen

Gerade bei gefühlsbetonten biografischen Erinnerungen, die ein Ereignis mit dem Ort, der Zeit und anderen Daten abspeichern, kommt es jedoch oft zu Verzerrungen und äußerst individuellen Interpretationen der Realität.

Obwohl starke Emotionen mit wenigen Ausnahmen als Garant dafür gelten können, dass das betroffene Erlebnis sicher im Langzeitgedächtnis verankert wird, verfremden ausgeprägte Gefühle häufig die objektiven und subjektiven Anteile einer Erfahrung.

Das menschliche Bewusstsein hat nur sehr begrenzte Möglichkeiten, dieser Neigung etwas Wirksames entgegenzusetzen. Zum Beispiel den Austausch mit einer anderen Person, die ein emotional bewegendes Ereignis miterlebt hat – obwohl natürlich auch das Gegenüber nicht vor Gedächtnislücken, unterschiedlichen Gewichtungen bestimmter Aspekte oder anderen Verzerrungen der Realität geschützt ist.

Stimmung und Erinnerung

Während die Begriffe »Gefühl« und »Emotion« eher kurzfristige Erregungsreaktionen wie Freude, Wut, Traurigkeit oder Angst beschreiben, steht das Wort »Stimmung« in der Psychologie für länger andauernde Befindlichkeiten. Etwa für die gedrückte Gefühlslage bei einer Depression mit charakteristischen Symptomen wie Antriebsverlust, Grübeleien und Selbstvorwürfen, oder für die angenehmen, euphorischen Empfindungen beim Verlieben.

Ebenso wie vergleichsweise kurz andauernde Gefühle wirkt sich auch die Stimmung eines Menschen auf sein Gedächtnis aus. Zum Beispiel verschlechtern sich viele Gedächtnisleistungen bei Depressiven erheblich. Das hängt unter anderem mit der Tatsache zusammen, dass die Patienten unaufhörlich über ihre vermeintlichen Fehler und ihre schlechte Befindlichkeit nachdenken, was die Konzentration auf Außenreize und auf Erinnerungen, die nichts mit deprimierenden Themen zu tun haben, fast automatisch verringert. Nach der Bewältigung der depressiven Lebenskrise normalisieren sich die Gedächtnisfunktionen allerdings wieder.

Viele Erinnerungen verbinden sich mit dem jeweiligen Stimmungszustand des Betroffenen, und sie lassen sich in einer seelischen Verfassung, die der Befindlichkeit beim Abspeichern ähnelt, besonders gut aus dem Gedächtnis abrufen.

Gefühlsbetonte Erlebnisse im Gespräch vergleichen

Wenn es Sie interessiert, können Sie eine Lebenserfahrung, die bei Ihnen mit starken positiven Empfindungen verbunden ist, näher erforschen und das Ergebnis mit den Erinnerungen einer anderen Person vergleichen, die dieses Ereignis mit Ihnen geteilt hat.

Seelisch stabile, besonders mutige Leser überlegen sich vielleicht, ob sie sich stattdessen an einem emotional bewegenden Negativerlebnis wie einer Krankheitsdiagnose oder einem Todesfall versuchen wollen; Gedächtniseindrücke, die nicht selten mit mehr oder weniger umfassenden Verdrängungsleistungen einhergegangen sind.

Falls Sie eine positive Erfahrung wählen möchten, die Sie mit einem oder mehreren Mitmenschen verbindet, empfiehlt sich eine große Feier zu einem runden Geburtstag oder ein schöner Familienurlaub, der noch nicht allzu lange zurückliegt. Notieren Sie zunächst alles, was Ihnen in einer ruhigen, ungestörten Stunde zu diesem Thema einfällt, auf einem Blatt Papier.

Verschiedene Sinneseindrücke, unterschiedliche Abrufwege aus dem Langzeitgedächtnis und eine chronologische Erkundung des biografischen Erlebnisses erhöhen die Chancen, sich an möglichst viele Einzelheiten zu erinnern.

Am besten konzentrieren Sie sich bei diesem kleinen Experiment erst auf die Rahmenbedingungen der Erfahrung, wobei Sie Ihre Augen immer wieder schließen können. Ich beschreibe den Verlauf am Beispiel einer größeren privaten Party, die Sie veranstaltet haben.

Wo und wann fand das Ereignis statt? Was war der Anlass dafür? Haben Sie sich darauf gefreut, wie waren Sie in die Planungen eingebunden? Wer außer Ihnen nahm daran teil? In welchem Verhältnis stehen – oder standen – Sie zu den beteiligten Personen? Falls Essen und Trinken eine Rolle gespielt hat: Welche Speisen und Getränke wurden gereicht? Haben Sie selbst etwas gekocht, brachten Ihre Gäste etwas mit oder wurden diese Aufgaben verteilt?

Nach den Rahmenbedingungen können Sie sich mit den Details des Erlebnisses befassen, die Sie als Gedächtnisstütze ebenfalls in Stichpunkten notieren. Um beim Beispiel der Privatparty zu bleiben: Wer kam zuerst, wer erschien später? Über wessen Kommen haben Sie sich besonders gefreut? Gab es einen Überraschungsgast, mit dem Sie nicht gerechnet hatten? Wissen Sie noch, wie das Wetter an diesem Tag war? Schmeckte Ihnen das Essen, wie waren die Reaktionen der anderen Leute?

Erinnern Sie sich bei dem einen oder anderen Partyteilnehmer, welche Kleidung er oder sie trug? Was hatten Sie selbst an? Trank jemand etwas zu viel? Kam es vielleicht zu einer peinlichen Situation, oder war die Runde fröhlich und ausgelassen? Wer enthielt sich des Alkohols, etwa als Autofahrer? Haben Sie Musik aufgelegt, und wenn ja, welche? Wurde bei der Feier getanzt? Hatte jemand etwas Besonderes wie eine Rede oder ein gemeinschaftliches Spiel vorbereitet? Mit welchen Gefühlen war das verbunden?

Jetzt können Sie sich auf den Verlauf der Partygespräche konzentrieren, am besten in chronologischer Reihenfolge, da biografische Erinnerungen zumeist als kleine Geschichten abgespeichert werden. Mit wem haben Sie sich unterhalten, zu Anfang, im weiteren Verlauf und gegen Ende des Abends? Wie ging es Ihnen dabei? Haben Sie Gespräche von anderen Gästen mitbekommen? Welche verbalen Inhalte sind Teil Ihres Langzeitgedächtnisses? Wie wirkte die Körpersprache der anderen Teilnehmer in der Kommunikation?

Wenn Ihnen nichts mehr zu dem Erlebnis einfällt, können Sie mit einem Vertrauten, der damals dabei war, über dessen Erinnerungen reden. Am besten lassen Sie den Zettel mit Ihren eigenen Notizen zunächst weg und notieren die Eindrücke Ihres Gesprächspartners auf einem zweiten Blatt Papier.

Anschließend vergleichen Sie die Stichpunkte auf beiden Zetteln, entweder mit dem Angehörigen, der Ihnen zuvor seine eigenen Erinnerungen geschildert hatte, oder allein.

Welche Unterschiede, welche Gemeinsamkeiten nehmen Sie wahr? Welche Einzelheiten haben Sie vergessen, welche sind Ihrem Angehörigen entfallen? Bemerken Sie Erinnerungen, die individuell verzerrt sein könnten oder im Nachhinein unbewusst neu interpretiert wurden? Oder schließen sich einige Erinnerungen sogar wechselseitig aus? Das kann natürlich auch am Alkohol liegen, doch nicht selten ist der Umstand, dass fast alle Menschen dazu neigen, emotionale Erinnerungen sehr subjektiv abzuspeichern, für starke Unterschiede im Erleben verantwortlich.

In guter Stimmung ist es leichter, sich an positive Ereignisse zu erinnern, während man in gedrückten Lebenslagen eher unangenehme Erfahrungen im Gedächtnis hat.

Klinische Studien an depressiven Patienten haben gezeigt, dass die Betroffenen negative Lebensereignisse tatsächlich ziemlich gut aus der Erinnerung abrufen

können, während es ihnen äußerst schwerfällt, sich etwa an schöne Zeiten einer Partnerschaft zu erinnern – selbst wenn es solche angenehmen Erfahrungen objektiv gab.

Falls Sie sich mit guter Laune auf eine wichtige Prüfung vorbereitet haben, empfiehlt es sich, soweit das machbar ist, auch den Test in positiver Stimmung durchzuführen. (Der umgekehrte Weg, wenn also eine schlechte Befindlichkeit beim Lernen durch einen ähnlich miesen emotionalen Zustand bei der Prüfung ergänzt wird, hat zu viele unangenehme Nebenwirkungen.)

Akuter und chronischer Stress führen zu einer Verschlechterung der Gedächtnisleistungen, die manchmal mit den Auswirkungen einer depressiven Erkrankung vergleichbar ist. Auch hier stehen häufig selbstzerstörerische Grübeleien im Hintergrund, die durch Ängste und andere seelisch-körperliche Belastungssymptome wie Müdigkeit, Spannungskopfschmerzen oder Magenprobleme verschärft werden. Mehr zum Thema Daueranspannung und Stressbewältigung finden Sie in Kapitel 6.

Australische Wissenschaftler stellten jedoch im Rahmen einer ziemlich überraschenden Studie fest, dass Menschen in einer relativ schlechten emotionalen Verfassung deutlich weniger dazu neigen, Erinnerungen in verzerrter Form abzuspeichern, als gut gelaunte Personen. Die Forscher hatten ihre Probanden in eine negative oder positive Stimmung versetzt und sie anschließend aufgefordert, sich die Details eines inszenierten Handtaschenraubs einzuprägen. Die Ergebnisse der schlecht gelaunten Versuchspersonen waren viel dichter an dem, was tatsächlich geschah, als die Resultate der gut gelaunten Probanden.

Das dürfte daran liegen, dass Menschen, denen es gerade weniger gut geht, ohne dass sie an einer tiefen Depression leiden würden, aufmerksamer und vorsichtiger sind als Personen, die sich wohlfühlen. Eine positive Grundstimmung verleitet oft dazu, die Umwelt weniger genau beziehungsweise weniger gründlich zu beobachten und andere Leute eher oberflächlich zu beurteilen.

Die Neigung, in einer eher schlechten emotionalen Verfassung die Welt aufmerksamer und vorsichtiger wahrzunehmen, hat sich wahrscheinlich in der Evolutionsgeschichte gebildet.

In guter und friedlicher Stimmung müssen wir erfahrungsgemäß seltener mit unliebsamen Entwicklungen rechnen als in einer weniger positiven Seelenlage, die zum Beispiel durch eine äußere Bedrohung ausgelöst worden sein kann. Das Ergebnis: Wir achten mehr auf mögliche Schwierigkeiten und denken intensiver nach, bevor wir uns für oder gegen etwas entscheiden.

Gefühle und Intuitionen als Entscheidungshilfe

Erst die Verknüpfung von Emotionen und rationalen Gedanken erlaubt es uns, mehr oder weniger wichtige Lebensentscheidungen zu treffen. Das gilt unter anderem für innere Vorstellungsbilder, mit denen wir neue Ereignisse unbewusst vergleichen, um eine möglichst überzeugende Grundlage für einen Entscheidungsprozess zu finden.

Hier geht es in erster Linie um Intuition, weniger um Gefühle wie Freude, Angst oder Wut. (Solche Emotionen sind allerdings lebensnotwendig, weil sie sich mit subjektiv bedeutsamen Erlebnissen verbinden und es uns so ermöglichen, aus der Vergangenheit Hinweise für die Zukunft abzuleiten – zum Beispiel wenn jemand eine unerfreuliche Erfahrung gemacht hat und anschließend alles daran setzt, dass sich dieses Ereignis möglichst nicht mehr wiederholt.)

Für alltägliche Entscheidungen nutzen viele Menschen ihre Intuition, häufig sogar, ohne es zu bemerken. Intuition lässt sich wissenschaftlich nur schwer definieren. Eine gängige Hypothese lautet, dass sie sich aus vielen kleinen bis unmerklichen Reizen der Außenwelt und den Signalen der eigenen Körperempfindungen zusammensetzt, die das Langzeitgedächtnis mit ähnlichen Situationen vergleicht. So gelingt es einem zum Beispiel häufig, richtig einzuschätzen, ob eine bestimmte Person vertrauenswürdig erscheint oder nicht, oder ob es einem guttäte, ein berufliches Angebot nach einem Vorstellungstermin tatsächlich anzunehmen.

Eine interessante Forschungsarbeit hat sich mit Patienten befasst, deren Emotionen wie Traurigkeit, Lust oder Wut unbeeinträchtigt waren. Eine Schädigung in einem bestimmten Großhirnrindenbereich führte jedoch dazu, dass diese Menschen ihre Gedankenwelt nicht mehr mit intuitiven Vergleichen ergänzen konnten. Wenn ein Wissenschaftler zum Beispiel einen der Erkrankten fragte, ob es ihn interessieren würde, am Abend ins Kino zu gehen, bekam er zu hören:

»Falls ich heute das Kino besuche, kann ich nicht ins Restaurant gehen. Dafür müsste ich allerdings auch keine feinen Sachen anziehen. Aber ins Kino zu gehen dauert immer so lange, und ich kann mich dabei nicht unterhalten. Andererseits kann ich im Restaurant keinen Film anschauen, und das Essen ist viel teurer als eine Kinokarte. Zum Kino wiederum müsste ich mit dem Bus fahren, und der ist hier nur so selten unterwegs ...«

Die hirngeschädigten Patienten versuchten also, auf einem rein rationalen Weg Entscheidungen zu treffen, und scheiterten dabei. Ihnen fehlte die Fähigkeit, das

fortgesetzte Hin- und Herüberlegen irgendwann abzubrechen und auf ihre Intuition zu hören.

Intuitive Entscheidungshilfen sind nicht nur dringend erforderlich, wenn es darum geht, das Für und Wider subjektiv überzeugend zu gewichten, sie können Sie auch im Gedächtnisbereich unterstützen; zum Beispiel während der Suche nach Wissensdaten, bei denen Sie zunächst überprüfen möchten, ob Sie sie tatsächlich richtig in Erinnerung haben, oder wenn Sie feststellen wollen, ob Sie bereits alles erledigen konnten, was Sie sich vorgenommen hatten.

Falls Sie einen größeren Einkauf planen und dabei sowohl auf einen Merkzettel als auch auf erprobte, aber relativ aufwendige Gedächtnismethoden (mehr zum Thema Mnemotechniken im Alltag finden Sie in Kapitel 9) verzichten möchten, empfiehlt sich häufig eine intuitive Herangehensweise. Hier haken Sie einfach einen gewünschten Artikel nach dem anderen innerlich ab, bis Ihnen nichts mehr einfällt. Anschließend hören Sie auf Ihr »Bauchgefühl«, das Ihnen in vielen Fällen sagen wird, ob etwas fehlt. Es mag dann eine Weile dauern, bis Sie feststellen, was Sie sonst noch kaufen wollten, doch bei den meisten Menschen funktioniert es mit ein bisschen Übung erstaunlich gut, durch die eigene Intuition herauszufinden, wann sie den Einkauf entspannt beenden können.

Falls Sie in Ihrem Langzeitgedächtnis intuitiv eine Information finden möchten, die sich vorübergehend nicht erreichen lässt (»Es liegt mir auf der Zunge«), dauert es häufig eine Weile, bis Sie den richtigen Zugangsweg herausfinden. Im Normalfall hilft es hier wenig, sich unter Druck zu setzen, da solche Datenrecherchen nur zu einem gewissen Teil der bewussten Steuerung unterliegen. Meistens ist es sinnvoller, die bewusste Suche nach der gewünschten Information irgendwann abzubrechen und etwas anderes zu tun oder einfach eine entspannende Pause einzulegen. Ihr Unbewusstes arbeitet in dieser Zeit weiter und irgendwann fällt Ihnen das, was Sie finden wollten, spontan ein – sozusagen aus heiterem Himmel.

Menschen mit Computergedächtnissen: Die seltsamen Talente der Savants

Bei den allermeisten Menschen sind viele Erinnerungen an Gefühle gekoppelt, die sich mit der jeweiligen Erfahrung – oder ihrer nachträglichen Interpretation – verbinden.

Was jemanden nicht interessiert, löst kaum Emotionen aus. Abhängig von ihrer gefühlsbedingten Bedeutsamkeit lassen sich Gedächtniseindrücke aus dem Langzeitspeicher abrufen, oder sie geraten in Vergessenheit. Andernfalls wäre das Erinnerungsvermögen mit überflüssigen Informationen überfrachtet, die man mit großer Wahrscheinlichkeit nie wieder benötigt.

Doch von dieser Regel gibt es einige durchaus erstaunliche Ausnahmen, Männer und – selten – Frauen, deren Gehirn in einem bestimmten Bereich so gut wie jeden Außenreiz aufnimmt, ohne dass die entsprechenden Daten jemals in Vergessenheit gerieten – vergleichbar mit einem Computer mit erheblichen Festplattenkapazitäten und einem hervorragenden Arbeitsspeicher. Die Betroffenen, derzeit bekannt sind etwa 100 Personen in aller Welt, gehören zu den sogenannten Savants. Dieser Begriff, der im Französischen »Wissender« bedeutet, wurde im späten 19. Jahrhundert geprägt, als man das Phänomen erstmalig wissenschaftlich beschrieben hatte.

Zunächst nannte man die Ausnahmepersönlichkeiten, die über Spezialtalente verfügen, obwohl ihnen häufig viele »ganz normale« Fähigkeiten fehlen, allerdings »idiots savants« (»beschränkt Wissende« oder »wissende Trottel«). Von dieser Bezeichnung sah man in späteren Jahrzehnten ab, da sie inzwischen als ziemlich diskriminierend galt.

Heutzutage spricht man auch häufig von »Inselbegabung«, da sich die Talente der Betroffenen zumeist auf einen umgrenzten Teilbereich beschränken. Auf anderen Gebieten, zum Beispiel bei Tests des allgemeinen Intelligenzquotienten, werden in vielen Fällen unterdurchschnittliche oder durchschnittliche Leistungen beobachtet.

Neben den etwa 100 Menschen mit überaus eindrucksvollen, weit herausragenden Gedächtnisfähigkeiten gibt es eine unbekannte Anzahl von Personen mit weniger stark ausgeprägten Savant-Talenten. Ich erinnere mich an einen jungen Psychotherapiepatienten, der zu jedem Datum der letzten 400 Jahre den passenden Wochentag herausfinden konnte – in Sekundenschnelle und ohne jede intellektuelle Anstrengung. Die Betroffenen nennt man »Kalenderrechner«.

Einige spektakuläre Fälle

Obwohl es aus Gründen des Datenschutzes in der Wissenschaft unüblich ist, bei medizinischen Fallgeschichten die echten Namen der Betroffenen zu nennen, sind einige besonders begabte Savants namentlich bekannt.

Dass sich die Namen von manchen Inselbegabten herumgesprochen haben, dürfte an ihren spektakulären Fähigkeiten liegen, die naturgemäß auch Journalisten und Buchautoren interessieren, weshalb der eine oder andere dieser etwa 100 Menschen inzwischen weltweit berühmt ist.

Im nächsten Abschnitt können Sie sich anhand von Beispielen selbst ein Bild von dieser Personengruppe machen, deren Mitglieder sich zum Teil erheblich voneinander unterscheiden. Die Darstellung basiert großenteils auf einem Artikel von »Focus Online« aus dem Jahr 2009.

Ein amerikanisches Klaviergenie

Leslie Lemke, geboren 1952 im US-Bundesstaat Milwaukee, kam als Schwerbehinderter auf die Welt. Nachdem er durch eine Erkrankung das Augenlicht verloren hatte, gab ihn seine leibliche Mutter zur Adoption frei. Es gelang ihm erst, ohne Hilfe zu stehen, als er zwölf war, richtig laufen konnte er drei Jahre später.

Seine Adoptivmutter hörte dem Jungen zu, als er sich in einer Nacht ans Klavier setzte und Tschaikowskis Klavierkonzert Nr. 1 ohne jeden Fehler spielte. Leslie hatte die Komposition zuvor nur einmal im Fernsehen mitverfolgt und keine Gelegenheit gehabt, Klavierspielen zu lernen.

Heute hat Leslie Lemke zahlreiche Konzertauftritte in aller Welt. Er komponiert selbst und beherrscht auch die Fähigkeit zur Improvisation. Vielleicht am erstaunlichsten: Der Mittfünfziger spielt Tausende von Werken fehlerfrei und muss dazu ein Stück bloß ein einziges Mal gehört haben.

Der Fotograf ohne Kamera

Es heißt, der Londoner Stephen Wiltshire, geboren 1974, habe als Kind in seiner eigenen, abgeschlossenen Welt gelebt. Lange Zeit konnte er nicht sprechen und neigte zu starken Trotzanfällen, wenn er sich durch etwas bedroht fühlte, das andere Kinder nicht als Gefahr betrachtet hätten.

Zeichnen half Stephen Wiltshire schon im Alter von fünf Jahren, etwas zur Ruhe zu kommen. Wenige Jahre später waren seine Werke weltweit bekannt, denn Stephen Wiltshire kann alles, was er einmal gesehen hat, bis zu den kleinsten Einzelheiten auf dem Papier abbilden, obwohl er nie Zeichenunterricht hatte.

Es gelingt Stephen Wiltshire problemlos, nach einem 45-minütigen Flug mit dem Helikopter über Hongkong, Venedig oder Rom, detaillierte Panoramabilder

der jeweiligen Stadt zu zeichnen, auf denen kein einziges Fenster, kein Dachvorsprung und kein Kamin fehlt – ohne jemals zuvor an diesem Ort gewesen zu sein.

Mathematik- und Sprachgenie in einer Person

Daniel Tammet, geboren 1979 in London, gehört zu den relativ wenigen Savants, bei denen sich die besonderen Begabungen erst nach einer schweren Erkrankung gezeigt haben. Der Junge galt bis zum Alter von drei Jahren als ganz normales Kind, bis er fast an einem epileptischen Anfall gestorben wäre.

Später begann er, Mathematikbücher zu lesen, die sich keineswegs an Kinder richteten, und beschäftigte sich mit den Strukturen verschiedener Pflanzen. Daniel Tammet verfügt über ein außergewöhnliches Gedächtnis und gilt als mathematisch hochbegabt, da er die Lösungswege für viele komplizierte Gleichungen nicht nur auf den ersten Blick erkennt, sondern sie auch anderen Menschen nachvollziehbar beschreiben kann.

Lösungen, für die Daniel Tammet keinerlei Hilfsmittel benötigt, sind bis zu hundert Nachkommastellen genau, was der Brite in verschiedenen Tests bewiesen hat. Im Jahr 2004 gelang es ihm, innerhalb von fünf Stunden über 22.000 Ziffern der Kreiszahl Pi auswendig zu lernen und diese Nachkommastellen, die er bis heute im Langzeitgedächtnis hat, anschließend fehlerfrei aus der Erinnerung abzurufen.

Daniel Tammet spricht zehn Sprachen fließend, ohne sich im Entferntesten anstrengen zu müssen, wenn er eine neue Fremdsprache lernt. Nicht zuletzt bewies er in einem kontrollierten Experiment, dass er ohne entsprechende Vorkenntnisse und ohne einen Lehrer innerhalb von nur einer Woche Isländisch erlernen konnte.

Das perfekte autobiografische Gedächtnis

Jill Price, die 1965 im US-Bundesstaat New Jersey geboren wurde und heute in Los Angeles eine jüdische Religionsschule leitet, gilt als medizinische Sensation, schrieb der »Spiegel« im Jahr 2008. Seit inzwischen über 30 Jahren kann sie so gut wie alles aus dem Langzeitgedächtnis abrufen, was ihr jemals passiert ist – einschließlich aller Gefühle und Stimmungen, die sich mit dem jeweiligen Ereignis verbanden und die Jill Price, wenn sie sich eine Erfahrung in Erinnerung ruft, genauso deutlich wahrnimmt wie zu der Zeit des ursprünglichen Erlebnisses.

Die Amerikanerin berichtet, ihr biografisches Gedächtnis habe sich seit dem neunten Lebensjahr merklich verbessert, bis sie fünf Jahre später feststellte, dass sie praktisch nichts mehr vergessen konnte.

Wenn Jill Price von einem Forscher oder einem Journalisten gefragt wird, was sie zum Beispiel am 20. September 1985 erlebt hat, erzählt sie, auf welchem Platz sie damals mit ihrem Vater in einem bestimmten Restaurant saß, was genau es zu essen gab, was der Vater sagte, wie sie im Gespräch reagierte und welchen Hut sie trug – bis zum letzten vermeintlich unwesentlichen Detail. Viele dieser Informationen lassen sich überprüfen, da Jill Price seit ihrem elften Lebensjahr über 50.000 Seiten akribische Tagebucheinträge verfasst hat, vermutlich auch, um die ständige Flut der Erinnerungen ordnen und ertragen zu können.

Außerdem gelingt es Jill Price ohne jede Anstrengung, historische Informationen, zeitliche Daten und Geschichten, über die in den Medien berichtet wurde, so gut wie fehlerfrei aus dem Langzeitgedächtnis abzurufen. Jill Price, bei der bestimmte Bereiche des Gehirns stark vergrößert sind, ist damit eine Ausnahmeerscheinung. Doch inzwischen haben Neurowissenschaftler ungefähr eine Handvoll Menschen untersucht, die ähnlich eindrucksvolle Fähigkeiten aufweisen.

Der Super-Savant

Kim Peek (1951–2009), der im amerikanischen Bundesstaat Utah lebte, galt selbst im Vergleich mit den erstaunlichsten Savants als »Superstar«. Bei Kim Peek, der übrigens das reale Vorbild für den Film »Rain Man« aus dem Jahr 1988 war und dort von Dustin Hoffman verkörpert wurde, hatten die Ärzte nach der Geburt eine schwere geistige Behinderung diagnostiziert und der Mutter geraten, das Kind in einem Heim unterzubringen.

Kim Peeks intellektuelle Leistungen erwiesen sich als phänomenal: Der Junge konnte schon mit anderthalb Jahren fließend lesen – möglicherweise ein Allzeitrekord. Später gelang es ihm, aus Büchern zwei Seiten gleichzeitig aufzunehmen, eine mit dem linken und eine mit dem rechten Auge. Bei kontrollierten Tests kam er auf etwa acht Seiten in gut fünfzig Sekunden. Was er einmal gelesen hatte, behielt Kim Peek für immer in Erinnerung, alles in allem waren es ungefähr 12.000 Bücher.

Kim Peek wusste zu jedem Datum eines ewigen Kalenders den jeweiligen Wochentag, ohne sich diese Fähigkeiten mühsam erschließen zu müssen. Sämtliche amerikanischen Postleitzahlen, Straßennetze, Highway-Verbindungen und Telefonvorwahlen waren ihm lebenslang bekannt, und er hatte eine Unzahl aller möglichen Fakten im Kopf.

Wenn er eine Melodie ein einziges Mal hörte, konnte er sie ohne Fehler nachsummen, und nachdem man ihm einen Ausschnitt eines beliebigen Orchesterstücks wenige Sekunden präsentiert hatte, gelang es ihm problemlos, sämtliche beteiligten Musikinstrumente zu identifizieren.

Wie man sich selbstständig die Schuhe anzieht, ein Hemd zuknöpft oder die Zähne putzt, blieb Kim Peek jedoch lebenslang ein Rätsel.

Mögliche Ursachen von Inselbegabungen

Savant-Talente sind in den meisten Fällen angeboren, es gibt jedoch auch einige Menschen, bei denen sie im späteren Lebensverlauf nach einer Hirnschädigung entstanden. Obwohl die genauen Ursachen dieser Spezialbegabungen bislang im Dunklen liegen, zeigen anscheinend auch die Personen, deren Talente schon ab dem Kleinkind- oder Kindesalter beobachtet werden, neurologische Auffälligkeiten.

Bei manchen Savants ist die linke Gehirnhälfte geschädigt, was offenbar dazu führte, dass die rechte Gehirnhälfte deren Funktionen übernahm. Bei anderen scheint die Verbindung zwischen den beiden Gehirn-Hemisphären, der sogenannte Balken, deutlich weniger stark ausgeprägt zu sein als bei den »Normalsterblichen«, oder sie fehlt sogar ganz. Im Regelfall besteht zwischen den Hirnhälften eine Arbeitsteilung: Die linke Hemisphäre steuert vor allem die Sprache und das logische Denken, während die rechte Hemisphäre für Kreativität, Musikalität und das räumliche Vorstellungsvermögen verantwortlich ist. Außerdem lenkt jede Gehirnhälfte die willkürlichen Bewegungen der gegenüberliegenden Körperseite.

Einige Inselbegabte mit erheblichen musikalischen Fähigkeiten sind von Geburt an blind. Nur einer von sieben Savants ist eine Frau. Der wichtigste Faktor für solche Spezialtalente scheint eine Verbindung mit einer vergleichsweise milden Form des Autismus zu sein, denn etwa die Hälfte der 100 Menschen mit überaus erstaunlichen Savant-Begabungen gilt als Autisten. Dennoch sind die allermeisten Menschen mit einem solchen Störungsbild mehr oder weniger stark geistig behindert, ohne jemals über besondere Fähigkeiten zu verfügen.

Autismus gilt als tief gehende Entwicklungsstörung, die sich meistens schon im Baby- oder Kleinkindalter bemerkbar macht. Manche Betroffenen können lebenslang kaum sprechen, andere, die unter einer leichteren Verlaufsform leiden, erlernen das Sprechen deutlich später

als andere Kinder. Autisten haben große Schwierigkeiten, sich in andere Menschen hineinzuversetzen, und sie erleben häufig jede noch so kleine Veränderung ihrer Lebensumstände als Bedrohung. Die meisten Patienten haben mehr oder weniger stark ausgeprägte intellektuelle Defizite, bei einigen lässt sich jedoch ein durchschnittlicher, gelegentlich auch ein überdurchschnittlicher Intelligenzquotient messen.

Viele Neurowissenschaftler vermuten genetische Ursachen für den Autismus und für viele Savant-Phänomene, wofür unter anderem einige Studien sprechen, die eine familiäre Häufung solcher Erkrankungen feststellen. Frühere Theorien, die behaupteten, die »emotionale Kälte« der Mutter, also eine lieblose Erziehung ohne echte Zuwendung, sei für autistische Störungen verantwortlich, gelten inzwischen als widerlegt.

Manche Forscher gehen davon aus, dass einige Genies, etwa Albert Einstein oder Wolfgang Amadeus Mozart, eigentlich Savants mit leichten autistischen Symptomen waren. Einstein konnte erst mit drei Jahren sprechen, und es fiel ihm im späteren Leben mitunter schwer, sich in Gesellschaft angemessen zu verhalten und mit anderen Menschen zu kommunizieren. Der Sinn von Ferndiagnosen, noch dazu im Abstand von Jahrzehnten oder Jahrhunderten, ist wissenschaftlich äußerst umstritten. Trotzdem können solche Theorien durchaus inspirierend sein.

Die Tatsache, dass einige leicht autistische Personen, ungefähr 50 Prozent der besonders erstaunlichen Savants, tatsächlich Höchstleistungen in gewissen Bereichen erbringen, deutet möglicherweise darauf hin, dass manche Hochbegabungen und bestimmte autistische Erkrankungen genetisch miteinander verwandt sind.

Risiken und Nebenwirkungen eines Computergedächtnisses

Dass es durchaus Nachteile hat, wenn viele Inselbegabungen mit leichteren autistischen Störungen einhergehen, liegt auf der Hand: Die Betroffenen können sich kaum in andere Menschen hineinversetzen oder angemessen mit ihnen kommunizieren, und sie haben häufig erhebliche Schwierigkeiten, ein selbstständiges Leben zu führen.

Doch wie steht es um die Spezialfähigkeiten selbst? Wer etwa, bedingt durch ein wenig effektives Langzeitgedächtnis, immer wieder bemerkt, dass er viel Zeit mit

Lernen verbringt, zum Beispiel an der Universität, und trotzdem kurz nach den Prüfungen einen Großteil des Stoffes nicht mehr abrufen kann, wünscht sich vielleicht insgeheim das Talent des Kim Peek, zwei Seiten gleichzeitig lesen zu können, mit je einem Auge, und kein Wort jemals zu vergessen.

Doch die besonderen Fertigkeiten eines Savants haben ihren Preis: Kim Peek hatte keine Möglichkeit, die Eindrücke der Außenwelt zu interpretieren, die er scheinbar fast wahllos in sich aufsaugte, Wichtiges vom Unwesentlichen durch stärkere oder weniger starke emotionale Beteiligung zu trennen und die Zusammenhänge der Informationen zu verstehen, die er problemlos auswendig lernte – vergleichbar mit einem Computer.

Ein Computer, der höchstens über Umwege herausfindet, welche Datei »wichtig« und welche »unwichtig« sein könnte – normalerweise durch die Anzahl der jeweiligen Abrufe –, ist dem Menschen weit überlegen, wenn es um Rechengeschwindigkeit und die Zuverlässigkeit seines »Gedächtnisses« geht, etwa beim Schachspiel.

Sobald eine sinnvolle Auswahl von Informationen, ein differenzierter Vergleich mit früher gespeicherten Daten oder eine Trennung von Inhalten, abhängig von ihrer Qualität, gefragt ist, benötigt ein noch so schneller Rechner die Unterstützung eines erfahrenen Users. Das lässt sich immer wieder beobachten, wenn man die Ergebnisse eines computergestützten Sprach-Übersetzungsprogramms mit den Resultaten eines professionellen menschlichen Dolmetschers vergleicht: Letztere sind um ein Vielfaches besser.

Überaus zuverlässig, aber relativ wahllos und ohne jedes Interpretationstalent Informationen speichern zu können, wie es auf viele Savants zutrifft, hat also in den meisten Lebensbereichen mehr Nachteile als Vorteile.

Der Fluch des perfekten Erinnerungsvermögens

Wie sieht es bei der Handvoll Menschen aus, deren autobiografisches Gedächtnis so gut wie perfekt funktioniert? Vielleicht erinnern Sie sich an die Amerikanerin Jill Price, die jedes persönliche Erlebnis seit dem Jahr 1980 detailliert in Erinnerung behält, einschließlich aller Gefühle und Stimmungen, die sich mit der jeweiligen Erfahrung verknüpfen.

In einem Interview, das Jill Price im Jahr 2008 mit »Spiegel Online« geführt hat, meint der Reporter, es müsse doch großartig sein, sich alles merken zu können. Irgendwie schon, antwortet die Amerikanerin, und doch empfinde sie ihr außergewöhnliches Talent als furchtbar quälend.

Sie könne ihre Erinnerungen nicht kontrollieren, meint Jill Price, und sähe innerlich ständig irgendwelche Szenen aus der Vergangenheit, ganz automatisch und vollkommen ungeordnet. Es gebe keine Stopptaste, und alle emotionalen Wunden aus fernen Tagen seien genauso präsent wie zu dem Zeitpunkt, an dem sie sie erlebt habe.

Außerdem klagt Jill Price darüber, dass sie sich durch ihre besonderen Fähigkeiten keinen Fehler, den sie je gemacht habe, verzeihen könne, und dass sie kein böses Wort, das jemand irgendwann zu ihr gesagt habe, vergessen würde.

Vergessen und Verdrängen hat offenbar trotz aller Nachteile eine wichtige, wahrscheinlich sogar überlebensnotwendige Funktion für die menschliche Entwicklung. Mehr zu diesem Thema finden Sie in Kapitel 3.

Eidetische und synästhetische Gedächtnisfähigkeiten

Neben den erstaunlichen Talenten von manchen Inselbegabten gibt es auch einige »Erinnerungsspezialitäten«, die sich deutlich häufiger beobachten lassen: sogenannte eidetische Fähigkeiten, die man früher unter dem Begriff »fotografisches Gedächtnis« zusammengefasst hat, und die sogenannte Synästhesie, bei der verschiedene Sinnesqualitäten, etwa Worte und Farben, kombiniert wahrgenommen und eingeprägt werden.

Das eidetische Gedächtnis

Eidetische – oder fotografische – Erinnerungsleistungen beruhen darauf, dass die Betroffenen optische Informationen, zum Beispiel Texte oder Bilder, nicht nur, wie andere Menschen, für wenige Millisekunden in ihrem sensorischen Gedächtnis behalten, bevor sie anderen Eindrücken Platz machen. Solche Inhalte kann ein Eidetiker deutlich länger speichern.

Der Begriff »eidetisch« leitet sich von einem altgriechischen Wort ab, das »Ansehen« und »Gestalt« bedeutet. Den Betroffenen gelingt es ohne jede Übung, sich an beliebige Einzelheiten von Informationen zu erinnern, die sie mit den Augen aufgenommen haben. Die Bilder verschwinden also nicht, wie im Normalfall, bald von selbst aus dem sensorischen Speicher, sie können auch lange nach dem jeweiligen optischen Reiz aus dem Gedächtnis abgerufen werden, als Kopie der ursprünglichen Signale. Mehr zum Thema sensorische Erinnerung finden Sie in Kapitel 3.

Ob einige Savants, etwa Kim Peek, der sich jedes Wort, das er jemals gelesen hatte, ein Leben lang merkte, als echte Eidetiker gelten können oder ob diesen Inselbegabungen andere neurologische Mechanismen zugrunde liegen, ist wissenschaftlich umstritten.

Offenbar gibt es relativ viele Menschen mit einem fotografischen Gedächtnis, nicht nur, wie im Falle der Savants, mehrere Dutzend Betroffene. Einige Studien kommen zu dem Ergebnis, dass etwa 5 bis 10 Prozent der Kleinkinder über mehr oder weniger stark ausgeprägte eidetische Fähigkeiten verfügen. In späteren Lebensjahren geht diese Begabung, deren Hintergründe bisher kaum verstanden werden, allerdings zumeist wieder verloren.

Ein heute 41-jähriger Mann berichtete mir, noch im Alter von neun Jahren habe er jedes Buch, das er mit Interesse gelesen hatte, so in Erinnerung behalten, als stünden ihm die Worte direkt vor den Augen, wenn er sich erneut mit dem Thema beschäftigte. Seit seiner Jugend beherrsche er diese Fähigkeit jedoch nicht mehr.

Synästhetische Wahrnehmungen

Der Begriff »Synästhesie« leitet sich vom altgriechischen Wort für »Mitempfinden« oder »gleichzeitiges Wahrnehmen« ab und bezeichnet die innere Koppelung von zwei physikalisch unterschiedlichen Sinnesqualitäten.

Bei der Synästhesie kann sich zum Beispiel der Klang von Musik mit bestimmten Farbmustern verbinden, oder Zahlen beziehungsweise Buchstaben werden mit gewissen Gerüchen, Geschmacksrichtungen oder Farben verknüpft.

Die weitaus meisten Betroffenen beobachten diese ungewöhnlichen Koppelungen eher innerlich, nur bei wenigen Synästhetikern überlagern sich »reale« und »hinzugedachte« Qualitäten bei der Wahrnehmung der Außenwelt. In praktisch allen Fällen sind die individuell vorgenommenen Verknüpfungen eindeutig, das heißt, der Buchstabe »A« ist immer »blau«, und die Zahl »5« erinnert stets an den Geschmack einer Zitrone.

Während Menschen mit solchen außergewöhnlichen Sinnesleistungen früher für krank gehalten wurden, wenn sie sich überhaupt trauten, anderen Leuten davon zu berichten, betrachten viele Betroffene heutzutage dieses Talent nicht als Defizit, sondern eher als persönliche Kraftquelle.

Synästhesie hilft auch bei manchen Erinnerungen, denn vielfältige assoziative Verknüpfungen, die bei diesem Phänomen sozusagen automatisch erfolgen, sind

ein hervorragendes Mittel, um Informationen erfolgreich aus dem Langzeitgedächtnis abzurufen. Etwa 4 Prozent der Bevölkerung gelten als Synästhetiker, wobei Frauen möglicherweise überrepräsentiert sind.

Manche Forscher gehen davon aus, dass synästhetische Wahrnehmungen vererbt werden, da es zu familiären Häufungen kommt. Andere vermuten, diese besonderen Fähigkeiten hingen mit bestimmten Gehirnschädigungen oder Folgen von Anfallsleiden zusammen. Allerdings ließ sich bislang keine Theorie zu den Ursachen der Synästhesie wissenschaftlich beweisen.

Haben Sie Superkräfte? Ein Test

Durch diesen nicht ganz ernst gemeinten Fragebogen können Sie prüfen, ob Sie über Savant-Fähigkeiten und andere »Gedächtnisspezialkräfte« verfügen. Wenn Sie sich bei der Beantwortung einer Frage nicht sicher sind, erkundigen Sie sich am besten bei einem engen Angehörigen oder einem Freund, der Sie gut kennt.

Falls Sie einer der folgenden zehn Aussagen zustimmen, was allerdings nicht sehr wahrscheinlich ist, schreiben Sie die Nummer der Frage auf einen Zettel. Anschließend können Sie sich mit Ihren Vertrauten über Ihre besonderen Talente austauschen.

1. Wenn ich ein Lied oder eine Komposition zum ersten Mal höre, habe ich die Musik sofort auswendig im Kopf und kann sie fehlerfrei summen oder nachsingen.

2. Sobald ich mich mit einem Musikinstrument befasse, das ich zuvor noch nie ausprobiert habe, beherrsche ich es in kürzester Zeit, ohne bewusste Anstrengung oder Musikunterricht.

3. Eine neue Fremdsprache erlerne ich außergewöhnlich schnell, ohne Einsatz einer Lernstrategie und ohne Vokabeln oder Grammatik büffeln zu müssen.

4. Es gelingt mir mühelos in kürzester Zeit, komplizierte Zahlenfolgen zu speichern, etwa Dutzende Nachkommastellen der Kreiszahl Pi, oder komplexe Rechenaufgaben fehlerfrei im Kopf durchzuführen, für die andere Menschen einen Taschenrechner brauchen, ohne dabei bewusst Strategien einzusetzen.

5. Was ich täglich erlebe, weiß ich jahrelang, von den Umständen einer Situation bis zu den kleinsten Einzelheiten.

6. Wenn ich einen Gegenstand, ein Bauwerk oder eine Landschaft zum ersten Mal sehe, kann ich das jeweilige Bild, falls ich es aus der Erinnerung abrufen möchte, anschließend detailliert mit dem inneren Auge betrachten oder es fehlerfrei aus dem Kopf abzeichnen.
7. Was ich mit Interesse lese, weiß ich schon nach der ersten Lektüre auswendig, ohne mich dabei anzustrengen, da ich den Text in allen Einzelheiten vor dem inneren Auge sehe.
8. Obwohl ich inzwischen nicht mehr über diese Fähigkeit verfüge, ist es mir als Kind mühelos gelungen, das, was ich zum ersten Mal gesehen habe, in allen Details aus der Erinnerung abzurufen, weil ich die Bilder lange Zeit mit dem inneren Auge betrachten konnte.
9. Bestimmte Sinnesreize, zum Beispiel Buchstaben, Wörter, Klänge, Formen oder Zahlen, verbinden sich bei mir innerlich unwillkürlich mit anderen sinnlichen Eindrücken, etwa gewissen Mustern, Farben, Gerüchen oder Geschmackserlebnissen.
10. Manche Außenwahrnehmungen, zum Beispiel bestimmte Wörter, Klänge oder Ziffern, verknüpfen sich bei mir automatisch so stark mit anderen Sinnesreizen, etwa Farben, Formen oder Gerüchen, dass sich diese gekoppelten Eindrücke mehr oder weniger deutlich überlagern, ohne dass ich dafür meine Augen schließen müsste.

Die Fragen 1 und 2 beschreiben musikalische Savant-Begabungen. Frage 3 beschäftigt sich mit sprachlichen »Superkräften«, während die Frage 4 außergewöhnliche mathematische Fähigkeiten erfasst. In Aussage 5 wird das seltene Talent eines perfekten biografischen Gedächtnisses abgefragt. Bei den Aussagen 6, 7 und 8 stehen eidetische Spezialbegabungen (fotografisches Gedächtnis) im Zentrum, die nicht nur bei manchen Inselbegabten, sondern bei einer größeren Personengruppe festgestellt werden, vor allem wenn es um die Kindheit (Frage 8) geht.

Die Fragen 9 und 10 befassen sich mit synästhetischen Erinnerungen, also einer automatisch ablaufenden Verknüpfung verschiedener Sinnesreize, die sich bei deutlich mehr Menschen beobachten lässt als die meisten anderen besonderen Talente dieser Liste. Die »starke Form« der Synästhesie, bei der sich die Eindrücke im Rahmen der Außensicht überlagern (Frage 10) tritt dabei deutlich seltener auf als die »schwache Form«, bei der sich die besonderen Reizverbindungen nur innerlich wahrnehmen lassen (Frage 9).

Stress, Angst, Grübeln und Erinnerung

6

In diesem Kapitel

- Wie sich negative Einflussfaktoren auf das Gedächtnis auswirken
- Äußere Ablenkungen verringern
- Innere Ablenkungen erfolgreich reduzieren

Zunächst beschreibe ich den Zusammenhang von Aufmerksamkeitsstörungen und verschlechtertem Gedächtnis. Neben einem Mangel an Erholungs- und Entspannungspausen entstehen die meisten Konzentrationsschwierigkeiten durch längerfristige Probleme mit äußeren oder inneren Ablenkungen.

Zu den Beeinträchtigungen durch die Anforderungen der Außenwelt können zum Beispiel Lärm bei der Arbeit, wiederholte Störungen durch Telefonklingeln oder ständige Unterbrechungen durch Tätigkeiten gehören, die parallel zur eigentlichen Aufgabe erledigt werden sollen.

Viele systematische Ablenkungen aus der Innenwelt beruhen auf Ängsten, Verstimmungen und Grübeleien, die sich häufig um belastende Themen wie vermeintliche Fehler bei einer perfektionistischen Grundhaltung und andere Vorwürfe gegen die eigene Person drehen, die Schwierigkeiten mit einem positiven Selbstwertgefühl ausdrücken. In anderen Fällen schiebt sich ein wichtiges Bedürfnis dazwischen, das nichts mit der derzeitigen Tätigkeit zu tun hat, oder der persönliche Biorhythmus passt nicht zu den Arbeitszeiten, was zu Ermüdungserscheinungen führt.

Verschiedene Hinweise und Übungen, durch die es Ihnen gelingen kann, besser mit äußeren und inneren Ablenkungen zurechtzukommen, ergänzen das Kapitel.

Gedächtnis- und Konzentrationsprobleme durch negative Einflüsse

Alle zeitabhängigen Ebenen der menschlichen Erinnerung, also das sensorische Gedächtnis, der Kurzzeit- und der Langzeitspeicher, erfordern eine mehr oder weniger bewusste oder zielgerichtete Aufmerksamkeit, um Daten aus der Au-

ßenwelt aufzunehmen, weiterzuleiten und zu speichern. Mehr zum Thema sensorische Erinnerung, Kurzzeitgedächtnis und Langzeitgedächtnis finden Sie in Kapitel 3.

Falls Sie wegen einer akuten Aufmerksamkeitsstörung eine Sinnesinformation kaum oder gar nicht beachten können, hilft es Ihnen im Nachhinein wenig, wenn Sie versuchen, das Gewünschte mit einer der vielen erprobten Mnemotechniken aus dem Gedächtnis abzurufen, denn die Informationen haben sich nie in Ihrem Langzeitspeicher etabliert.

Konzentration, abgeleitet von einem lateinischen Begriff, der »zusammen zum Mittelpunkt« bedeutet, wird wissenschaftlich definiert als willentliche Fokussierung der Aufmerksamkeit auf ein kurzfristig erreichbares Ziel, auf die Lösung einer Aufgabe oder auf eine bestimmte Aktivität. Hierbei achten wir gewisse Zeit auf das, was wir gerade tun oder empfinden. Manchmal richten wir unsere Aufmerksamkeit auch auf das, was vermutlich demnächst passieren wird, oder wir vergleichen eine aktuelle Erfahrung mit einer bereits gespeicherten Erinnerung.

Da Konzentration mit geistiger Anstrengung einhergeht, selbst wenn jemanden das, womit er sich momentan beschäftigt, persönlich interessiert, lässt das Konzentrationsvermögen auch bei optimalen inneren und äußeren Bedingungen irgendwann nach. Um erneut Kraft zu schöpfen, ist dann eine kürzere oder längere Pause erforderlich. Mehr zum Thema Erholung und Entspannungsübungen finden Sie in Kapitel 7.

Einige Faktoren, die sich systematisch auf die Aufmerksamkeit auswirken:

✔ Stimmung und Emotionen: Menschen, denen es gut geht, verfügen über ein deutlich besseres Konzentrationsvermögen als Personen, die sich schlecht fühlen. Eine klinische Depression mit typischen Symptomen wie dauerhafter Niedergeschlagenheit, Aktivitätsrückgang und ständigen Selbstvorwürfen stärkt höchstens die Fähigkeit, sich mit negativen Erinnerungen zu befassen. Die Aufmerksamkeit für differenzierte Signale der Außenwelt ist dann zumeist deutlich verringert.

✔ Körperlicher Zustand und Erkrankungen: Wer unter einer Krankheit leidet oder dazu neigt, unklare innere Signale ängstlich und misstrauisch zu beobachten, kann seine Konzentration selten erfolgreich auf das richten, womit er sich stattdessen beschäftigen möchte.

Häufige Tagträumereien und gedankliche Abschweifungen zu »sachfremden« Themen während einer Lernaufgabe oder einer beruflichen Tätigkeit sind oft ein deutliches Zeichen dafür, dass es besser wäre, einem wichtigen Bedürfnis nachzugehen oder eine Pause einzulegen, als mit verringerter Aufmerksamkeit weiterzumachen.

- ✔ Alkohol- und Drogenkonsum verschlechtert sowohl die Funktion des Kurzzeitgedächtnisses als auch die Übertragung der Informationen ins Langzeitgedächtnis – wenn man davon absieht, dass jemand, der zum Beispiel unter leichter Alkoholeinwirkung etwas lernt, die entsprechenden Informationen anschließend in ähnlicher Verfassung besser aus dem Langzeitspeicher abrufen kann als im nüchternen Zustand.

- ✔ Müdigkeit lässt die Aufmerksamkeit für äußere Reize deutlich zurückgehen. Das trifft nicht nur auf akute Erschöpfung zu, die sich oft auf kurzfristigen Schlafmangel oder auf unzureichende Pausen zurückführen lässt. Chronische Müdigkeit, die in vielen Fällen durch längere Stressbelastung oder durch Schwierigkeiten mit einer Anpassung des eigenen Biorhythmus an die Anforderungen der Außenwelt entsteht, verringert die Konzentrationsfähigkeiten langfristig und ist subjektiv besonders belastend.

Tätigkeiten, die parallel verrichtet werden sollen, lassen die Leistungsfähigkeit der Aufmerksamkeit fast immer zurückgehen. Normalerweise können wir uns nur auf eine Sache zur gleichen Zeit konzentrieren, weshalb wir uns nach jeder Störung, etwa durch ein klingelndes Telefon oder durch einen lauten Knall auf der Straße, erneut ein bisschen in die eigentliche Aufgabe einarbeiten müssen. Parallelverarbeitung, was auf Neudeutsch Multitasking genannt wird und zum Bestandteil vieler »Unternehmenskulturen« geworden ist, widerspricht in den allermeisten Fällen der Funktion des menschlichen Gedächtnisses.

- ✔ Lärm, schlechte Luft und große Hitze oder Kälte gehören zu den äußeren Bedingungen, durch die sich die Aufmerksamkeit immer wieder verringern kann, ebenso wie wiederholte Störungen durch parallele Aufgabenstellungen oder durch Gespräche, die die Beschäftigung mit einer Aufgabe unterbrechen. Auch Schwierigkeiten mit der Arbeitsorganisation, etwa das ständige Suchen nach wichtigen Materialien, verringert die Konzentration.

Wie sich Ablenkungen aus der Außenwelt verringern lassen

Belastungen durch Lärm, Hitze, Kälte oder schlechte Luft lassen sich zumindest bei Tätigkeiten, die nicht unter freiem Himmel stattfinden, oft relativ leicht reduzieren.

Maßnahmen gegen Hitze, Kälte, Lärm und schlechte Luft

Wände können sowohl gegen Außenlärm als auch gegen Wärmeverluste gut isoliert werden. Das regelmäßige Öffnen eines Fensters verbessert den Sauerstoffgehalt, den Feuchtigkeitsanteil und die Frische der Umgebungsluft.

Klimaanlagen oder Ventilatoren kühlen im Hochsommer effektiv, wobei ein Ventilator nicht nur aus ökologischen Gründen sinnvoller ist, sondern auch wegen seiner Eigenschaft, die Räumlichkeiten nicht mit Schimmelpilzen und anderen Krankheitserregern aus dem Reich der Mikroorganismen zu belasten – anders als eine schlecht gewartete Klimaanlage.

Gegen Lärm, der dazu führt, dass die Aufmerksamkeit immer wieder von der eigentlichen Aufgabe abgezogen und auf die Quelle des Geräusches gerichtet wird, was langfristig sogar das Risiko von Herz- und Kreislauferkrankungen erhöht, können Sie kleine Konzentrationsübungen einlegen, die Ihre Leistungskraft trotz aller Ablenkungen verbessern. Mehr zum Thema Aufmerksamkeits- und Entspannungstraining finden Sie in Kapitel 7.

Eine Alternative sind Ohrstöpsel. Jedenfalls soweit dieser Lärmselbstschutz nicht Ihre Fähigkeiten beeinträchtigt, die wirklich wichtigen Signale aus Ihrer näheren Umgebung – bei der Arbeit zum Beispiel das Klingeln eines Telefons oder Mitarbeiter, die an Ihre Bürotür klopfen – wahrzunehmen.

Belastungen durch parallele Aufgabenstellungen und dauernde Erreichbarkeit verringern

Deutlich schwieriger ist es häufig, Belastungen durch gleichzeitige Tätigkeiten oder die »Immer-erreichbar-Volkskrankheit«, wie manche Journalisten dazu sagen, erfolgreich zu reduzieren.

Nach einer Statistik werden Büroangestellte durchschnittlich alle elf Minuten von der Arbeit abgelenkt, zum Beispiel durch einen Anruf oder durch die akustische Computeranzeige, wenn eine E-Mail eingegangen ist.

Neben Belastungen durch die Reibungsverluste von Multitasking-Anforderungen, die mit vielen Unterbrechungen und der Notwendigkeit einhergehen, sich immer wieder in die eigentliche Tätigkeit einzuarbeiten, fühlen sich viele Menschen dadurch gestresst, dass sie sich gezwungen sehen, weit über die beruflichen »Kernzeiten« hinaus für Chefs, Kollegen oder Kunden erreichbar zu sein. Internet, Handys und Smartphones haben diese Tendenz weiter verschärft.

Etwa jeder fünfte Deutsche leidet an arbeitsbedingtem chronischem Stress, wozu Symptome wie Ein- und Durchschlafstörungen, Durchfall oder Kopfschmerzen, starke Ermüdungserscheinungen nach kleineren Anstrengungen, Ängste, Grübeleien und depressive Verstimmungen gehören können.

Frauen sind häufiger von Burn-out-Problemen betroffen als Männer, da viele von ihnen in einer Art Spagat versuchen, Karriere, Beziehung, Haushalt und Kindererziehung unter einen Hut zu bringen. Vor allem wenn sich der männliche Partner hauptsächlich auf sein eigenes berufliches Fortkommen konzentriert oder wenn eine Frau als Alleinerziehende wenig Unterstützung bekommt, erhöht sich die Burn-out-Gefahr erheblich. Mehr zum Thema Maßnahmen gegen chronische Erschöpfungszustände erfahren Sie in meinem Buch *Burn-out für Dummies.*

Zeiten der Erreichbarkeit verringern

Sich trotz Anforderungen in manchen Zeiten rar zu machen und dem Terror der ständigen Erreichbarkeit etwas Wirksames entgegenzusetzen, um die eigenen Bedürfnisse nicht aus den Augen zu verlieren, erfordert durchaus Mut. Manchmal hilft es, in kleineren Schritten vorzugehen und die Belastungen Stück für Stück zu verringern, zunächst im Privatleben, anschließend, soweit es sich machen lässt, im Beruf.

In vielen Fällen empfiehlt es sich, ablenkende optische Hinweise oder Tonsignale, durch die Sie Ihr Mail-Programm auf eine eingegangene Nachricht hinweist, zu deaktivieren – oder gleich alle akustischen Funktionen Ihres Rechners auszuschalten. Stattdessen können Sie sich auf ein oder zwei feste Tageszeiten beschränken, an denen Sie Ihr elektronisches Postfach überprüfen, zum Beispiel morgens und abends. Die meisten Nachrichten lassen sich problemlos einen Tag,

nachdem sie angekommen sind, beantworten, ohne dass der Absender beleidigt wäre. (Außerdem kann sich der Mail-Verfasser mit der Zeit an diese Vorgehensweise gewöhnen.)

Automatisierte Urlaubsmeldungen, die von vielen E-Mail-Programmen angeboten werden, können Sie unterstützen, Ihre Ferien entspannt zu verbringen, ohne ständig Ihr Postfach checken zu müssen.

Handys und Smartphones haben durchaus ihre Vorzüge, zum Beispiel in Notsituationen oder wenn es darum geht, bei einer Auslandsreise den Kontakt zur Familie daheim aufrechtzuerhalten. Dem stehen jedoch auch einige Nachteile gegenüber, vor allem die ständige Erreichbarkeit für jede Person, die Ihre Mobilfunknummer besitzt. Nicht zuletzt haben sich viele Arbeitgeber in den letzten Jahren daran gewöhnt, dass sie ihre Mitarbeiter jederzeit anrufen können, wenn es etwas zu klären gibt oder eine Zusatzaufgabe verteilt werden muss, deren Erledigung natürlich keinesfalls bis zum nächsten Werktag – oder bis zum Ende des Urlaubs – warten kann.

Nur wenige Arbeitnehmer trauen sich, ihrem Chef mitzuteilen, dass er nach Feierabend oder in den Ferien nicht mit ihnen rechnen kann. Dieser fehlende Mut, eigene Abgrenzungen deutlich zu machen, ist durchaus verständlich. Er führt allerdings in vielen Fällen dazu, dass sich wiederholte Anrufe außerhalb der Berufszeiten mehr und mehr einschleichen und irgendwann zur Selbstverständlichkeit werden.

Bei übermäßiger telefonischer oder computergestützter Beanspruchung durch den Arbeitgeber in der Freizeit hilft es gelegentlich, gelassen und möglichst angstfrei zu überlegen, ob die angetragene Aufgabe tatsächlich sofort durchgeführt werden muss oder ob sie Zeit hat bis zum nächsten Werktag beziehungsweise bis zum Ende Ihres Urlaubs. Durch solche Gedanken finden Sie vielleicht eine angemessene Entscheidungsgrundlage, die den jeweiligen Einzelfall im Blick hat.

Wenn Ihr Chef die Erfahrung macht, dass Sie dringende Zusatzarbeiten übernehmen, ohne zu klagen, aber bei weniger wichtigen Tätigkeiten freundlich darauf hinweisen, dass Sie sich nicht in Ihrer Freizeit, sondern im Rahmen Ihrer Kernarbeitszeiten mit diesen Aufgaben beschäftigen werden, kann er sich langsam daran gewöhnen, dass Sie Ihre Belastungsgrenzen ernst nehmen. Möglicherweise wird sich Ihr Vorgesetzter dann einen anderen Angestellten suchen, der ihm rund um die Uhr zur Verfügung stehen soll.

Falls Sie unter dem Terror der ständigen Erreichbarkeit leiden, ohne von beruflichen Verpflichtungen bis ins Privatleben verfolgt zu werden, empfiehlt es sich häufig, das Handy immer wieder auszuschalten oder die Angehörigen darum zu bitten, Sie nur in Notfällen anzurufen. Auch SMS-Kurznachrichten oder Mailboxen eignen sich gut dazu, sich ein bisschen rar zu machen, ohne völlig aus der Welt zu sein. Schließlich kommen SMS- oder Mailbox-Signale auch an, wenn Sie Ihr Handy nicht immer anschalten, und Sie können sich selbst überlegen, wann Sie Zeit und Lust haben, sich mit Ihren persönlichen Nachrichten zu beschäftigen.

Vermeidbare Paralleltätigkeiten entflechten

Zumindest im Privatleben lassen sich viele Ablenkungen durch gleichzeitig verlaufende Aktivitäten relativ einfach verringern. Dazu gehören Freunde und Angehörige, die sich vielleicht um Ihre Kinder kümmern können, wenn Sie etwas erledigen wollen, das Ihre ganze Konzentration fordert, oder wenn Sie mit Ihrem Gefährten einen schönen Abend ohne Ihren Nachwuchs verbringen möchten.

Auch eine gerechte Aufteilung von häuslichen oder pädagogischen Aufgaben in der Partnerschaft hilft vielen dabei, nicht durch die Doppel- oder Dreifachbelastung von Beruf, Erziehung und Haushalt auszubrennen.

Wenn Sie sich in Ihrer Wohnung entspannen wollen oder eine Pause einlegen möchten, die Sie als wirklich erholsam empfinden, ist es besonders wichtig, für ein paar Minuten oder eine halbe Stunde ungestört zu sein.

Erholungs- oder Entspannungspausen erfordern hinreichend Zeit und Ruhe, vor allem am Anfang, wenn Sie noch nicht ganz so routiniert in Ihrem Bestreben sind, ablenkende Reize auszublenden und sich im Stillen auf Ihr Inneres zu konzentrieren. Nehmen Sie sich also in solchen Fällen die Freiheit, Ihr Handy auszuschalten und Ihren Festnetzanschluss dem Anrufbeantworter zu überlassen. (Falls der Anrufbeantworter zu laut eingestellt sein sollte, können Sie das problemlos ändern.)

Bei der Planung von Entspannungsübungen ist es ratsam, die Familie zu bitten, Sie einige Minuten ungestört zu lassen, selbstverständlich mit der Ausnahme von Notfällen. Auch ein fester täglicher Erholungszeitraum, an den sich Ihre Angehörigen irgendwann gewöhnen, ist sinnvoll, was Sie außerdem durch ein freundliches Warnschild an Ihrer Zimmertür unterstreichen können.

Im Beruf, vor allem bei Bürotätigkeiten, ist eine Entflechtung von zeit- und kraftraubenden Paralleltätigkeiten häufig schwierig. Doch auch hier haben Sie in vielen Fällen die Chance, bestimmte Bedingungen Schritt für Schritt in eine positive Richtung zu verändern. Sie können bei besonders stressigen Herausforderungen die Vielzahl potenzieller Störungen auf das notwendige Minimum verringern. Dass eine Deaktivierung der automatischen Funktion Ihres Computers, jede eingegangene Mail zu melden, ebenso sinnvoll ist wie eine Begrenzung der E-Mail-Abrufzeiten, habe ich bereits beschrieben.

Außerdem gelingt es Ihnen vielleicht, Ihre Kollegen zu bitten, Sie in einer bestimmten Frist nur zu stören, wenn gerade etwas Unaufschiebbares erledigt werden muss. Falls es Ihnen zusteht, Ihr Bürotelefon ab und zu auf den Anrufbeantworter zu legen, oder falls Sie die Gesprächsannahme zeitweilig an einen Mitarbeiter delegieren können, sorgen Sie für Entlastung.

Gleichrangige Kollegen werden Ihnen normalerweise gerne helfen, Parallelbelastungen in Grenzen zu halten, wenn sie wissen, dass sie, wenn es nötig ist, in der gleichen Weise auf Sie bauen können.

Andere Ideen zur Entlastung von überflüssigen Außenreizen

Sport und regelmäßige Bewegung werden von praktisch allen Experten empfohlen, wenn es darum gehen soll, beruflichen oder privaten Herausforderungen etwas Wirksames entgegenzustellen und die eigenen Gedächtnisfunktionen zu stärken.

Wenn Sie sportliche Höchstleistungsansprüche haben, gefährden Sie gleichzeitig Ihren Erholungswunsch und setzen den Lauf im Hamsterrad, der Sie vielleicht immer wieder im Arbeitsleben belastet, in der Freizeit fort.

Ärzte raten zu leichtem Ausdauersport wie Jogging, Radfahren oder Schwimmen, ohne sich dabei zu überfordern. 20 bis 30 Minuten täglich genügen, auch um den Kopf freizubekommen. Ein Übermaß von belastenden Signalen aus der Außenwelt lässt sich neben hinreichend Schlaf, regelmäßigen Pausen und Entspannungsübungen auch durch einige Alltagsmaßnahmen begrenzen.

So empfinden es viele Menschen als angenehm, wenn sie auf dem Weg zur Arbeit nicht am Steuer ihres Autos sitzen müssen. In den größeren Städten sind öffentliche Verkehrsmittel eine beliebte Alternative, doch die Fahrt mit der U-Bahn oder dem Bus bringt weitere potenzielle Störreize mit sich, etwa Sitznachbarn, die lautstark telefonieren, oder Paare, die ihren Streit am liebsten vor aller Welt austragen.

Wissenschaftler haben übrigens vor einigen Jahren herausgefunden, dass mehr oder weniger freiwillig mitgehörte Handy-Gespräche einen Großteil der Konzentration des Zuhörers beanspruchen und ihn, sobald er sich der Unterhaltung zuwendet, stark von seinen ursprünglichen Gedanken oder Aktivitäten ablenken.

Ein Telefonat, das man naturgemäß nur halb mitbekommt, ist für die Kurzzeitaufmerksamkeit besonders interessant, weil es irritiert. Das liegt daran, dass sich die andere Hälfte des Gesprächs nur erahnen lässt, was fast automatisch dazu führt, dass man sich diesen verwirrenden Außenreizen zuwendet – außer es gelingt dem Betroffenen, solche Störungen zu ignorieren.

Ein Buch oder die Lektüre einer Zeitung im öffentlichen Raum hilft oft dabei, unerwünschte Signale der Außenwelt weitgehend auszublenden, ebenso wie entlastende Tagträume oder eine kurze Konzentration auf den eigenen Atem, der ruhig aus dem Körper hinaus- und wieder in ihn hineinfließt.

Genussvolle Aktivitäten wie ein abendlicher Spaziergang können Sie vielleicht dabei unterstützen, zur Ruhe zu kommen und den anstrengenden Lebensaufgaben etwas Erholsames entgegenzusetzen. Manche Menschen erfreuen sich sogar am gelegentlichen Nichtstun, statt die beruflichen Belastungen ständig durch alle möglichen Formen von Freizeitstress zu ergänzen.

Wie sich innere Ablenkungen verringern lassen

Neben äußeren Ablenkungen, die die Aufmerksamkeit beeinträchtigen können, gibt es auch einige wichtige Ablenkungen aus der Innenwelt, durch die die Konzentrationskraft des Betroffenen systematisch zurückgeht.

Dazu gehören unter anderem

- ✔ Müdigkeit und Erschöpfung, die zum Beispiel durch Schlafmangel, unzureichende Pausen, Entspannungsschwierigkeiten, Stressbelastung, eine depressive Verstimmung oder eine mangelnde Übereinstimmung zwischen den Arbeitszeiten und dem eigenen Biorhythmus entstehen;
- ✔ wiederholte Grübeleien, die sich häufig um vermeintliche Unzulänglichkeiten und andere Selbstwertprobleme drehen;
- ✔ innerer Druck, der stets darauf drängt, in allem perfekt und dadurch unangreifbar zu sein;
- ✔ Tagträumereien und andere angenehme, aber »sachfremde« Überlegungen beim Lernen oder bei einer beruflichen Herausforderung;

Wie Sie Ihren Biorhythmus ermitteln können

Wenn Sie Ihre Leistungsfähigkeit, abhängig von der Tageszeit, herausfinden wollen, benötigen Sie bloß eine Uhr, einen Stift, ein Lineal, ein Blatt Papier, auf das Sie Ihre Selbsteinschätzungen schreiben, und eine Woche mit hinreichend Selbstdisziplin.

Zunächst unterteilen Sie den Zettel im Querformat mit Kugelschreiber und Lineal – oder einem passenden Computergrafikprogramm – in fünf senkrechte Spalten, eine für jeden Werktag der Woche, die Sie überprüfen möchten. (Falls Sie auch am Wochenende beruflich tätig sind, können Sie stattdessen Montag bis Sonntag als Spalten markieren.)

Anschließend teilen Sie jede Spalte für jeden Wochentag in etwa gleich große zweistündige Abstände. Fangen Sie dabei mit dem Beginn Ihrer Arbeitszeit an, etwa acht Uhr morgens. Ihr üblicher Feierabend – einschließlich etwaiger Überstunden – markiert jeweils den letzten senkrechten Untereintrag einer Tagesspalte. Zum Beispiel: Erste Spalte, Montag 8 bis 10 Uhr, 10 bis 12 Uhr, 12 bis 14 Uhr, 14 bis 16 Uhr. Zweite Spalte, Dienstag 8 bis 10 Uhr, 10 bis 12 Uhr und so weiter.

Danach ziehen Sie eine Längslinie am linken Rand des Blattes und unterteilen sie von unten nach oben mit den Zahlen von 1 bis 10. »1« bedeutet »Zu dieser Tageszeit fühle ich mich völlig kraftlos und erschöpft«; »10« heißt »Zu dieser Tageszeit fühle ich mich vollkommen leistungsfähig und wach«. Die Ziffern 2 bis 9 markieren Zustände, die zwischen den Extremen liegen.

Jetzt brauchen Sie nur noch eine Uhr und genug Selbstdisziplin, um im Verlauf einer Arbeitswoche möglichst alle zwei Stunden den aktuellen Stand Ihrer Leistungskurve auf dem vorbereiteten Zettel zu notieren, jeweils gegen Ende des Zwei-Stunden-Zeitraums.

Nach dieser Woche ermitteln Sie in einer ruhigen Stunde Ihre zeitabhängigen Durchschnittswerte. Angenommen, zwischen 8 und 10 Uhr morgens hatten Sie am Montag einen Leistungspunktwert von 7 eingetragen, am Dienstag zwischen 8 und 10 Uhr einen Wert von 6, am Mittwochmorgen den Punktwert 9, am Donnerstag im gleichen Zeitraum einen Wert von 6 und am Freitag den Punktwert 8.

Zählen Sie nun die Werte aller Leistungskurven (also Ihre Punkte der Krafteinschätzung von 1 bis 10) von jedem zweistündigen Tageszeitraum zusammen, hier also zunächst alle Werte zwischen 8 und 10 Uhr morgens. Um bei diesem Beispiel zu bleiben, entspricht das 7 + 6 + 9 + 6 + 8 = 36. Die zeitab-

hängige Gesamtpunktzahl teilen Sie durch die Anzahl der Messungen in diesem Zeitraum. (Das wären fünf Messungen von Montag bis Freitag zwischen 8 und 10 Uhr morgens.) 36 geteilt durch 5 ist 7,2, was dann Ihrem durchschnittlichen Leistungswert in der Zeit von 8 bis 10 Uhr entspricht.

Mit den anderen zweistündigen Abschnitten, also Montag bis Freitag 10 bis 12 Uhr, Montag bis Freitag 12 bis 14 Uhr und so weiter, halten Sie es ebenso. Das Ergebnis sind Ihre Durchschnittskraftwerte, abhängig von der jeweiligen Tageszeit.

Der letzte Schritt ist erfahrungsgemäß am schwersten: Legen Sie anstrengende Tätigkeiten, soweit es sich beruflich machen lässt, auf die Tageszeiten, an denen Sie über viel Kraft und Wachheit verfügen. Weniger anstrengende Arbeiten, die mit viel Routine verbunden sind, passen am besten zu den Tageszeiten, an denen Sie sich eher müde, erschöpft und kraftlos fühlen. In manchen Fällen hilft jedoch nur eine längere Pause, um wieder erfolgreich auftanken zu können.

- ✔ eine Neigung, die eigenen Bedürfnisse und Grenzen dauerhaft zurückzustellen und zumeist nur die Wünsche anderer Personen im Blick zu haben, wodurch die Lebenszufriedenheit zurückgeht – häufig in Verbindung mit Ängsten und wiederholten Grübelgedanken;
- ✔ irritierende oder unangenehme Körperwahrnehmungen, wie sie oft bei Erkrankungen und bei Menschen auftreten, die zu ängstlichen Selbstbeobachtungen neigen. Wie es Ihnen gelingt, Ihre körperlichen Signale möglichst angstfrei und entspannt wahrzunehmen, erfahren Sie in Kapitel 7.

Abhängig von der jeweiligen Problematik können Sie vielen systematischen Ablenkungen aus der Innenwelt etwas Wirksames entgegensetzen.

Den eigenen Biorhythmus herausfinden

Viele Erschöpfungszustände bei Lernaufgaben und beruflichen Herausforderungen hängen damit zusammen, dass die Arbeitszeiten schlecht auf den Biorhythmus des Betroffenen abgestimmt sind.

Es gibt keinen einheitlichen Biorhythmus. Manche Menschen sind am Morgen sehr leistungsfähig, was sich im Tagesverlauf verringert. Dieser Personenkreis wird in Anlehnung an den Vogel »Lerchen« genannt. Andere Männer und Frauen, die sogenannten »Eulen«, kom-

men morgens eher schwer in Gang und erleben ihren Leistungshöhepunkt erst am Nachmittag oder am Abend. Abgesehen von diesen beiden Grundtypen kann der Biorhythmus bei jedem mehr oder weniger unterschiedlich sein, allerdings haben die meisten Menschen während der Mittagsstunden oder am frühen Nachmittag ein Formtief.

Nachtdienste oder wechselnde Schichtarbeiten bringen den Tag-Nacht-Rhythmus von so gut wie jedem Betroffenen nachhaltig durcheinander. In vielen anderen Fällen lässt sich die persönliche Leistungskurve, mit der auch die Effizienz der Gedächtnisfunktionen zusammenhängt, Schritt für Schritt an den Schwierigkeitsgrad der Aufgaben angleichen, die momentan bewältigt werden müssen.

Wirksame Maßnahmen gegen ablenkende Grübeleien

Ängstliche, aggressive oder selbstzerstörerische Grübelgedanken ziehen häufig besonders viel Aufmerksamkeit von dem ab, womit sich der Betroffene eigentlich beschäftigen möchte.

Einige Beispiele:

- »Das werde ich niemals schaffen.« (oder nicht in der Zeit, die mir zur Verfügung steht)
- »Ich habe nicht die geringste Ahnung, worum es hier geht, und das liegt bestimmt daran, dass ich so bescheuert bin.«
- »Wenn ich bei dieser Prüfung schon wieder versage, kann ich mir meine beruflichen Ziele in die Haare schmieren.«
- »Falls mein Chef bemerkt, dass ich nicht so gut bin wie meine Kollegen, wirft er mich bestimmt raus, und davor fürchte ich mich schrecklich.«
- »Ich halte diesen ständigen Stress nicht mehr aus. Wenn das so weitergeht, schmeiße ich alles hin.« (oder verprügele meinen nervigen Kollegen)

Menschen, denen immer wieder selbstzerstörerische Grübeleien durch den Kopf gehen, können sich kaum oder gar nicht auf das konzentrieren, was gerade ansteht. Außerdem verschlechtert sich ihre Stimmungslage systematisch und sie lernen dabei, dass sie auch noch selbst dafür verantwortlich sind – denn häufig reden sie sich genau das durch die zerstörerischen Grübelgedanken ein.

Manchmal sind zerstörerische Grübeleien Ausdruck einer ausgeprägten Angststörung, bei denen die Betroffenen oft bestimmte Lebenssituationen vermeiden, die irgendwann mit Furchtreizen verbunden waren.

Bei leichten bis mittelstarken Prüfungsängsten, so das Ergebnis einer wissenschaftlichen Studie, hilft es, alle ängstigenden Gedanken kurz vor dem Test aufzuschreiben. Das Kurzzeitgedächtnis beschäftigt sich danach deutlich weniger mit belastenden Grübeleien, und der Prüfungskandidat kann sich besser auf die eigentlichen Inhalte konzentrieren.

Grübelgedanken gehören auch zu den Erkrankungszeichen einer klinischen Depression, mit typischen Symptomen wie ständiger Niedergeschlagenheit, Selbstvorwürfen, einem längerfristigen Aktivitätsrückgang und massiven Schlafstörungen. Bei »ausgewachsenen« Angststörungen, Depressionen und anderen psychischen Erkrankungen bringen Selbsthilfemaßnahmen erfahrungsgemäß wenig. Die Betroffenen sollten sich lieber an einen qualifizierten Psychotherapeuten oder einen Facharzt für Nervenheilkunde wenden. In anderen Fällen können Sie selbst etwas tun, um einer Neigung zu zerstörerischen Grübeleien erfolgreich entgegenzutreten und dadurch auch Ihre Konzentrationsleistungen zu verbessern.

Bei manchen Beeinträchtigungen durch unerfreuliche Überlegungen hilft es, sich bewusst mit etwas Schönem abzulenken, fanden Forscher vor einigen Jahren bei einer Studie heraus. Sie baten 60 Männer und Frauen darum, sich an eine persönliche Krise aus dem vergangenen Jahr zu erinnern. Während sie die schwierige Lebenssituation schilderten, erhöhten sich bei allen Versuchspersonen Blutdruck, Puls und andere körperliche Anzeichen von akutem Stress. Anschließend schickte man die Probanden in einen Ruheraum, entweder in ein typisches Krankenzimmer, in dem sie allein waren, oder in einen Raum mit Zeitschriften und Spielen, mit denen sie sich ablenken konnten.

Das eindeutige Ergebnis: Bei den Menschen, die sich durch Lesen oder Spielen ablenken konnten, drehte sich nur noch ein Bruchteil der Gedanken, etwa 17 Prozent, um die negative Lebenssituation. Bei den Versuchspersonen, die ins Krankenzimmer ohne äußere Ablenkungsmöglichkeiten gebracht worden waren, kreisten immerhin 31 Prozent der Überlegungen um die persönliche Krise aus dem Vorjahr.

Außerdem gelang es dieser Gruppe im Vergleich zu den Probanden, die sich mit angenehmen Aktivitäten ablenken konnten, erst elf Minuten später, sich wieder ausreichend zu beruhigen. Ihre Konzentration und ihre Fähigkeiten, sich mit etwas zu befassen, das nichts mit der schwierigen Lebenssituation aus dem letzten Jahr zu tun hatte, waren längere Zeit deutlich beeinträchtigt.

Grübelgedanken durch eine Besinnung auf die eigenen Stärken verringern

Wenn Sie feststellen, dass Ihre Leistungs- und Erinnerungskraft bei bestimmten Aufgaben, die Sie erledigen wollen, immer wieder durch Grübeleien beeinträchtigt wird, können Sie in einem kleinen Experiment Ihre Stärken und Schwächen analysieren, ohne dabei streng oder unfreundlich mit sich umzugehen.

Dafür benötigen Sie nur einen Stift, zwei Zettel und ein paar ungestörte Minuten. In einem ersten Schritt schreiben Sie alles auf ein Blatt Papier, was Ihnen zu Ihren Fähigkeiten und Begabungen einfällt. Ihre detaillierten Notizen sollten möglichst viele Lebensbereiche umfassen, also Ihre berufliche Tätigkeit – oder Ihre derzeitige Ausbildung –, Ihre Freizeitgestaltung, Freundschaften, Beziehung und Familie.

Erst wenn Ihnen nach längerem Nachdenken nichts mehr zu Ihren Stärken einfällt, schreiben Sie die Eigenschaften, die Sie eher mit Ihren Schwächen verbinden, in allen Einzelheiten auf den zweiten Zettel.

Nehmen Sie sich auch für diese Notizen hinreichend Zeit und beenden Sie die Aufgabe erst, wenn Sie sämtliche Aspekte, bei denen sich Ihre Schwierigkeiten bemerkbar machen, notiert haben. Auch bei diesem zweiten Schritt des Experiments sollten Sie möglichst viele Bereiche abdecken, also Beruf, Freizeit, Freundschaften, Liebe und Familie.

Hier empfiehlt es sich, Ihre häufigsten Grübeleien, die mit bestimmten problematischen Situationen einhergehen, als Richtschnur zu verwenden, denn Sie wollen ja Ihre Neigung abbauen, sich mit unfruchtbaren und hemmenden Gedanken zu beschäftigen.

In einem dritten Schritt überlegen Sie sich zu jedem Punkt Ihrer Liste mit den persönlichen Schwächen, was Sie dazu tun können, um diesen Schwierigkeiten etwas Wirksames entgegenzusetzen.

Das kann Selbsthilfe ebenso umfassen wie die Unterstützung durch Angehörige. Denken Sie dabei sowohl an Maßnahmen, die Ihnen in der Vergangenheit geholfen haben, als auch an Ideen, die Ihnen spontan zu diesem Thema einfallen, wobei Ihre Fantasie und Ihre Kreativität gefragt sind.

Die praktische Umsetzung Ihrer Erkenntnisse ist wie immer am schwersten. Sobald Sie bemerken, dass Sie sich in einer kritischen Situation wieder einmal mit zerstörerischen Überlegungen befassen, können Sie zu der ersten

Liste greifen, die Ihre persönlichen Stärken beschreibt. Vielleicht gelingt es Ihnen dadurch Stück für Stück, sich bewusst zu machen, was Sie alles gut oder sogar hervorragend beherrschen.

Wenn diese Selbstunterstützung einmal nicht ausreicht, um gewisse Grübeleien zu verringern, nehmen Sie den zweiten Zettel zur Hand, auf dem Sie Ihre Schwächen zusammen mit Ideen notiert haben, wie sie sich möglicherweise ausgleichen lassen.

In vielen Fällen können Sie anschließend erfolgreich auf diese Kraftquellen zurückgreifen. Manchmal empfiehlt es sich auch, noch einmal ausführlich über die angemessene Bewältigung eines bestimmten Problems nachzudenken, wodurch Ihnen vielleicht etwas einfällt, was Sie bislang übersehen haben.

Die Gedankenstopp-Methode bei besonders hartnäckigen Grübeleien

Falls sich eine Neigung zu zerstörerischen Grübelgedanken weitgehend automatisiert hat, ist es häufig problematisch, diesen Überlegungen etwas Wirksames entgegenzusetzen.

Bei Grübeleien, die in bestimmten Situationen fast automatisch auftreten, reicht eine Besinnung auf die eigenen Stärken oder auf die persönlichen Fähigkeiten bei der Bewältigung von Schwächen häufig kaum aus, um die zerstörerischen Gedanken, die sich meistens ständig im Teufelskreis wiederholen, längerfristig abzubauen.

Hier ist manchmal eine Technik aus der Verhaltenstherapie erfolgreich, die »Gedankenstopp« genannt wird und die Sie auch ohne einen Arzt oder Psychologen ausprobieren können.

Wenn die Neigung zur Grübelei ein Symptom einer psychischen Störung ist, zum Beispiel einer Depression mit dauerhafter Niedergeschlagenheit, Aktivitätsverminderung und sozialer Isolation, oder einer Angsterkrankung, die den Lebensradius des Betroffenen mehr und mehr einengt, empfiehlt sich stattdessen eine ambulante oder stationäre Psychotherapie. Mehr zu diesem Thema erfahren Sie in meinem Buch *Psychotherapie für Dummies*.

Die Gedankenstopp-Methode zum Abbau automatisierter Grübelgedanken

Wenn Sie unter hartnäckigen Grübeleien leiden, schreiben Sie zunächst alle Gedanken, die Sie in bestimmten Situationen quälen, in einer ruhigen Stunde auf ein Blatt Papier. Sollte Ihnen zu diesem Thema spontan eher wenig einfallen, legen Sie den Zettel neben Ihren Arbeitsplatz und ergänzen Ihre Notizen jedes Mal, wenn Sie merken, dass sich eine Überlegung zerstörerisch auf Sie auswirkt. Sobald Sie mit dieser Aufgabe fertig sind, suchen Sie nach einem überzeugenden Gegengedanken, mit dem Sie Ihren Grübeleien in Zukunft begegnen können.

Dieser Gedanke sollte Ihnen realistisch vorkommen, er sollte sich auf Ihre Fähigkeiten bei der Problembewältigung beziehen, die Ich-Form verwenden und positiv formuliert sein. Also eher »Ich werde das erfahrungsgemäß schon hinkriegen« als »Ich möchte mich nicht mehr mit unfruchtbaren Grübeleien beschäftigen«. Lassen Sie sich dafür hinreichend Zeit, denn es geht darum, einen Gegengedanken zu finden, der möglichst viele Überlegungen entkräften könnte, durch die Sie sich selbst wehtun.

Der nächste Schritt bedarf einiger Übung und eines nicht unerheblichen Durchhaltevermögens. Jedes Mal, wenn Sie feststellen, dass Ihnen wieder eine unerfreuliche Grübelei durch den Kopf geht, würgen Sie diesen Gedanken, der Ihnen ja längst nichts Neues mehr sagt, möglichst schon im Ansatz ab.

Dazu verwenden Sie am besten ein »lautes« innerliches Stopp-Signal, entweder rein verbal oder zusätzlich verbunden mit einem roten Stopp-Verkehrsschild vor Ihrem inneren Auge. Anschließend begegnen Sie der soeben abgebrochenen Grübelei gedanklich mit Ihrem positiven Gegen-Satz. Zum Beispiel: »Heute bin ich wieder so fürchterlich erschö ... Stopp! Ich werde diese Aufgabe schon hinkriegen.«

Es wird normalerweise eine Weile dauern, bis die Gedankenstopp-Methode wirklich funktioniert, denn alte Gewohnheiten, auch unliebsame, zeigen häufig ein erhebliches Beharrungsvermögen, bis sie durch neue, erfreulichere Routinen ersetzt worden sind.

Haben Sie also Geduld mit sich selbst und brechen Sie die Beschäftigung mit der Gedankenstopp-Technik nicht vorzeitig ab. Meistens dauert es ein paar Wochen, bis sich die ersten Gefühle der Erleichterung und Entlastung einstellen, wenn Sie sich nicht zu schnell entmutigen lassen.

Die eigenen Bedürfnisse ernst nehmen und berücksichtigen

Falls Ihnen bei einer Tätigkeit, auf die Sie sich konzentrieren wollen, auffällt, dass Sie zwar nicht grübeln, aber Ihre Gedanken immer wieder abschweifen, zu anderen Themen oder als Ausdruck von Tagträumereien, liegt das vielleicht an einem Mangel an Arbeitsmotivation.

Häufig jedoch sind solche Ablenkungen ein Zeichen dafür, dass Sie sich zu lange mit einer anstrengenden Aufgabe beschäftigt haben. In diesen Fällen können Sie die wiederholten gedanklichen Abschweifungen als sinnvolles Warnsignal betrachten, das Ihnen sagen möchte: »Es ist allerhöchste Zeit für eine längere Pause.«

Wenn gedankliche Abschweifungen ein inneres Zeichen für sinkende Aufmerksamkeit sind, berücksichtigen Sie dieses Signal am besten, indem Sie sich, je nach Bedarf, 15 Minuten bis zu einer Stunde mit etwas befassen, das nichts mit Ihrer eigentlichen Tätigkeit zu tun hat. Etwa einem kleinen Spaziergang, einer Entspannungsübung oder einem erholsamen Musikstück. Falls Sie dazu neigen, sich im Arbeitsbereich zu überfordern, hilft Ihnen vielleicht der Vorsatz, solche regelmäßigen Pausen nach anstrengenden Tätigkeiten als angemessene Selbstbelohnungen zu bewerten.

Manche Menschen stehen sich durch ihren Perfektionismus oder durch eine grundsätzliche Haltung, eigene Bedürfnisse und Grenzen immer wieder zu ignorieren, selbst im Weg. Das kann sich zum Beispiel durch Gedanken äußern, bei denen sich jemand ständig zu Höchstleistungen antreibt, etwa im Beruf, wodurch er den Druck am Arbeitsplatz mit innerem Druck erhöht – was meistens eher den Chef befriedigt als den Betroffenen selbst.

Um den perfektionistischen Ansprüchen etwas Wirksames entgegenzusetzen, empfehlen manche Psychologen etwas, das sie »Gut-statt-perfekt-Prinzip« nennen. Hierbei geht es darum, sich in inneren Drucksituationen klarzumachen, über welche Kräfte man derzeit tatsächlich verfügt, und diese Realitäten bei jeder anstrengenden Aufgabe im Blick zu haben. Falls Sie zum Beispiel einen Trauerfall bewältigen müssen oder an einem bestimmten Tag sehr erschöpft sind, wäre es vermessen, wenn Sie von sich erwarten würden, hundertprozentige Leistungen zu erbringen. Versuchen Sie also, bei dem, was Sie tun, so gut zu sein, wie es Ihnen derzeit möglich ist – mit Perfektionismus schaden Sie sich meistens selbst.

Wenn Sie sich gerade mit einer anstrengenden Aufgabe beschäftigen und dabei wiederholt durch »sachfremde« Gedanken abgelenkt werden, die keine zerstörerischen Grübeleien sind, steht vielleicht ein anderes wichtiges Bedürfnis im Hintergrund, das sich immer wieder zu Wort meldet, obwohl – oder gerade weil – Sie es hartnäckig ausblenden.

In solchen Fällen wird es häufig ziemlich schwierig, einfach so weiterzumachen wie bisher und den aktuellen Wunsch immer wieder wegzudrängen. Ihre Aufmerksamkeit richtet sich dann wiederholt auf Ihr aktuelles Bedürfnis, was die Konzentration auf Ihre eigentliche Aufgabe deutlich verringert. Außerdem ignorieren Sie so Ihre Wünsche, die Sie später vielleicht überhaupt nicht mehr wahrnehmen, oder nur noch in verzerrter Form. Etwa indem Sie nach der Arbeit etwas essen, obwohl Sie sich eigentlich lieber mit einem guten Freund unterhalten würden.

ÜBUNG

Wenn Sie sich auf eine wichtige Aufgabe konzentrieren möchten und Ihnen dabei immer wieder eine ablenkende Überlegung oder ein Bedürfnis durch den Kopf geht, das nichts mit Ihren derzeitigen Aktivitäten zu tun hat, empfiehlt es sich, dieses Signal in einer kurzen Pause etwas genauer zu betrachten. Abhängig von der subjektiven Bedeutsamkeit kann es sinnvoll sein, den Gedanken zunächst zu Ende zu führen und dann zur aktuellen Aufgabe zurückzukehren. Manchmal ist es auch ratsam, einem inneren Impuls sofort nachzugehen, um sich anschließend wieder erfolgreich auf die eigentliche Tätigkeit konzentrieren zu können. In anderen Fällen benötigen Sie einfach eine zeitweilige Auszeit.

Entspannung, Erholungspausen und Erinnerungsleistungen

7

In diesem Kapitel

- Wie sich regelmäßige Entspannungsphasen auf Gedächtnis, Seele und Körper auswirken
- Einige kurze Konzentrationsübungen
- Wie Sie Ihre Innenwelt gelassen beobachten können
- Autogenes Training zum Ausprobieren
- Angemessener Umgang mit Entspannungsproblemen

Zunächst erkläre ich Ihnen die Zusammenhänge von Anspannung, Entspannung, Erholungspausen und Gedächtnis. Neben der Funktion des sogenannten autonomen Nervensystems, das am besten funktioniert, wenn ein regelmäßiger Wechsel von Aktivitäten und Entspannungsphasen stattfindet, beschreibe ich Ihnen auch, wie sich Erholung auf Ihre Gehirnwellenmuster auswirkt.

Danach stelle ich Ihnen einige Aufmerksamkeitsübungen vor, die Sie mit wenig Zeitaufwand ausprobieren können und die sowohl im Alltag als auch im Beruf empfehlenswert sind. Anschließend geht es um die Frage, wie es Ihnen gelingen kann, Ihren Körper und Ihre Innenwelt ohne Angst wahrzunehmen.

Es folgt eine praxisorientierte Darstellung des Autogenen Trainings, einer Entspannungsmethode, die sich über viele Jahrzehnte bewährt hat. Tipps, wie Sie mit Problemen beim Entspannen gelassen umgehen können, beenden das Kapitel.

Entspannung, regelmäßige Erholungsphasen und Gedächtnis

Wenn Sie sich auf eine mehr oder weniger anstrengende Aufgabe konzentrieren, werden Sie irgendwann bemerken, dass Ihre Aufmerksamkeit nachlässt – auch bei optimalen äußeren Bedingungen, persönlichem Interesse und einer stark ausgeprägten Motivation. Dann schweifen vielleicht Ihre Gedanken immer wieder zu anderen Themen ab, oder Sie erleben einen Tagtraum.

Forscher haben beobachtet, dass jede Form einer zielgerichteten Konzentration auf einen äußeren Reiz zeitlich begrenzt ist. Chronischen Stressempfindungen, die häufig durch einen Mangel an Ablenkung und Erholung entstehen, können Sie am besten durch regelmäßige Pausen, Entspannungsübungen und andere angenehme Selbstbelohnungen begegnen.

Entspannung ist aus vielen Gründen gut für das Gedächtnis:

Durch regelmäßige Erholungsübungen erhöhen sich mit der Zeit die Aufmerksamkeitsleistung und die Konzentrationskraft für sinnvolle äußere Reize wie Lernaufgaben oder berufliche Herausforderungen. Das stärkt die Erinnerungsfähigkeiten, vor allem das Kurzzeitgedächtnis, aber auch die langfristige Speicherung von persönlichen Erfahrungen und Wissensinformationen.

Störende innere Ablenkungen, zum Beispiel Grübeln, Ängste oder Verunsicherungen durch unklare Körpersignale, verringern sich mittel- bis langfristig.

Regelmäßige Entspannung gilt als besonders wirksame Maßnahme gegen Erschöpfung, Müdigkeit und akute oder chronische Stressgefühle. Der Abbau solcher Belastungsfaktoren verbessert das Gedächtnis und die Lebenszufriedenheit, so wie ein »kleiner Urlaub zwischendurch«.

Entspannung stärkt mittel- bis langfristig die Genussfähigkeit und das Verhältnis zum eigenen Körper. Solche Übungen helfen außerdem auch dabei, körperliche Stresssymptome wie Spannungskopfschmerzen, übermäßiges Schwitzen oder Magenprobleme zu reduzieren.

Wiederholte Erholungspausen während oder nach der Arbeitszeit tragen dazu bei, dass sich neue Eindrücke und veränderte berufliche Abläufe besser abspeichern und verarbeiten lassen. Falls Sie sich daran gewöhnen, nach Ihrem Feierabend regelmäßige Entspannungspausen einzulegen, können Sie sich außerdem immer wieder selbst belohnen – ohne unangenehme Nebenwirkungen, wie sie etwa mit dem allabendlichen Konsum alkoholischer Getränke einhergehen.

Wenn Sie durch solche Übungen mittel- bis langfristig Ihren Alltag zufriedener und erholter erleben, stärken Sie nicht nur Ihre Arbeitsleistung und Ihre Lernfähigkeiten. Sie verbessern auch Ihre Motivation im beruflichen Bereich und im Privatleben, anders als Menschen, die ständig unter Druck stehen und dazu neigen, sich selbst zu überfordern.

Das Gehirn als Basis aller Erinnerungsfunktionen kann sich bei regelmäßiger Entspannung auch in den Wachphasen immer wieder regenerieren. Auf der körperlichen Ebene geht das mit einer Umstellung vom Aktivitätszustand des soge-

nannten autonomen Nervensystems auf den Erholungszustand einher. Außerdem verändern sich in der Entspannung mit der Zeit auch die Gehirnströme der Betroffenen: Die Aktivitätsgehirnwellen, sogenannte Beta-Wellen, verwandeln sich zunehmend in Erholungsgehirnwellen (Alpha-Wellen), was sich oft an Empfindungen von Gelassenheit und ruhiger, freundlicher Selbstbeobachtung koppelt. Diese Umstellungsprozesse stehen im Mittelpunkt der folgenden Abschnitte.

Aktivität und Erholung im Wechsel: Das autonome Nervensystem

Für den allgemeinen Erregungs- beziehungsweise Entspannungszustand ist das sogenannte autonome (oder vegetative) Nervensystem verantwortlich. Dieser Begriff bezieht sich darauf, dass es hier, anders als beim großhirnbasierten Zentralnervensystem, um Abläufe geht, die vom Menschen nicht willkürlich, also auf direktem Wege, beeinflusst werden können. Diese autonomen Prozesse lassen sich jedoch indirekt ansprechen, etwa durch einen gesunden Wechsel von Aktivitäten und Erholung.

Über das vegetative Nervensystem werden die lebenswichtigen Funktionen des Körpers über weitgehend automatisierte Regelkreise gesteuert. Dazu gehören unter anderem Herzschlag, Blutdruck und weitere Stoffwechselprozesse, die auch im Schlaf weiterarbeiten müssen, wenn die Kontrolle durch das Bewusstsein ausgeschaltet ist.

Das Wort »vegetativ«, abgeleitet vom lateinischen Begriff für »Eingeweide«, beruht auf der Beobachtung, dass dieses Nervensystem weitgehend ohne willkürliche Steuerung auskommt. Das betrifft auch unsere Verdauungsfunktionen, allerdings weiß man inzwischen, dass sie von einer besonderen, unabhängigen Einheit des autonomen Nervensystems gesteuert werden.

Das vegetative Nervensystem, das vom Rückenmark und von evolutionsgeschichtlich alten, vergleichsweise niedrigen Bereichen des Gehirns kontrolliert wird, unterteilt sich – neben einer Extrastruktur für den Magen-Darm-Trakt – in zwei Untereinheiten, die sich im Normalfall regelmäßig abwechseln: der sogenannte Sympathikus und der Parasympathikus.

Der Sympathikus als Teil des autonomen Nervensystems

Der Sympathikus erhöht die menschliche Handlungsbereitschaft, die sich auf Reize der Außenwelt richtet. Der Begriff »Sympathikus«, abgeleitet vom griechi-

schen Wort für »Mitleiden« oder »Mitempfinden«, beruht eigentlich auf einem medizinischen Irrtum der Antike, denn der entsprechende neuronale Regelkreis hat nichts mit Leiden oder Mitgefühl zu tun.

Galenos (oder Galen), ein berühmter Arzt aus Pergamon (etwa 129 bis 199 oder 216 nach Christus), der das autonome Nervensystem erstmalig beschrieb, behauptete, dass der Sympathikus für die innere Kommunikation zwischen den Organen zuständig sei, also so etwas wie ein »Mitempfinden« ermögliche. Obwohl die modernen Wissenschaften diese Theorie entkräften konnten, verwenden wir Galens Begriff immer noch.

Der Sympathikus verstärkt die Leistung von bestimmten Körperfunktionen, die mit einer Aktivierung einhergehen. Das gilt unter anderem für

- ✔ Herzschlag und Herztätigkeit,
- ✔ Blutdruck und Hautdurchblutung,
- ✔ Bronchien, die sich erweitern,
- ✔ Sekretion der Schweißdrüsen,
- ✔ Durchblutung und Anspannung der willkürlich steuerbaren Muskeln (Skelettmuskulatur),
- ✔ Zuckerstoffwechsel zur Energiegewinnung,
- ✔ Blutgefäße, die sich erweitern,
- ✔ Ausschüttung von anregenden Hormonen beziehungsweise von Stoffen, die es uns erlauben, Erschöpfungszustände zeitweilig zu ignorieren und trotzdem weiterzuarbeiten (Stresshormone) – bis es den Betroffenen in manchen Fällen kaum noch möglich ist, wirklich zur Ruhe zu kommen.

Evolutionsgeschichtlich betrachtet, ist dieses System eigentlich für Angriffs- oder Fluchtreaktionen gedacht. Andere körperliche Vorgänge, die der Mensch im aktivierten Zustand kaum benötigt, werden vom Sympathikus verringert, vor allem die Speichelbildung und die Verdauungsfunktionen. Bei Letzteren geht es jedoch eher um anregende Einflüsse, da die Verdauung, wie man heute weiß, von einem besonderen, unabhängigen Teil des autonomen Nervensystems gesteuert wird.

Der Parasympathikus als Gegenspieler des Sympathikus

Der Parasympathikus ist für die Regeneration und den Aufbau von körperlichen Reserven verantwortlich, vor allem im Schlaf, aber auch in Ruhe- und Erholungsphasen, die den Wachzustand begleiten.

Der Parasympathikus verringert unter anderem die Leistung bestimmter Organfunktionen. Dazu gehören

- ✔ Puls und Herztätigkeit,
- ✔ Blutdruck,
- ✔ Bronchien, die sich verengen (mit erhöhter Schleimbildung),
- ✔ Schweißdrüsen,
- ✔ Blutgefäße, die sich verengen,
- ✔ Durchblutung und Anspannung der Skelettmuskulatur, also der willkürlich beeinflussbaren Muskeln.

Außerdem verstärkt das Parasympathikus-System einige Funktionen, die den Körper im aktivierten Zustand übermäßig belasten würden, wozu vor allem die Verdauung zählt.

Das trägt dazu bei, dass viele Menschen, denen es schlecht gelingt, sich immer wieder von den Belastungen des Alltags zu erholen, unter Durchfall leiden, denn eine übermäßig lange Erregung des Sympathikus-Systems führt dazu, dass der Körper kaum noch Gelegenheiten findet, hinreichend zu verdauen.

(!) Bei akutem oder chronischem Stress kann das Wechselspiel von Sympathikus und Parasympathikus mehr oder weniger dauerhaft gestört sein. Das führt dann zu übermäßig lange anhaltenden Aktivitätsphasen, ohne dass der Anstrengung etwas Sinnvolles entgegengesetzt würde. Auch das Gedächtnis, zum Beispiel die Übertragung von Informationen aus dem Kurzzeit- in den Langzeitspeicher, wird durch einen akuten oder chronischen Mangel von Erholungsphasen deutlich beeinträchtigt.

Wiederholte Stressbelastungen, die sich neben dem Körper auch auf die Seele und das emotionale Wohlbefinden auswirken, lassen sich durch den bewussten Einsatz von Erholung und Entspannung mittelfristig abbauen.

Alpha-Gehirnwellen als Entspannungszeichen

Regelmäßige Entspannungspausen führen dazu, dass sich der Körper immer wieder vom erregenden Sympathikus-Zustand des autonomen Nervensystems auf den erholsamen Parasympathikus-Bereich umstellt.

Im Verlauf einer Entspannungserfahrung verändern sich neben der Funktionsweise des autonomen Nervensystems auch die Gehirnwellenmuster, die ein Arzt durch ein Elektroenzephalogramm (EEG), eine Aufzeichnung der abgeleiteten Spannungsschwankungen an der Kopfoberfläche, messen kann.

Wenn wir uns nach außen orientieren und auf die Erledigung einer Aufgabe konzentrieren, dominieren im Gehirn häufig die sogenannten Beta-Wellen, ein Frequenzbereich zwischen 13 und 30 Hertz (Ausschlägen pro Sekunde). Während der meisten Zeit des Tages sind wir in diesem Bewusstseinszustand, der sich durch logisches Denken und andere gezielte geistige Aktivitäten auszeichnet. Beta-Gehirnwellen können jedoch auch bei Anspannungsgefühlen, innerer Unruhe, Angst und Alarmbereitschaft auftreten.

Bei Menschen, die sich gerade entspannen, verstärkt sich ein anderer Gehirnwellenbereich, die sogenannten Alpha-Wellen. Hierbei geht es um elektrische Frequenzen von 8 und 13 Hertz (Ausschlägen pro Sekunde), die sich vor allem beobachten lassen, wenn der Betroffene seine Augen schließt und sich auf etwas Angenehmes konzentriert. Die Aufmerksamkeit richtet sich dabei nach innen, gleichzeitig besteht oft eine erhöhte Bereitschaft, sich von anderen Personen beeinflussen zu lassen, etwa im Rahmen von Hypnose.

Bei selbsthypnotisch orientierten Übungen wie Meditation oder dem Autogenen Training, das ich Ihnen im weiteren Verlauf des Kapitels vorstellen möchte, erhöht sich der relative Anteil der Alpha-Gehirnwellenmuster ebenfalls. Dieser Zustand verbindet sich für die meisten Menschen mit einem angenehmen Gefühl von Entspanntheit, was neben dem Wohlbefinden auch viele Gedächtnisfunktionen stärkt. Außerdem erhöhen sich dadurch mit der Zeit auch die Fähigkeiten, sich nach einer Erholungspause wieder erfolgreich auf die Reize der Außenwelt konzentrieren zu können.

Kurze Aufmerksamkeitsübungen zur Verbesserung der Konzentration

Die Übungen dieses Abschnitts, die jeweils nur einige Minuten dauern, eignen sich vor allem für kürzere Pausen, zum Beispiel als angenehme Unterbrechung einer anstrengenden Herausforderung in Beruf und Privatleben.

Wenn Sie mit einer Konzentrations- und Entspannungsübung anfangen wollen, sollten Sie darauf achten, dass Sie eine Weile ungestört sind und dass es sinnvoll ist, sich zu Beginn hinreichend Zeit für die Aufmerksamkeitsaufgaben zu lassen. Übung macht auch hier den Meister, und regelmäßiges Training hilft nicht nur, sich immer wieder angemessen zu motivieren – auch Ihre Entspannungsfähigkeiten werden sich dadurch Stück für Stück verbessern.

Einige kleinere Konzentrationsübungen zum Ausprobieren

Setzen Sie sich zunächst auf einen bequemen Stuhl oder einen Sessel und sorgen Sie für ein paar Minuten Ungestörtheit. Nachdem Ihr Körper und Ihre Psyche den Ablauf der Aufgabe zu einer Gewohnheit gemacht haben und sobald Sie während des Trainings regelmäßig ein Gefühl von Erholung empfinden, können Sie bei den meisten kurzen Übungen dazu übergehen, an weniger ruhigen Orten Entspannung zu finden, etwa in der U-Bahn auf dem Weg zur Arbeit oder in Ihrer betrieblichen Mittagspause.

1. Schließen Sie Ihre Augen und atmen Sie einige Male tief in Ihren Bauch hinein und wieder heraus. Das heißt, Ihre Bauchdecke hebt sich beim Einatmen etwas und sie senkt sich wieder beim Ausatmen. Dann überlassen Sie Ihren Atem wieder ganz sich selbst, ohne ihn langsamer oder schneller zu machen.

   Dann denken Sie an einen Gegenstand oder einen Mitmenschen, der Ihnen angenehm ist. Dieses Objekt, das Sie mit Ihrem inneren Auge betrachten, sollte sich jedoch in Ihrer Vorstellung nicht bewegen. Versuchen Sie, solange es geht, sich auf den Gegenstand oder die jeweilige Person zu konzentrieren, sowohl auf die wichtigsten Merkmale als auch auf die Details. Ob Ihr inneres Bild mit den tatsächlichen äußeren Eigenschaften Ihres Fantasie-Objekts übereinstimmt, spielt keine Rolle.

   Sobald Sie bemerken, dass Ihre Aufmerksamkeit nachlässt und Ihre Gedanken zu etwas anderem abschweifen, führen Sie sie freundlich,

aber bestimmt auf Ihre Vorstellung zurück. Nach einigen Minuten strecken und rekeln Sie sich, um ganz wach zu werden, und beenden langsam die Übung.

2. Wieder setzen Sie sich in einer ruhigen Atmosphäre auf einen gemütlichen Stuhl. Auf einen Tisch in Sichtweite stellen Sie eine Uhr oder einen Wecker mit einem gut sichtbaren Sekundenzeiger.

   Dieses Mal lassen Sie Ihre Augen geöffnet und konzentrieren sich auf die kleinen Sprünge des Sekundenzeigers der Uhr. Falls sich Ihre Gedanken oder Ihr Blick etwas anderem zuwenden, richten Sie Ihre Aufmerksamkeit, soweit es geht, wieder auf den tickenden Sekundenzeiger. Die meisten Menschen können sich anfangs nur wenige Sekunden auf die Uhr konzentrieren, doch Ihre Aufmerksamkeitsspanne wird sich mit der Zeit erhöhen – wenn Sie nett mit sich umgehen und sich nicht innerlich zurechtweisen, sobald Sie bemerken, dass Sie gerade abgelenkt sind.

3. Für die nächste Übung benötigen Sie wieder ein paar ruhige Minuten und einen bequemen Stuhl oder einen Sessel. Schließen Sie die Augen und atmen Sie einige Male tief in den Bauch hinein und heraus, bis Sie Ihren Atem ganz sich selbst überlassen, ohne ihn kontrollieren zu wollen.

   Jetzt denken Sie an eine große Zahl 1, entweder in einer Farbe, die Ihnen gefällt, oder schwarz auf weißem Grund. Wenn Sie diese Ziffer deutlich mit dem inneren Auge wahrnehmen können, was erfahrungsgemäß eine Weile dauern wird, denken Sie sich den Namen der Zahl dazu (»Eins«).

   Anschließend gehen Sie in der gleichen Weise mit der Ziffer 2 um. Sie konzentrieren sich also zunächst auf die bildliche Vorstellung der Zahl und begleiten dieses Bild anschließend innerlich mit dem Namen der Ziffer (»Zwei«). Dann fahren Sie fort mit den nächsten natürlichen Zahlen, also 3, 4 und so weiter, aber überfordern Sie sich dabei nicht. Ihre Aufmerksamkeit wird am besten langsam und Schritt für Schritt trainiert. Sie können die Übung auch mit den Buchstaben des Alphabets von A bis Z durchführen. Beide Varianten sind übrigens eine gute Vorbereitung für Mnemotechniken, bei denen Sie unanschauliche Informationen in einprägsame Bilder und Geschichten »übersetzen«, die Sie dann mit Ihrem inneren Auge verfolgen. Solche Techniken stelle ich Ihnen in Teil IV vor.

4. Für die nächste Übung, die meditativ angelegt ist, empfiehlt sich ein Aufenthalt in der Natur. Am besten suchen Sie sich an einem schönen Tag ein ungestörtes Plätzchen im Freien und legen sich dabei auf eine Wiese oder eine Lichtung im Wald, bei Bedarf ruhen Sie auf einem Badehandtuch oder einer Isomatte.

   Zunächst atmen Sie wieder einige Male tief in den Bauch hinein und heraus, bis Sie Ihren Atem sich selbst überlassen, ohne ihn langsamer oder schneller zu machen. Dieses Mal halten Sie Ihre Augen geöffnet und blicken Richtung Himmel. Versuchen Sie, sich so weit wie möglich auf die kleinen, häufig fast unmerklichen Bewegungen der Wolken zu konzentrieren. Lassen Sie dabei Ihrer Fantasie freien Lauf und überlegen Sie, woran Sie die Wolkenformationen erinnern. Falls Sie auf einer Lichtung ruhen, kann sich Ihre Aufmerksamkeit auch auf die Bewegungen der Blätter und Zweige im Wind richten, einschließlich aller Geräusche, die damit verbunden sind.

   Sobald Sie merken, dass Ihre Gedanken zu einem anderen Thema abschweifen, führen Sie sie sanft, aber bestimmt zum Wolkenhimmel oder zu den Wipfeln zurück. Anfangs wird es wahrscheinlich eine Weile dauern, bis Sie Ihre Konzentration länger als ein paar Sekunden auf beruhigende Außenreize richten können, doch mit der Zeit erhöht sich Ihre Aufmerksamkeitsspanne.

Die eigene Innenwelt gelassen beobachten

Manche Menschen haben mehr oder weniger stark ausgeprägte »Einsteigerprobleme« beim Entspannen, weil sie sich immer wieder von unklaren Signalen ihres Körpers ablenken lassen.

Wer zum Beispiel dazu neigt, in einer Situation, in der er sich eigentlich erholen möchte, seine Muskelverspannungen verstärkt wahrzunehmen, oder bei jeder vermeintlichen Unregelmäßigkeit seines Herzschlags einen Infarkt befürchtet, wird diese Form der Innenschau nicht als angenehm empfinden.

Doch falls solche Probleme nur gelegentlich auftreten und nicht Ausdruck einer stark beeinträchtigenden Angsterkrankung oder einer sogenannten körperähnlichen Störung sind, Letztere mit typischen Anzeichen wie anhaltenden Klagen über körperliche Symptome ohne organische Ursache, können Sie häufig selbst etwas dazu tun, um Ihre Körpersignale in Zukunft gelassener zu beobachten.

Eine Übung zur angstfreien Wahrnehmung der Innenwelt

Für diese Aufgabe brauchen Sie ein paar Minuten Zeit, in denen Sie möglichst ungestört sein sollten. Schalten Sie also Ihre Telefone aus und bitten Sie gegebenenfalls Ihre Familie darum, Sie für ein Weilchen in Ruhe zu lassen. Später haben Sie die Gelegenheit, Ihre Trainingszeiten Schritt für Schritt zu erhöhen, aber so langsam, dass Sie die Übung zumindest als einigermaßen angenehm empfinden können.

Wenn Sie Lust darauf haben, stärken Sie nebenbei Ihr Gedächtnis, indem Sie den ungefähren Text der Übung auswendig lernen, bevor Sie sie ausprobieren. Wieder setzen Sie sich dazu auf einen gemütlichen Stuhl oder einen Sessel. Falls Sie nicht zu müde sind, können Sie sich auch auf eine Couch legen.

Zunächst atmen Sie einige Male tief in den Bauch hinein und heraus, bis Sie Ihren Atem sich selbst überlassen. Es atmet sich sozusagen fast von allein. Ihre Augen können Sie zumachen, wann immer Sie das wollen. Bei den meisten Menschen werden sich die Augen spätestens im Verlauf der Übung ganz von selbst schließen.

Jetzt achten Sie darauf, wie die Luft ohne jede Anstrengung in Sie hinein- und wieder aus Ihnen herausströmt. Vielleicht bemerken Sie dabei, wie Ihre Atemfrequenz mit der Zeit etwas langsamer wird. Möglicherweise bleibt Ihr Atemrhythmus gleich, und in einigen Fällen erhöht er sich auch. Sie müssen nicht das Geringste daran verändern, denn Ihre Atmung wird Sie ganz sicher nicht im Stich lassen – genauso wie in den Zeiten, in denen Sie schlafen.

Dann konzentrieren Sie sich auf Ihren Puls. Spüren Sie, wie gleichmäßig Ihr Herz gerade schlägt? Manchmal verringert sich der Puls im Verlauf der Aufmerksamkeitsübung, in anderen Fällen bleibt er gleich, oder er verstärkt sich vorübergehend. Auch an der zuverlässigen Tätigkeit Ihrer Herzfunktionen müssen Sie nichts ändern, denn Ihr Herz schlägt ganz von selbst.

Nun beobachten Sie, wie das Blut durch Ihren Körper fließt. Spüren Sie, wie angenehm es durch Sie hindurchströmt? Gibt es Bereiche, die besser durchblutet sind als andere? Wo bemerken Sie Wärme, was fühlt sich etwas kühler an? Auch an diesen Wahrnehmungen müssen Sie nichts verändern. Mit der Zeit werden sich die positiven Empfindungen wahrscheinlich auf Ihren ganzen Körper erstrecken.

Anschließend konzentrieren Sie sich auf Ihre momentanen Anspannungs- und Entspannungsgefühle. Wo sind Sie eher entspannt, wo wird es vermutlich noch ein Weilchen dauern? Sie sollten hier nichts erzwingen, sondern gelassen beobachten, was gerade in Ihrem Körper passiert.

In vielen Fällen dauert es ein paar Minuten, bis Sie das wohlige Gefühl von Erholung wirklich wahrnehmen können. Nachdem Sie den Übungsablauf zu einer Gewohnheit gemacht haben, weiten sich die Entspannungsempfindungen normalerweise Schritt für Schritt auf alle Körperbereiche aus.

Jetzt beenden Sie langsam die Übung, indem Sie innerlich von 3 bis 1 rückwärts zählen. Bei 3 bewegen Sie zunächst Ihre Beine, um wieder völlig wach zu werden. Bei 2 verfahren Sie genauso mit Ihren Armen, indem Sie sich strecken und rekeln. Bei 1 bewegen Sie Ihren Kopf in angenehme Richtungen und öffnen schließlich Ihre Augen.

Das Autogene Training als Entspannungsmethode zur Verbesserung der Aufmerksamkeitsleistung

Das Autogene Training, kurz AT, ist eine bewährte und vielfach überprüfte Methode, die bei regelmäßiger Anwendung hervorragend dazu geeignet ist, dem Alltagsstress etwas Wirksames entgegenzusetzen (mehr über diese Form der Entspannungsübung erfahren Sie in *Autogenes Training für Dummies* von Catharina Adolphsen).

Wie auch bei anderen Entspannungstechniken stellt sich der Körper beim Autogenen Training immer wieder vom Erregungszustand des autonomen Nervensystems, dem sogenannten Sympathikus, auf den Erholungszustand, den Parasympathikus, um.

Dieser Entspannungsansatz verbessert mit der Zeit die Konzentrationskraft und andere Gedächtnisleistungen. Außerdem empfiehlt er sich auch nach anstrengenden beruflichen oder privaten Tätigkeiten zur Selbstbelohnung.

Der Begriff »autogen« leitet sich von den altgriechischen Wörtern für »selbst« und »erzeugen« ab. Er bedeutet so viel wie »selbst erzeugte Hypnose«. Das Autogene Training wurde in den 1920er-Jahren vom Berliner Psychiater Johannes Heinrich Schultz (1884–1970) entwickelt und später umfassend wissenschaftlich überprüft.

Ursprünglich verwendete man das Autogene Training ausschließlich als Bestandteil von professionellen psychotherapeutischen Behandlungen. Inzwischen hat sich diese Methode auch bei vielen Menschen als hilfreich erwiesen, die seelisch und körperlich gesund sind, Entspannung suchen oder ihre Konzentration und ihr Gedächtnis verbessern wollen.

Kurse werden unter anderem von den meisten deutschen Volkshochschulen und von manchen Krankenversicherungen angeboten. Außerdem können Sie den Ablauf der einzelnen Übungen auch mit einer CD erlernen.

Regelmäßigkeit, am besten ein Übungsdurchlauf pro Tag, ist empfehlenswerter als ein zeitintensives Training, das Sie wegen beruflicher oder privater Verpflichtungen nur kurz durchhalten. Viele Menschen empfinden es als angenehm, sich in einem festen Zeitrahmen, nachdem sie von der Arbeit nach Hause gekommen sind, zu entspannen. Auf jeden Fall sollten Sie dabei für Ruhe und Ungestörtheit sorgen, indem Sie alle vermeidbaren Ablenkungen ausschalten – etwa durch das vorübergehende Ausschalten Ihrer Telefone oder durch eine Bitte an die Familie, Ihnen ein paar ruhige Minuten zu lassen.

Das Autogene Training zum Ausprobieren

Wenn es Sie interessiert, können Sie die Trainingseinheiten, die ich Ihnen nun vorstelle, ausprobieren. Die Übungen bauen aufeinander auf. Das heißt, nach der ersten Entspannungsaufgabe wird diese Einheit noch einmal wiederholt, gefolgt von der zweiten Übung. Die dritte Entspannungsaufgabe besteht aus einer Wiederholung der ersten beiden Übungen, gefolgt von der dritten, und so weiter.

Jede Einheit dauert etwa drei bis fünf Minuten, wobei Sie sich anfangs ein bisschen mehr Zeit dafür nehmen können, bis Sie sich an das neue Verfahren gewöhnt haben.

Gehen Sie jedoch nur zum jeweils nächsten Schritt über, wenn Sie die vorigen Aufgaben als erholsam empfinden können und diese Übungen sicher beherrschen. Ihr Körper wird erfahrungsgemäß eine Weile brauchen, bis er die Entspannungsreaktion automatisiert hat, also überfordern Sie sich nicht.

Das Autogene Training unterteilt sich in eine Unterstufe, eine Mittel- und eine Oberstufe, die jeweils aufeinander aufbauen. Es ist ratsam, mit der Unterstufe zu beginnen. Dieser Abschnitt genügt in vielen Fällen, um sich erfolgreich zu entspannen und die Konzentrationskraft zu verbessern.

Wenn Sie irgendwann feststellen, dass das Autogene Training zu einem wertvollen Bestandteil Ihres Lebens geworden ist, können Sie überlegen, ob Sie sich mit der Mittelstufe befassen wollen, die Sie später durch die Einheiten der Oberstufe ergänzen können.

Alle Übungen des Autogenen Trainings lassen sich in verschiedenen Körperhaltungen durchführen, wobei Sie auf jeden Fall bequem sitzen oder liegen sollten. Einige empfehlenswerte Positionen:

- ✔ Sie setzen sich auf einen gemütlichen Stuhl oder einen Sessel mit einer guten Rückenstütze, auf dessen Lehnen Ihre Arme ruhen. Die Füße stehen im Verhältnis zu den Oberschenkeln etwa im Winkel von 90 Grad auf dem Boden. Ihre Beine sind leicht nach außen geöffnet.
- ✔ Sie nutzen die sogenannte Droschkenkutscherhaltung. Dabei sitzen Sie ebenfalls auf einem bequemen Stuhl, allerdings legen Sie Ihre Arme nicht darauf. Stattdessen ruhen Ihre Unterarme so auf den Oberschenkeln, dass Ihre Hände etwas nach unten gehen. Wenn Sie es als angenehm empfinden, können Sie dabei die Innenseiten Ihrer Oberschenkel leicht mit den Händen umfassen. Ihre Beine sind dabei etwas stärker geöffnet als bei der ersten Sitzposition. Ob Sie Ihren Oberkörper gegen die Stuhllehne drücken oder lieber etwas gebeugt hocken wie ein Pferdedroschkenkutscher, hängt davon ab, was Sie angenehmer finden.
- ✔ Wenn Sie nicht zu müde sind, können Sie sich auch auf dem Boden auf eine Matte oder eine Matratze legen, die nicht zu weich sein sollte. In diesem Fall ruhen Sie in der Rückenlage darauf, wobei Ihre Arme seitlich neben dem Körper liegen, mit den Handinnenflächen nach unten.

Die Unterstufe des Autogenen Trainings

Zunächst atmen Sie einige Male tief in den Bauch hinein und wieder heraus, bevor Sie Ihren Atem ganz sich selbst überlassen, ohne ihn bewusst zu verlangsamen oder zu beschleunigen. Es atmet sich sozusagen von allein. In dieser Zeit schließen Sie Ihre Augen.

1. Die Schwere-Übung

Konzentrieren Sie sich auf Ihren rechten Arm. (Linkshänder beginnen mit dem linken Arm.) Dazu sagen Sie sich innerlich einige Male »Mein rechter Arm ist ganz schwer«, bis Sie diese angenehme Schwere-Empfindung wirklich wahrnehmen können. Anschließend richten Sie Ihre Aufmerksamkeit auf beide Arme und begleiten diesen Schritt ein paar Mal mit den inneren Worten »Beide Arme sind ganz schwer«, bis Sie spüren, dass sich Ihre Arme tatsächlich schwer anfühlen.

Danach konzentrieren Sie sich auf die Wahrnehmung aller Körperbereiche. Wenn Sie Lust haben, sagen Sie in dieser Zeit innerlich zu sich »Mein Körper ist ganz schwer«. Oder Sie beschränken sich darauf, das wachsende Schweregefühl still zu beobachten. Zwischenzeitlich können Sie diese Schwere-Empfindungen durch den inneren Satz »Ich bin ganz ruhig« ergänzen, bis Sie die zunehmende Ruhe deutlich spüren.

Schließlich beenden Sie die erste Übung durch eine sogenannte Rücknahme, durch die Sie wieder wach werden und im Alltag ankommen. Obwohl Johannes Heinrich Schultz, der Erfinder des Autogenen Trainings, hierfür eine andere Methode verwendet hat, empfehle ich Ihnen das Zurückzählen von 3 bis 1. Bei 3 spannen Sie einige Male Ihre Beine und Ihre Füße an. Bei 2 nehmen Sie Ihre Arme dazu und strecken sie mehrmals. Bei 1 bewegen Sie Ihren Kopf in angenehme Richtungen und öffnen Ihre Augen. Falls Sie das Autogene Training jedoch als Einschlafhilfe nutzen möchten, lassen Sie die Rücknahme einfach weg, nehmen in Ihrem Bett Ihre bevorzugte Liegeposition ein und schlummern.

2. Die Wärme-Übung

Im Anschluss an die erste Übung richten Sie Ihre Wahrnehmung auf das Gefühl von Wärme, das Ihre Arme durchströmt, und begleiten diese Empfindung einige Male innerlich mit dem Satz »Beide Arme sind ganz warm«, bis Sie die Wärme tatsächlich spüren. Danach konzentrieren Sie sich darauf, wie die Wärme alle Bereiche Ihres Körpers durchfließt. Dieses Gefühl können Sie sich mit den inneren Worten »Mein Körper ist ganz warm« verdeutlichen, oder Sie beschränken sich darauf, die Wärme, die Sie angenehm durchströmt, still zu beobachten.

Wie alle Einheiten des Autogenen Trainings beenden Sie diese Übung mit der Rücknahme, indem Sie innerlich von 3 bis 1 rückwärts zählen und sich bewegen, um wieder wach zu werden und in den Alltag zurückzukehren.

3. Die Herzübung

Nach den ersten beiden Übungen nehmen Sie Ihren Herzrhythmus bewusst wahr. Während Sie sich auf diese Empfindung konzentrieren, begleiten Sie sie mehrere Male mit dem inneren Satz »Das Herz schlägt ruhig und kräftig«. Wenn Sie Ihren ruhigen, kraftvollen Puls wirklich spüren, was nach aller Erfahrung ein bisschen dauern kann, beenden Sie diesen Übungsteil mit der Rücknahme.

4. Die Atemübung

Im Anschluss an die ersten drei Einheiten der Unterstufe des Autogenen Trainings richten Sie Ihre Aufmerksamkeit auf Ihren Atem, ohne ihn zu kontrollieren. In dieser Zeit sagen Sie innerlich ein paar Mal zu sich »Die Atmung ist ruhig und gleichmäßig«, bis die selbsthypnotische Formel mit Ihren Empfindungen übereinstimmt.

Wie immer beenden Sie den Übungsteil mit der Rücknahme. Nach den ersten Trainingswochen können Sie, wenn Ihnen das gefällt, dazu übergehen, statt den Worten »Die Atmung ist ruhig und gleichmäßig« den inneren Satz »Es atmet mich« zu verwenden.

5. Die Bauchwärme-Übung

Nach den ersten vier Übungseinheiten konzentrieren Sie sich auf die Empfindungen im Bauchbereich. Während Sie Ihre Aufmerksamkeit diesem Körperteil zuwenden, begleiten Sie den Vorgang mehrmals mit den inneren Worten »Der Bauch ist angenehm warm«, bis Sie spüren, wie die Wärme durch Sie hindurchfließt.

Wenn Sie wollen, können Sie diesen Übungsteil, sobald Sie ihn sicher beherrschen, durch die Gedankenformel »Leib und Unterleib sind angenehm warm« ergänzen und dabei beobachten, wie das Wärmegefühl durch Ihren Unterleib strömt. Schließlich zählen Sie innerlich rückwärts von 3 bis 1, um wieder im Alltag anzukommen, und bewegen dabei Ihre Beine, gefolgt von den Armen und dem Kopf, bis Sie Ihre Augen öffnen.

6. Die Stirnkühle-Übung

Im Anschluss an die ersten fünf Einheiten der Unterstufe des Autogenen Trainings richten Sie Ihre Aufmerksamkeit auf Ihre Stirn. Da die meisten Menschen es genießen, wenn sie das Gefühl haben, ihre Stirn sei etwas kälter als andere Körperbereiche, geht es bei diesem Übungsteil nicht, wie bei den Abschnitten 2 und 5, um Wärme-Empfindungen. Stattdessen sagen Sie in Gedanken einige Male zu sich »Die Stirn ist angenehm kühl«, während Sie Ihre Konzentration auf diesen Körperteil richten, bis Sie die erfrischende Kühle tatsächlich spüren können. Falls Sie unter Kopfschmerzen leiden, empfiehlt sich die Formel »Der Kopf ist frei und leicht«.

Danach beenden Sie die Übung wie immer mit der Rücknahme, um wieder ganz wach zu werden und im Alltag anzukommen.

Die Mittelstufe des Autogenen Trainings

Anders als die Unterstufe des Autogenen Trainings, die sechs aufeinander aufbauende Übungseinheiten in einer festgelegten Reihenfolge umfasst, ist die Mittelstufe dieses Entspannungs- und Konzentrationsverfahrens deutlich weniger formalisiert.

Falls Sie darüber nachdenken, sich mit der Mittelstufe des Autogenen Trainings zu befassen, sollten Sie den Ablauf der Unterstufe sozusagen im Schlaf beherrschen. Viele Experten raten dazu, sechs Monate oder, besser, ein Jahr lang regelmäßig die sechs Einheiten der Unterstufe zu üben, bevor Sie zur Mittelstufe übergehen. Tägliches Training hilft Ihrem Körper besonders gut dabei, immer wieder in den Entspannungszustand zu wechseln und diesen Prozess erfolgreich zu automatisieren.

Im Hintergrund der Mittelstufe des Autogenen Trainings steht die Erkenntnis, dass sich jeder Mensch durch seine Gedanken, angenehme wie unangenehme, selbst steuert, und dass man diesen Prozess positiv beeinflussen kann.

Deshalb geht es bei diesem Übungsteil für Fortgeschrittene auch nicht um vorgefertigte Formeln wie »Mein Körper ist ganz warm«. Stattdessen formulieren Sie selbst einen Satz, der dazu geeignet sein könnte, Ihnen weiterzuhelfen, und suggerieren sich diesen Gedanken im entspannten Zustand, jeweils im Anschluss an die sechs Einheiten der Unterstufe, nachdem Sie sie zu einer lieben Gewohnheit gemacht haben.

Sobald Sie spüren, dass Ihnen der Satz, mit dem Sie diesen Teil der Übung innerlich begleiten, guttut, haben Sie die Wahl, bei diesem positiven Gedanken zu bleiben oder ihn durch eine andere angenehme Selbstbeeinflussungsformel zu ergänzen.

Falls Sie den Ablauf der Unterstufe des Autogenen Trainings nicht angenehm finden sollten, hat es wenig Sinn, mit der Mittelstufe oder der Oberstufe, die ich Ihnen nun vorstellen möchte, fortzufahren. Dann empfiehlt es sich, eine andere Entspannungsmethode auszuprobieren, die Ihnen eher liegt als das Autogene Training.

Hier nun einige Hinweise zum erfolgreichen »Basteln« eines inneren Satzes, mit dem Sie sich im Entspannungszustand selbst unterstützen können:

- ✔ Der formelhafte Gedanke sollte prägnant und nicht zu lang sein. Im optimalen Fall wirkt dieser Satz wie ein Mantra bei der buddhistischen oder hinduistischen Meditation, etwa die berühmte Silbe »Om«, die immer wieder gebetsmühlenartig wiederholt wird und den Erholungsprozess weiter vertieft.

- ✔ Vermeiden Sie negative Formulierungen wie »Ich will mich nicht mehr aufregen«. In solchen Fällen konzentrieren Sie sich eher auf das, was Ihnen derzeit noch nicht so gut gelingt, als auf das, was Sie tatsächlich erreichen möchten. Um bei diesem Beispiel zu bleiben, wäre der Satz »Ich bleibe gelassen« eine gute Alternative.
- ✔ Sie sollten die Formel, die Sie verwenden, für realistisch halten. Aussagen wie »Ich möchte immer glücklich sein« sind also deutlich schlechter für die Mittelstufe des Autogenen Trainings geeignet als der Gedanke »Ich fühle mich wohl« – denn kein Mensch ist ständig zufrieden, aber den meisten Leuten geht es gerne gut.
- ✔ Der innere Satz, den Sie im Entspannungszustand ausprobieren möchten, sollte zu Ihnen passen. Experten empfehlen, möglichst frei zu formulieren, denn schließlich hört Ihnen niemand dabei zu, wenn Sie sich gerade in Gedanken etwas »einreden«.

Auf jeden Fall ist es bei den Aussagen in der Mittelstufe des Autogenen Trainings sinnvoll, sich auf eine Formulierung zu beschränken, die etwas ausdrückt, das Sie durch Ihr eigenes Zutun erreichen können, ohne sich dabei zu überfordern. Ein heiß erwünschter Lottogewinn oder eine zufällige Begegnung mit dem zukünftigen Traumpartner gehört zwar zu den angenehmen Tagträumen, doch Sie haben keinen wirklichen Einfluss darauf.

Die Oberstufe des Autogenen Trainings

Wenn Sie sich mit der Oberstufe dieser Entspannungs- und Konzentrationsmethode beschäftigen wollen, sollten Sie zuvor alle Übungen der Unterstufe und der Mittelstufe hinreichend automatisiert haben.

Erfahrungsgemäß dauert das bei regelmäßiger, möglichst täglicher Anwendung mindestens ein Jahr. Eine weitere wichtige Voraussetzung versteht sich fast von selbst: Die Trainingseinheiten der Unter- und der Mittelstufe sollten Ihnen wirklich guttun.

Wenn Sie eine Übung längere Zeit unangenehm finden, wäre es kontraproduktiv, dabeizubleiben und dadurch möglicherweise aus dem seelischen Gleichgewicht zu geraten. In diesem Fall beschränken Sie sich auf die Teile des Verfahrens, die Ihnen gefallen.

Ich habe die üblichen Aufgaben der Oberstufe des Autogenen Trainings, die ich Ihnen nun vorstellen möchte, etwas gekürzt.

1. Eine beliebige Farbe mit dem inneren Auge beobachten

Während Sie in einem tiefen Entspannungszustand sind, konzentrieren Sie sich auf die bildliche Wahrnehmung, bis eine Farbe vor Ihrem inneren Auge auftaucht. Diese Farbe betrachten Sie, solange es Ihnen angenehm ist, und wiederholen die Übung einige Male, bis sich der optische Eindruck ohne ein Gefühl von Anstrengung einstellt.

2. Ihre »persönliche« Farbe finden und beobachten

Wie bei der vorigen Aufgabe konzentrieren Sie sich auch hier mit geschlossenen Augen auf die bildliche Wahrnehmung Ihrer Innenwelt. Dieses Mal geht es darum, so lange zu warten, bis Sie eine Farbe finden, die Ihnen besonders gut gefällt – sozusagen Ihre persönliche Farbe.

Betrachten Sie die optischen Eindrücke, solange es Ihnen zusagt. Nach einigen Wiederholungen werden Sie Ihre Lieblingsfarbe wahrscheinlich fast automatisch sehen, sobald Sie sich eine Weile gezielt entspannen.

3. Bildliche Beobachtungen weiter ausbauen

Jetzt konzentrieren Sie sich darauf, mit Ihrem inneren Auge ein tiefes, sattes Blau wahrzunehmen. Nachdem Ihnen das gelungen ist, versuchen Sie, daraus eine gelbe Zitrone entstehen zu lassen. Sie können dabei wählen, ob sich das Blau vollständig in die Zitrusfrucht verwandelt oder ob die gelbe Zitrone im Vordergrund steht und das Blau den Hintergrund bildet. Erfahrungsgemäß wird es eine Weile dauern, bis es Ihnen gelingt, solche relativ komplexen optischen Objekte in der Fantasie herzustellen. Es ist also ratsam, Geduld mit sich zu haben und mehrere Male zu trainieren.

Diese Übung eignet sich übrigens auch sehr gut als Vorbereitung für das Erlernen einer Mnemotechnik, bei der es darum geht, aus unanschaulichen Begriffen einprägsame innere Bilder und Geschichten zu entwickeln. Mehr zu diesem Thema finden Sie in Teil IV.

4. Abstrakte geometrische Formen konstruieren

Nun konzentrieren Sie sich im Trancezustand, den Sie beim Entspannen erleben, darauf, geometrische Formen entstehen zu lassen. Sie können dabei mit einem Kreis beginnen, den Sie eine Weile betrachten. Wenn dieses Fantasiebild deutlich vor Ihrem inneren Auge steht, gehen Sie zu einem Dreieck über.

Anschließend versuchen Sie sich an einem Viereck, gefolgt von einem dreidimensionalen Würfel.

Obwohl diese geometrischen Objekte relativ einfach sind, ist es nicht ganz so leicht, die Formen tatsächlich mit der Vorstellungskraft wahrzunehmen. Lassen Sie sich also genug Zeit dafür und wiederholen Sie die Übungen einige Male.

5. Fantasiereisen ins Meer und auf einen Berg

Eine wichtige Voraussetzung für diese Aufgabe ist eine relativ angstfreie Beobachtung der eigenen Innenwelt. Falls Sie die Übung unangenehm finden sollten, bringt es wenig, sie mehrfach zu wiederholen.

Zunächst tauchen Sie dabei im entspannten Zustand in ein Meer Ihrer Wahl, am besten gut geschützt durch einen Taucheranzug oder ein U-Boot. Lassen Sie sich von Ihrer Kreativität leiten und betrachten Sie alles, was Ihnen auf der Reise begegnet.

Wenn es Ihnen Freude macht, langsam den Meeresgrund zu erreichen, können Sie anschließend ebenso gemächlich wieder auftauchen. Falls Sie jedoch lieber in den sonnenerhellten oberen Wasserschichten bleiben wollen, ist das auch vollkommen in Ordnung.

Bei späteren Übungsdurchgängen – oder als Alternative zum Meeresbesuch – haben Sie die Gelegenheit, in der Fantasie einen Berg zu besteigen. Ob Ihnen ein kleinerer Hügel angenehm ist oder ob Sie das Hochgebirge bevorzugen, bleibt ganz Ihnen selbst überlassen. Auf dem Weg hinauf beobachten Sie alles, was sich gerade in Ihrer Vorstellungswelt abspielt, und beim Abstieg, den Sie nicht vergessen sollten, halten Sie es ebenso.

Falls Sie irgendwann feststellen, dass Sie lieber nicht bis zum Gipfel hochklettern möchten, ist es ratsam, dieses Gefühl zu berücksichtigen und sich auf den Rückweg zu machen.

6. Eine andere Person betrachten

Wenn Sie Lust darauf haben und hinreichend Erfahrungen mit Entspannungs- und Konzentrationsübungen sammeln konnten, konzentrieren Sie sich im Trancezustand darauf, einen Menschen, den Sie kennen, mit dem inneren Auge wahrzunehmen. Das sollte eine Person sein, die Sie mögen und mit der Sie sich für ein paar Minuten in Ihrer Vorstellungswelt beschäftigen möchten.

Sobald Sie den geschätzten Menschen deutlich sehen, verweilen Sie bei dem Bild und achten dabei auf Ihre Gefühle und Assoziationen, bis Sie wieder in die Alltagsrealität zurückkehren.

7. Sich selbst betrachten

Diese Aufgabe erfordert sehr viel Übung im Entspannen, und sie funktioniert deutlich besser, wenn Sie ein gutes Verhältnis zu sich aufbauen konnten. Dabei versuchen Sie, sich selbst mit dem inneren Auge zu sehen und, sobald Ihnen das gelingt, eine Weile zu beobachten.

Hier gilt im besonderen Maße, dass es wichtig ist, bei jeder Selbsterforschung auf die eigenen Gefühle zu achten. Falls es Ihnen während der Übung schlecht geht oder falls Sie von unangenehmen Erinnerungen belastet werden, tun Sie sich keinen Gefallen, wenn Sie mit der Aufgabe fortfahren.

Schwierigkeiten beim Entspannen bewältigen

Vielen Problemen, die beim Erlernen von Aufmerksamkeits- und Erholungsübungen auftreten können, lässt sich etwas Wirksames entgegensetzen.

- Wenn es Ihnen relativ schwerfällt, Entspannungszustände angenehm zu finden, liegt das vielleicht daran, dass Sie derzeit ziemlich unter Stress stehen und kaum an längere Erholungspausen gewöhnt sind. Manchmal hilft es, einige Zeit bei einer eher einfachen Übung zu bleiben, bis Ihr Körper und Ihre Seele den Ablauf automatisiert haben.
- Sollten Sie Ihre Körperhaltung beim Entspannen unbequem finden, verändern Sie am besten Ihre Sitzposition oder Ihre Sitzgelegenheit. Manchmal empfiehlt es sich auch, vom Sitzen zum Liegen zu wechseln, wenn Sie nicht zu müde sind (oder nach der Anwendung der Methode gut und schnell einschlafen wollen).

Falls Sie beobachten, dass es Ihnen im gezielten Erholungszustand immer wieder richtig schlecht geht, zum Beispiel wegen bestimmter Erinnerungen, die Sie belasten, beenden Sie die Übungen. Möglicherweise leiden Sie unter traumatischen Erfahrungen aus Ihrer Vergangenheit, die Ihre Selbsthilfefähigkeiten überfordern. In diesen Fällen empfiehlt sich eine professionelle ambulante oder stationäre Psychotherapie.

- Wenn Sie mit Entspannungs- und Konzentrationsaufgaben gute Erfahrungen gemacht haben, allerdings irgendwann feststellen, dass Ihre Übungsmotivation deutlich zurückgeht, sollten Sie berücksichtigen, dass eine regelmäßige Anwendung solcher Techniken unabdingbar ist, um es Ihrem Körper zu ermöglichen, den Erholungszustand weitgehend automatisch ablaufen zu

lassen. Manchmal empfiehlt es sich, die Länge der Trainingseinheiten etwas zu verringern oder einen festen Tagestermin zu suchen, an dem Sie immer (oder fast immer) Zeit haben.

Gewisse Vorsätze, etwa »Ich übe jedes Mal, wenn ich dazu komme«, eignen sich besser zum Selbstbetrug als Gedanken wie »Außer in Notfällen übe ich immer zwanzig Minuten lang, nachdem ich von der Arbeit nach Hause gekommen bin«.

- ✔ Manchmal passt ein bestimmtes Entspannungsprogramm nicht zu der Person, die es ausprobiert. Falls Ihnen etwa das Autogene Training mit den Selbstbeeinflussungsformeln wegen der eher passiven Haltung beim Üben nicht sehr angenehm ist, hilft vielleicht eine aktivere Erholungsmethode. Dazu zählt zum Beispiel die sogenannte Progressive Muskelentspannung (abgekürzt PME oder PMR), bei der vor jedem Entspannungsschritt gewisse Muskelgruppen angespannt werden, ein erprobtes Verfahren, das unter anderem viele Volkshochschulen und einige Krankenversicherungen anbieten.
- ✔ Manche Menschen finden leichte, konzentrierte Körperbewegungen bei der Erholung erfreulich, etwa im Rahmen von Tai-Chi (chinesisches Schattenboxen) oder beim Yoga, also bei Techniken, die sich am besten in einer Gruppe erlernen lassen. Solche Gruppen-Entspannungsmethoden haben zudem den Vorteil, dass sich die Teilnehmer gegenseitig motivieren können und die festen wöchentlichen Termine zumindest im Kurs-Zeitraum zur Selbstdisziplin anhalten.
- ✔ Andere Erholungswillige bevorzugen es, sich freundlich berieseln zu lassen, ob mit schöner, beruhigender Musik oder mit der Unterstützung durch eine Fantasiereisen-CD. Selbst triviale Fernseh-Zwischenpausen ohne jeden weitergehenden Anspruch, das haben Untersuchungen ergeben, wirken sich häufig erholsam aus und »entlüften« das Gedächtnis nach anstrengenden Tätigkeiten. Ihrer Kreativität sind hier keine Grenzen gesetzt.

Teil III

Gedächtnistraining im Alltag

The 5th Wave By Rich Tennant

»Ich hoffe, das geht dir nicht allzu sehr auf die Nerven. Der Arzt hat zu meiner Frau gesagt, dass sie ihr Gedächtnis am besten trainiert, wenn sie neue Erfahrungen macht.«

In diesem Teil ...

beschreibe ich, mit welchen Methoden Sie Ihre Langzeiterinnerung in Beruf und Privatleben verbessern können. Zunächst geht es um das sogenannte semantische Gedächtnis, das Fakten und deren subjektive Interpretationen speichert, abhängig von Ihrem Vorwissen und Ihren persönlichen Interessen.

Ein weiterer Schwerpunkt ist die gedächtnisgerechte Durcharbeitung von Sachtexten, wozu zum Beispiel Zeitungsartikel und Bücher gehören. Außerdem haben Sie die Gelegenheit, die Stärken und Schwächen Ihres Langzeitspeichers zu analysieren und Ihre Fähigkeiten beim Training zu berücksichtigen.

Danach stelle ich Ihnen einige Übungen zur räumlichen und zeitlichen Orientierung vor, was durch Tipps zur Verringerung von Vergesslichkeiten im Alltag ergänzt wird. Anschließend beschreibe ich wirksame Gedächtnisstützen im Berufsleben, unter anderem die Verbindung von neuen Namen und den betroffenen Personen und das erfolgreiche Einprägen von Orten und Terminen.

Zum Schluss geht es um die Bewältigung von Erinnerungsproblemen, etwa eines akuten Blackouts, wobei ich Ihnen neben Tricks zur Umgehung von peinlichen Situationen auch Übungen im bewussten Machen von Fehlern vorstellen möchte, durch die Sie Ihre Gelassenheit stärken können.

Ein Abschnitt zu den mehr oder weniger empfehlenswerten Präparaten, die manche Menschen einnehmen, um ihre Gedächtnisleistungen zu verbessern, beendet diesen Teil.

Informationen erfolgreich im Langzeitgedächtnis speichern und abrufen

8

In diesem Kapitel

- Das semantische Gedächtnis und seine Funktionsweise
- Neugier und Interesse als wirksame Erinnerungsselbsthilfe
- Sachtexte durch systematisches Durcharbeiten einprägen
- Die Stärken und Schwächen des Langzeitgedächtnisses analysieren

In diesem Kapitel stelle ich Ihnen das sogenannte semantische Gedächtnis und seine Besonderheiten vor. Zunächst beschreibe ich diesen Bereich der Langzeiterinnerung, der Fakten und Weltwissen verarbeitet, in einem kurzen Überblick.

Danach erfahren Sie, wie Sie Ihre Neugier und Ihre Interessen, besonders wichtige Faktoren für das erfolgreiche Einprägen und Abrufen von Informationen, nutzen können, wenn es darum geht, sich mit einem neuen Wissensgebiet auseinanderzusetzen oder eine bestimmte Thematik weiter zu vertiefen.

Anschließend beschreibe ich einige erprobte Methoden zum besseren Verständnis und zur intensiven Durcharbeitung von schriftlichen Texten, die Sie sich möglichst langfristig einprägen wollen.

In einem weiteren Abschnitt haben Sie die Gelegenheit herauszufinden, welche Formen des Wissenserwerbs Ihnen liegen und welche eher zu Ihren Schwächen gehören. Diese Erkenntnisse können Sie beim Training berücksichtigen.

Die Funktionen des semantischen Gedächtnisses

Forscher bezeichnen den Teil der Langzeiterinnerungen, der für das Behalten von Fakten, für das Wissen über die Welt und die Interpretation dieser Informationen verantwortlich ist, als semantisches Gedächtnis. Der Begriff »semantisch« leitet sich vom altgriechischen Wort für »bedeuten« oder »bezeichnen« ab.

Das Wissensgedächtnis gilt ebenso wie die biografische Erinnerung (episodisches Gedächtnis) als Teil der erklärenden (oder deklarativen) Langzeiterinnerungen. Das biografische und das semantische Gedächtnis erlauben einen bewussten Erinnerungszugang. Der dritte Aspekt des Langzeitgedächtnisses, das sogenannte Verhaltensgedächtnis (prozedurales Gedächtnis), bei dem hauptsächlich das Einprägen motorischer Vorgänge im Zentrum steht, funktioniert hingegen eher unbewusst und umfasst Prozesse, die mit der Zeit automatisch ablaufen – zum Beispiel Gehen, Fahrradfahren oder Tanzen.

Unterschiede zwischen biografischen Erinnerungen und Wissensinformationen

Anders als biografische Erinnerungen, die normalerweise in Verbindung mit der Zeit, dem Ort und weiteren Informationen über den Zusammenhang gespeichert werden, sind die Inhalte des Wissensgedächtnisses häufig frei von solchen Verknüpfungen.

Das bedeutet, während Sie sich etwa beim Nachdenken über Ihre letzte Geburtstagsfeier neben dem Zeitpunkt der Party auch an den Ort und an den Verlauf des Ereignisses erinnern können, wissen Sie, wenn ein Kind Sie fragt, wie die Hauptstadt Russlands heißt, zwar durchaus die richtige Antwort, doch Sie können nicht sagen, wann und wo Sie zum ersten Mal etwas von Moskau gehört haben.

Das Wissensgedächtnis speichert also Eindrücke wie allgemeine Daten und Begriffe, die Bedeutung von Wörtern und Regeln, Wissen und Vermutungen über die Welt mehr oder weniger zuverlässig ab, doch der Zusammenhang, der mit dem Erlernen dieser Informationen verbunden war, geht oft verloren. Diese Beobachtung lässt sich wahrscheinlich damit erklären, dass es im Leben sinnvoller ist, sich an die wichtigsten europäischen Hauptstädte und deren ungefähre Lage zu erinnern, als anzugeben, wer sie einem zu welchem Zeitpunkt beschrieb. Erst recht, wenn Sie, wie ich vermute, so häufig gehört und gelesen haben, dass Moskau die Hauptstadt von Russland ist, dass Sie irgendwann beim besten Willen nicht mehr sagen können, was Ihre ursprüngliche Quelle der Erkenntnis war.

Effektives Erinnern durch eine Kombination von Wissensdaten und biografischem Gedächtnis

Obwohl Wissensverarbeitung und biografische Erinnerungen von Forschern als unterschiedliche Gedächtnissysteme betrachtet werden, sind diese Prozesse in vielen Fällen ziemlich stark miteinander verknüpft, denn sie beruhen beide auf verbaler Kommunikation. Ohne eine funktionierende semantische Langzeiterinnerung hätten Sie erhebliche Schwierigkeiten, Ihre Lebenserfahrungen angemessen einzuordnen und sie bei Bedarf zu reaktivieren.

Das liegt daran, dass zum Beispiel Daten wie Ihr Geburtstag, Ihre Anschrift oder das Wissen über die Region, in der Sie leben, zu den semantischen Gedächtnisinhalten gezählt werden, obgleich sie natürlich eng mit Ihrer Biografie zusammenhängen. Allerdings spielt die Sprache beim Faktenwissen eine größere Rolle als bei biografischen und anderen episodischen Erinnerungen. Mehr zum Thema biografisches Gedächtnis finden Sie in Kapitel 4.

Obwohl es Wissensdaten normalerweise nicht erlauben, die Zeit, den Ort und andere Informationen, die mit dem Erwerb der Erkenntnisse zusammenhängen, erfolgreich zu rekonstruieren, helfen persönliche Bezüge häufig, die jeweiligen Fakten besonders gut im Gedächtnis zu behalten. Wenn Sie zum Beispiel in den Urlaub fahren und sich Ihr Aufenthalt nicht auf Meer, Strand und Sonnenschein beschränkt, werden Sie im Nachhinein wahrscheinlich sehr viel mehr über Ihr Reiseland wissen, als wenn Sie Ihre Landeskenntnisse ausschließlich aus Büchern, Zeitschriften oder dem Internet beziehen.

Falls Sie selbst etwas dazu tun können, um Informationen mit biografischen Gedächtniseindrücken zu verbinden, lassen sich diese Daten später oft besonders gut aus dem Langzeitspeicher abrufen.

Sollten Sie sich mit einem Wissensbereich befassen, weil er Sie interessiert und positive Gefühle bei Ihnen auslöst, haben Sie deutlich bessere Chancen, sich die Fakten und deren inhaltliche Zusammenhänge zu merken, als wenn Sie zum Beispiel »nur« für eine Prüfung lernen und den Stoff stinklangweilig finden.

Viele angehende Ärzte haben die Erfahrung gemacht, dass es ihnen mit erheblichem Zeitaufwand gelingt, die Unzahl von Multiple-Choice-Aufgaben des sogenannten Physikums, der ersten großen Zwischenprüfung des Medizinstudiums, auswendig zu lernen. Doch wenige Tage oder Wochen nach dem Test versinkt im Allgemeinen alles im tiefen See des Vergessens. Das Thema effektive Prüfungsvorbereitung stelle ich Ihnen in Kapitel 12 vor.

Beim sogenannten klinischen Teil des Studiums, bei dem sich die theoretischen Erkenntnisse mit ersten praktischen Erfahrungen im Krankenhaus verknüpfen, verbessern sich häufig die Gedächtnisleistungen der Studenten. Den meisten angehenden Ärzten gelingt es in diesem Teil ihres Studiums deutlich besser, sich langfristig an bestimmte Fakten, Diagnosekriterien und Behandlungsabläufe zu erinnern. Schließlich schweben diese Informationen, anders als bei der Zwischenprüfung, nicht im »luftleeren Raum«, sondern sie hängen mit echten Patienten, wirklichen medizinischen Herausforderungen und einem ständigen Austausch mit den Kollegen zusammen.

Herangehensweisen, bei denen sich das Theoriewissen mit biografischen und anderen episodischen Erinnerungen verbindet, etwa durch Kommunikation, zeitnahe Rückmeldungen und praktische Erfahrungen, unterstützen viele Menschen dabei, ihre neuen Erkenntnisse einzuordnen und sie später über Assoziationen wieder aus der Langzeiterinnerung abzurufen.

Neugier und Interesse als Gedächtnisstütze

Dass es Ihnen beim Einprägen von Wissensinformationen häufig hilft, wenn sich die Fakten mit Ihren Interessen verknüpfen, können Sie im Rahmen eines kleinen Selbstbeobachtungsexperiments überprüfen.

Sich beim Lernen von den eigenen Interessen leiten lassen

Wenn Sie Lust darauf haben, denken Sie eine Weile an Ihre Interessen, etwa ein bestimmtes Hobby, und überlegen Sie dabei, wie es Ihnen gelingt, diesen Interessen nachzugehen und sie weiter auszubauen. Wahrscheinlich folgen Sie dabei Ihrer Neugier in alle möglichen Richtungen, die Sie spannend finden, und sind dadurch so motiviert, dass Ihnen die Beschäftigung mit Ihrem Hobby nicht als Arbeit erscheint.

Falls es hierbei gelegentlich um einen Bereich geht, der mit Anstrengung und erheblichen Konzentrationskräften verbunden ist, wird Sie das vermutlich nicht allzu sehr belasten, denn schließlich haben Sie sich ja freiwillig dazu entschlossen, sich von Ihren Interessen leiten zu lassen.

Bei Aspekten, die Sie für weniger spannend halten, können Sie sich frei entscheiden, ob Sie sich aus Gründen der Vollständigkeit damit befassen möchten, ob

Interesse, Desinteresse und Erinnerungsleistung

Für diese Übung brauchen Sie ungefähr eine halbe Stunde bis 40 Minuten Zeit, in der Sie möglichst ungestört sein sollten. Zunächst holen Sie sich eine Uhr, einen Stift und zwei Blatt Papier, anschließend setzen Sie sich auf einen bequemen Stuhl und schließen Ihre Augen.

Denken Sie an Ihre Schulzeit zurück und erinnern Sie sich etwa zehn Minuten lang an Ihr Lieblingsfach. Überlegen Sie, welche Aspekte des Lernstoffs Ihnen spontan einfallen. Dazu können Eindrücke gehören, die eher bestimmte Aufgabenstellungen beschreiben, zum Beispiel »Bei meinem Physiklehrer haben wir oft experimentiert«. Vielleicht fallen Ihnen auch ein paar Details ein, etwa der Name eines Buches, das Sie einst im Französischunterricht gelesen haben. Nach den zehn Minuten Bedenkzeit notieren Sie alles, was Ihnen in den Sinn gekommen ist, in Stichpunkten auf Ihrem ersten Zettel.

Anschließend verfahren Sie genauso mit dem, was Ihnen inhaltlich von dem Fach im Gedächtnis geblieben ist, das Sie am wenigsten mochten. Auch bei diesem Schritt des Experiments überlegen Sie ungefähr zehn Minuten, was Ihnen spontan einfällt, und lassen Ihre Augen dabei geschlossen. Wieder spielt es keine Rolle, ob Sie eher an die Bedingungen des Unterrichts oder an bestimmte Einzelheiten denken.

Im Anschluss an diese zehn Minuten schreiben Sie Ihre Erinnerungen an das ungeliebte Fach auf das zweite Blatt Papier. Nun vergleichen Sie diese Notizen mit den Aufzeichnungen, die Sie gerade zu den Themen Ihres Lieblingsfachs notiert haben.

Es ist ziemlich wahrscheinlich, dass Ihr erster Zettel mehr Informationen umfasst als das zweite Blatt. Möglicherweise sind die Erinnerungen, die sich um Ihr Lieblingsfach drehen, auch detaillierter als die Eindrücke, die Ihnen von dem Unterricht in Erinnerung geblieben waren, den Sie nicht leiden konnten.

Falls Ihnen überhaupt irgendwelche Einzelheiten zu Bewusstsein gekommen sind, als Sie an das ungeliebte Fach dachten, ging es vermutlich um Aspekte, die tatsächlich interessant für Sie waren – etwa ein Streich, den Sie und Ihre damaligen Mitschüler dem Lehrer gespielt haben, oder eine Situation, in der Ihnen aufgefallen ist, dass eine Information, die man Ihnen vermitteln wollte, unzutreffend war.

Ihnen ein kurzer Überblick genügt oder ob Sie solche Informationen ganz ignorieren.

Durch dieses Vorgehen orientieren Sie sich sozusagen automatisch an der Funktionsweise Ihres Wissensgedächtnisses und sorgen für zahlreiche mögliche Abrufwege, wenn Sie später über Ihre aktuellen privaten Erkenntnisse nachdenken wollen. Falls Sie aus beruflichen Gründen oder im Rahmen einer Ausbildung etwas Neues lernen, empfiehlt sich ein ähnlicher Ansatz – obwohl es einem manche Themen, mit denen man sich gerade befassen sollte, nicht leicht machen, wirklich die eigenen Interessen zu berücksichtigen.

Wenn Sie sich mit einer beruflichen, schulischen oder universitären Lernaufgabe befassen, ohne dabei auf Anhieb motiviert zu sein, empfiehlt es sich, immer wieder zu überlegen, welche Aspekte des Stoffes Sie tatsächlich spannend finden könnten, und sich von diesen Erkenntnissen leiten zu lassen. Sogar wenn Sie feststellen, dass es hierbei um einen Bereich geht, der nur am Rande mit dem Thema verknüpft ist, mit dem Sie sich beschäftigen sollen, unterstützt Sie diese Vorgehensweise häufig dabei, in kleinen Schritten ein Interesse und eine Motivation im Verhältnis zu den Inhalten aufzubauen, was Ihnen später vielleicht über die eine oder andere Durststrecke beim Weiterlernen hinweghilft.

Anknüpfungspunkte helfen beim Lernen

Falls Sie, geleitet von Ihren eigenen Interessen, bei Lernaufgaben gezielt versuchen, Ihre Wissenslücken zu füllen, oder sich von manchen Aspekten Ihrer Arbeit dazu inspirieren lassen, in die Breite oder in die Tiefe eines bestimmten Themas vorzudringen, unterstützen Sie die natürliche Funktionsweise Ihres Wissens-Langzeit-Erinnerungsspeichers, die sich dabei häufig mit den Leistungen Ihres biografischen Gedächtnisses verbindet.

Es hilft Ihnen sehr, wenn Sie sich bereits mehr oder weniger intensiv mit einem Thema beschäftigt haben und nun etwas dazulernen möchten, denn Ihre Langzeiterinnerungen stellen Ihnen in diesem Fall etliche Anknüpfungspunkte zur Verfügung. Das unterstützt Sie dabei, neue Inhalte zu verstehen, subjektiv sinnvoll zu ordnen und in die bereits bestehenden Erinnerungen zu integrieren.

Ohne Interesse, vielleicht sogar verbunden mit herzlicher Abneigung eines Themas, ist es um ein Vielfaches schwieriger, sich im Nachhinein erfolgreich an die entsprechenden Fakten zu erinnern.

Ein Beispiel: Viele Shopping-begeisterte Frauen, die mit ihren deutlich weniger enthusiastischen Partnern einkaufen gehen, machen die Erfahrung, dass es ihnen anschließend mühelos gelingt, die Marken, die Preise und die Qualitätsunterschiede der Kleidungsstücke, die sie sich angesehen haben, aus dem Gedächtnis abzurufen.

Die meisten Männer sind hingegen schon mit sich zufrieden, wenn sie nach dem Ereignis noch sagen können, wie teuer das Gesamtvergnügen war und welche Geschäfte sie dafür betreten mussten. Vermutlich haben sie sich immer wieder still (in Härtefällen auch lautstark) gefragt, warum sie den Samstagnachmittag mit der Suche nach Klamotten für die Partnerin verschwenden sollen, sie guckten nur hin, wenn sie sich genötigt sahen, die Passform eines bestimmten Kleidungsstücks zu bewerten, und freuten sich, als dieser Albtraum endlich vorbei war. Aufmerksamkeit, Motivation, Anknüpfungspunkte und persönliches Interesse hielten sich also in engen Grenzen, was die Gedächtnisleistungen fast automatisch erheblich verschlechtert.

Um noch einmal tief in die Geschlechterklischee-Kiste zu greifen: Auf der anderen Seite haben viele Frauen ohne ausgeprägte Sportinteressen die Erfahrung gemacht, dass es inhaltlich wenig bringt, zusammen mit dem begeisterten Partner die Samstagabendspiele der Bundesliga anzugucken.

Obwohl nicht wenige Männer alles tun, was in ihrer Macht steht, um ihre Frauen mit dem Fußballfieber anzustecken – Spielergebnisse vergleichen, Trainer verfluchen, Schiedsrichter für Fehlentscheidungen kritisieren, historische Zusammenhänge beschreiben oder zum wiederholten Male die Abseitsregeln erklären –, bleibt der Partnerin nach einem solchen Abend häufig eher die mehr oder weniger fröhliche Stimmung ihres Gefährten in Erinnerung als die Details der Spielabläufe oder die aktuelle Tabellenposition des Vereins, den der Mann so fanatisch verehrt.

Natürlich gilt die Beobachtung, dass Menschen, die es langweilt, über ein bestimmtes Thema informiert zu werden, weil es sie nicht interessiert oder weil sie wegen ihres Desinteresses wenig darüber wissen, keineswegs nur für Shopping-hassende Männer und fußballverachtende Frauen, sondern grundsätzlich. Also zum Beispiel auch für einen Mann, der es liebt, Klamotten einzukaufen, während seine Partnerin lieber vor dem Fernseher sitzt und die »Sportschau« verfolgt.

Wenn jemand, momentan oder prinzipiell, kein Interesse an der Aufnahme von Wissensinformationen hat, konzentriert er sich kaum auf sie, was erforderlich wäre, um diese Daten erfolgreich im Langzeitgedächtnis zu speichern und bei Bedarf wieder auf die Erinnerungen

zurückgreifen zu können. In solchen Fällen nehmen wir oft nur das Unumgängliche wahr und ignorieren den Rest. Was wir spannend finden, können wir hingegen zumeist ohne größere Mühe aufnehmen, motiviert verfolgen und später wieder aus dem Gedächtnis abrufen.

Es ist ziemlich schwierig, sich im Erwachsenenleben ganz neu in eine Thematik zu vertiefen, weil dann die Erinnerungsanknüpfungspunkte weitgehend fehlen, die es ermöglichen würden, das Gelernte angemessen einzuordnen, aktuelle Erfahrungen mit dem gespeicherten Vorwissen zu vergleichen und wichtige von eher unwichtigen Informationen zu trennen.

Obwohl es häufig mit Anstrengung verbunden ist und relativ lange dauert, sich in einen bislang unbekannten Wissensbereich einzuarbeiten, haben solche Herausforderungen auch einen wichtigen Vorteil: Im mittleren und höheren Lebensalter wird Ihr Gehirn durch neue, abwechslungsreiche Aufgaben besonders gut trainiert. Zum Beispiel wenn Sie sich erstmalig eine Fremdsprache erschließen, ein Musikinstrument erlernen oder Rätsel lösen, bei denen Sie um mehrere Ecken denken müssen, bis Sie auf das richtige Ergebnis kommen. Hinreichend Geduld mit sich selbst und ein freundlicher Umgang mit den eigenen Fehlern beim Lernen helfen hier sehr.

Persönliche Interpretationen und emotionale Bewertungen als Gedächtnisstütze beim Wissenserwerb

Ausgeprägte Gefühle spielen beim Wissensgedächtnis eine geringere Rolle als bei biografischen Erinnerungsprozessen, wenn es darum geht, Inhalte sicher im Langzeitspeicher zu verankern und sie bei Bedarf wieder aus dem Gedächtnis abzurufen.

Dennoch kann es Ihnen auch bei wissensbasierten Lernvorgängen helfen, das, womit Sie sich gerade beschäftigen, subjektiv zu interpretieren und emotional zu bewerten. Aus zwei Gründen. Erstens sind starke Empfindungen, die sich auf ein bestimmtes Thema beziehen, ein Ausdruck von Interesse – außer Ihr Grundgefühl ließe sich ungefähr so zusammenfassen: »Ich hasse das und will mich nicht damit beschäftigen« oder »Es langweilt mich unendlich, mich damit zu befassen«. Interesse ist ein entscheidender Faktor, der das Gedächtnis positiv beeinflusst. Zweitens unterstützen Sie differenzierte Beurteilungen und Bewertungen einer Thematik fast automatisch dabei, sich mit diesem Bereich intensiv auseinanderzusetzen, Argumente zu prüfen, sie zu widerlegen oder zu bestäti-

gen und dem, was Sie gerade lernen, mehr oder weniger kritisch Ihr Vorwissen gegenüberzustellen.

Natürlich ist es zumeist deutlich einfacher, einen Zeitungsartikel, ein Internetportal oder eine bestimmte Fernsehserie mit Skepsis oder Zustimmung zu betrachten als zum Beispiel die Gravitationsgesetze von Isaac Newton oder das Periodensystem der chemischen Elemente.

Auch bei Themen, die sich wegen ihres objektiven Gehalts besser verstehen als kritisieren lassen, etwa aus den Naturwissenschaften, können Sie Ihre Interessen als Motivationshilfe verwenden. Vielleicht überraschen oder erstaunen Sie manche Erkenntnisse bei Wissensgebieten, die wenig subjektive Interpretationsspielräume mit sich bringen. Solche Gefühle unterstützen Sie oft dabei, das Gelernte ins Langzeitgedächtnis zu übertragen und die Daten bei Bedarf durch eine Vielzahl möglicher Wege aus der Erinnerung abzurufen.

Sachtexte systematisch bearbeiten und sicher im Langzeitspeicher verankern

Nun stelle ich Ihnen einige bewährte Methoden vor, durch die Sie neben Ihrer Konzentrationskraft Ihr Verständnis von Sachtexten stärken und die wichtigsten Informationen mit großer Wahrscheinlichkeit in Ihrem Langzeitgedächtnis speichern können.

Für die folgenden Übungen sollten Sie Artikel aus Zeitungen, Zeitschriften oder dem Internet verwenden, die Sie interessieren – egal ob es dabei um eine Prinzenhochzeit, einen Bürgerkrieg, ein spektakuläres Verbrechen oder eine Klatsch- und Tratschgeschichte über das Privatleben Ihrer Lieblingsschauspielerin geht. Hauptsache, Sie sind motiviert, sich eine Weile mit der selbst gewählten Thematik zu beschäftigen.

Später können Sie die Technik der Textbearbeitung, die Ihnen am meisten zusagt, auch bei Themen einsetzen, die Sie weniger spannend finden. Dann empfiehlt sich ein Vorgehen, bei dem Sie versuchen, zumindest nach Randaspekten des Themas zu suchen, die Sie einigermaßen interessieren.

Ohne jedes Interesse wird es schwierig, eine innere Lernmotivation aufzubauen. Gedanken wie »Ich befasse mich nur mit diesem Zeug, um die Prüfung zu bestehen« helfen Ihnen im besten Fall dabei, die Informationen kurzfristig auswendig zu lernen – später können Sie sie meistens kaum noch erfolgreich aus Ihrem Langzeitspeicher abrufen.

Lesen, Konzentrieren, Nachdenken und Wiederholen

Für diese Lernaufgabe brauchen Sie einige Minuten Zeit, in denen Sie richtig wach und möglichst ungestört sein sollten. Zunächst suchen Sie sich einen Artikel zu einem Thema, das Sie interessiert, und setzen sich auf einen bequemen Stuhl.

Ihre Quelle kann dabei eine Zeitung, eine Zeitschrift oder ein Text aus dem Internet sein, den Sie am besten ausdrucken, bevor Sie die Übung durchführen. Es ist ratsam, sich beim ersten Mal auf einen Artikel zu beschränken, der nicht mehr als 15 bis 20 Zeilen umfasst. Später können Sie längere Texte verwenden.

1. Lesen Sie den Artikel möglichst genau und versuchen Sie dabei, auf jedes inhaltliche Detail zu achten. Wenn Sie Lust darauf haben, beurteilen Sie in dieser Zeit das, was Sie gerade mit Ihren Augen aufnehmen, da solche Formen der inneren Auseinandersetzung besonders gut dazu geeignet sind, das Gelernte ins Langzeitgedächtnis zu übertragen. Allerdings empfiehlt es sich, neben der Bewertung nicht zu vergessen, was der Autor des Textes aussagen wollte – andernfalls erinnern Sie sich anschließend nur noch an Ihr Urteil und vernachlässigen die ursprünglichen Inhalte.

2. Während der Lektüre denken Sie darüber nach, wie sich der Artikel am besten zusammenfassen lässt. Diese Aufgabe erfordert ein nicht unerhebliches Maß an Aufmerksamkeit und Konzentration. Sobald Sie bemerken, dass sich Ihre Gedanken auf etwas richten, das nichts mit dem Thema zu tun hat, führen Sie Ihr Bewusstsein freundlich, aber bestimmt auf den Text zurück, der vor Ihnen liegt.

3. Anschließend lesen Sie sich den Artikel laut und nicht zu schnell vor, sodass Ihr Zuhörer, wenn Sie einen hätten, problemlos verstehen könnte, worum es dabei inhaltlich geht.

4. Nun drehen Sie das Blatt um, warten einen Moment und blicken danach ins Leere oder aus dem Fenster, um sich gut zu konzentrieren. Dann versuchen Sie, die wichtigsten Punkte zu wiederholen, in Gedanken oder, besser, laut. Falls Sie das Gefühl beschleicht, etwas Wesentliches vergessen zu haben, können Sie überlegen, wie Sie die inhaltlichen Aspekte zuvor beurteilt hatten oder welche Assoziationen dadurch ausgelöst wurden. Häufig hilft dieses Vorgehen dabei, sich den einen oder anderen Aspekt im Nachhinein ins Gedächtnis zurückzurufen.

5. Wenn Ihnen nichts mehr einfällt, drehen Sie den Artikel um und überprüfen, woran Sie sich erinnern konnten und welche Aussagen Sie möglicherweise vergessen haben. Vielleicht gelingt es Ihnen sogar herauszufinden, warum Sie sich einen bestimmten Aspekt merken konnten und weshalb Ihnen ein anderer »entwischt« ist.

Es empfiehlt sich, diese Übung mehrere Male mit unterschiedlichen Texten zu wiederholen. Hierbei können Sie die Länge oder den Schwierigkeitsgrad der Artikel langsam erhöhen, aber erst, wenn es Ihnen ohne große Mühe gelingt, die wichtigsten Ausführungen der einfacheren, kürzeren Berichte aus Ihrem Erinnerungsspeicher abzurufen.

Sachtexte durch ein erprobtes Bearbeitungssystem speichern

Eine weitere Methode eignet sich besonders gut, wenn Sie vorhaben, sich einen relativ komplexen oder schwer verständlichen Text anzueignen. Im Amerikanischen wird sie »SQ3R-Technik« genannt, eine Abkürzung, die ich später ins Deutsche übersetze.

Um die Methode zur intensiven Durcharbeitung schriftlicher Inhalte zu üben, sollten Sie sich auf Zeitungsberichte oder andere Artikel beschränken, die Sie interessieren. Außerdem ist es ratsam, sich zunächst einen relativ kurzen, nicht allzu schwierigen Text vorzunehmen, bis die Technik für Sie zu einer Gewohnheit geworden ist. Anschließend können Sie den Umfang und die Komplexität langsam steigern oder sich auch einmal an ein Thema wagen, das nicht zu denen gehört, die Sie wirklich fesseln. Im letztgenannten Fall empfiehlt es sich jedoch, zumindest nach Randaspekten zu suchen, mit denen Sie etwas anfangen können.

Die ÜFLeWiZ-Methode (oder SQ3R-Technik) zu intensiven Durcharbeitung von Textinhalten

Die sogenannte SQ3R-Methode wurde in den 1940er-Jahren von dem amerikanischen Pädagogen Francis P. Robinson entwickelt und in den folgenden Jahrzehnten weiter verfeinert.

Die Originalabkürzung steht hierbei für:

S: **S**urvey (Überblick gewinnen)

Q: **Q**uestion (Fragen stellen)

R: **R**ead (Lesen)

R: **R**ecite (Wiedergeben)

R: **R**eview (Zusammenfassen)

Wegen der besseren Verständlichkeit – und um sich die Abkürzung als Deutschsprachiger gut einprägen zu können – habe ich mir erlaubt, diese bewährte Technik so zu übersetzen:

Ü: **Ü**berblick verschaffen

F: **F**ragen zum Text formulieren

Le: Ganz durch**le**sen (und dabei die selbst gestellten Fragen beantworten)

Wi: Zentrale Aussagen und eigene Überlegungen **wi**edergeben

Z: **Z**usammenfassung des Inhalts und der wichtigsten eigenen Gedanken zum Thema

Meine deutsche Abkürzung der Methode ist also »ÜFLeWiZ«.

Diese Technik soll Ihnen helfen, sich systematisch in einen relativ komplizierten Text zu vertiefen, um Ihr Wissen über die Thematik zu erweitern. Sie eignet sich für Artikel aus Zeitungen, Zeitschriften oder dem Internet; Sie können sie aber auch zur Durcharbeitung eines Sachbuchs verwenden.

Um die ÜFLeWiZ-Methode einzuüben, empfiehlt sich ein kurzer, nicht allzu anspruchsvoller Text im Umfang von einer halben Seite bis zu höchstens zwei Druckseiten. In dieser Zeit sollten Sie ungestört sein, bis Sie den Ablauf sicher beherrschen. Wenn Sie Lust darauf haben, nehmen Sie später ein Kapitel von *Ein besseres Gedächtnis für Dummies* zur Hand, das Sie noch nicht kennen, und arbeiten es nach der gleichen Technik durch.

Zum Ablauf der einzelnen Schritte am Beispiel eines Sachbuchtextes:

1. **Ü**berblick: Zunächst machen Sie sich mit dem Lernstoff vertraut, indem Sie Titel, Inhaltsverzeichnis, Vorwort und Buch- oder Kapitelzusammenfassungen überfliegen, bis Sie sagen können, worum es dabei geht. Hierbei empfiehlt sich ein Ansatz, bei dem Sie Ihr Vorwissen nutzen, um die Informationen gut zu verstehen.

2. **F**ragen: Jetzt stellen Sie sich Fragen zum Textabschnitt, den Sie sich einprägen wollen, am besten schriftlich. Berücksichtigen Sie Ihre Ziele und Interessen bei der Lektüre, die manchmal von dem abweichen können, was der Autor vermitteln möchte. Dieser Schritt hilft nicht nur bei der Motivation, er unterstützt Sie auch dabei, das Wesentliche vom Unwesentlichen zu trennen.
3. **Le**sen: Beim differenzierten Durchlesen des Abschnitts sollten Sie Ihre Geschwindigkeit an den inhaltlichen Schweregrad anpassen. Behalten Sie dabei die Fragen, die Sie zuvor formuliert haben, im Hinterkopf, und versuchen Sie, die wichtigsten Aussagen nachzuvollziehen. Manchmal bleibt Ihnen dabei wenig anderes übrig, als besonders komplexe Absätze in Ihre eigenen verständlichen Worte zu »übersetzen«.
4. **Wi**edergeben: Nach der Lektüre geht es um die Beantwortung der Fragen, die Sie schriftlich notiert haben. Falls sich die eine oder andere selbst gestellte Frage nicht klären lässt, vertiefen Sie sich noch einmal in den entsprechenden Abschnitt. Anschließend notieren Sie Ihre Erkenntnisse auf einem Blatt Papier.
5. **Z**usammenfassen: Nun rufen Sie sich die wichtigsten Aussagen des Abschnitts oder des Kapitels in Erinnerung. Hierbei können Sie die Überschriften und Ihre Aufzeichnungen noch einmal überfliegen, um Zusammenhänge zwischen diesen Bereichen herzustellen. Wenn Sie wollen, verfassen Sie abschließend eine kurze Zusammenfassung in Ihren eigenen Worten. Sobald die ÜFLeWiZ-Methode zu einer Gewohnheit geworden ist, lässt sich der Zeitaufwand für diesen letzten Schritt deutlich reduzieren.

Die 5-W-Methode zur Bearbeitung von unterschiedlichen Textarten

Ein weiteres Verfahren zur intensiven Durcharbeitung verschiedener Texte, das »5-W-Methode« genannt wird, stammt ursprünglich aus der Journalistenausbildung und der Informationsrecherche.

Die 5-W-Technik eignet sich neben dem Abspeichern von Artikeln aus Zeitungen, Zeitschriften oder dem Internet auch dafür, Kurzgeschichten oder Romane oder die Handlung eines Spielfilms im Langzeitgedächtnis zu verankern.

Die 5-W-Methode als Gedächtnisstütze für Sachinformationen

Wenn Sie Lust darauf haben, üben Sie das 5-W-Verfahren aus dem Journalismus mit einem nicht allzu langen und allzu anspruchsvollen Text ein. Das kann ein Artikel aus dem Netz, aus einer Zeitung oder einer Zeitschrift sein.

Sobald Sie diese Methode zu einer Gewohnheit gemacht haben, lässt sie sich auch für andere Medien nutzen. Dazu gehören literarische Texte, Filme oder Vorlesungen, die Sie nach der Veranstaltung erfolgreich rekapitulieren wollen.

Wieder empfiehlt es sich, beim Trainieren der Technik ungestört zu sein und sich hinreichend Zeit dafür zu lassen. Später, nach einer Automatisierung des Ablaufs, können Sie die 5-W-Methode auch in weniger ruhigen Momenten anwenden und die einzelnen Schritte mehr und mehr verkürzen, solange Sie sich nicht überfordern.

Wofür stehen die fünf W? Ganz einfach:

1. Wer
2. Wann
3. Wo
4. Was
5. Wie

Es geht also darum, zu klären, *wer* etwas Bestimmtes getan hat, *wann* es geschah, *wo* es stattfand, *was* dabei passiert ist und *wie* sich das Ereignis gestaltete.

Häufig lässt sich diesem Fragenkatalog ein sechstes W hinzufügen, das für »Warum« steht: *Warum* ist die Angelegenheit so und nicht anders abgelaufen? Nicht wenige Journalisten verzichten auf diesen Punkt, da er, anders als die ursprünglichen fünf W, auf subjektiven Interpretationen beruht.

Nach der herkömmlichen Trennung von Nachricht und Kommentar sollten Fragen nach dem Warum eines Ereignisses bei »reinen« Nachrichtenmeldungen eigentlich keine Rolle spielen, doch das muss Sie nicht irritieren – schließlich wollen Sie ja Ihr Langzeitgedächtnis stärken und streben vermutlich keine Karriere bei der »Süddeutschen Zeitung« oder der »Frankfurter Allgemeinen« an.

Nun können Sie die 5-W-Methode (oder 6-W-Methode) selbst an einem Sachtext ausprobieren, der Sie interessiert und zunächst nicht allzu lang sein sollte. Eine halbe oder ganze Druckseite reicht vollkommen, um erste Erfahrungen mit dieser Technik zu sammeln.

Anhängig vom Inhalt empfiehlt es sich mitunter, nicht mit der Wer-Frage zu beginnen, also der oder den Personen, die wichtig sind, um zu begreifen, worum es bei einem bestimmten Ereignis geht, sondern zunächst die Was-Frage zu beantworten. Denn in manchen Fällen lässt sich ein Geschehen viel besser verstehen, nachdem Sie sich verdeutlicht haben, was dabei überhaupt passiert ist.

Ansonsten können Sie sich an der Reihenfolge Wer, Wann, Wo, Was, Wie orientieren (oder danach zusätzlich die Warum-Frage klären). Am besten notieren Sie Ihre Antworten in Stichpunkten auf einem Zettel, nachdem Sie den Artikel gelesen haben, und legen den Text dabei zur Seite.

Blicken Sie beim Durcharbeiten nur in den Originalbericht, wenn Sie feststellen, dass Ihnen etwas Wesentliches entfallen ist. Anschließend legen Sie den Artikel neben Ihre W-Notizen und überprüfen, ob Sie an alles gedacht haben. Details sind hier weniger wichtig als der inhaltliche Rahmen des Artikels.

Sollten Sie, nachdem Sie die Methode hinreichend geübt haben, irgendwann planen, sich in ähnlicher Weise ein Fachbuch, einen Roman oder einen Spielfilm zu erschließen, um Ihr Langzeitgedächtnis zu stärken, wäre es sinnvoll, bloß die entscheidenden Eindrücke zu berücksichtigen; etwa bei einem Film die Hauptrollen und deren Motive, die wichtigsten Zeit- und Ortsangaben und den Verlauf von ein oder zwei Handlungssträngen. Andernfalls besteht die Gefahr, sich zu verzetteln.

Ihre Stärken und Schwächen bei der Langzeiterinnerung

Wenn es Sie interessiert, können Sie mit der Hilfe eines Fragebogens zur Selbstbeobachtung analysieren, wo Ihre Stärken im Langzeitgedächtnis liegen und welche Aspekte eher zu Ihren Schwächen gehören.

Natürlich lassen sich aus Schwächen Stärken machen, bei Erinnerungsleistungen genauso wie anderswo. Allerdings sollten Sie berücksichtigen, dass es im Allgemeinen deutlich länger dauert und viel anstrengender ist, eine Schwäche zu beheben, als die eigenen Fähig-

keiten weiter auszubauen. Hier empfiehlt sich hinreichend Geduld und ein freundlicher Umgang mit sich selbst. Schwächen verringern sich normalerweise in kleinen bis kleinsten Schritten, und Sie müssen immer wieder mit Rückfällen in alte, weniger Erfolg versprechende Verhaltensmuster rechnen.

Stärken und Schwächen beim Langzeitgedächtnis: Ein Fragebogen zur Selbsteinschätzung

Für die Beantwortung dieser Fragen sollten Sie sich genug Zeit lassen und ein ungestörtes Plätzchen aufsuchen. Nehmen Sie einen Stift und ein Blatt Papier zur Hand und notieren Sie zu jeder der folgenden Aussagen, wie oft Sie die entsprechende Erfahrung in der letzten Zeit gemacht haben. Die in diesem Bogen abgedeckten Bereiche der Langzeiterinnerung umfassen jeweils zwei Fragen zum gleichen Thema.

Neben die Nummern der Aussagen, die Sie auf Ihren Zettel schreiben, tragen Sie jeweils eine Zahl von 1 bis 3 ein. »1« steht hierbei für »selten oder nie«, »2« bedeutet »manchmal« und »3« »oft oder immer«.

Visuelle Informationen:

1. Ich kann mir Bilder, Fotos, Filme oder Grafiken gut und schnell ins Gedächtnis rufen.
2. Es gelingt mir problemlos, Gesichter von Menschen, die ich einmal gesehen habe, wiederzuerkennen und richtig zuzuordnen.

Verbale und andere akustische Informationen:

3. Eingängige Reime, Merksprüche oder Musikstücke kann ich gut und schnell aus der Erinnerung abrufen.
4. Wenn ich einen interessanten Text, etwa einen Zeitungsartikel oder ein spannendes Buch, einmal gelesen habe, merke ich mir die wichtigsten Aussagen gut und schnell.

Zahlengedächtnis:

5. Daten, zum Beispiel Jahreszahlen, Geburtstage oder Telefonnummern, präge ich mir schnell und zuverlässig ein.
6. Wenn ich einen faktenorientierten Text lese, in dem Zahlenangaben vorkommen, habe ich diese Informationen schnell und ziemlich genau im Kopf.

Motorische Erinnerung (Verhaltensgedächtnis):

7. Komplexe Handlungsabläufe, zum Beispiel Autofahren, Tanzen, Fußballspielen oder Kunstturnen, erlerne ich schnell und relativ mühelos.
8. In praktischen Dingen, etwa bei handwerklichen Tätigkeiten, Gartenpflege oder Handarbeiten, bin ich gut, und es gelingt mir schnell, solche motorischen Abläufe zu automatisieren.

Räumliche und zeitliche Orientierung:

9. Wenn ich irgendwo zum ersten Mal bin, kann ich mir den Hin- und Rückweg beziehungsweise die räumlichen Verhältnisse vor Ort gut und schnell merken.
10. Abgesehen von ungewohnten Zeitzonen weiß ich ungefähr, wie spät es ist, auch wenn ich nicht auf die Uhr gucke.

Lernen und Kommunikation:

11. Wenn ich mich mit einer Thematik beschäftige, spreche ich darüber gerne mit anderen Menschen, weil mir das hilft, die Informationen sicher im Gedächtnis zu verankern.
12. Bei der Vorbereitung einer Prüfung oder bei beruflichen Herausforderungen profitiere ich von Gesprächen in einer Lerngruppe oder vom Austausch mit Kollegen, wenn es darum geht, die Informationen in Erinnerung zu behalten.

Einige Anmerkungen zu den Fragen des Selbstbeobachtungsbogens:

Aussage 9 und 10: Gute räumliche (9) und zeitliche Orientierungsfähigkeiten (10) sind häufig nicht miteinander verknüpft. Das heißt, dass es ohne Weiteres sein kann, dass Sie in einem dieser Bereiche deutlich besser abschneiden als im anderen.

Aussage 11 und 12: Falls Sie sich hier einen relativ niedrigen Punktwert gegeben haben, spricht einiges dafür, dass es Ihnen besser gelingt, allein zu lernen als im Austausch mit anderen Menschen. Ein hoher Punktwert in dieser Kategorie deutet darauf hin, dass Ihr Gedächtnis für biografische und andere episodische Erinnerungen, die Handlungsverläufe und andere Kontextinformationen betreffen, besonders gut ist. Mehr zu diesem Thema finden Sie in Kapitel 4.

Nach der Beantwortung aller Fragen addieren Sie die Punkte, die Sie sich gegeben haben, für jede Unterkategorie, die aus jeweils zwei Aussagen

besteht. Anschließend vergleichen Sie die Ergebnisse: Zwei Punkte für zwei zusammengefasste Fragen sind der niedrigste Wert, sechs entsprechen dem erreichbaren Maximum.

So können Sie herausfinden, welche Bereiche der Langzeiterinnerung zu Ihren Stärken gehören und welche Aspekte Sie weniger gut beherrschen. Diese Analyse hilft Ihnen vielleicht, in Zukunft bestimmte Prioritäten beim Training Ihres Gedächtnisses zu setzen. Falls Sie planen, Ihre Erinnerungsschwächen gezielt auszugleichen, sollten Sie auf jeden Fall Geduld, Frustrationstoleranz und ein nicht unerhebliches Maß an Selbstdisziplin mitbringen.

Die Orientierung im Alltag stärken

9

In diesem Kapitel

- Räumliche und zeitliche Orientierungsfähigkeiten verbessern
- Schlüssel, Geldbeutel und Co.: Maßnahmen gegen Vergesslichkeiten im Alltag
- Vom Merkzettel zum Abruf aus dem Langzeitgedächtnis

Neben vielen praxisorientierten Tipps zum Thema Orientierung stelle ich Ihnen nun einige Übungen vor, durch die Sie Ihre räumliche und zeitliche Wahrnehmung ausbauen können.

Danach geht es um Hinweise, durch die es Ihnen wahrscheinlich gelingt, Ihre Erinnerungsleistungen im Alltagsleben zu verbessern, zum Beispiel durch feste Plätze in der Wohnung, an denen Sie Gegenstände ablegen, die Sie nicht vergessen wollen. Ein weiterer Abschnitt präsentiert Ideen, wie Sie mit ein bisschen Training in den meisten Fällen auf schriftliche Merkhilfen wie Einkaufszettel verzichten können.

Das räumliche Orientierungsvermögen stärken

Wissenschaftler definieren die räumliche Wahrnehmung als Fähigkeit von Menschen und Tieren, in ihrer Vorstellungswelt dreidimensional zu sehen und zu denken.

Es geht also um das Erkennen der Anordnung und der jeweiligen Beziehung von räumlichen Objekten, wobei die äußere Wirklichkeit immer wieder mit den verfügbaren Erinnerungen abgeglichen wird – mehr oder weniger erfolgreich, abhängig von den Fähigkeiten des Betroffenen.

Dass Menschen und viele Säugetiere dreidimensional sehen und hören können, unterstützt die räumliche Wahrnehmung erheblich. Doch nur wenn diese Sinnesinformationen innerlich angemessen verarbeitet und erfolgreich mit früheren Inhalten der Langzeiterinnerung verglichen werden, helfen die Daten der Außenwelt dabei, sich gut im Alltag zu orientieren.

Die Hintergründe der räumlichen Wahrnehmung

Viele Forscher unterteilen die Raumwahrnehmung in mehrere Faktoren, die normalerweise zusammenwirken:

- ✔ Optische Veranschaulichung (oder Visualisierung): Hier steht die gedankliche Vorstellung von Bewegungen im Zentrum. Dazu gehört sowohl die Fähigkeit, dreidimensionale Gegenstände mit dem inneren Auge in verschiedene Richtungen zu drehen, als auch, sie in der Vorstellung räumlich zu verschieben oder ihre geometrische Form zu verändern. Etwa indem jemand überlegt, wie er mit übermenschlichen Kräften das Absperrgitter eines Zookäfigs auseinanderziehen könnte, um seine geliebten Ameisenbären zu befreien.
- ✔ Räumliche Beziehungen: Dieser Teilbereich steht für die Fähigkeit, dreidimensionale Objekte aus unterschiedlichen Perspektiven zu erkennen und richtig zu identifizieren. Zum Beispiel einen Würfel, dessen Ecke in die Richtung des Betrachters weist, oder eine Pyramide, die von oben gesehen wird.
- ✔ Räumliche Orientierung im engeren Sinne: Hier geht es darum, die eigene Person in die korrekten Bezüge zur Umgebung einzuordnen. Etwa auf einem Weg in eine unbekannte Gegend oder beim Betreten eines Gebäudes, das jemandem noch nicht vertraut ist.

Ein gutes räumliches Vorstellungsvermögen hilft nicht nur dabei, sich bald in unbekannten Umgebungen auszukennen oder einen verlegten Gegenstand schnell in der eigenen Wohnung zu finden. Es kann Sie zum Beispiel auch dabei unterstützen, geometrische Zusammenhänge zu erkennen, im Beruf technische Geräte zu entwickeln oder zu reparieren, sicher durch den Straßenverkehr zu kommen oder Baupläne zu entwerfen.

In Kombination mit guten grob- und feinmotorischen Fähigkeiten hilft eine gute räumliche Orientierung auch bei handwerklichen Tätigkeiten und beim Sport, etwa beim Geräteturnen, bei Paartänzen oder Ballspielen.

Geschlechtsunterschiede beim räumlichen Orientierungsvermögen

In den letzten Jahren haben sich viele Forscher mit der Frage beschäftigt, ob es bei den Fähigkeiten, die das Gedächtnis betreffen, systematische Unterschiede zwischen den Geschlechtern gibt. Der einzige Faktor, den sie gefunden haben, ist die räumliche Orientierung. Hier sind Männer erfolgreicher als Frauen.

Es gibt etliche wissenschaftliche Untersuchungen, die belegen, dass männliche Jugendliche und Erwachsene im Durchschnitt über ein besseres räumliches Vorstellungsvermögen verfügen als weibliche Teenager und Erwachsene. Allerdings wurden diese Unterschiede nicht bei Vorschulkindern und kaum bei Grundschülern beobachtet.

Einiges deutet darauf hin, dass die unterschiedlichen Durchschnittswerte von Männern und Frauen beim räumlichen Vorstellungsvermögen mit dem Blutspiegel des Geschlechtshormons Testosteron zusammenhängen. Bei den meisten männlichen Personen in und nach der Pubertät wird dieses Hormon in größeren Mengen ausgeschüttet als bei vielen Frauen.

Offenbar geht nicht nur ein geringer Testosteronspiegel mit einer relativ schlechten räumlichen Wahrnehmung einher, sondern auch ein besonders hoher Anteil des Hormons im Blut. Doch diese Beobachtung trifft natürlich nur auf den Durchschnitt der Bevölkerung zu, nicht auf jeden Einzelnen.

So gibt es durchaus Frauen mit niedrigem Testosteronspiegel, die sich besser orientieren können als manche Männer mit einer hohen, aber nicht übermäßig stark ausgeprägten Ausschüttung dieses Geschlechtshormons.

Räumliche Wahrnehmung im höheren Lebensalter

Wissenschaftliche Untersuchungen haben festgestellt, dass die Raumwahrnehmungsleistungen bei vielen älteren Menschen deutlich zurückgehen. Das liegt daran, dass der sogenannte Hippocampus (Mehrzahl Hippocampi, da dieser Hirnbereich bei jedem Menschen doppelt vorkommt) bei Senioren häufig schrumpft.

Die Hippocampi sind eine evolutionsgeschichtlich alte Struktur im Schläfenlappenbereich des Gehirns, die unter anderem für die Übertragung von Inhalten aus dem Kurzzeit- in das Langzeitgedächtnis verantwortlich gemacht wird, aber auch eine wichtige Rolle bei der Erstellung und Anpassung von »inneren Landkarten« spielt. Ihr Name erinnert an ein altgriechisches Mythenwesen, den Hippokamp, der von vorn wie ein Pferd und von hinten wie ein Fisch aussah, da diese Hirnstruktur mit etwas Fantasie an das Fabeltier erinnert. Auch der wissenschaftliche Begriff für das Seepferdchen (ebenfalls Hippocampus) wurde von dem antiken Mythos abgeleitet. Mehr zum Thema Kurz- und Langzeiterinnerung finden Sie in Kapitel 3.

Schrumpfende Hippocampi führen nicht nur zu einer Verringerung der Orientierungskompetenzen, sondern auch zu einem Rückgang der Fähigkeit, neue Informationen sicher abzuspeichern – eine Plage, unter der auch viele ältere Menschen leiden, die ansonsten geistig und körperlich gesund sind.

Wenn Sie gegen den Abbau der doppelten Hippocampus-Struktur im höheren Lebensalter etwas Wirksames unternehmen möchten, das besagen aktuelle wissenschaftliche Studien, sollten Sie sich bewegen. So banal solche Ratschläge auch klingen mögen: Körperliche Fitness scheint tatsächlich, neben vielen anderen Vorteilen, auch dafür zu sorgen, dass sich dieser wichtige Bereich im Gehirn nicht verkleinert. Ein leichtes und vor allem regelmäßiges sportliches Ausdauerprogramm, täglich eine halbe Stunde Spazierengehen genügt vollkommen, bewahrt die Funktionen und das Volumen der Hippocampi über einen langen Zeitraum.

Neben der räumlichen Orientierung stabilisieren Sie durch körperliche Fitness auch Ihre Kompetenzen, neue Gedächtniseindrücke in Erinnerung zu behalten und sie mit Ihrem Erfahrungswissen zu verbinden. Und wenn Sie schon in jüngeren oder mittleren Jahren körperlich fit bleiben, tun Sie nicht nur etwas Sinnvolles für Ihre Zukunft, sondern Sie stärken auch Ihre Erinnerungsfähigkeiten in der Gegenwart.

Andere Erfolg versprechende Maßnahmen gegen einen Rückgang der mentalen Leistungen im Seniorenalter sind Interesse an der Welt, viele Gespräche mit anderen Menschen, bei denen Sie häufig unvorbereitet reagieren müssen, und Formen des Gedächtnistrainings, die Abwechslung und andere Herausforderungen mit sich bringen, anstatt »nur« Ihre alten Routinen und Gewohnheiten zu befriedigen.

Zur Auflockerung nun ein, wie ich finde, recht hübscher Witz über das Gedächtnistraining im Seniorenalter:

Als ein alter Mann in der Zeitung einen Artikel über einen Arzt liest, der mit seinen Mnemotechniken offenbar unglaubliche Erfolge bei der Verbesserung des Erinnerungsvermögens erzielt, sagt er zu seiner Ehefrau: »Den Herrn möchte ich kennenlernen.« Die Gattin verspricht, ihn auf dem Weg in die Praxis zu begleiten.

Nach dem Ende der Behandlung besucht ein alter Freund, dem der Mann zuvor stolz von seinem professionellen Gedächtnistraining berichtet hatte, das betagte Ehepaar und fragt neugierig nach dem Namen des Wunderdoktors.

Der Senior wirkt etwas verwirrt und antwortet seinem Freund: »Da musst du mir ein bisschen helfen ... Wie nennt man die Pizza, die nur mit Tomaten und Käse belegt wird?«

»Margherita.«

(Der Mann wendet sich an seine Frau.) »Ach ja, natürlich ... Margarita, weißt du noch, wie der Arzt heißt?«

Die eigenen räumlichen Orientierungsfähigkeiten erkunden

Falls Sie herausfinden möchten, wie gut Ihr räumliches Vorstellungsvermögen ist, können Sie ein kleines Selbstbeobachtungsexperiment durchführen.

Für die Untersuchung Ihrer Orientierungsfähigkeiten brauchen Sie nur eine Uhr, einen Stift, einen Zettel und ein paar Minuten Zeit in Ihrer Wohnung, möglichst ohne vermeidbare äußere Ablenkungen. Es wäre außerdem von Vorteil, wenn Sie bei der Bearbeitung dieser Aufgabe wach und aufnahmebereit sind.

Übungen und praktische Hinweise zur Stärkung der Raumwahrnehmung

Wenn Sie bemerkt haben, dass die räumliche Orientierungsfähigkeit nicht zu Ihren persönlichen Stärken gehört, können Ihnen vielleicht die Tipps in diesem Abschnitt dabei helfen, Ihre Erinnerung an Raumwahrnehmungen zu verbessern.

Wie in allen Bereichen, die mit Neu- oder Umlernen zusammenhängen, gilt auch für das Orientierungsvermögen, dass es deutlich leichter ist, die eigenen Stärken auszubauen, als persönliche Schwächen auszugleichen. Letzteres ist normalerweise ziemlich anstrengend, es dauert relativ lange und erfolgt meistens in kleinen Schritten. Selbstdisziplin, Geduld und ein freundlicher Umgang mit sich selbst sind hier sinnvoll – andernfalls sinkt die Motivation, Schwächen aktiv anzugehen.

Falls Sie sich einen neuen Weg in eine unbekannte Gegend einprägen wollen, ohne dabei auf ein GPS-Navigationssystem, eine Landkarte oder einen Stadtplan zurückzugreifen, stehen Ihnen einige Möglichkeiten zur Verfügung, bei denen Sie verschiedene Merkstrategien verwenden können.

Die Ideen zum Ausbau der Raumwahrnehmungsfähigkeiten im Alltag lassen sich ohne Schwierigkeiten variieren oder miteinander kombinieren, je nachdem, welche Erfahrungen Sie damit verbinden, nachdem Sie sie ausprobiert haben.

✔ Prägen Sie sich vor jeder Veränderung Ihrer Wegrichtung die auffälligsten Merkmale der Umgebung ein, wenn es geht, einschließlich ihrer ungefähren räumlichen Anordnung. Das kann zum Beispiel ein großer Baum, ein Bau-

Stärken und Schwächen bei der Raumwahrnehmung

Wenn Sie nicht gerade ohnehin bequem an Ihrem Tisch sitzen, gehen Sie dorthin. (Falls Ihr Tisch ziemlich leer ist, können Sie diese Übung variieren, indem Sie zum Beispiel ein volles Regal, eine Vitrine oder den Inhalt Ihres Kleiderschranks betrachten.)

Konzentrieren Sie sich ungefähr eine Minute auf die optische Wahrnehmung der Gegenstände, die auf dem Tisch liegen, denken Sie daran, wie diese Objekte genannt werden und merken Sie sich auch ihre räumliche Anordnung. Dann verlassen Sie das Zimmer, in dem Ihr Tisch – oder Ihr Regal, Ihr Kleiderschrank oder Ihre Vitrine – steht, und warten ein bis zwei Minuten, während Sie Ihre Gedächtniseindrücke innerlich festigen, indem Sie sich die Gegenstände und deren Lage möglichst präzise in Erinnerung rufen.

Jetzt versuchen Sie, die Objekte auf einem Blatt Papier als Skizze darzustellen, einschließlich der räumlichen Anordnung und der Begriffe, die sich mit den Gegenständen verbinden. Hier geht es bloß um Ihre Gedächtnisfähigkeiten, ob Sie gut oder eher schlecht zeichnen können, spielt keine Rolle.

Lassen Sie sich genug Zeit für diesen Übungsschritt. Sobald Ihnen nach längerem Überlegen nichts mehr einfällt, gehen Sie zurück in das Zimmer, in dem Ihr Tisch steht, und vergleichen Ihre skizzierten Erinnerungen mit der Wirklichkeit.

Was fiel Ihnen leichter, was eher schwer? Konnten Sie die Bezeichnungen der einzelnen Objekte aus dem Gedächtnis abrufen? Das würde dafür sprechen, dass das verbale Erinnerungsvermögen zu Ihren Stärken zählt. Gelang es Ihnen, das Aussehen der meisten Gegenstände auf Ihrem Schreibtisch im Gedächtnis zu behalten? Das wäre ein Hinweis darauf, dass die optische Wahrnehmung (oder Visualisierung), ein wichtiger Teilbereich der Raumwahrnehmung, bei Ihnen vergleichsweise stark ausgeprägt ist.

Hatten Sie die Anordnung der Objekte gut in Erinnerung? Hierbei geht es um die wechselseitigen räumlichen Beziehungen von Gegenständen. Dieser Faktor zählt ebenfalls zu den entscheidenden Aspekten, die die räumliche Orientierung ermöglichen.

ernhof oder ein Feldweg sein, wenn Sie eine Strecke auf dem Land zurücklegen. Falls Sie in der Stadt unterwegs sind, empfiehlt sich vielleicht ein bestimmtes Gebäude, eine Tankstelle oder ein Zebrastreifen. Was Ihnen subjektiv am meisten auffällt, wird Ihnen häufig am besten in Erinnerung bleiben. Bei einigen Großstädten bietet sich zudem ein besonders einprägsames Orientierungsmerkmal zur eigenen Positionsbestimmung an, zum Beispiel der Fernsehturm auf dem Alexanderplatz in Berlin.

✔ Auf ähnliche Weise können Sie sich merken, wo Sie Ihr Auto in einer unbekannten Gegend abgestellt haben. Ist vielleicht eine Kreuzung in der Nähe Ihres Parkplatzes? Sehen Sie eine leuchtende Straßenlaterne? Fällt Ihnen eine einprägsame, bildliche Eselsbrücke für den Namen der Straße ein, in der Ihr Wagen steht? Auf welcher Position im Verhältnis zu den Einmündungen oder zu anderen Merkmalen der Umgebung parkt Ihr Fahrzeug? Können Sie die relativen Entfernungen einigermaßen realistisch abschätzen?

✔ Manche Menschen wissen intuitiv, dass sie, wenn die Straßen einer Stadt im rechten Winkel zueinander stehen, viermal nacheinander nach rechts beziehungsweise links abbiegen müssen, um normalerweise wieder am Ausgangsort anzukommen, ob sie nun zu Fuß, mit dem Fahrrad oder dem Auto unterwegs sind. Andere Leute, deren Orientierungsfähigkeiten sich in Grenzen halten, können diese Herangehensweise üben. Zumindest in den weniger entlegenen Gegenden einer Stadt brauchen Sie dabei keine Angst zu haben, sich hoffnungslos zu verirren, selbst wenn Sie auf eine Karte verzichten: Schließlich können Sie, falls Ihre Bemühungen einmal scheitern, einen Passanten nach dem richtigen Weg fragen.

✔ Wenn Sie Ihre räumliche Wahrnehmung verbessern wollen, bringt es wenig, sich einem Ortskundigen anzuschließen, bei einem Spaziergang oder als Beifahrer, denn die meisten Menschen konzentrieren sich dann kaum noch auf die Merkmale des Hin- oder Rückwegs. Immerhin ist ja jemand dabei, der die Strecke kennt, das verführt zur Bequemlichkeit. Eine sinnvolle Alternative, wenn Sie schon von einem Gefährten begleitet werden, wäre es, mit der vertrauten Person nach der Ankunft den Hinweg noch einmal durchzugehen, bis Sie ihn sich erfolgreich einprägen können, oder Ihr Gegenüber zu fragen, ob Ihre Vermutungen, bezogen auf den Rückweg, tatsächlich stimmen.

✔ Bevor Sie einen neuen Weg erkunden, empfiehlt es sich, die unbekannte Strecke mit der Unterstützung eines Stadtplans, einer Landkarte oder eines Internetdienstes wie Google Maps zu visualisieren. Zum Beispiel, indem Sie sich merken, dass Sie nach dem Verlassen eines Kreisverkehrs in Fahrtrich-

tung etwa einen Kilometer geradeaus fahren müssen, um dann, sobald Sie das Einkaufzentrum vor sich haben, in die dritte Querstraße auf der linken Seite abzubiegen.

Hier wäre es sinnvoll, jede Richtungsänderung einige Sekunden mit dem inneren Auge zu betrachten und diese Vorgehensweise einige Male zu wiederholen, bis die Ortsangaben wirklich sitzen. Ein abschließender Blick in die Karte unterstützt Sie dabei, die Stichhaltigkeit Ihrer räumlichen Vorstellungsbilder zu überprüfen. Danach lassen Sie den Plan weg, oder Sie beschränken sich darauf, ihn nur im Notfall herauszuholen.

Professionelle Navigationssysteme verleiten Menschen mit guten Orientierungsfähigkeiten oft dazu, bequem zu werden, da sie ihr räumliches Vorstellungsvermögen kaum noch herausfordern. Personen mit unterdurchschnittlichen Begabungen in diesem Bereich können solche technischen Hilfsmittel jedoch dazu verwenden, ihren Orientierungssinn Schritt für Schritt zu verbessern – unter der Voraussetzung, dass sie, etwa beim Autofahren, immer wieder nach auffälligen Merkmalen Ausschau halten, um sie innerlich mit dem jeweiligen Kartenausschnitt zu verknüpfen. Falls Sie den gleichen Weg noch einmal abfahren wollen, lassen Sie Ihr Navi am besten ausgeschaltet und verlassen sich auf Ihre »mentale Landkarte«.

- ✔ Wenn Sie Ihren Orientierungssinn stärken möchten, ist es zumindest bei Fußmärschen und Fahrradtouren sinnvoll, nach jeder Richtungsänderung noch einmal in die Gegenrichtung zu blicken. Diese Perspektive wird vermutlich Ihrem Rückweg entsprechen, den Sie so sicher im Gedächtnis verankern.

- ✔ Je besser Ihr räumliches Vorstellungsvermögen wird, umso wahrscheinlicher ist es, dass Sie sich auf wenig bekannten Strecken an Ihrem Vorwissen orientieren können. Dabei ergänzen Sie die bereits vertrauten Wege mit hilfreichen Assoziationen für die unbekannten Abschnitte, was die »Landkarte« in Ihrer Vorstellungswelt immer präziser und differenzierter macht.

Doch auch hier ist eine möglichst entspannte Grundhaltung empfehlenswert: Falls Sie einmal trotz Ihrer Vorkenntnisse an einer schwierigen Orientierungsfrage scheitern sollten, sind Sie kein dummer Mensch – Sie brauchen nur etwas mehr Übung.

Raumwahrnehmungsübungen für Fortgeschrittene

Vielleicht interessiert es Sie, einmal ohne technische Hilfsmittel durch die Natur zu wandern und dabei Ihren räumlichen Orientierungssinn herauszufordern. Ein ganz normaler Spaziergang durch eine neue Gegend kann dabei zu einem kleinen Abenteuer werden.

Vor wenigen Jahren hat sich in England unter dem Namen »The Natural Navigator« eine Weiterbildungseinrichtung gegründet, die die etwas aus der Mode gekommenen natürlichen Navigationsmethoden einem größeren Publikum vermitteln möchte. Einige Hinweise aus dieser Schule eignen sich auch für kleinere Ausflüge in unbekanntem Gebiet, weitab vom Anspruch, allein und ohne Kartenmaterial die Sahara zu durchqueren. Zur eigenen Sicherheit empfiehlt es sich jedoch, abhängig von der Einschätzung der eigenen Orientierungsfähigkeiten, vorsichtshalber ein »unnatürliches« Navigationsgerät, einen Plan oder einen Kompass mitzunehmen.

- ✔ Bekanntlich geht die Sonne stets im Osten auf, mittags steht sie im Süden und am Abend im Westen. Stärkere Wolkenbedeckung kann die Beobachtung des Sonnenstands verhindern, außerdem benötigen Ungeübte häufig ein bisschen Training, bis sie erkennen, wann unser Zentralgestirn tatsächlich am höchsten steht (also die Südrichtung anzeigt) und in welche Richtung es sich gerade bewegt, wenn der Sonnenaufgang schon eine Weile zurückliegt und der Sonnenuntergang noch einige Stunden auf sich warten lässt.

- ✔ Der Polarstern steht auf der Nordhalbkugel der Erde immer im Norden. Sie finden ihn, indem Sie zunächst den Großen Wagen suchen, das auffälligste, ganzjährig erkennbare Sternbild am Nachthimmel. Der Große Wagen erinnert mit etwas Fantasie an eine Schubkarre oder einen Einkaufswagen, der sich aus vier Sternen zusammensetzt, an einem langen »Haltegriff« befestigt ist und etwas nach oben weist. Verlängern Sie die Seite (oder Achse) des Großen Wagens, die nur aus zwei hellen Sternen besteht, auf der Gegenseite vom angehängten »Haltegriff«, in Gedanken um das Fünffache, dann sehen Sie den Polarstern.

- ✔ Wenn Sie in einer Gegend unterwegs sind, in der es Flüsse oder Bäche gibt, erreichen Sie den Wasserlauf normalerweise, indem Sie einen Weg nach unten finden. Flussabwärts liegen dann häufig kleinere oder größere Siedlungen, in denen Sie unterkommen – oder nach dem Zielort fragen – können.

- Falls ein Meer in der Nähe liegt und gerade Ebbe ist, erkennen Sie dessen Richtung am Geruch von Tang.
- Satellitenschüsseln für den Fernsehempfang sind in Deutschland normalerweise nach Südsüdost ausgerichtet.
- Falls Sie in Ost-West-Richtung gehen und Ihr Weg von Steinmauern begrenzt wird, liegt die südliche Innenseite im Schatten, was sich an einem höheren Feuchtigkeitsgehalt im Bodenbereich erkennen lässt.
- In den Städten führt die Sonneneinstrahlung dazu, dass an den Südseiten von Gebäuden der Putz besonders schnell abplatzt. Regen hingegen kommt meistens aus westlicher Richtung, was Algenwuchs und Fleckenbildung verursacht. Flechten auf Bäumen weisen oft nach Norden.
- Die meisten Tennisplätze sind in einer Nord-Süd-Achse ausgerichtet, um regelmäßige Sichtbehinderungen durch die Sonne zu begrenzen. Viele städtische Wohngebiete liegen im Osten, weil der Wind in unseren Breitengraden meistens von Westen kommt.

Online-Übungen zur Stärkung der Raumwahrnehmung

Wenn es Sie interessiert, Ihre großräumigen Orientierungsfähigkeiten zu prüfen und gegebenenfalls zu verbessern, helfen Ihnen vielleicht die geografischen Wissensspiele im Internet.

Auf der kostenlosen Webseite `www.onlinespiele-seite.de` können Sie Ihre großflächige Raumwahrnehmung durch zahlreiche interaktive Landkarten-Aufgaben stärken.

Hier einige Beispiele für geografische Internet-Aufgaben unter dem Link `www.onlinespiele-seite.de/landkarten-spiele.php`, die Sie beim Ausbau Ihrer Kompetenzen im Bereich der räumlichen Orientierung angemessen unterstützen:

- Länder-Landkartenspiel: Hier müssen Sie den Namen eines Staates mit der Maus auf einen Landumriss legen. Falls Ihre Vermutung stimmt, wird die entsprechende Hauptstadt angezeigt.
- Hauptstadt-Landkartenspiel: Bei dieser Variante geht es darum, den Namen einer Hauptstadt dem passenden Staat zuzuordnen. Sobald Sie die Maus über die Karte bewegen, unterstützt Sie die Software, indem sie den jeweiligen Ländernamen einblendet.

- ✔ Landkarten-Quizspiel: Ein Staat auf der Karte wird farblich hervorgehoben. Sie bekommen vier Antwortmöglichkeiten und sollen daraus den richtigen Ländernamen auswählen.

Die Onlinespiele-Seite stellt Ihnen bei den Aufgaben eine Auswahl verschiedener Weltregionen zur Verfügung: Europa, Afrika, Nord- beziehungsweise Südamerika, Australien und Ozeanien, die deutschen Bundesländer oder die amerikanischen Bundesstaaten.

Andere Übungen, die Sie unter `www.onlinespiele-seite.de/memo-spiele.php` aufrufen können, trainieren neben der räumlichen Orientierung und den Merkfähigkeiten auch die Konzentrationskraft. Dazu gehören unter anderem:

- ✔ Flaggen: Hier gilt es, Bildpaare von Staatsfahnen verschiedener Länder richtig zuzuordnen.
- ✔ Zeichen und Schilder: Bei diesem Spiel müssen Sie sich die Positionen von Verkehrs- und Hinweisschildern einprägen.
- ✔ Außerdem bietet Ihnen die Onlinespiele-Software Übungen an, bei denen Sie sich Buchstaben, Formen und Farben merken sollen.

Einige Aufgaben unter dem Link `www.onlinespiele-seite.de/fehler-suchspiel.php` sind Varianten der altbekannten Fehlersuchbilder aus Zeitschriften für Kinder oder Erwachsene:

- ✔ Bauwerke: Hier geht es darum, zwei fast deckungsgleiche Fotos zu betrachten. Auf dem zweiten Bild sind jeweils fünf Fehler versteckt. Mit der Maus klicken Sie auf die Bereiche des leicht verfremdeten Bildes, bei denen Sie im Verhältnis zum Originalfoto einen Fehler vermuten.
- ✔ Stadtansichten, Landschaftsfotos oder Tierbilder: Nach dem gleichen Schema sollen Sie bei diesen Spielen jeweils fünf kleine Fehler auf dem zweiten Foto entdecken und die entsprechenden Stellen mit der Maustaste markieren.
- ✔ Bei anderen Gedächtnistrainingsübungen auf der Onlinespiele-Seite stehen Puzzle- und Sudoku-Aufgaben im Mittelpunkt. Das japanische Sudoku, ein Zahlenergänzungsspiel, beschreibe ich näher in Kapitel 1.
- ✔ Unter dem Link `www.onlinespiele-seite.de/quiz.php` können Sie Fragen zu verschiedenen Themen beantworten, um Ihre Erinnerungsfähigkeiten zu testen oder zu verbessern. Hier werden unterschiedliche Aspekte abgedeckt.

  Neben der Geografie sind das Allgemeinwissen, Film, Musik, Fernsehen und Städte. Wenn Sie Ihre zeitliche Orientierung bei geschichtlichen Daten stärken wollen, stellt Ihnen die Betreiber der Homepage eine Auswahl von mehreren Jahrzehnten zur Verfügung, von den 1950er- bis zu den 2000er-Jahren.

Zeitliche Orientierungsfähigkeiten verbessern

Eine angemessene Orientierung in der Zeit wird dadurch erschwert, dass wir ihren Ablauf, abhängig von der aktuellen Situation, subjektiv sehr unterschiedlich wahrnehmen. Menschen im Erwachsenenalter machen meistens die Erfahrung, dass ihr Leben zunehmend wie im Zeitraffer verläuft.

Das Gefühl, dass die Zeit mit dem Älterwerden immer schneller vergeht, liegt daran, dass wir in jungen Jahren viele prägende Erfahrungen zum ersten Mal machen. Später wiederholen sich die meisten Ereignisse, was dazu führt, dass diese Wiederholungen im Langzeitgedächtnis nicht mehr so präsent sind wie die bewegenden Ereignisse, die man als Kind und als Jugendlicher erlebt.

Außerdem, und das ist relativ unabhängig vom Alter, vergeht die Zeit oft subjektiv schneller, wenn jemand sich gerade mit etwas Interessantem beschäftigt, und langsamer, wenn momentan eher wenig passiert.

Die Verbesserung der Zeitorientierungsfähigkeiten, die normalerweise in kleinen Schritten erfolgt, lässt sich durch einen Blick auf die Uhr und das Notieren der Unterschiede zwischen Ihrer zeitlichen Wahrnehmung und der Wirklichkeit überprüfen. Hier empfiehlt sich allerdings ein eher spielerischer Zugang, denn Ziele wie Überpünktlichkeit oder ein ständiges Leben nach der Uhr, auch im Privatleben, haben ungünstige Nebenwirkungen – vor allem die starke Zwanghaftigkeit.

Die zeitliche Wahrnehmung erkunden und ausbauen

Wenn Sie Lust haben, Ihre Zeitorientierungsfähigkeiten zu erforschen und gegebenenfalls zu stärken, brauchen Sie nur einen Stift, einen Zettel und eine Uhr, mit der Sie immer wieder feststellen können, wie gut Sie zeitliche Verläufe abschätzen können. Hierbei prüfen Sie zunächst, wie sich Ihre Zeitwahrnehmung unterscheidet, abhängig davon, ob Sie von einer bestimmten Aufgabe in Anspruch genommen sind oder gerade nichts – oder kaum etwas – tun.

Suchen Sie sich eine Aktivität, am besten im Privatleben, von der Sie wissen, dass dabei die Zeit für Sie wie im Flug vergeht, legen Sie Ihre Uhr daneben und blicken Sie erst wieder darauf, wenn Sie den Eindruck haben, dass eine Minute (oder fünf Minuten) vergangen sind. Danach schreiben Sie auf ein Blatt Papier, wie viel Zeit tatsächlich verronnen ist.

Anschließend sorgen Sie für Ungestörtheit, setzen sich gemütlich hin, Ihre Uhr in Reichweite, und konzentrieren sich darauf, wie der Atem in Sie hinein- und wieder aus Ihnen herausfließt. Wenn Sie das Gefühl haben, eine Minute (oder, bei der anderen Variante, fünf Minuten) sei vorbei, beenden Sie die Konzentrationsübung und prüfen mit der Uhr, wie viel Zeit in Wirklichkeit vergangen ist.

Viele Menschen neigen dazu, die Dauer von anregenden Aktivitäten zu unterschätzen und Zeiträume, in denen sie mehr oder weniger entspannt sind und wenig tun, zu überschätzen. Dieser erste Teil der Übung, den Sie später wiederholen können, wenn es darum geht, die Weiterentwicklung Ihrer Zeitwahrnehmungsfähigkeiten zu prüfen, hilft Ihnen vielleicht dabei, ein gutes Gefühl für die subjektive Beschleunigung oder Verlangsamung Ihres Zeitempfindens in bestimmten Lebenssituationen zu bekommen.

In einem zweiten Übungsschritt haben Sie nun die Gelegenheit, Ihre Kompetenzen im Bereich der zeitlichen Orientierung zu stärken, wozu Sie ebenfalls eine Uhr, einen Stift und einen Zettel brauchen. Wann immer Sie Lust darauf haben – und Ihre Alltagspläne es erlauben – schätzen Sie, wie spät es gerade sein könnte. Danach blicken Sie auf Ihre Uhr und notieren den Abstand zwischen der »gefühlten« und der realen Zeit, also zum Beispiel »plus 15 Minuten«, falls es tatsächlich eine Viertelstunde später ist als gedacht, oder »minus 7 Minuten«, falls in Ihrer Vorstellung sieben Minuten weniger vergangen sind als in der Wirklichkeit.

Wenn Sie neben diesen Angaben auf dem Zettel das jeweilige Datum Ihrer Zeitbeobachtungen notieren, können Sie feststellen, ob sich Ihre Einschätzungsfähigkeiten mittel- bis langfristig verbessern. Hierbei hilft es Ihnen wahrscheinlich, Ihre innere Wahrnehmung in unterschiedlichen Lebenssituationen zu prüfen, denn das subjektive Zeitempfinden verändert sich, abhängig davon, mit welchen Ereignissen Sie sich gerade beschäftigen und ob Sie momentan eher angeregt oder entspannt sind.

In einem dritten Trainingsschritt können Sie den Zeitraum von Aktivitäten wie Besorgungen, Fahrten oder beruflichen Terminen abschätzen, bevor sie stattfinden, oder, nachdem ein Ereignis vorbei ist, überlegen, wie viel Zeit wohl vergangen sein mag. Auch hier empfiehlt es sich, die Vermutungen zunächst aufzuschreiben und sie im Nachhinein mit der Realität zu vergleichen. Mit zunehmender Übung dürfte es Ihnen wahrscheinlich gelingen, Ihre Fähigkeiten in der Wahrnehmung zeitlicher Verläufe zu stärken und weiter auszubauen.

Wege zur Verringerung von Vergesslichkeiten im Alltag

Falls Sie gelegentlich die Erfahrung machen, dass Sie im Alltag etwas zerstreut sind und vergessen, was Sie eigentlich tun wollten, ist das vollkommen normal und nichts, was Sie beunruhigen müsste. Doch vielleicht helfen Ihnen ein paar Tipps, die sich mit ein bisschen Übung leicht umsetzen lassen, Ihr Erinnerungsvermögen zu verbessern.

Bewusstmachen als Hilfe beim Erlernen von Routinen

Gerade bei veränderten oder gänzlich neuen Handlungsabläufen, die Sie sich einprägen möchten, empfiehlt es sich, die einzelnen Schritte Ihrer Aktivitäten, die noch nicht sicher etabliert sind, mit den entsprechenden Gedanken zu begleiten oder zu kommentieren.

Alte Gewohnheiten, die gut zu einer bestimmten Alltagssituation passen, können neue Routinen behindern, indem sie sie überlagern. Falls Sie zum Beispiel Ihre Küchenkräuter immer in einem bestimmten Schrank aufbewahrt haben und irgendwann in eine andere Wohnung umziehen, kann es vorkommen, dass Sie die Gewürze zunächst am gleichen Ort suchen werden – selbst wenn Sie eigentlich wissen, dass sich die räumlichen Verhältnisse in Ihrer neuen Küche stark verändert haben.

Konzentration und gezielte Aufmerksamkeit unterstützen Sie dabei, wenn es darum geht, etwas dagegen zu unternehmen, dass angemessene Gewohnheiten durch alte Routinen überlagert werden, die nicht auf Ihre neue Lebenslage abgestimmt sind. Wenn Sie heute etwas an einem anderen Platz unterbringen als in der Vergangenheit und Probleme damit haben, den Gegenstand wiederzufinden, können Sie versuchen, bewusst an die veränderte Routinehandlung zu denken; etwa: »Ich brauche beim Kochen noch ein bisschen Pfeffer ... ach ja, die Gewürze stehen jetzt nicht mehr im vorderen Schrank, sondern im hinteren.«

Wenn die Umstellung auf neue Gewohnheiten nicht zu Ihren Stärken zählt, wird es eine Weile dauern, bis sich Ihre Aufmerksamkeit und Ihre Konzentrationskraft bei der Durchführung von Alltagshandlungen verbessert. Müdigkeit, Stress oder abschweifende Gedanken machen Ihnen vielleicht erst einmal einen Strich durch die Rechnung, doch mit der Zeit dürfte sich Ihre Zerstreutheit erkennbar verringern.

Auch bei automatisierten Verhaltensweisen, die eigentlich gut zur entsprechenden Situation passen, kommt es manchmal vor, dass der Betroffene zu zerstreut ist, um zu bemerken, dass er gerade etwas Entscheidendes außer Acht gelassen hat.

Einige Beispiele:

✔ Falls Sie mitunter die Erfahrung machen, dass Sie vergessen, Ihre Einkäufe in den Kühlschrank zu räumen, vielleicht wegen einer kurzfristigen Ablenkung durch ein Telefongespräch, ist es ziemlich wahrscheinlich, dass Sie anschließend das vage Gefühl beschleicht, dass Sie noch etwas Wichtiges vorhatten.

Entweder fällt Ihnen durch bewusstes Nachdenken ein, was es war, oder Sie gehen noch einmal an den Ort zurück, an dem Sie sich aufgehalten haben, bevor Sie abgelenkt wurden. Spätestens der Blick auf die Einkauftaschen wird Sie an Ihren Plan erinnern, den Kühlschrank mit Lebensmitteln zu füllen.

Bereits etablierte Gewohnheiten lassen sich als wirksame Anker für neue Routinen nutzen, indem Sie das, was Sie sich zusätzlich merken möchten, mit dem alten Verhalten verbinden.

✔ Wenn Sie nach dem Verlassen Ihrer Wohnung manchmal nicht genau sagen können, ob Sie Ihre Tür tatsächlich abgeschlossen haben oder ob Ihr Herd wirklich ausgeschaltet ist, können Sie diese Aktivitäten durch eine Verknüpfung mit bereits etablierten Gewohnheitshandlungen in Ihrem Gedächtnis verankern. Zum Beispiel könnten Sie, falls es zu Ihren Routinen gehört, nach dem Kochen die Herdplatten abzuwischen, diesen Vorgang mit einem Kontrollblick auf die An-/Ausschalter verbinden, oder jedes Mal, bevor Sie die Haustür von außen hinter sich schließen, prüfen, ob Sie an Ihren Schlüssel gedacht haben.

Alltagsvergesslichkeiten durch räumlich-zeitliche Verankerungen verringern

Falls Sie zu kleinen Vergesslichkeiten im Alltagsleben neigen, können Sie sich in Ihrer Wohnung einen festen Platz für alle Gegenstände einrichten, die Sie nicht vergessen wollen, wenn Sie das Haus verlassen. Ein solcher Ort sollte nicht allzu weit von Ihrer Wohnungstür entfernt und gut einsehbar sein. Das verringert die Gefahr, den Platz versehentlich zu ignorieren, und erhöht die Wahrscheinlich-

keit, dass es Ihnen gelingt, den regelmäßigen Blick auf diesen Ort zu automatisieren.

Wenn Sie bestimmte Dinge unbedingt mitnehmen möchten, etwa auf dem Weg zur Arbeit oder zu einem Freund, suchen Sie sich einen passenden Platz, den Sie danach nur noch ändern sollten, falls er sich als untauglich erweist. Ein angemessener Ort kann zum Beispiel ein Beistelltisch, eine Kommode im Flur oder ein Telefontischchen sein. Anschließend machen Sie es sich zur Gewohnheit, alle Gegenstände, die Sie nicht vergessen wollen, an diesem Ort – und nur da – zu platzieren. Jedes Mal bevor Sie Ihre Wohnung verlassen, prüfen Sie, ob dort etwas liegt, und stecken es gegebenenfalls ein.

Wenn Ihnen ein virtueller Ort genügt, um an alles zu denken, was Sie mitnehmen möchten, können Sie jedes Mal, wenn Sie aus Ihrer Wohnung gehen, den Anblick der Türinnenseite als Auslöser für ein paar hilfreiche Überlegungen verwenden: Habe ich alles dabei, was ich heute mitnehmen wollte? Meine Mappe oder meine Handtasche? Das Portemonnaie? Die Autoschlüssel? Einen Regenschirm? Einen besonderen Gegenstand, den ich nur an diesem Tag benötige?

So dürfte es Ihnen gelingen, kurz bevor Sie einen Platz wie ein Restaurant, ein Kino oder die Wohnung von Freunden verlassen, einen Moment zu überlegen: Habe ich auch wirklich nichts vergessen?

Eine »Besinnungspause« von wenigen Sekunden, kurz vor jedem Ortswechsel, hilft Ihnen vielleicht dabei, an die wichtigsten Dinge zu denken, die Ihnen gehören und die Sie wieder mitnehmen wollen.

Sobald Sie diesen Ablauf erlernt und zur Gewohnheit gemacht haben, müssen Sie sich nicht mehr jedes Mal darauf konzentrieren – außer Sie sind gerade sehr gestresst, oder ein unerwartetes Ereignis lenkt Sie von Ihren Routinen ab.

Ob es nun um einen festen Platz wie einen Telefontisch, eine virtuelle Verankerung wie die Innenseite der Wohnungstür oder eine kurze Denkpause vor dem Verlassen eines fremden Ortes geht: Erfahrungsgemäß dauert es einige Wochen, bis sich ein solcher Ablauf automatisiert hat. Haben Sie also etwas Geduld mit sich.

Die Einnahme von Medikamenten sicher im Tagesablauf verankern

Wenn Sie körperlich erkranken, kann es wichtig sein, zum richtigen Zeitpunkt die passende Medizin einzunehmen. Auch hier geht es darum, sich neue Gewohnheiten anzueignen, in diesem Fall möglichst schnell und zuverlässig.

Bei der Verankerung der Einnahme von Medikamenten im Alltag unterstützt Sie vielleicht das Prinzip, bestimmte Tageszeiten mit dem Schlucken von Pillen, Kügelchen oder Tropfen zu verknüpfen.

Dass viele Tabletten mit der Anweisung »dreimal täglich nach (oder vor) dem Essen« verschrieben werden, liegt nicht nur daran, dass eine Mahlzeit dabei hilft, die Inhaltsstoffe schnell und zuverlässig zu verdauen. Eine solche Verordnung benutzt gleichzeitig die üblichen Mahlzeiten als wirksamen Anker für den Patienten, was dabei hilft, die regelmäßige Einnahme von Medikamenten im Gedächtnis zu behalten. Morgens, mittags und abends erinnert also das Essen fast automatisch an die Medizin: »Ich setze mich an den Esstisch, woran wollte ich dabei denken ... ach ja, meine Tabletten.« Feste, bereits etablierte Tageszeiten verbinden sich also zuverlässig mit neuen Routinen.

Falls Sie erkranken und Ihnen ein Medikament mit der Angabe »dreimal täglich vor (oder nach) den Mahlzeiten« verschrieben wird, können Sie die Verknüpfung von »Essen« und »Medizin« durch Visualisierungsprozesse verstärken, soweit es Ihre Kräfte im Krankheitszustand erlauben. Hierbei geht es zunächst darum, sich den Ablauf der Mahlzeiten möglichst genau mit dem inneren Auge vorzustellen und dabei alle Veränderungen durch die Krankheit zu berücksichtigen.

Wenn Ihnen zum Beispiel das Essen von Ihrem gesunden Partner ans Bett gebracht wird, sollten Sie diesen Umstand beim Visualisieren berücksichtigen. Vielleicht denken Sie einige Sekunden daran, wie Sie morgens Ihren Kamillentee zu sich nehmen, ein paar Zwiebackstücke oder ein Brötchen mit Käse essen, und verbinden diese Vorstellung in der Fantasie mit der Einnahme Ihrer Medikamente.

Falls Sie sich das Frühstück so realistisch wie möglich vorstellen, indem Sie das Essen vor Ihrem inneren Auge sehen, schmecken und riechen – soweit Sie im Erkrankungszustand überhaupt noch riechen können –, falls Sie sich die einzelnen Ablaufschritte des Frühstücks bewusst machen und sie mit dem Herausholen und Öffnen der Pillenpackung verknüpfen, haben Sie gute Chancen, an Ihre Medizin zu denken.

Mit den anderen Mahlzeiten verfahren Sie genauso und wiederholen die Visualisierungsprozesse mehrere Male, bis die Gedächtnisstützen zuverlässig »sitzen«. Durch assoziative Vorstellungsübungen können Sie auch Verschreibungen, die vom Prinzip »dreimal täglich nach (oder vor) dem Essen« abweichen, sicher in Ihrem Langzeitspeicher verankern.

Wenn Ihnen zum Beispiel ein Arzt verordnet hat, ein bestimmtes Präparat immer abends vor dem Schlafengehen einzunehmen, koppeln Sie vielleicht die letzte Routinehandlung des Tages, etwa das Zähneputzen oder das Ablegen der Uhr, innerlich mit Ihrer Medizin. Meistens empfiehlt es sich, solche Visualisierungen einige Male in der Fantasie durchzuführen, bis sich die tageszeitliche Gewohnheit und die Einnahme des Medikaments sicher im Gedächtnis verankert haben.

Einkäufe ohne Merkzettel als Gedächtnisstütze

Innere Visualisierungsprozesse können Ihnen auch dabei helfen, kleinere oder größere Einkäufe zu tätigen, in einem oder mehreren Geschäften, ohne dass Sie dazu mehr als die Grundlagen eines einfachen mnemotechnischen Verfahrens anwenden müssten.

Die meisten Mnemotechniken basieren darauf, abstrakte, unanschauliche Informationen in einprägsame Bilder und Geschichten zu »übersetzen«, die sich deutlich besser aus dem Langzeit-Erinnerungsspeicher abrufen lassen als die ursprünglichen Daten. Bei konkreteren Inhalten, etwa Lebensmitteln oder anderen Einkäufen, genügt es meistens, eine relativ unkomplizierte Merkmethode zu nutzen, die die gewünschten Objekte visuell mit den Orten verbindet, an denen Sie sie erfahrungsgemäß finden werden. Einige aufwendigere Mnemotechniken zur sicheren Erinnerung von abstrakten Daten stelle ich Ihnen ausführlich in Teil IV vor.

Vom Einkaufszettel zum Abruf aus dem Gedächtnis

Wenn Sie Lust darauf haben, Ihre Erinnerungsfähigkeiten beim Einkaufen systematisch zu verbessern, nehmen Sie sich ein paar Minuten Zeit, in der Sie möglichst ungestört sein sollten. Zur Sicherheit schreiben Sie zunächst alles, was Sie besorgen wollen, auf ein Blatt Papier und ordnen Ihre Einkäufe nach den Warengruppen und den Läden, die Sie aufsuchen möchten.

Der Einfachheit halber beschreibe ich Ihnen den Ablauf des Visualisierungsprozesses am Beispiel eines Supermarkts, der Ihnen bereits vertraut ist. Danach stelle ich Ihnen eine Variante dieser Methode vor, durch die Sie sich Einkäufe merken können, die in mehreren Geschäften stattfinden.

Angenommen, Ihr nach Warengruppen sortierter Merkzettel umfasst folgende Produkte:

- ✔ 1 Salatgurke
- ✔ 1 Kilogramm Tomaten
- ✔ 1 Packung frische Champignons
- ✔ 5 Bananen
- ✔ 2 Ein-Liter-Packungen Vollmilch
- ✔ 12 Bio-Eier
- ✔ 1 Stück Parmesankäse
- ✔ 500 Gramm frische Schweineschnitzel
- ✔ 1 Flasche französischer Rotwein
- ✔ 1 Tafel Bitterschokolade

Nun verbinden Sie Ihre Einkäufe mit einprägsamen Bildern, abhängig von den einzelnen Lebensmitteln und den Orten im Supermarkt, an denen Sie sie bekommen, hier beginnend mit der Obst- und Gemüseabteilung.

Ein solches Assoziationsbild lässt sich besonders leicht merken, wenn es für Sie ungewöhnlich, interessant, überraschend oder erschreckend ist. Dabei durchwandern Sie den Laden, den Sie ja schon kennen, innerlich, von einem Produkt zum nächsten.

Vielleicht verknüpfen Sie die Salatgurke so mit der Gemüsekiste, in der sie liegt, dass sie daraus in Übergröße hervorragt – ein überraschendes Bild, das Sie vermutlich gut in Ihrem Langzeitgedächtnis abspeichern können. Die Tomaten verwandeln Sie möglicherweise in einen dampfenden Topf Tomatensoße, den Sie in Ihrer Vorstellung direkt neben die entsprechende Kiste stellen.

Wenn Sie den Topf zusätzlich mit einem großen Aufkleber »1 kg« versehen, wissen Sie gleich, welche Menge Tomaten Sie kaufen wollten. Manchmal genügt jedoch bereits das Bild eines bestimmten Produkts in Verbindung

mit dem passenden Ort, um sich anschließend erfolgreich an die entsprechenden Angaben zu erinnern.

Die Champignonpackung wird vielleicht zu einem Baumpilz, der aus diesem Sortimentbereich herauswächst. Die fünf Bananen merken Sie sich in Ihrer Fantasie, indem Sie die Obstkiste mit einer Bananenstaude schmücken, einschließlich eines Aufklebers mit der Zahl »5«.

Dann gehen Sie in Ihrer Vorstellung zur Abteilung mit den Eiern und den Milchprodukten. Die beiden Milchtüten verwandeln Sie in zwei Kühe, die aus dem passenden Regal herausglotzen, für das Einprägen der Eierpackung empfiehlt sich möglicherweise der Anblick einer Legebatterie – erschreckende Assoziationen prägen sich häufig besonders gut ein.

In der Käse-Abteilung rollt vielleicht gerade ein Italiener einen riesigen Laib Parmesan durch die Gegend, die Fleischtheke wird durch ein grunzendes Schwein blockiert, das Sie gegebenenfalls mit der Zahl »500« (für ein halbes Kilogramm Schnitzel) besprühen können.

Den Rotwein im Weinregal offeriert Ihnen ein Klischee-Franzose mit Schnauzbärtchen und Baguette unter dem Arm, und die Bitterschokolade kurz vor der Kasse merken Sie sich möglicherweise durch die Assoziation, dass das Regal mit dem Schokoladensortiment geräuschvoll unter seinem eigenen Gewicht zusammenbricht – ganz schön *bitter* für das Verkaufspersonal.

Aber natürlich sollten hier nicht meine, sondern Ihre eigenen Assoziationen maßgeblich sein. Nach dem Verankerungsprozess gehen Sie ohne Merkhilfe noch einmal innerlich durch den Supermarkt und prüfen die Festigkeit Ihrer Verbindungen von Produkten, Mengenangaben und den Orten, an denen Sie die Lebensmittel finden.

Dann gucken Sie zur Sicherheit auf Ihren Einkaufszettel. Haben Sie an alles gedacht oder benötigen Sie in dem einen oder anderen Fall eine einprägsamere Verknüpfung? Der letzte Schritt ist dann der Praxistest im Supermarkt ohne äußere Merkhilfen.

Wenn Sie an einem Tag mehrere Geschäfte aufsuchen müssen, können Sie diese Methode ein bisschen variieren und dabei innerlich von einem Laden zum nächsten spazieren. Etwa indem Sie vor dem Kauf einer Hose mit Ihrer Vorstellungskraft eine riesige Jeans über das Bekleidungsgeschäft hängen und danach, wenn es um eine Packung Batterien geht, den Elektronikladen Ihrer Wahl unter Starkstrom setzen – selbstverständlich nur in der Fantasie.

Manche Menschen benötigen keine visuellen Verknüpfungen von Waren mit ungewöhnlichen Bildern, um ihre Einkaufswünsche zuverlässig im Langzeitgedächtnis abzuspeichern. In solchen Fällen genügt es häufig, sich kurz vorzustellen, wie man durch das jeweilige Geschäft geht und ein gewünschtes Produkt nach dem anderen innerlich »abhakt«. Anderen wiederum reicht es, zu Hause kurz darüber nachzudenken, was sie gerade brauchen. Im Laden erinnert sie dann die jeweilige Abteilung, zum Beispiel Obst und Gemüse, zuverlässig an das, was sie dort besorgen wollten.

Falls Sie feststellen sollten, dass eine dieser Beschreibungen auf Sie zutrifft, können Sie auf die zeitaufwendigeren Übungen in diesem Kapitelabschnitt verzichten.

Gedächtnisübungen im Arbeitsleben

10

In diesem Kapitel

- Neue Namen durch Assoziationen merken
- Namen mit Gesichtern und anderen Eigenschaften einer Person verbinden
- Termine, Orte und Arbeitsabläufe im Langzeitgedächtnis verknüpfen

Nun stelle ich Ihnen eine relativ einfache Mnemotechnik vor, durch die es Ihnen gelingen kann, sich Namen von Menschen, die Sie gerade kennenlernen, schnell und zuverlässig einzuprägen.

Ich beziehe mich bei dieser Assoziationsmethode auf den Beruf, aber selbstverständlich lässt sie sich auch im Privatleben anwenden, zum Beispiel wenn Sie auf einer größeren Party jemandem begegnen, dessen Namen Sie zum ersten Mal hören. Die Merktechnik, bei der Sie nach subjektiv überzeugenden Eselsbrücken suchen, funktioniert auch, wenn es darum geht, einen Namen, der Ihnen immer wieder entfällt, obwohl Sie ihn eigentlich kennen, sicher im Langzeitspeicher zu verankern.

Danach beschreibe ich, wie Sie durch Assoziationen neue Namen mit den passenden Gesichtern und anderen Charaktereigenschaften der Person, die diesen Namen trägt, verknüpfen können. Mit etwas Übung klappt das auch, wenn Ihnen in einem kurzen Zeitraum mehrere Menschen hintereinander vorgestellt werden.

In einem weiteren Abschnitt erfahren Sie, welche Möglichkeiten Ihnen zur Verfügung stehen, wenn Sie vorhaben, neue berufliche Abläufe mit den Orten, an denen sie stattfinden, und den entsprechenden Zeiträumen zu verbinden. Mittelfristig können Sie dabei den Einsatz Ihres Terminkalenders oder eines Computerprogramms mit Erinnerungsfunktionen deutlich verringern und gleichzeitig Ihr Langzeitgedächtnis stärken.

Unbekannte Namen durch hilfreiche Eselsbrücken einprägen

Viele Menschen haben Schwierigkeiten, sich die Vor- oder Familiennamen von Personen zu merken, die ihnen vorgestellt werden. Gerade im Berufsleben kann das zu Problemen führen, erst recht, wenn der Betroffene Ihren Namen behalten hat, und Sie mit zunehmender Verzweiflung darüber nachdenken müssen, wie Ihr Gegenüber eigentlich heißt.

Wenn jemand persönlich angesprochen wird, also mit seinem Namen, fühlt er sich deutlich mehr beachtet – oder anerkannt –, als wenn sich die Begrüßung auf Floskeln wie »Hallo« oder »Guten Tag« beschränkt. Diese Tatsache beruht im Wesentlichen auf unbewussten Prozessen, denn sie wirkt sich auch dann positiv aus, wenn der Betroffene weiß, dass sich das Gegenüber »nur« auf professionelle Weise seinen Namen gemerkt hat, ohne dass daraus eine besondere Verbundenheit entstünde. Vermutlich haben wir alle seit der Kindheit die Erfahrung gemacht, dass uns vertraute Personen wie Eltern, Geschwister, Freunde und Lehrer namentlich ansprechen, ein persönliches Gefühl von Nähe, das wir dann unbewusst auf andere Menschen übertragen.

Deutsche Eigentümlichkeiten

Die deutsche Sprache macht es einem nicht gerade leicht, überzeugend auf die namentliche Ansprache zu verzichten. In den meisten europäischen Sprachen ist es kein Problem, sich mit fremden Menschen angemessen zu unterhalten, ohne ihre Namen zu kennen. Einige Beispiele:

- In Großbritannien (und anderen englischsprachigen Ländern wie den USA) genügt ein »Sir« oder »Madam«, um den Konventionen von Höflichkeit und Respekt zu entsprechen.
- Franzosen können sich bei formellen Kontakten auf »Monsieur« oder »Madame« beschränken.
- Italiener verwenden in solchen Situationen die Anrede »Signor« (»Herr«), »Signora« (»Dame«) oder »Signorina« (für unser aus der Mode gekommenes Wort »Fräulein«).
- In spanischsprachigen Ländern genügt für distanziertere Unterhaltungen in der Öffentlichkeit eine Ansprache mit »Señor«, »Señora« (oder »Señorita« – »Fräulein«).

In den allermeisten Situationen ist die traditionelle deutsche Anredeform, die bei Gesprächen mit Fremden auf die Nennung (oder Kenntnis) des Namens verzichtet, also »Meine Dame« oder »Mein Herr«, nicht mehr zeitgemäß, anders als im frühen 20. Jahrhundert, denn sie gilt inzwischen als übermäßig förmlich.

Das ist übrigens der Grund dafür, dass viele Verkäuferinnen, denen die Namen ihrer Kunden naturgemäß nicht vertraut sind, bei kurzen Unterhaltungen an der Kasse auf eher unpassende Ausweichfloskeln wie »Junger Mann« oder »Junge Frau« zurückgreifen – selbst wenn die Kundin offensichtlich schon ein eher mittelmäßig jugendliches Alter von 70 Jahren erreicht hat.

Beim persönlichen Kennenlernen, zumindest im Beruf, machen es einem die Traditionen im deutschsprachigen Raum auch ziemlich schwer, wenn man sie zum Beispiel mit amerikanischen Gepflogenheiten vergleicht. Während es in den USA in den meisten Fällen üblich ist, bald vom Nachnamen zum Vornamen überzugehen, bleiben wir, mit der Ausnahme von kollegialen Freundschaften, oft beim Familiennamen.

Vornamen lassen sich häufig deutlich besser merken als Nachnamen. Das liegt daran, dass wir zumindest die gebräuchlicheren deutschen Vornamen schon so oft gehört haben, dass sich die entsprechenden Eselsbrücken fast schon aufdrängen: Ein »neuer« Christian erinnert vielleicht an einen alten Bekannten, der genauso heißt, eine vormals unbekannte Maria lässt die eigene Großmutter »wiederauferstehen«, bei »Robert« denkt jemand möglicherweise sofort an den Schauspieler Robert De Niro. Außerdem sind die meisten Vornamen aus dem eigenen Sprachraum kinderleicht zu merken, denn viele Eltern legen bewusst oder unbewusst Wert darauf, dass ihre Sprösslinge den eigenen Vornamen möglichst bald richtig aussprechen können.

Gebräuchliche deutsche Familiennamen merken

Einige deutsche Nachnamen sind, ähnlich wie viele Vornamen, besonders einprägsam, gerade weil sie häufig vorkommen, problemlos ausgesprochen werden können und viele »natürliche« Assoziationen auslösen. Die Namen Müller, Meier oder Schmidt wiederholen sich viele Tausend Male, ebenso wie einige sehr gebräuchliche Vornamen.

Gedächtnisprobleme mit gebräuchlichen deutschen Familiennamen können auf verschiedene Weise entstehen. Unter anderem

- ✔ bei verwirrenden unterschiedlichen Schreibweisen (»Schmidt«, »Schmitt« oder »Schmid«? »Meier«, »Maier«, »Mayer« oder »Mayr«?);

- ✔ wenn Sie einen häufigen Namen mit einem anderen verwechseln (hieß die Dame nun Müller oder Meier?);
- ✔ wenn Ihnen mehrere Personen vorgestellt werden, die relativ verbreitete, vielleicht auch noch ähnlich klingende Nachnamen haben: War das nun Frau Schmitt oder Frau Schmitz? Hieß der Mann vielleicht Schreiner oder Schreiber?

Unterschiedliche Schreibweisen eines verbreiteten Familiennamens sind im beruflichen und privaten Alltag normalerweise ziemlich unproblematisch. Ob Sie nun jemanden kennenlernen, der Schmidt, Schmitt oder vielleicht auch Schmid heißt: Die Aussprache des Namens verändert sich nicht (oder kaum, wenn es um jemanden geht, dessen Familienname Schmied lautet). Sie können Ihr Gegenüber also in den allermeisten Fällen angemessen ansprechen, wenn Sie sich dessen Nachnamen einigermaßen korrekt gemerkt haben.

Vor schriftlichen Kontakten, bei denen es sich empfiehlt, den Namen richtig zu schreiben, bleibt Ihnen dann immer noch die Möglichkeit, ein bisschen zu recherchieren: Haben Sie von Herrn Schmidt, Schmitt oder Schmid irgendwann einen Brief oder eine E-Mail bekommen? Finden Sie die fehlenden Informationen im Internet, etwa auf der Homepage der Firma, in der der Kollege arbeitet, oder über eine Suchmaschine?

Die Gefahr, häufig verwendete Familiennamen zu verwechseln, wenn Sie sich den Namen einer Person in Erinnerung rufen möchten, die Sie gerade kennengelernt haben, lässt sich deutlich verringern, wenn Sie möglichst schnell eine einprägsame Eselsbrücke zum jeweiligen Nachnamen finden. Viele dieser bildlichen, in manchen Fällen auch verbal angelegten Assoziationen müssen Sie nicht, wie bei ausgefalleneren, komplizierteren Namen, erst mehr oder weniger mühsam konstruieren. Sie drängen sich vielmehr in den meisten Fällen fast von selbst auf. Dieses Prinzip gilt übrigens auch für den Wunsch, sich einen relativ einfachen Vornamen eines neuen Bekannten in kurzer Zeit zu merken.

Die häufigsten Nachnamen im deutschen Sprachraum sind im späten Mittelalter entstanden und beruhen in vielen Fällen auf den damals besonders weit verbreiteten Berufsgruppen (Bauer, Köhler, Müller), auf Vornamen, die zu Familiennamen wurden (Hartmann, Werner, Friedrich), auf regionalen Ortsangaben (Böhm, abgeleitet von »kommt aus Böhmen«, oder Franke – »kommt aus Franken«) und auf bestimmten Persönlichkeitseigenschaften (Klein, Schwarz, Lange). Über Assoziationen (oder Eselsbrücken), die sich oft ohne längeres Nachdenken anbieten, lassen sie sich normalerweise gut im Langzeitgedächtnis verankern.

Vor allem wenn Ihnen das Gesicht und andere wichtige Merkmale einer Person, die Sie noch nicht so gut kennen, einigermaßen vertraut sind, Ihnen jedoch der Familienname Ihres Gegenübers immer wieder entfällt oder Sie den Namen mit einem anderen verwechseln, empfehlen sich Übungen, bei denen Sie den jeweiligen Nachnamen innerlich mit der Assoziation verbinden, die dieses Wort spontan bei Ihnen auslöst.

Häufig lassen sich sinnvolle Eselsbrücken bildlich von der begrifflichen Herkunft eines Nachnamens ableiten. In anderen Fällen bietet sich oft eine bestimmte Person an, die unter diesem Namen bekannt geworden ist. Hier steht also, wie bei den meisten Mnemotechniken, das Prinzip der Visualisierung im Vordergrund, das allerdings in manchen Fällen durch Erinnerungen an andere Träger eines Namens ergänzt wird.

Wenn Sie jemanden gerade erst kennenlernen, sich also in kurzer Zeit sowohl dessen Aussehen als auch dessen Namen merken müssen, ist eine andere Strategie erfolgreicher, bei der eine einprägsame Namens-Eselsbrücke in der Vorstellung mit einem wichtigen Merkmal des Betroffenen gekoppelt wird. Diese Mnemotechnik stelle ich Ihnen in einem späteren Abschnitt ausführlich vor.

Manchmal hilft es auch, bei der erstmaligen Nennung eines Nachnamens gut zuzuhören und ihn, so lange er noch in Ihrem Kurzzeitgedächtnis zwischengespeichert ist, ein oder zwei Mal aktiv zu verwenden, indem Sie den Betroffenen namentlich ansprechen. Abgesehen davon, dass dieses Verhalten bei Ihrem Gegenüber einen guten Eindruck hinterlässt, gelingt es Ihnen vielleicht sogar, den Familiennamen ohne größere Anstrengung aus Ihrem Kurzzeitgedächtnis in den Langzeitspeicher zu übertragen.

Person bekannt, Name gebräuchlich, aber nicht präsent

Zunächst zeige ich Ihnen die Vorgehensweise für den Fall, dass Sie eigentlich wissen, mit wem Sie es zu tun haben, aber feststellen, dass Sie den Namen Ihres Gegenübers immer wieder verwechseln oder vergessen.

Ob Sie sich nun, wenn Ihnen gerade ein Herr Müller vorgestellt wird, an den alten Handwerksberuf erinnern, ob Sie an ein bekanntes Molkereiunternehmen oder einfach an einen früheren Lehrer denken, der genauso hieß, ist dabei ziemlich egal – der Name der fremden Person wird durch Ihre persönlichen Assoziationen irgendwann zum festen Bestandteil Ihrer Langzeiterinnerungen.

Wenn Sie den Familiennamen nicht mehr präsent haben, finden Sie zunächst heraus, wie der oder die Betreffende heißt. Falls Sie das eigentlich schon wissen,

aber dazu neigen, es im falschen Moment zu vergessen, schreiben Sie den Namen in einer ruhigen Minute auf einen Zettel. Das Gleiche gilt, wenn Sie immer wieder die Erfahrung machen, dass Sie den Nachnamen versehentlich mit einem anderem gebräuchlichen Namen vertauschen oder ihn mit einem anderen verwechseln, der vielleicht ähnlich klingt oder ähnlich geschrieben wird.

Falls Sie die Person wiedererkennen würden, deren Familiennamen Sie sich merken wollten, ohne dass dieser Name jedoch bereits mehr oder weniger gut abrufbar in Ihrem Langzeitgedächtnis gespeichert wäre, erkundigen Sie sich bei einem Kollegen oder Bekannten nach der fehlenden Information. Oder Sie nutzen andere Wege, etwa ein Namensschild an der Bürotür, eine E-Mail-Adresse oder eine Firmen-Homepage.

Nicht zuletzt können Sie die meisten Menschen durchaus noch ein zweites Mal nach dem Nachnamen fragen, ohne sich zu blamieren – ein drittes oder viertes Mal empfiehlt sich hingegen nicht. Wie auch immer Sie den Namen herausfinden: Zur Sicherheit notieren Sie ihn am besten auf einem Blatt Papier.

ÜBUNG

Verbreitete Nachnamen durch einfache Eselsbrücken einprägen

Wenn Sie den Familiennamen kennen, überlegen Sie, welche Assoziation zu diesem Namen Ihnen spontan einfällt. Als Richtschnur können Sie häufig die jeweiligen Bedeutungen der weitverbreiteten deutschen Nachnamen verwenden: Bei »Müller« denken Sie vermutlich als Erstes an jemanden, der Korn zu Mehl mahlt, ein »Schneider« fertigt Maßanzüge an, ein »Bauer« bestellt natürlich seinen Acker, ein »Schmitt« schmiedet heiße Eisen. Das funktioniert auch bei vielen Namen, die sich auf Persönlichkeitseigenschaften beziehen: Herr Klein oder Frau Lange (Körpergröße), Herr Jung (Alter), Frau Schwarz oder Herr Braun (Haarfarbe), Frau Krause (Lockenfrisur) und Herr Neumann (»der Neuankömmling«).

Da Sie ja bereits einige Merkmale der Person, deren Nachnamen Sie sich einprägen wollen, im Gedächtnis haben, genügt es häufig, sich diesen Menschen mit dem inneren Auge in einer Situation vorzustellen, die sich zwanglos aus der Assoziation zu seinem Namen ergibt: Herr Hofmann – also der »Hof-Mann« – wird vielleicht zu einem Landwirt auf einem riesigen Traktor, Frau Schwarz malen Sie möglicherweise in Ihrer Fantasie schwarz an und Herrn Klein stellen Sie sich als winzigen Gartenzwerg vor.

Diesen Visualisierungsprozess wiederholen Sie einige Male, legen danach ein paar Minuten Pause ein und prüfen anschließend, ob die Assoziation

stark genug ist, um schnell den richtigen Namen zu finden, sobald Sie an die betroffene Person denken.

In anderen Fällen, zum Beispiel wenn sich ein gebräuchlicher Familienname auf etwas bezieht, das inzwischen kaum noch jemand kennt, wäre es ratsam, auf »modernere« Eselsbrücken zurückzugreifen. Nur wenige Menschen assoziieren etwa mit »Meier« einen mittelalterlichen Hofverwalter, mit »Wagner« einen Wagenmacher, oder wissen, dass »Schröder« ein altmodisches Wort für »Schneider« ist.

Vielleicht verbinden Sie stattdessen den Namen Meier mit zwei Eiern, die Sie der betroffenen Person in Ihrer Fantasie über den Kopf schlagen – ungewöhnliche, überraschende und interessante Bilder lassen sich oft besonders gut einprägen. Oder Sie denken bei »Wagner« an den Komponisten. Dann müssen Sie sich nur noch merken, dass die Person, deren Namen Sie sich einprägen wollen, den gleichen Familiennamen hat wie der Mann, von dem die Opern »Lohengrin« und »Parsifal« stammen.

Gerade weil solche Familiennamen sehr verbreitet sind, hilft es oft, sich an jemanden zu erinnern, der genauso heißt: Kohl, Brandt oder Köhler lösen wahrscheinlich Assoziationen zu ehemaligen Politikern aus, bei anderen häufigen Nachnamen denken Sie möglicherweise an einen Fernsehstar, einen berühmten Sportler oder an jemanden, den Sie persönlich kennen. Normalerweise genügt es, sich einige Male zu vergegenwärtigen, dass der Mensch, dessen Namen Sie immer wieder vergessen, einen Familiennamen trägt, der Sie an die Person XY erinnert, und die entsprechende Assoziation ist sicher in Ihrem Langzeitgedächtnis gespeichert.

Wenn Sie Lust haben, können Sie diese Mnemotechnik an fünf fiktiven gebräuchlichen Nachnamen ausprobieren, allerdings jeweils nur eine Person pro Übungsdurchgang.

- ✔ Frau Renate Richter
- ✔ Herr Hermann Wolff
- ✔ Frau Christiane Becker
- ✔ Frau Susanne Krämer
- ✔ Herr Stephan Ziegler

Das Geschlecht und der Vorname müssen beim Trainieren als Anker genügen, da sich der Familienname ja nicht auf jemanden bezieht, den Sie tat-

sächlich kürzlich kennengelernt haben. Am besten stellen Sie sich beim Visualisieren eine Dame oder einen Herrn vor, dessen Äußeres sich bildlich mit der Eselsbrücke verknüpft, die Ihnen spontan in den Sinn kommt. (Wenn Sie ein Nachname an einen persönlich oder allgemein bekannten Menschen erinnert, machen Sie sich stattdessen die Namensgleichheit bewusst.)

Anschließend bedecken Sie den Familiennamen in diesem Buch mit einem Blatt Papier, denken noch einmal an Ihre Assoziation, legen eine kleine Pause ein und rekonstruieren den Nachnamen, indem Sie an das entsprechende Bild oder die kleine Geschichte denken. Bei etwaigen Unstimmigkeiten suchen Sie eine einprägsamere Eselsbrücke und wiederholen den Ablauf.

Person bekannt, Name ungebräuchlich oder kompliziert

Angenommen, wichtige äußere Merkmale eines bestimmten Menschen, der Ihnen kürzlich vorgestellt wurde, sind Ihnen bekannt. Allerdings gelingt es Ihnen nicht, sich zuverlässig an seinen Familiennamen zu erinnern, weil dieser Name ziemlich ungewöhnlich oder kompliziert ist beziehungsweise aus einem fremden Sprachraum stammt.

In solchen Fällen empfiehlt sich eine Variante der Mnemotechnik, die ich Ihnen eben vorgestellt habe, bei der Ihre Kreativität stärker in Anspruch genommen wird als beim Abspeichern eines gebräuchlichen Nachnamens. Hierbei geht es darum, möglichst auch dann eine einprägsame Eselsbrücke zum Namen zu finden, wenn sich diese Assoziation erst auf den zweiten oder dritten Blick erschließt. Das Prinzip lässt sich übrigens ohne Probleme auf ungewöhnliche Vornamen übertragen.

Falls Sie die Methode der Verbindung von selteneren Familiennamen mit »merk-würdigen« Eselsbrücken trainieren möchten, nimmt das normalerweise relativ viel Zeit in Anspruch, aber es lohnt sich. Auch als Vorbereitung für eine spätere Übung, bei der es darum geht, unbekannte Gesichter innerlich möglichst kurzfristig mit den Namen der betroffenen Personen zu verknüpfen, was Ihnen zum Beispiel helfen kann, wenn Sie anfangen, in einer neuen Firma zu arbeiten.

Der Assoziationsprozess ähnelt der Merktechnik zum Einprägen einfacher, gebräuchlicher Nachnamen von Menschen, die Ihnen äußerlich einigermaßen bekannt sind. Diese Methode habe ich Ihnen im vorigen Abschnitt erläutert.

Hier der Ablauf in Schritten:

1. Sie finden den Familiennamen der betroffenen Person heraus und schreiben ihn zur Sicherheit auf einen Zettel.
2. Jetzt überlegen Sie in alle möglichen Richtungen, welche Eselsbrücke geeignet sein könnte, um den Namen im Gedächtnis zu behalten. Möglichst in ein paar ungestörten Minuten – später, wenn Sie die Mnemotechnik ausreichend geübt haben, funktioniert das Prinzip häufig auch in lebensechten, weniger ruhigen Alltagssituationen.
3. Danach verknüpfen Sie Ihre Namensassoziation in der Fantasie möglichst einprägsam mit den äußeren Merkmalen des Betroffenen, an die Sie sich erinnern.
4. Wiederholen Sie diesen Vorgang mehrere Male, bis die Verbindung zwischen der Eselsbrücke und dem Träger des Namens so stark gefestigt ist, dass sie Ihnen spontan einfällt, sobald Sie an die Person denken.

Das wird erfahrungsgemäß eine Weile dauern, gerade beim Üben der Vorgehensweise. Doch wenn Sie darauf verzichten, besteht die Gefahr, dass zu viel Zeit vergeht, bis Sie die Assoziation aus Ihrem Langzeitgedächtnis abrufen können.

In hartnäckigen Fällen gelingt es Ihnen möglicherweise überhaupt nicht mehr, an die gewünschte Information heranzukommen, weil die Eselsbrücke, die Sie zu einem Vor- oder Nachnamen gefunden haben, zu kompliziert ist, oder sich die Assoziation in Ihrer Erinnerung noch nicht ausreichend gefestigt hat. Es wäre ziemlich absurd, eigens eine Mnemotechnik entwickeln zu müssen, um die Ergebnisse einer anderen Merkmethode aus der Erinnerung abrufen zu können.

Anders als beim Einprägen eines bekannten, gebräuchlichen Namens ist es bei komplizierten Familiennamen besonders wichtig, sich nicht nur auf augenfällige Eselsbrücken zu beschränken, die sich in vielen einfachen Fällen (Bauer, Fischer, Bergmann, Kleine) fast schon aufdrängen. Außerdem empfiehlt es sich, neben dem Prinzip der Vorstellung von Bildern und kleinen Geschichten (Visualisierung) alle möglichen sinnlichen Verknüpfungen einzubeziehen – zum Beispiel Reime oder andere verbale Merkhilfen.

Einige Beispiele:

✔ Den Namen eines Herrn Rathmann-Kessel assoziieren Sie vielleicht visuell mit einem hilfreichen Handwerker, der Ihnen als »*Rat-Mann*« gute Ratschläge erteilt, während er den Druck*kessel* Ihrer Heizungsanlage repariert.

- Bei einer Engländerin mit dem Nachnamen Douglas-Hamilton denken Sie möglicherweise an ein Parfümfläschchen von *Douglas*, das dem britischen Formel-1-Fahrer Lewis *Hamilton* Konkurrenz macht, indem es ihn auf gerader Strecke in einem Rennauto überholt (natürlich eine gänzlich bescheuerte Vorstellung, die sich aber gerade deshalb als besonders einprägsam erweisen dürfte). Auch hier steht das Prinzip der Visualisierung im Hintergrund.
- Herrn Maltenorths Gesicht verwandeln Sie vielleicht durch einen kleinen Reim in einen *Faltenort*. (Allerdings ist es dann sinnvoll, vorher noch einmal kurz nachzudenken, bevor Sie den Herrn versehentlich falsch ansprechen und damit vermutlich ziemlich beleidigen.)
- Ein Beispiel, bei dem sich ein komplizierter Vorname in Verbindung mit einem ebenfalls nicht ganz einfachen, aber »klingenden« Nachnamen abspeichern lässt: Obwohl die ehemalige »Wort zum Sonntag«-Fernsehpastorin und evangelische Theologin Oda Gebbine Holze-Stäblein inzwischen aus dem Licht der Öffentlichkeit verschwunden ist, wird Ihnen diese fast schon absurd anmutende Namenskombination vielleicht ein Lächeln auf die Lippen zaubern. Sollten Sie sich den Namen merken wollen, wie wäre es mit der verbalen Eselsbrücke »*Oder geb*t *Bine* ein *Holzstäblein*«. Äußerst albern, aber wirksam.

Eine Person und ihren Namen mit auffälligen Persönlichkeitsmerkmalen verbinden

Falls Sie Schwierigkeiten damit haben sollten, einen Nachnamen richtig zuzuordnen, weil Ihnen jemand gerade erst vorgestellt wurde oder weil das Wiedererkennen von Gesichtern und anderen äußeren Merkmalen eher zu Ihren Schwächen zählt, sind Assoziationsmethoden, die den Namen mit markanten Eigenschaften seines Trägers verknüpfen, das Mittel der Wahl.

Bei dieser Variante des Verfahrens, die es Ihnen ermöglichen soll, Familien- oder Vornamen im Langzeitgedächtnis mit Merkmalen der Person zu verbinden, empfiehlt es sich, die Mnemotechnik zunächst in einer ruhigen, ungestörten Situation zu üben. Sobald Sie die Methode irgendwann fast im Schlaf beherrschen und es Ihnen in wenigen Sekunden gelingt, Eigenschaften und Namen nachhaltig miteinander zu verknüpfen, können Sie sie in Ihrem Arbeits- oder Privatleben anwenden, wenn Ihnen jemand vorgestellt wird.

Komplizierte Doppelnamen durch Assoziationen einprägen

Wenn es Sie interessiert, können Sie sich jetzt daran versuchen, schwierige Familiennamen durch die passenden Eselsbrücken in Ihrem Langzeitgedächtnis zu verankern. Allerdings sollten Sie sich darauf beschränken, jeweils nur einen Namen zur gleichen Zeit zu erlernen. Später lässt sich die Anzahl der Menschen, deren Vor- oder Nachnamen Sie in Erinnerung behalten wollen, langsam erhöhen.

Denken Sie dabei in alle Richtungen, die Ihnen einfallen. Ihre Kreativität wird Sie bei diesem Prozess unterstützen. Auch hier ist es ratsam, die Übung zunächst ungestört durchzuführen. Nachdem Sie die Mnemotechnik trainiert und so weit wie möglich automatisiert haben, können Sie das Verfahren auch »in freier Wildbahn« anwenden, etwa im Beruf oder auf einer Party.

Da es bei der Übung um fiktive Menschen geht, soll Ihnen der Vorname und das Geschlecht als Anker für den jeweiligen Familiennamen dienen. Falls Sie dabei ein Bild oder eine Anekdote verwenden, stellen Sie sich einfach einen Mann oder eine Frau vor, die das entsprechende Merkmal zeigt. Bei manchen verbalen Assoziationen – wenn zum Beispiel aus einem Herrn Maltenorth ein Herr Faltenort wird – empfiehlt sich die gleiche Herangehensweise.

Hier nun die Trainingsnamen:

- ✔ Frau Barbara Kühne-Bergler
- ✔ Herr Jonas Bößwetter-Goller
- ✔ Frau Manuela Giesselmann-Hambruch
- ✔ Herr Karl Debudaj-Klarfeld
- ✔ Frau Veronika Meckelburg-Nitschke-Wurmsee

Nachdem Sie eine überzeugende Eselsbrücke gefunden haben, gehen Sie sie einige Male in der Vorstellung durch und prüfen die Festigkeit und die Zuverlässigkeit Ihrer Assoziation. Anschließend decken Sie den jeweiligen Nachnamen mit einem Blatt Papier ab, machen eine kurze Pause und rekonstruieren den Familiennamen, indem Sie in Ihrem Langzeitgedächtnis nach der passenden Eselsbrücke suchen. Falls Sie dabei etwas verwechseln sollten, überlegen Sie, ob eine andere Assoziation möglicherweise einprägsamer wäre, und versuchen es noch einmal.

Abhängig von Ihren Stärken und Schwächen genügt es manchmal, Ihr Gegenüber, dessen Namen Sie sich merken möchten, mit dem inneren Auge in ein Bild oder eine Anekdote einzubauen, die spontan durch diesen Namen entsteht. Das gilt vor allem, wenn Sie keine Probleme damit haben, in kurzer Zeit Gesichter und andere hervorstechende Eigenschaften abzuspeichern, ohne dass Sie dafür eine Extra-Eselsbrücke benötigen würden, und für »klingende« Nachnamen, die fast automatisch eine bestimmte Assoziation mit sich bringen.

Einige Beispiele:

- ✔ Sie lernen einen Mann mit dem Namen Pflugbeil kennen und stellen sich diesen Menschen als Landwirt vor, der als *Pflug* für seinen Acker ein *Beil* verwendet.
- ✔ Ihnen wird eine Frau namens Kellermann vorgestellt, was bei Ihnen sofort die Assoziation »lebt im *Keller* mit ihrem *Mann*« auslöst. Dieses Bild ist so einprägsam, dass es Ihnen genügt, Frau Kellermann in Ihrer Fantasie mit einem (mehr oder weniger frei erfundenen) Gatten in den Keller eines Hauses zu verfrachten, um den Namen mit dem Aussehen der Dame zu verknüpfen.
- ✔ Wenn Sie einen Mann mit dem Namen Schäferkötter kennenlernen, denken Sie automatisch an einen *Schäfer* mit seinem *Köter*. Also treibt der Betroffene in Ihrer Vorstellung mit seinem Hütehund Schafe über die Weide.

In anderen Fällen empfiehlt es sich, eine wirkungsvolle und einprägsame Eselsbrücke zu finden, die den Namen des Betroffenen an eine auffällige Eigenschaft koppelt. Dabei ist es häufig sinnvoll, ein Bild oder eine Fantasiegeschichte zu basteln, bei der Übertreibungen, Unterschiede und Gemeinsamkeiten zwischen der Namensassoziation und dem Namensträger im Mittelpunkt stehen.

Einige neue Vor- oder Familiennamen können Sie sich merken, indem Sie sie mit Ihnen bekannten Personen vergleichen, die genauso heißen, und dabei die Gemeinsamkeiten oder die Unterschiede der Betroffenen im Blick haben.

Vielleicht trägt ein neuer Kollege den gleichen Nachnamen wie Ihr alter Schulfreund, obwohl er deutlich schüchterner wirkt. Also ein Unterschied und eine Gemeinsamkeit – über die Kombination von beiden Aspekten in Ihrer Vorstellung können Sie den Namen in Verbindung mit einem auffälligen Merkmal, hier »heißt wie mein Bekannter, ist aber viel zurückhaltender«, im Langzeitgedächtnis abspeichern.

Wenn Ihnen jemand unter einem Namen vorgestellt wird, den Sie noch nicht kennen, weder aus Ihrem persönlichen Umfeld noch aus den Medien, sollten Sie nach einer Eselsbrücke suchen, durch die Sie den Familiennamen (oder, bei freundschaftlichen Kontakten, den Vornamen) assoziativ in Ihrer Erinnerung verankern und gleichzeitig mit einer Eigenschaft des Betroffenen verknüpfen.

Falls Sie eine Frau namens Schaller kennenlernen, die etwas zu laut spricht, verbinden Sie wahrscheinlich »Lautstärke beim Sprechen« und »Schall«, was Ihnen schnell dabei hilft, den vormals unbekannten Nachnamen mit dem markanten Merkmal der Dame in Erinnerung zu behalten. Hierbei geht es also um eine Gemeinsamkeit zwischen der Namensassoziation und einer Eigenschaft Ihres Gegenübers. Auch das Gegenteil ist denkbar: Frau Schaller spricht ziemlich leise – ein deutlicher Unterschied zwischen der Eselsbrücke, die Sie finden, und der Dame, die diesen Namen hat.

Wenn die gleiche Frau weder besonders laut noch besonders leise spricht, haben Sie noch eine dritte Möglichkeit: Sie übertreiben in der Fantasie. Also stellen Sie sich vor, dass die Dame ein gewaltiges Stimmvolumen besitzt, und prägen sich dieses Bild in Verbindung mit dem Aussehen von Frau Schaller nachhaltig ein.

Angenommen, der Name einer bislang unbekannten Person ist relativ kompliziert und löst keine spontanen Assoziationen aus. In solchen Fällen ist Ihre Kreativität gefragt, und es vergeht im Allgemeinen einige Zeit, bis Sie die entsprechende Mnemotechnik sicher beherrschen. Außerdem wird es, abhängig von Ihren Trainingserfolgen, vermutlich eine Weile dauern, bis die passende Eselsbrücke erfolgreich in Ihrem Langzeitgedächtnis verankert ist. Denn Sie müssen sich ja eine Assoziation merken, die nicht wirklich auf der Hand liegt, einschließlich eines auffälligen Merkmals des Betroffenen, und dafür sorgen, dass Ihnen die Eselsbrücke bei Bedarf wieder in den Sinn kommt.

Mit etwas Übung dürfte es Ihnen jedoch in vielen Fällen gelingen, aus der wörtlichen oder übertragenen Bedeutung, aus dem Klang des Namens oder aus einer selbst entwickelten verbalen oder bildlichen Assoziation eine einprägsame Eselsbrücke abzuleiten.

Einige Beispiele:

✔ Vielleicht treffen Sie eine Frau mit dem Familiennamen Bernwink, zu dem Ihnen zunächst keine sinnvolle Merkhilfe einfällt. Irgendwann bemerken Sie, dass die Dame große braune Augen hat, die Sie – mit viel Fantasie – an die Augen eines *Bern*hardiners denken lassen. Also stellen Sie sich diesen Hund vor, der freundlich mit einer Pfote *wink*t, plakativ mit einem alt-

schweizerischen Schnapsfässchen zur Tröstung von Lawinenopfern behängt und mit einem Gesicht, das ein bisschen an Frau Bernwink erinnert. Danach müssen Sie nur noch den Namen richtig zusammensetzen, um die Dame bei der nächsten Begegnung persönlich ansprechen zu können.

✔ Sie lernen einen Herrn Damscheitner kennen und finden keine spontane Assoziation zu diesem Namen. Da die Frisur des Mannes einen markanten Seitenscheitel aufweist, überlegen Sie, wie sich dieses Merkmal in ein griffiges Bild verwandeln lässt. Später kommen Sie auf die Idee, sich Herrn Damscheitner auf einem Fluss*damm* vorzustellen, und dabei zu beobachten, wie er sich den *Scheit*el mit einem Holz*scheit* nachzieht. (Vielleicht erinnern Sie sich daran, dass auffällige, überraschende und erschreckende Visualisierungen besonders gut im Gedächtnis bleiben.) Falls dieser Mann *keinen* Scheitel haben sollte und auch sonst wenig auffällig wirkt, können Sie ihm in Ihrer Anekdote einen Seitenscheitel verpassen. Auch das unterstützt Sie dabei, die betroffene Person mit einer überzeugenden Namens-Eselsbrücke zu verknüpfen.

Manchmal, wenn es Ihnen beim besten Willen nicht gelingt, eine passende, einprägsame Eselsbrücke zu einem bestimmten Namen zu finden, empfiehlt es sich, den Vor- oder Familiennamen immer wieder innerlich zu wiederholen, bis die gewünschten Informationen aus Ihrem Kurzzeitgedächtnis in den Langzeitspeicher übertragen worden sind. Wissenschaftler nennen diese Herangehensweise »Überlernen«.

Arbeitsabläufe, Termine und Orte assoziativ im Gedächtnis verankern

Assoziative Merkhilfen können Sie dabei unterstützen, berufliche oder private Aktivitäten sicher in Ihrem Langzeitgedächtnis zu verankern, ohne dabei mehr als unbedingt erforderlich auf einen Terminkalender oder ein entsprechendes Computerprogramm zurückzugreifen.

Hier verknüpfen Sie bestimmte Abläufe systematisch mit den Zeiten und den Örtlichkeiten, an denen sie stattfinden, geleitet von relativ einfachen Ordnungsprinzipien. Es geht also um eine Kombination von Wissenserinnerungen und den Leistungen Ihres autobiografischen – oder episodischen – Gedächtnisses. Mehr zum Thema biografische Langzeiterinnerungen finden Sie in Kapitel 4.

Familiennamen durch Assoziationen einprägen und mit zentralen Eigenschaften verbinden

Wenn Sie Lust haben, die Mnemotechnik zur Koppelung von Nachnamen an auffällige Merkmale mit einigen eher ungewöhnlichen Namen zu trainieren, sollten Sie sich Zeit lassen und weitgehend ungestört sein.

Da es bei der Übung um fiktive Menschen geht, die Sie nicht sehen können, stelle ich Ihnen neben den Vornamen jeweils drei markante Eigenschaften vor, die Sie als Anker für Ihre Assoziationen verwenden und dabei die betroffene Person in Ihrer Fantasie möglichst lebendig werden lassen. Beim Trainieren der Methode ist es ratsam, sich zunächst auf einen Namen zu beschränken und vor der zweiten Übung eine längere Pause einzulegen.

- ✔ Frau Henriette Kiesling (blond gelockt, schüchtern, ablenkbar)
- ✔ Herr Johannes Ostermayer-Wurz (grünäugig, gesellig, unpünktlich)
- ✔ Herr Fritz Weber-Sunderland (groß, optimistisch, selbstsicher)
- ✔ Frau Vanessa Fredricksen (viel Schmuck, modebewusst, redselig)

Sobald Ihnen eine griffige Eselsbrücke zu dem Familiennamen in den Sinn gekommen ist, überlegen Sie, wie Sie eines der beschriebenen Merkmale möglichst plastisch mit dem entsprechenden Bild, der jeweiligen Fantasiegeschichte oder Ihrer verbalen Assoziation verknüpfen können.

Danach wiederholen Sie diesen Prozess einige Male, bis die Eselsbrücke wirklich sitzt. Anschließend decken Sie den Nachnamen mit einem Blatt Papier ab, lassen sich ein bisschen Zeit und rekonstruieren nicht nur den Familiennamen, sondern auch die ausgewählte Eigenschaft. Falls es einmal zu einer Verwechslung kommen sollte, suchen Sie nach einer besseren Assoziation und versuchen es erneut.

Wenn Sie planen, Ihre Aktivitäten durch sinnvolle Strukturierung vorzubereiten, um sie besser im Gedächtnis zu behalten, ist es ratsam, immer wieder über die *Unterschiede* und die *Gemeinsamkeiten* zwischen den jeweiligen Ereignissen nachzudenken. Außerdem können Sie den Ablauf in Ihrer Vorstellung ordnen, indem Sie ihn in mehr oder weniger umfangreiche *Kategorien* einteilen und ihn mit *Orts-* und *Zeitangaben* verknüpfen.

Vorstrukturierung nach Ordnungsprinzipien

Aktivitäten durch Kategorien, Orte, Zeiten, Unterschiede und Gemeinsamkeiten vorzustrukturieren, hilft beim Erinnern. Dieses Prinzip möchte ich Ihnen an einem Beispiel aus dem Alltag erläutern. Angenommen, eine Putzfrau (oder ein Putzmann) reinigt täglich die Wohnungen von zwei Kunden.

Am Montag arbeitet sie vormittags bei der Familie Schröter und nachmittags bei den Kleinschmidts, also eine berufsbedingte *Gemeinsamkeit* (*Hauptkategorie* »Arbeit«). Die *Kategorien* »Arbeitsort« und »Saubermachen« sind dabei innerlich verbunden mit den *Arbeitszeiten* (Montagvormittag beziehungsweise Montagnachmittag), den Namen und den unterschiedlichen *Orten*, nämlich den Adressen der Auftraggeber.

Die Putzfrau beginnt ihren Dienst stets damit, Bad und WC zu reinigen (*Ortsangabe* bei der *Unterkategorie* »Badezimmer säubern«). Danach saugt sie, außer in besonderen Fällen, nacheinander das Wohnzimmer, das Schlafzimmer und das Kinder- oder Gästezimmer (also eine *Gemeinsamkeit* bei der zweiten *örtlichen Unterkategorie*, nämlich »Wohnung in einer festen Reihenfolge staubsaugen«). Falls ein Kunde ausdrücklich etwas anderes verlangt (*Unterschied*), wird diese Veränderung der Arbeitsvorgänge natürlich berücksichtigt.

Nach Feierabend (*Hauptkategorie* »Freizeit«, abhängig von der *Tageszeit* und dem *Wochentag*) tätigt die Dame ihre Einkäufe in einem Supermarkt (*Ort*). Auch hier verknüpfen sich die entsprechenden Zeit- und Ortsangaben fast automatisch. Die Frau stellt fest, dass ihre Familie schon seit Längerem keinen Fisch mehr gegessen hat *(Unterschied)*, und beschließt deshalb, einen für den nächsten Tag zu kaufen (*Unterkategorie* »abwechslungsreicher Speiseplan«).

Plötzlich fällt der Dame auf, dass sie ihren Jüngsten mal wieder mit einem Erdbeereis überraschen könnte, da er in der Schule eine Eins bekommen hat und sie aus Erfahrung weiß, dass er dieses Eis sehr mag (*Gemeinsamkeit* bei der *Unterkategorie* »Sohn belohnen«).

Durch eine subjektiv überzeugende Verknüpfung von Kategorien, Orten, Zeiten, Unterschieden und Gemeinsamkeiten lassen sich Wissensinformationen erfolgreich an biografische und andere episodische Erinnerungen koppeln.

Termine, Abläufe, Zeiten und Orte durch Assoziationen im Langzeitspeicher verankern

Wenn es Sie interessiert, trainieren Sie die Mnemotechnik, bei der es darum geht, berufliche oder private Aktivitäten durch relativ einfache Ordnungsprinzipien zuverlässig im Langzeitgedächtnis zu speichern, in einer ruhigen Stunde zu Hause. Sobald Sie diese Herangehensweise zur Gewohnheit gemacht haben, was erfahrungsgemäß eine Weile dauern wird, können Sie sie auf Ihren Alltag übertragen.

Obwohl die Übung darauf abzielt, äußere Merkhilfen wie einen Kalender nur noch in besonders schwierigen Fällen oder nach einer Umstellung von Abläufen im Arbeits- oder Privatleben einzusetzen, empfiehlt es sich, auf solche Erinnerungsstützen auch bei Routinetätigkeiten nicht vollständig zu verzichten, solange Sie das Verfahren trainieren.

Vielleicht verwechseln Sie einmal einen beruflichen Vorgang mit einem anderen, oder Sie denken zu spät daran, dass ein reguläres Meeting inzwischen an einem anderen Ort stattfindet. Manche Fehler lassen sich nur unter großen Mühen ausbügeln, gerade im Arbeitsleben. Deshalb ist es sinnvoll, wenn Sie Ihre Merkfähigkeiten immer wieder an der Realität prüfen, bis Sie wissen, dass Sie sich in bestimmten Bereichen hundertprozentig auf Ihre Kompetenzen verlassen können.

Bei dieser Übung öffnen Sie zunächst Ihren klassischen oder rechnergestützten Terminkalender. Indem Sie die Daten für den nächsten Tag – oder, nachdem Sie das Verfahren trainiert haben, für die nächste Woche – nach Kategorien, Unterschieden und Gemeinsamkeiten ordnen und die einzelnen Abläufe mit den passenden Zeiten und Orten verbinden, hilft Ihnen das dabei, die gewünschten Informationen später über viele Abrufwege aus Ihrem Langzeitgedächtnis abzurufen.

Hierzu einige Strukturierungshinweise:

✔ Die Hauptkategorien »Beruf« und »Freizeit« lassen sich in weitere Unterkategorien unterteilen. Neben den Wochentagen können das zum Beispiel Daten wie »direkt nach dem Arbeitsbeginn«, »immer mittwochs um 15 Uhr« oder »täglich vor« beziehungsweise »nach der Mittagspause« sein. Wenn es Ihnen gelingt, einen Terminablauf in Verbindung mit Zeit und Ort abzuspeichern (»Montags gleich nach der Mittagspause Treffen mit Herrn X – oder Frau Y – im kleinen Konferenzraum«),

haben Sie sich die erforderlichen Informationen bereits erfolgreich eingeprägt.

- Vielleicht überlegen Sie, welche Termine täglich stattfinden (»Morgenrunde immer um 11 Uhr im Gemeinschaftsraum«) und welche aufeinander aufbauen. Falls Sie sich etwa gemerkt haben, dass Sie am Donnerstagabend an einem Geschäftsessen mit dem Abteilungsleiter der Firma Z teilnehmen, denken Sie möglicherweise automatisch an den für Freitagvormittag geplanten Vertragsabschluss mit der gleichen Person.
- Neben dem Zeitrahmen können Sie häufig auch den Ort einer Aktivität über eine Berücksichtigung von Unterschieden und Gemeinsamkeiten ins Langzeitgedächtnis übertragen: Meetings finden zum Beispiel immer im großen Konferenzsaal statt, für Chefbesprechungen wird das Zimmer Ihres Vorgesetzten genutzt. Sport machen Sie grundsätzlich in einem Fitnessstudio, mit Ihren Freunden gehen Sie stets zu Ihrem Lieblingsitaliener.
- In vielen Fällen ist es hilfreich, sich einen bevorstehenden Termin in der Fantasie vorzustellen und sich dabei mit allen Sinnen auf den mutmaßlichen Verlauf des Ereignisses zu konzentrieren. Viele Lebenssituationen lassen sich außerdem gut mit den Gefühlen verknüpfen, mit denen sie verbunden sind: Möglicherweise löst Ihr Zahnarzttermin am Donnerstag um 17 Uhr wenig Begeisterung aus, während Sie sich auf den Familienausflug am Samstagnachmittag schon seit einigen Tagen freuen. Emotional bewegende und subjektiv interessante Erfahrungen bleiben oft besonders nachhaltig in Erinnerung (mehr dazu in Kapitel 5).

Wenn Sie die Mnemotechnik zum Einprägen beruflicher und privater Abläufe einüben, fallen Ihnen bestimmt noch ein paar persönliche Strategien ein, die dieses Ziel angemessen unterstützen. Sobald Sie den Verlauf eines Tages mit solchen Methoden in Ihrem Langzeitgedächtnis verankert und diesen Prozess einige Male wiederholt haben, schließen Sie Ihren Kalender, legen eine kurze Pause ein und rekonstruieren die bevorstehenden Ereignisse aus der Erinnerung, am besten zunächst schriftlich.

Danach prüfen Sie die Zuverlässigkeit Ihres Gedächtnisses mit einem Blick in den Terminplaner. Falls Sie etwas vergessen oder verwechselt haben sollten, suchen Sie nach einer besseren Assoziationsmerkhilfe und versuchen es noch einmal.

Erinnerungsprobleme angemessen bewältigen

11

In diesem Kapitel

- Tipps und Tricks bei Gedächtnisschwierigkeiten
- Kurzfristige Blackouts geschickt umgehen
- Mittel zur Verbesserung von Erinnerungsleistungen: Gerüchte und Tatsachen

Nun stelle ich Ihnen einige bewährte Methoden vor, die dazu geeignet sind, viele vorübergehende Gedächtnisprobleme zu lösen oder elegant zu umgehen. Nach einer Übung, bei der Sie Ihre Erinnerungsschwächen konstruktiv bewerten und Ihre Selbsthilfefähigkeiten aktivieren, beschreibe ich eine Herangehensweise, durch die es Ihnen gelingen wird, viele Sachinformationen, die Ihnen zunächst nicht präsent sind, im Langzeitgedächtnis zu finden.

Danach stehen Tipps im Mittelpunkt des Kapitels, die Ihnen zeigen, wie Sie sich nach einer Unterbrechung, etwa durch einen ablenkenden Telefonanruf, bewusst machen können, was Sie vor der unerwarteten Pause gemacht haben oder gerade vorhatten. Ein weiterer Abschnitt befasst sich mit Tricks zum Wiederfinden verlegter Gegenstände.

Anschließend stelle ich einige Techniken zur Umgehung von kurzfristigen Blackouts vor, die manchmal ein Gespräch oder einen Vortrag unterbrechen. Diese Tipps sollen Ihnen dabei helfen, sich von solchen Alltagsproblemen nicht allzu sehr verunsichern zu lassen. Übungen im bewussten Fehlermachen können Sie dabei unterstützen, gelassen mit sich und Ihren Erinnerungsschwächen umzugehen.

Im letzten Abschnitt informiere ich Sie über Lebensmittel und Medikamente, von denen behauptet wird, dass sie sich zum Erhalt oder zur Stärkung von Gedächtnisleistungen eignen. In manchen Fällen versprechen die Hersteller mehr, als es der Stand der Forschung nahelegen würde, und einige einschlägige Präparate sind sogar ziemlich gefährlich.

Konstruktiv mit den eigenen Erinnerungsschwächen umgehen

Wenn Sie ein gutes Verhältnis zu sich und zu Ihren Gedächtnisleistungen haben, erhöht das Ihre Motivation, etwas Neues zu lernen oder ein bestimmtes Gebiet eigenständig zu vertiefen. Außerdem hilft Ihnen ein freundlicher Umgang mit sich selbst auch in vielen Fällen, wenn es darum geht, die persönlichen Erinnerungsschwächen erfolgreich auszugleichen.

Falls Sie, sobald Ihnen zum Beispiel ein Name eines Bekannten oder eine vertraute Telefonnummer entfallen ist, zu Grübeleien neigen wie »Ich schaffe es einfach nicht, an die wirklich wichtigen Dinge zu denken, wenn es darauf ankommt« oder »Früher hatte ich damit doch auch keine Probleme, ich werde wahrscheinlich langsam alt«, blockieren Sie durch solche Überlegungen alle Versuche, wirksam nach der fehlenden Information im Langzeitgedächtnis zu suchen. Ein schlechtes Grundgefühl kommt hinzu, und Ihre Motivation nimmt deutlich ab.

Für so gut wie alle Lebensbereiche gilt, dass Selbstvorwürfe – und erst recht regelmäßige, massive Selbstbeschuldigungen – die Aufmerksamkeit für das, womit sich der Betroffene eigentlich befassen möchte, mehr oder weniger nachhaltig verringern. Streng genommen konzentrieren Sie sich zwar bei zerstörerischen Grübeleien durchaus, aber eben nicht auf ein bestimmtes Sachthema oder auf die Lösung eines Erinnerungsproblems, sondern auf Ihre vermeintlichen Unfähigkeiten. Danach kann es ziemlich schwierig werden, wieder zum eigentlichen Thema zurückzukehren, denn Sie haben sich selbst äußerst wirksam davon abgelenkt. Mehr zum Umgang mit hartnäckigen Grübelgedanken finden Sie in Kapitel 6.

Persönliche Gedächtnisschwächen lösungsorientiert angehen

Für diese Übung brauchen Sie neben einem Stift und einem Zettel etwa eine halbe Stunde, in der Sie vermeidbare Ablenkungen ausschließen und möglichst ungestört sein sollten. Am besten setzen Sie sich dabei auf einen bequemen Stuhl oder einen Sessel.

Dann schließen Sie Ihre Augen und denken an ein oder zwei Ereignisse, die noch nicht allzu lange zurückliegen und bei denen Ihnen aufgefallen ist, dass Ihre Erinnerung Sie vorübergehend im Stich ließ. Das kann sowohl Ihr

Kurzzeit- als auch Ihr Langzeitgedächtnis mit all seinen Funktionen betreffen, die ich Ihnen in den Kapiteln 3 und 8 vorgestellt habe.

Ob Sie diese Schwächen als relativ belanglos oder als ziemlich starke Beeinträchtigung bewerten, ist dabei nicht so wichtig. Wenn Sie die Übung zunächst mit einem harmlosen Erinnerungsproblem durchführen möchten, können Sie sich auch später an die Schwierigkeiten heranwagen, die Sie mehr belasten.

Nachdem Ihnen ein oder zwei dieser Erlebnisse bewusst geworden sind, überlegen Sie eine Weile, bis Sie die Hintergründe und die Zusammenhänge der Gedächtnisschwächen aus Ihrer jüngeren Vergangenheit so genau wie möglich analysiert haben. Jetzt öffnen Sie Ihre Augen und schreiben Ihre Erkenntnisse und die Situationen, auf die sie sich beziehen, auf ein Blatt Papier. Der nächste Schritt wird erfahrungsgemäß eine Weile dauern, doch irgendwann fällt Ihnen wahrscheinlich zu jedem Ereignis, das Sie notiert haben, ein Gedanke ein, der das Problem als lösbar beschreibt und Ihre persönlichen Bewältigungsfähigkeiten betont. Auch diese Überlegungen schreiben Sie auf Ihren Zettel. Anschließend suchen Sie nach einem Weg, durch den es Ihnen damals hätte gelingen können, die jeweilige Erinnerungsschwäche erfolgreich auszugleichen oder sie geschickt zu umgehen.

Einige Beispiele zur Erläuterung: Vielleicht haben Sie häufig Schwierigkeiten, sich die Namen von neuen Kollegen oder Bekannten zu merken, doch Ihr hervorragendes Gesichtergedächtnis hilft Ihnen dabei, dieses Problem in unauffällige Bahnen zu lenken. Möglicherweise gehört das Lernen »im stillen Kämmerlein«, wenn Ihnen gerade eine Prüfung bevorsteht, nicht zu Ihren Stärken, doch der Austausch mit Gleichgesinnten, etwa in einer Lerngruppe, unterstützt Sie dabei, diesen Schwierigkeiten wirksam entgegenzutreten.

In einem weiteren Übungsschritt schließen Sie Ihre Augen erneut und denken in Ihrer Fantasie an eine zukünftige Situation, in der es, wie Sie sich kennen, zu solchen oder ähnlichen Schwierigkeiten kommen könnte. Dabei überlegen Sie möglichst realistisch, wie sich das Problem lösen oder umgehen ließe, und berücksichtigen dabei Ihre persönlichen Erinnerungsstärken ebenso wie Ihre Fähigkeiten zur Bewältigung von Schwierigkeiten. Auch hier empfiehlt sich eine anschließende schriftliche Zusammenfassung in Stichpunkten.

Der letzte Schritt ist erfahrungsgemäß der schwerste, nämlich die Umsetzung Ihrer Erkenntnisse in Beruf und Freizeit, einschließlich eines freundlichen Umgangs mit den eigenen Fehlern und Schwächen.

Ein gutes Gegenmittel zu zerstörerischen Selbstvorwürfen ist der Versuch, die eigenen Schwächen und Fehler konstruktiv zu bewerten und eine Herangehensweise zu finden, die es Ihnen erlaubt, Ihre aktuellen Schwierigkeiten angemessen auszugleichen. Diese Methode können Sie jetzt ausprobieren.

Gedächtnisprobleme im Alltag lösen

Viele Schwierigkeiten bei Kurz- und Langzeiterinnerungen können mit einer gelassenen Grundhaltung und einem positiven Verhältnis zur eigenen Person überwunden werden. Außerdem helfen Ihnen Fantasie und kreativer Spürsinn.

Es empfiehlt es sich häufig, bei Gedächtnisproblemen neben den ausgetretenen Pfaden auch den einen oder anderen relativ ungewöhnlichen Abrufweg auszuprobieren, denn mehrere solcher Abrufwege helfen oft, an eine Information heranzukommen, die bereits gespeichert ist, obwohl sie sich zunächst nicht finden lässt.

Erinnerungsschwächen im Alltag machen sich in verschiedenen Bereichen bemerkbar. Zu den häufigsten Schwierigkeiten gehören

- Fakten und andere Wissensinformationen, die einem bei entsprechendem Bedarf nicht mehr präsent sind.
- Unterbrechungen durch äußere oder innere Ablenkungen, die dazu führen, dass man darüber nachdenken muss, was man eigentlich tun wollte oder was man gerade gemacht hat. (Den angemessenen Umgang mit inneren Ablenkungen beschreibe ich in Kapitel 6.)
- Gegenstände, die jemand nicht mehr findet, etwa wegen mangelnder Konzentration oder wegen einer kürzlich erfolgten Umstellung von alten, bereits etablierten Gewohnheiten auf neue Routinen.
- vorübergehend entfallene Namen oder andere Merkmale und Geschichten, die sich mit einer bestimmten Person verbinden.
- sogenannte Blackouts, bei denen der Faden eines Gesprächs oder eines Vortrags reißt, ohne dass sich ein Weg erkennen ließe, durch den das fehlende Bruchstück schnell im Gedächtnis wiedergefunden werden könnte.

Fakten durch vielfältige Assoziationen im Langzeitgedächtnis suchen

Wenn es Ihnen einmal nicht gelingt, Zugang zu einer Sachinformation zu bekommen, die Sie irgendwann abgespeichert haben, ist es häufig ratsam, mehrere mögliche Abrufwege auszuprobieren.

Manchmal können Sie sich dabei den gewünschten Fakten über den Zusammenhang mit anderen Eindrücken nähern, in anderen Fällen hilft es Ihnen möglicherweise, die Umstände des Erlernten zu rekonstruieren. Hier verbinden sich Wissenserinnerungen mit biografischen und anderen episodischen Inhalten. Mehr dazu finden Sie in den Kapiteln 4 und 8.

Vielleicht erinnern Sie sich daran, dass viele Sachinformationen im Langzeitgedächtnis ohne den zeitlichen und örtlichen Zusammenhang abgespeichert werden, der mit dem Erwerb der Informationen verbunden war.

Die Beobachtung, dass wir uns Daten getrennt vom Zusammenhang mit Orts- und Zeitangaben merken, gilt vor allem für Fakten, die Ihnen schon lange bekannt sind. Etwa »Paris ist die Hauptstadt von Frankreich« – also Informationen, die Sie wahrscheinlich ohnehin nie mehr vergessen werden.

Bei erheblich kürzeren Fristen, zum Beispiel wenn Sie in den letzten Wochen mit der Vorbereitung einer Prüfung beschäftigt waren, lassen sich die Umstände, die das Gelernte begleitet haben, häufig relativ gut wiederherstellen, indem Sie darüber nachdenken.

Die systematische Suche nach einer Sachinformation kann nur erfolgreich sein, falls sie tatsächlich in Ihrem Langzeitgedächtnis gespeichert ist. Wenn Sie beim Lernen sehr unkonzentriert waren, etwa durch wiederholte Ablenkungen, und die gewünschten Daten deshalb nicht in Ihren Langzeitspeicher übertragen haben, bleibt Ihnen leider nichts anderes übrig, als sich noch einmal eingehend mit dem Stoff zu beschäftigen und ihm dabei Ihre ganze Aufmerksamkeit zuzuwenden.

Nach Unterbrechungen schnell wieder zum Thema zurückfinden

Falls Sie sich mit etwas Wichtigem beschäftigen und durch eine mehr oder weniger unerwartete äußere Ablenkung aus dieser Arbeit herausgerissen werden, kann das ziemlich ärgerlich sein. Außerdem dauert es dann in manchen

Fakten assoziativ im Langzeitgedächtnis wiederfinden

Falls Ihnen eine Sachinformation vorübergehend entfallen ist, können Sie in vielen Fällen systematisch über verschiedene Abrufwege nach den Fakten suchen. Hier empfehlen sich folgende Fragen, die Sie am besten zunächst in einer ruhigen, ungestörten Alltagssituation mit der Hilfe von Stichpunkten auf einem Zettel beantworten:

- ✔ Möglicherweise wissen Sie noch ungefähr, worum es bei dem fehlenden Erinnerungsbruchstück ging, etwa den Wissensbereich oder die eine oder andere Aussage, die mit dem Thema verwandt ist. Dann können Sie oft über die Rahmenbedingungen oder die verfügbaren Gedächtnisfragmente auf die inhaltlichen Einzelheiten kommen.
- ✔ Stellen Sie wirksame Bezüge zu Ihrem Vorwissen her, indem Sie versuchen, sich an Ihre eigenen Überlegungen zum Thema zu erinnern, und dabei auch an die Gefühle denken, die sich mit dem Wissenserwerb verknüpft haben. Über solche Abrufwege haben Sie in manchen Fällen – und mit ein bisschen Übung – die Möglichkeit, sich noch einmal in die Lernsituation hineinzuversetzen und deren Zusammenhänge zu erforschen. Verwenden Sie dabei möglichst vielfältige Sinnesebenen, indem Sie an das zurückdenken, was Sie gesehen, gehört, gespürt oder interpretiert haben.
- ✔ Vielleicht gelingt es Ihnen, beim – möglichst gelassenen – Durchforsten Ihres Langzeitgedächtnisses assoziativ an die gewünschten Fakten heranzukommen. Wann haben Sie zum ersten Mal etwas davon gehört oder gelesen? In welcher Lebenssituation waren Sie damals? Verbinden sich die Daten mit einem bestimmten Buch, einer Zeitschrift, dem Fernsehen oder dem Internet? Oder mit einer Person, die Ihnen etwas darüber erzählt hat? Unter welchen Umständen ist das geschehen und vor welchem Hintergrund – etwa im Rahmen einer Lerngruppe, einer Unterhaltung oder einer Vorlesung an der Universität?
- ✔ Assoziieren Sie, indem Sie von allen denkbaren Zusammenhängen ausgehen, die Ihnen einfallen, in die Richtung der gewünschten Information. So nutzen Sie die vernetzte Struktur Ihres Langzeitspeichers, denn in diesem Bereich führen viele Wege nach Rom.

Wenn Sie diese Methode ausreichend geübt und so weit wie möglich automatisiert haben, können Sie sie auch auf weniger ruhige Situationen in

Ihrem beruflichen oder privaten Alltag übertragen. Allerdings empfiehlt es sich auch nach längerem Training, Geduld mit sich selbst zu haben und sich beim Suchen nicht unter Druck zu setzen – wenige Faktoren verringern die Gedächtnisleistung so nachhaltig wie Selbstvorwürfe und andere zerstörerische Gedanken. Mehr zu diesem Thema finden Sie in Kapitel 6.

Fällen ganz schön lange, bis Ihnen einfällt, was Sie eben gemacht haben oder demnächst tun wollten.

Je weniger eine Ablenkung aus der Außenwelt mit der Aktivität zusammenhängt, mit der Sie sich befassen, und je mehr Sie eine solche Ablenkung emotional bewegt, umso größer ist die Gefahr, dass es eine Weile dauert, bis Sie wieder so konzentriert sind, dass es Ihnen gelingt, sich wieder auf Ihre eigentliche Tätigkeit zu konzentrieren. Manchmal, etwa bei einer familiären Notsituation, lässt sich dieses Problem kaum vermeiden. In weniger dramatischen Fällen hilft häufig ein systematisches Durchforsten der verfügbaren, möglicherweise bedeutsamen Signale aus Ihrer Außen- oder Innenwelt.

Einige Tipps, wie Sie es schaffen können, nach einer äußeren Ablenkung, die Sie aus dem Konzept bringt, herauszufinden, was gerade anstand:

✔ Gehen Sie zunächst an den Ort zurück, an dem Sie sich vor der Ablenkung aufgehalten haben. Liegt dort vielleicht etwas herum, das Ihnen als Gedächtnisstütze dienen kann? Sehen Sie ein bestimmtes Buch oder eine schriftliche Notiz? Falls Ihr Rechner gerade hochgefahren ist, kommen Sie vielleicht über die geöffnete Datei oder die aktuelle Internet-Chronik an die fehlende Information. Wenn Sie, soweit es Ihnen möglich ist, die Umstände Ihrer vorigen Tätigkeit wiederherstellen, fällt Ihnen vielleicht auf dem assoziativen Weg ein, worum es ging.

✔ Falls diese Vorgehensweise nicht zum Erfolg führt, können Sie ein paar andere etwaige Anknüpfungspunkte überprüfen. Dazu gehören die zeitlichen Umstände, also die Frage, was Sie *vor* der Aktivität, die Ihnen entfallen ist, getan haben. Möglicherweise stehen diese Aufgaben in einem Zusammenhang. Indem Sie die chronologische Reihenfolge Ihrer vorangegangenen Tätigkeiten rekonstruieren, kann auch das fehlende Bruchstück wieder auftauchen.

- ✔ Wenn Sie kurz die Augen schließen und sich auf Ihre Innenwelt konzentrieren, stellen Sie vielleicht fest, dass Ihnen noch ein Gedanke, ein Gefühl oder eine persönliche Bewertung durch den Kopf geht, die sich auf die Aktivität bezieht, die Ihnen nicht mehr einfallen will. Denken Sie dabei in alle möglichen Richtungen, denn solche assoziativ gekoppelten Anknüpfungspunkte eigen sich hervorragend als Erinnerungsstütze.

Die Suche im Gedächtnis wird erschwert, wenn Sie nicht aus einer Tätigkeit herausgerissen wurden, sondern etwas vorhatten, als Sie durch eine äußere Ablenkung aus dem Konzept gebracht wurden.

Wenn etwas Sie bei der Planung einer Aktivität nachhaltig stört, ist es ratsam, in der Vorstellung verschiedene Möglichkeiten durchzugehen, von denen Sie aus Erfahrung wissen, dass sie zu Ihren Bedürfnissen oder Ihren Alltagsgewohnheiten gehören. Ich beschreibe diese Vorgehensweise an Beispielen aus dem Privatleben, sie lässt sich jedoch problemlos auf den Beruf übertragen.

- ✔ Wollen Sie etwas besorgen oder wegbringen, das mit Ihrer Aufgabe zusammenhängt? Sollte etwas anderes geholt oder weggebracht werden?
- ✔ Ist Ihnen etwas eingefallen, das schon lange mal wieder erledigt werden müsste? Zum Beispiel, im Privatleben, Ihre wöchentlichen Einkäufe, das Waschen der Wäsche oder die Entsorgung des Mülls? Weist etwas in Ihrer näheren Umgebung auf solche Notwendigkeiten hin? Diese unspektakulären Gewohnheitsaufgaben entfallen einem häufig ziemlich schnell – abgesehen davon, dass sie auch nicht unbedingt wegen ihrer besonderen Attraktivität in Erinnerung bleiben.
- ✔ Hatten Sie Hunger, Durst oder ein anderes körperliches Bedürfnis? Bemerken Sie einen Wunsch wie das Bedürfnis nach einer Pause oder nach einer anderen Tätigkeit? Im letztgenannten Fall denken Sie vielleicht darüber nach, welche Aktivität Ihnen gut geeignet erscheint, Abwechslung in Ihren Alltag zu bringen – nicht selten ist das genau das, was Sie gerade vorhatten.
- ✔ Würde sich an Ihre bisherige Tätigkeit mehr oder weniger automatisch etwas anschließen, das Ihnen einen Anhaltspunkt für den weiteren zeitlichen Verlauf Ihrer Aktivitäten geben könnte?
- ✔ Falls Ihnen vor der Ablenkung etwas Besonderes aufgefallen ist, das nicht im Bereich der üblichen Alltagsaufgaben liegt, wäre es sinnvoll, einen Moment die Augen zu schließen und sich, soweit möglich, an das Gefühl zu erinnern, das den entsprechenden Gedanken begleitet haben könnte. Anschließend hilft es, in alle Richtungen zu überlegen, die Ihnen in den Sinn kommen,

unterschiedliche Assoziationen auszuprobieren und dabei die verschiedenen Sinneseindrücke wie Sehen und Hören zu berücksichtigen.

Je vielfältiger die Abrufwege sind, die Sie sich erschließen, und je gelassener Sie mit dem vorübergehenden Gedächtnisproblem umgehen, umso größer sind Ihre Chancen, die gewünschte Information zu finden.

Wenn Sie eine Ablenkung aus der Außenwelt irritiert hat, bevor Ihre Planungen aus dem Kurzzeit- in den Langzeitspeicher übertragen wurden, bleibt Ihnen manchmal kaum etwas anderes übrig, als eine Weile nachzudenken, bis Ihnen die abgeblockte Überlegung noch einmal in den Sinn gekommen ist. Mehr zum Kurz- und zum Langzeitgedächtnis finden Sie in Kapitel 3.

Falls solche systematischen Assoziationsstrategien, die Sie dabei unterstützen können, nach einer äußeren Ablenkung wieder zu einer bestimmten Aktivität oder zur Planung einer Aufgabe zurückzukehren, wenig bringen sollten, bleibt Ihnen immer noch die Möglichkeit, sich mit etwas Erfreulichem wie einer Pause zu beschäftigen. Manchmal ist ein vorübergehender Verzicht auf bewusste Kontrolle das einzige wirksame Mittel, um durch unbewusste Gedächtnisprozesse irgendwann an eine verschüttete Information heranzukommen.

Verlegte Gegenstände wiederfinden

Gelassenheit und der weitgehende Verzicht auf Selbstvorwürfe unterstützen Sie ebenfalls dabei, etwas wiederzufinden, das Sie, zum Beispiel wegen einer störenden Ablenkung, vorübergehend verlegt haben. Auch in solchen Fällen empfiehlt sich eine assoziative Herangehensweise, bei der Sie sich durch Ihre Intuition leiten lassen sollten.

Obwohl es problematisch ist, den Begriff Intuition wissenschaftlich zu definieren, kann man intuitives Verhalten als Zugriff auf unbewusste Gedächtnisprozesse beschreiben. Oft bleibt dabei unklar, welche Faktoren dazu führen, dass wir eine Überlegung für mehr oder weniger stimmig halten oder einer Person vertrauen beziehungsweise misstrauen. In vielen Fällen können Sie sich jedoch nach aller Lebenserfahrung auf Ihr »Bauchgefühl« verlassen, etwa bei der Frage, ob Sie ein bestimmtes Objekt möglicherweise zu Hause oder an einem anderen Ort verloren haben.

Wenn Sie einen wichtigen Gegenstand nicht mehr finden, helfen Ihnen vielleicht ein paar systematische Fragen, die Sie sich am besten erst stellen, wenn

die anfängliche Aufregung einigermaßen abgeklungen ist. Ein ruhiges Suchen ohne Druck, Verzweiflung oder zunehmende Panikgefühle ist effektiv – auch wenn es manchmal nicht ganz einfach ist, sich diese Haltung anzugewöhnen.

- ✔ In welcher Situation habe ich das verlegte Objekt zum letzten Mal gesehen? Könnte es sich noch am gleichen Platz befinden? Oder, etwas versteckt, in der Nähe dieses Ortes?
- ✔ Wo genau war ich, als ich durch einen Außenreiz (wie einen Telefonanruf oder das Läuten der Türklingel) oder ein Innensignal (zum Beispiel ein bestimmtes Bedürfnis, eine neue Idee oder einen Tagtraum) abgelenkt wurde? Hatte ich den Gegenstand zu diesem Zeitpunkt möglicherweise in der Hand und habe ihn dann irgendwo hingelegt? Wo könnte dieses »Irgendwo« realistischerweise sein?
- ✔ Befindet sich das gesuchte Objekt tatsächlich in meiner Wohnung oder auf meinem Grundstück? Habe ich das Objekt versehentlich zu meiner Arbeitsstelle mitgenommen? Oder habe ich es bei einem Besuch vergessen?

Assoziationen zu Orten außerhalb Ihres privaten Umfeldes empfehlen sich vor allem bei Gegenständen, die Sie häufig aus Routinegründen mitnehmen, zum Beispiel einen Regenschirm, Ihren Geldbeutel oder ein Buch, das Sie gerne in der U-Bahn lesen. Solche Gewohnheiten entwickeln manchmal ein gewisses Eigenleben, weil sie nicht immer der bewussten Steuerung der Aufmerksamkeit unterliegen.

Vermutlich beginnen Sie Ihre Suche nach einem verlegten Gegenstand intuitiv an den subjektiv wahrscheinlicheren Plätzen und gehen dann zu den weniger wahrscheinlichen Orten über. Vor allem wenn die gewünschte Information noch nicht aus Ihrem Kurzzeitgedächtnis in den Langzeitspeicher übertragen worden ist, etwa wegen einer stark irritierenden Ablenkung kurz vor dem Verlust des Gegenstands, ist diese Herangehensweise das Mittel der Wahl.

Falls der Platz, an dem sich Ihr Objekt befindet, ein Bestandteil Ihrer Langzeiterinnerungen ist, den Sie jedoch vorübergehend nicht erreichen, können Sie sich in einer ruhigen Alltagssituation auf einen Stuhl setzen, eine Weile Ihre Augen schließen und Ihre aktuellen biografischen Erinnerungen prüfen, vor allem durch innere Vorstellungsbilder (Visualisierung). Wenn Sie sich mit ein bisschen Übung assoziativ auf Ihre Aktivitäten und Ihre Gedankengänge vor, während und nach dem Verlust des Gegenstands konzentrieren, ermöglichen Sie es Ihrem Langzeitgedächtnis, zahlreiche mögliche Verknüpfungen von Handlungen, Überlegungen, Orten und Zeiten zu prüfen.

Sollten alle Bemühungen, das Objekt wiederzufinden, scheitern, kann es sinnvoll sein, die Suche erst einmal zu beenden, statt sich stundenlang damit zu belasten. Bei manchen verlegten Gegenständen wie einem Buch oder einem Regenschirm dürfte Ihnen diese Haltung jedoch vermutlich leichter fallen als bei etwas wirklich Wichtigem, etwa Ihrem Portemonnaie, Ihrem Hausschlüssel oder Ihrem Personalausweis.

Unabhängig vom verlorenen Objekt gilt die Beobachtung, dass Ihr Unbewusstes in vielen Fällen besonders erfolgreich arbeitet, wenn Sie auf bewusste Kontrolle verzichten und sich mit etwas Angenehmem ablenken oder eine Pause einlegen. Nicht selten fällt Ihnen dann irgendwann ein, wo Sie den vermissten Gegenstand abgelegt haben – oder Sie finden ihn zufällig.

Über vermeintlich nebensächliche Informationen auf einen Namen kommen

Wie bei vielen anderen Gedächtnisproblemen hilft eine gelassene, assoziativ orientierte Vorgehensweise auch, wenn Ihnen der Name einer Person entfallen ist, die Sie mehr oder weniger gut kennen, beruflich oder im Privatleben.

Vor- oder Familiennamen lassen sich in vielen Fällen gut im Langzeitgedächtnis speichern, wenn Sie eine einprägsame Eselsbrücke finden, die den Namen mit einem auffälligen Merkmal oder dem äußeren Eindruck des Betroffenen verknüpft. Das funktioniert jedoch nicht immer, zum Beispiel wenn Sie gerade unkonzentriert sind oder weil es Ihnen nicht gelingt, die Namensassoziation bei Bedarf schnell genug aus Ihrem Langzeitspeicher abzurufen. Mehr zu diesem Thema finden Sie in Kapitel 10.

Falls Ihnen der Vorname oder der Nachname eines Bekannten nicht rechtzeitig einfällt, um ihn persönlich ansprechen zu können, rufen Sie sich am besten durch möglichst vielfältige Assoziationen alle verfügbaren Daten zu dieser Person in Erinnerung. Häufig kommen Sie bei einer solchen systematischen Recherche irgendwann auf die gewünschten Informationen.

Vielleicht lassen Sie sich dabei von folgenden Fragen leiten:

- ✔ In welchem Zusammenhang habe ich diesen Menschen kennengelernt? Trafen wir uns nur einmal, oder gab es mehrere Begegnungen?
- ✔ Waren es berufliche oder private Umstände? Wann und wo haben wir uns getroffen, wie lange dauerte die Unterhaltung?

- Worüber haben wir bei früheren Begegnungen geredet? War es eher ein Small Talk oder ein ernsthaftes Gespräch? Worum ging es?
- Wie habe ich mich damals gefühlt, wie ist es wohl meinem Gegenüber gegangen?
- Wie hat der Betroffene ausgesehen, und wie hat er auf mich gewirkt? Welche Assoziationen verbinde ich mit ihm, an wen hat er mich erinnert?

Die näheren Umstände der früheren Begegnungen mit einer Person zu erforschen, dürfte Sie dabei unterstützen, zumindest so viel über Ihr Gegenüber herauszufinden, dass Sie eine Weile mit ihm plaudern können, auch wenn Sie sich nicht an seinen Namen erinnern.

Assoziationen in alle möglichen Richtungen, ohne sich dabei unter Druck zu setzen, führen in manchen Fällen dazu, dass einem der Name des Betroffenen von selbst einfällt. Hierbei gehen Sie von verschiedenen Nebeneindrücken aus, die Sie noch im Gedächtnis haben, und nähern sich dabei irgendwann der gewünschten Information – in diesem Fall dem Namen.

Falls Sie sich den Vor- oder Familiennamen des Bekannten bei einer früheren Begegnung gemerkt haben, ohne ihn auf Anhieb in Ihrem Langzeitspeicher zu finden, ist eine assoziative, möglichst gelassene Suche über verschiedene Abrufwege sinnvoll.

Vielleicht lassen Sie sich dabei von diesen Fragen inspirieren:

- Hat mir dieser Mensch selbst seinen Namen genannt? War das der Vorname oder der Nachname? Was habe ich spontan gedacht oder empfunden, als ich diesen Namen gehört habe?
- Wurde mir der Bekannte namentlich vorgestellt? Wo, von wem und in welchem Zusammenhang?
- Welche bildliche oder verbale Assoziation könnte der Name damals bei mir ausgelöst haben? War ein bestimmtes Gefühl damit verbunden? Wenn ja, welches?
- Ist mir der Klang dieses Namens halbwegs in Erinnerung? Weiß ich möglicherweise noch, mit welchem Buchstaben oder welcher Silbe er beginnt?
- War es ein häufiger oder ein eher seltener Name? Ließ er sich eher leicht oder eher schwer aussprechen?

- Hat mich der Name, als ich ihn gehört habe, an eine Person erinnert, die genauso – oder ähnlich – heißt? An welchen Bekannten habe ich dabei gedacht?
- Handelte es sich möglicherweise um einen Namen aus einer fremden Sprache oder um einen Namen, der irgendwann aus einer anderen Kultur kam? Um welches Ursprungsland könnte es dabei gehen?

Tipps und Tricks bei der Namenssuche

Falls Ihre Assoziationsversuche nicht zum gewünschten Erfolg führen, hilft Ihnen vielleicht die eine oder andere bewährte Strategie aus der Alltagstricks-Kiste.

Sollten Sie Ihren »unbekannten Bekannten« in Gesellschaft wiedersehen, können Sie unauffällig dessen Gespräche mit anderen Menschen belauschen. Wahrscheinlich wird der Betroffene irgendwann im Verlauf einer solchen Unterhaltung namentlich angesprochen – dann brauchen Sie bloß noch eine spontane, einprägsame Eselsbrücke als Gedächtnisstütze, schon erinnern Sie sich an den entfallenen Namen.

Gemeinsame Freunde oder Kollegen sind die richtigen Ansprechpartner, wenn Sie sich, natürlich unter vier Augen, nach dem Namen einer bestimmten Person erkundigen wollen. Und zumindest im Beruf und im öffentlichen Raum stehen Ihnen einige wirksame Gedächtnisanker zur Verfügung, zum Beispiel

- Namensschilder an der Bürotür,
- Patientennamen vor den Zimmern eines Krankenhauses oder eines Altenheims,
- Personallisten oder entsprechende Links auf der Homepage der Firma, in der Ihr Bekannter arbeitet,
- Einträge in Suchmaschinen zu bestimmten Stichwörtern, die sich mit dem Betroffenen verbinden und Ihnen noch in Erinnerung sind,
- »Freundschaftslisten« oder Verzeichnisse gemeinsamer Kontakte bei sozialen Netzwerken wie Facebook oder XING,
- Briefe, alte E-Mails, im Handy gespeicherte Telefonnummern oder SMS-Kurzmitteilungen, die Sie einst von Ihrem Bekannten zugeschickt bekommen haben.

Blackout-Situationen erfolgreich bewältigen

Auch ein gut trainiertes Gedächtnis lässt einen gelegentlich im Stich. Besonders ärgerlich im Berufs- und Privatleben sind kurzfristige Blackouts, bei denen Sie nicht mehr wissen, was Sie gerade sagen wollten.

Die meisten Blackouts entstehen durch Konzentrationsprobleme, die häufig mit inneren Ablenkungen und manchmal mit äußeren Ablenkungsfaktoren zusammenhängen. In solchen Fällen ist normalerweise die Leistungsfähigkeit des Kurzzeit-Erinnerungsspeichers beeinträchtigt. Mehr zum Thema Kurz- und Langzeitgedächtnis finden Sie in Kapitel 3.

Obwohl so gut wie jeder Blackout in wenigen Sekunden oder Minuten überstanden ist, hilft Ihnen diese Erkenntnis vermutlich nur begrenzt, wenn Sie zum Beispiel eine Rede halten oder eine Prüfungsfrage beantworten wollen, dabei nicht die richtigen Worte finden und sich vorkommen wie ein Kaiser ohne Kleider.

Gerade weil sich solche Ausfallerscheinungen kurzfristig bemerkbar machen, ist es oft wenig sinnvoll, durch Assoziationen und zahlreiche Abrufwege aus dem Gedächtnis nach der fehlenden Information zu suchen. Das dauert einfach zu lange, um mündlich schnell wieder Anschluss an das eigentliche Thema zu finden.

Meistens entfällt einem in einer Blackout-Situation nicht der komplette inhaltliche Rahmen einer Argumentation, sondern lediglich ein bestimmter Begriff oder ein kleines Detail. Aus der kurzen Erinnerungsschwäche wird nur dann ein wirkliches Problem, wenn sie Sie gedanklich so sehr gefangen nimmt, dass Ihre Aufmerksamkeit weiter zurückgeht und Sie sich durch Selbstvorwürfe nachhaltig blockieren. Irgendwann fühlen Sie sich dann vielleicht so stark verunsichert, dass Sie kaum noch in der Lage sind, Ihr Gespräch oder Ihren Vortrag fortzusetzen.

Bei einem mündlichen Blackout empfehlen sich Methoden, durch die Sie das aktuelle Gedächtnisproblem geschickt umgehen können – am besten einigermaßen gelassen. Dabei versuchen Sie, den Begriff oder das Argument, das Ihnen momentan nicht einfallen will, mit anderen Worten zu umschreiben, oder, falls Ihnen das nicht gelingt, unauffällig zum nächsten verfügbaren Punkt Ihrer Gedankenkette überzugehen.

Das Prinzip, zeitweilige Erinnerungsschwierigkeiten dadurch zu umschiffen, dass Sie einen Begriff, den Sie gerade nicht aus dem Gedächtnis abrufen können, durch andere Wörter umschreiben, lässt sich gut am Beispiel eines Simultanübersetzers erläutern. Auch ein wirklich guter Dolmetscher, der eine Rede aus einer anderen Sprache in Echtzeit ins Deutsche überträgt, wird nicht jeden komplizierten Begriff sofort korrekt übersetzen. Längere Erinnerungssuchaktionen sind jedoch in solchen Fällen aus Zeitgründen ausgeschlossen.

Also muss der Übersetzer wichtige Vokabeln, die er nicht kennt, abhängig vom Zusammenhang umschreiben. Weniger zentrale Begriffe, deren Bedeutung ein Dolmetscher gerade nicht aus dem Gedächtnis abrufen kann, wird er häufig weglassen, ohne dass es jemandem auffallen würde.

Bei Alltagsgesprächen helfen ähnliche Tricks. Falls Ihnen zum Beispiel, wenn Sie sich über Politik unterhalten, der Name Nicolas Sarkozy nicht einfällt, umschreiben Sie diese Erinnerungslücke wahrscheinlich mit »der französische Präsident«, und die Diskussion kann ohne jedes unangenehme Schwächegefühl weitergehen. Mit ein bisschen Übung im Fehlermachen lassen sich die meisten kurzfristigen Blackouts problemlos überspielen.

Ein freundlicher Umgang mit den eigenen Fehlern und Schwächen ist wahrscheinlich das beste Mittel, um mit kleinen Blackout-Situationen zurechtzukommen, ohne sich dafür zu verurteilen.

Eine weitere kurze Übung, bei der Sie sich einige Male bewusst versprechen, ohne dafür um Entschuldigung zu bitten oder aus dem Konzept zu kommen, hilft Ihnen vielleicht dabei, etwas gelassener zu werden. Nach jedem Versprecher korrigieren Sie sich einfach, indem Sie das Wort, das Sie eigentlich verwenden wollten, anfügen – vergleichbar mit einem Nachrichtensprecher, der sich gerade verlesen hat.

Dazu können Sie jeden beliebigen Text nutzen, der sich zum Vorlesen eignet, natürlich auch einen Abschnitt aus diesem Buch. Wenn Sie zum Beispiel die erste Aussage des vorigen Absatzes vortragen möchten, hört sich Ihr bewusster Versprecher vielleicht so an:

»Eine weitere kurze Übung, bei der Sie sich einige Male bewusst vergessen ... *versprechen,* ohne dafür um Entschuldigung zu bitten oder aus dem Konzept zu kommen, hilft Ihnen vielleicht dabei, etwas gelassener zu werden.«

Begriffe mit anderen Worten umschreiben

Wenn es Sie interessiert, die Methode zum geschickten Umgehen von kleinen Gedächtnislücken auszuprobieren, nehmen Sie sich ungefähr eine halbe Stunde Zeit, in der Sie möglichst ungestört sein sollten. Neben etwas Ruhe brauchen Sie nur einen Stift und einen Zettel.

Zunächst rufen Sie sich einen Ihrer Lieblingsspielfilme ins Gedächtnis, den Sie gut kennen, am besten mit geschlossenen Augen. Eine Alternative wäre ein Roman, den Sie sehr schätzen und dessen Hauptpersonen Ihnen ebenso vertraut sind wie die Rahmenhandlung.

Wahrscheinlich können Sie bei längerem Nachdenken zahlreiche Informationen aus der Erinnerung abrufen; etwa die wichtigsten Darsteller, einige akustische und optische Eindrücke, den ungefähren Verlauf des Films und sein Ende. Wenn Ihnen nichts Wichtiges mehr einfällt, öffnen Sie Ihre Augen und fassen den Spielfilm in einigen Sätzen schriftlich zusammen. Stellen Sie sich dabei vor, Sie wollten jemandem, der ihn noch nicht kennt, erzählen, worum es dabei geht. Was Sie persönlich am meisten bewegt und interessiert hat, verwenden Sie als Richtschnur.

Im Vergleich zu einem mehr oder weniger professionellen Filmkritiker erschweren Sie sich jedoch diese Arbeit durch die Regel, keine Namen zu erwähnen – weder die echten der Schauspieler noch die ihrer Rollenfiguren. Also tun Sie so, als hätten Sie alle Namen vollkommen vergessen und müssten sie deshalb mit anderen Worten umschreiben. Eine gute Übung für den Fall, dass Sie Ihre vorübergehende Gedächtnisschwäche bei einem Blackout im Gespräch elegant umgehen wollen. Mit dieser spielerischen Einschränkung lassen sich viele passende Namensumschreibungen finden, zum Beispiel »die Hauptperson«, »das kleine Mädchen« »die Mutter des Mörders« oder »der Freund des Patienten«. Hier ist Ihre Kreativität gefragt.

Wenn Sie die Aufgabe beendet haben, lesen Sie Ihre Filmkritik durch und achten dabei auf Verständlichkeit. Vielleicht müssen Sie einen Absatz etwas umformulieren, oder eine Namensumschreibung ist weniger gut geeignet als eine andere, die Ihnen erst jetzt einfällt. Sobald Sie das Gefühl haben, dass jemand, der den Film nicht kennt, durch Ihren Text ausreichend über den Inhalt und die handelnden Personen informiert wäre, beenden Sie die Übung.

Medikamente und andere Mittel zur Gedächtnisstärkung

In den letzten Jahren haben sich, hauptsächlich ausgehend von den USA, einige Präparate verbreitet, von denen sich gesunde Menschen eine Verbesserung ihrer Erinnerungsfähigkeiten versprechen. Der Fachbegriff für diese Medikamente lautet »Neuroenhancer«, abgeleitet vom englischen Wort »to enhance«, das »steigern« oder »aufwerten« bedeutet.

Ärzte warnen: Verschreibungspflichtige Präparate, die unter anderem zur Steigerung von Gedächtnisleistungen genutzt werden, können bei Personen, die sie nicht wegen einer körperlichen Krankheit verordnet bekommen haben, schwere Nebenwirkungen auslösen, von nachteiligen Persönlichkeitsveränderungen bis zu vorzeitigen Alterungsprozessen.

Wirkungen, Risiken und Nebenwirkungen

Besonders häufig werden Aufputschmittel (sogenannte Amphetamine und chemisch verwandte Wirkstoffe) zum »Gehirn-Doping« missbraucht, unter anderem

- ✔ Methylphenidat (ein gebräuchlicher Handelsname ist Ritalin®). Dieses Medikament wird in manchen Fällen Kindern mit einer Aufmerksamkeitsstörung (ADS) beziehungsweise einer kombinierten Aufmerksamkeits- und Hyperaktivitätsstörung (ADHS) verschrieben, doch die geistige Fitness von gesunden Erwachsenen erhöht sich dadurch nicht. Nur die subjektive Einschätzung der eigenen Leistungsfähigkeit verbessert sich.
- ✔ Modafinil (ein verbreiteter Handelsname ist Vigil®) wurde ursprünglich zur Behandlung von Narkolepsie entwickelt, einer Erkrankung, bei der die Betroffenen tagsüber unvermittelt und unkontrollierbar einnicken. Bei anderen Menschen kann dieses Präparat nach einem einmaligen Schlafentzug die Verringerung von Aufmerksamkeit und Erinnerungsfähigkeiten ausgleichen. Bei einem mehrtägigen Schlafentzug, der ohnehin nicht wirklich gesund ist, verbessert sich die geistige Leistung der Betroffenen nach der Einnahme dieses Medikaments nicht. Langfristige Studien zu den möglichen Nebenwirkungen sind Mangelware.
- ✔ Illegale Aufputschmittel wie Speed oder Ecstasy erhöhen zwar die Wachheit und das subjektive Konzentrationsgefühl, doch aufgrund der vielfältigen

unerwünschten Wirkungen solcher »Mittelchen«, wozu unter anderem Gehirnschädigungen, Entzugserscheinungen und Wahnerkrankungen zählen können, verbieten sich diese Drogen eigentlich von selbst.

Einige Medikamente, die normalerweise zur Behandlung der Alzheimer-Demenzkrankheit verschrieben werden, verbessern möglicherweise auch das Gedächtnis von gesunden Menschen über einen längeren Zeitraum. Doch die Datenlage ist hier sehr unbefriedigend: Nur der Wirkstoff Donepezil (ein gebräuchlicher Handelsname ist Aricept®) wurde überhaupt untersucht, außerdem kann dieses Präparat zu Nebenwirkungen wie Müdigkeit, Kopfschmerzen oder Durchfall, in manchen Fällen auch zu Angstzuständen, Halluzinationen oder Muskelkrämpfen führen.

Alles in allem muss also dringend vor der Einnahme von Medikamenten zur Verbesserung der Erinnerungsfähigkeiten gewarnt werden:

- Verschreibungspflichtige Tabletten sind zur Behandlung bestimmter Krankheiten geeignet, weitere Einsatzmöglichkeiten gelten als Medikamentenmissbrauch.
- Andere Präparate, die Sie in der Apotheke kaufen können und die manchmal marktschreierisch als Gedächtniswundermittel angepriesen werden, haben überhaupt keine Wirkungen, die über den sogenannten Placebo-Effekt hinausgehen, also über die mitunter heilende Kraft des Glaubens.
- Die Einnahme von illegalen aufputschenden Drogen hat zu viele Schattenseiten; neben seelischen und körperlichen Langzeitschädigungen ist das nicht zuletzt ihr Suchtpotenzial, um sie guten Gewissens als »Gehirn-Dopingmittel« einzusetzen.

Was die Erinnerungsfähigkeiten wirklich unterstützt

Einige deutlich weniger spektakuläre »Hausmittel«, das haben viele wissenschaftliche Untersuchungen ergeben, können Ihnen tatsächlich dabei helfen, Ihre Gedächtnisleistungen mittelfristig zu verbessern oder dem Abbau dieser Funktionen im höheren Lebensalter vorzubeugen.

Vielleicht erinnern Sie sich, dass regelmäßige sportliche Aktivitäten sehr ratsam sind, wenn es darum geht, die Erinnerungsfähigkeiten zu stabilisieren oder weiter auszubauen. Täglich etwa 30 Minuten leichter Ausdauersport wie Fahrradfahren, Spazierengehen, Joggen oder Schwimmen verstärkt sowohl die Hirndurchblutung als auch die

Denkfunktionen. Außerdem entstehen so auch bei Erwachsenen neue, produktive Nervenverbindungen im Gehirn. Auch der Austausch mit anderen Menschen, Aktivitäten, die Sie persönlich interessieren, und ein gewisses Maß an Abwechslung im Leben unterstützen Sie dabei, Ihre Gedächtnisfähigkeiten langfristig zu erhalten.

Viele realistische Empfehlungen von Ärzten und Forschern zur Verbesserung der Erinnerungsfunktionen beziehen sich auf die Ernährung:

- ✔ Die Einnahme von Traubenzucker in Leistungssituationen sorgt für eine dauerhafte Energiezufuhr im Gehirn.
- ✔ Lebensmittel mit einem hohen Anteil von sogenannten Omega-3-Fettsäuren schützen häufig vor geistigem Verfall im Alter. Dazu gehören zum Beispiel Leinöl, Lachs, Sardellen, Sardinen und Heringe.
- ✔ Natürliches Vitamin C, Trockenfrüchte, Nüsse beziehungsweise viele Obst- und Gemüsesorten schützen den Körper vor aggressiven Molekülverbindungen, die »freie Radikale« genannt werden. Auch solche Nahrungsmittel unterstützen Sie dabei, Ihre Gedächtnisfähigkeiten langfristig zu erhalten oder zu stärken.
- ✔ Eine gute Versorgung mit Eisen, zum Beispiel durch Rindfleisch oder Rote Bete, erhöht den Anteil der roten Blutkörperchen und verbessert damit die Sauerstoffzufuhr, auch im Gehirn.
- ✔ Drei Tassen Kaffee pro Tag senken das Risiko, im höheren Alter eine Demenzerkrankung wie die Alzheimer-Krankheit durchzumachen.
- ✔ Wenn Sie genug Wasser trinken, viele Experten raten zu mindestens zwei Litern Flüssigkeitsaufnahme pro Tag, sorgen Sie für eine ausreichende Durchblutung Ihres Gehirns als Grundlage aller Erinnerungsfunktionen.

Teil IV

Begriffe, Lernaufgaben und Zahlen einprägen

»Seltsam, bei dem Test kam nichts Problematisches heraus. Wahrscheinlich sind Ihre Gedächtnisschwierigkeiten bloß Ausdruck von Stress.«

In diesem Teil ...

stelle ich Ihnen einige bewährte Mnemotechniken und Hinweise vor, die Sie dabei unterstützen, Lernaufgaben, Reden, Begriffe einer fremden Sprache und Zahlenkombinationen sicher im Langzeitspeicher zu verankern. Bildliche, anekdotenhafte und verbale Assoziationen können Ihnen helfen, sich zahlreiche Sachinformationen zu merken, ohne mehr als erforderlich auf äußere Gedächtnisstützen wie Manuskripte oder Telefonlisten zurückzugreifen.

Zunächst beschreibe ich Ihnen die effektive Vorbereitung von Prüfungen und Vorträgen, einschließlich eines Abschnitts zu einprägsamen Merksprüchen. Ein weiteres Kapitel befasst sich mit dem Erlernen von Vokabeln einer Fremdsprache. Danach stehen abstrakte Daten wie Telefonnummern, Kontoverbindungen und andere Zahlenreihen im Mittelpunkt. Einige Informationen über die trickreichen Methoden von Gedächtniskünstlern beenden diesen Teil.

Prüfungen und Vorträge vorbereiten

12

In diesem Kapitel

- Abstrakte Texte verständlich machen
- Prüfungen planen und meistern
- Merksprüche als hilfreiche Gedächtnisstützen
- Vorträge vorbereiten, einüben und durchführen

Nun stelle ich Ihnen einige Methoden vor, die Ihnen helfen, Informationen verständlich zu machen, um sie sicher im Langzeitgedächtnis abzuspeichern. Zunächst geht es um abstrakte Texte, die zum Beispiel beim Studium, in der Schule oder im Beruf eine wichtige Rolle spielen können.

Hier erfahren Sie, wie es Ihnen gelingt, solche Aussagen in anschaulichere, konkrete Ausführungen umzuwandeln, was Sie außerdem dabei unterstützt, die schriftlichen Informationen, mit denen Sie sich befassen, fast automatisch in Ihrem Langzeitspeicher zu verankern. Mehr zum Thema intensives Durcharbeiten von Sachtexten finden Sie in Kapitel 8.

Danach beschreibe ich Ihnen zahlreiche Übungen und gebe Tipps zur erfolgreichen Vorbereitung einer mündlichen oder schriftlichen Prüfung. Anschließend stehen Merksprüche für Beruf, Ausbildung oder Studium im Zentrum des Kapitels.

Eine bewährte Mnemotechnik, die sich auf Informationen und Argumente in einer bestimmten, von Ihnen festgelegten Reihenfolge bezieht, hilft Ihnen vielleicht dabei, eine freie Rede zu halten, ob im Beruf oder im Privatleben. Ich stelle Ihnen die sogenannte Methode der Orte (oder Loci-Technik) vor, die bereits in der Antike entwickelt wurde.

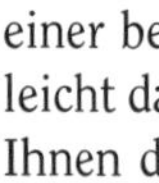

Es dauert häufig ziemlich lange, bis eine komplexe Mnemotechnik wie die Methode der Orte so weit eingeübt ist, dass Sie wirklich davon profitieren können. Wenn Ihnen eine bestimmte Gedächtnistechnik zusagt und Sie mittelfristig die Erfahrung machen, dass das gewählte System funktioniert, müssen Sie sich nicht mehr eingehend mit einer anderen Erinnerungsmethode auseinandersetzen. Denn jede Mnemo-

technik, die Begriffe oder Argumente in einer festen Reihenfolge im Langzeitgedächtnis verankert, lässt sich vielseitig einsetzen und variieren.

Wie aus abstrakten Informationen verständliche Aussagen gemacht werden

In Kapitel 10 stelle ich Ihnen einige Methoden vor, durch die Sie komplizierte Vor- oder Familiennamen in Ihre Langzeiterinnerung übertragen können, indem Sie sie mit vertrauten Begriffen, Bildern und kleinen Geschichten verknüpfen. Ähnliche Mnemotechniken eignen sich auch hervorragend dazu, Fremdwörter oder Vokabeln einer Fremdsprache im Gedächtnis zu behalten (mehr dazu finden Sie in Kapitel 13).

Angemessene Assoziationen können Ihnen dabei helfen, die Aussagen eines komplizierten Sachtextes im Langzeitspeicher zu verankern. Allerdings bedarf es in diesen Fällen einer relativ zeitaufwendigen Vorbereitung, denn viele Fachbücher, wissenschaftliche Webseiten beziehungsweise Manuskripte von Ausbildungsinstituten oder Universitäten sind so schwer verständlich, dass oft kein Weg daran vorbeiführt, solche Aussagen erst einmal umzuformulieren, bis Sie nachvollziehen können, worum es dem Autor gerade geht.

Wenn Sie sich mit einem komplexen, sachorientierten Text so lange beschäftigen, bis Sie die wichtigsten Ausführungen wirklich verstehen, dauert diese Vorgehensweise erfahrungsgemäß ziemlich lange – vor allem, wenn Sie die Methode einüben. Doch eine intensive Durcharbeitung abstrakter Informationen hilft Ihnen nicht nur dabei, sich solche Texte erfolgreich zu erschließen. Ein weiterer Vorteil besteht darin, dass Sie so schon einiges dazu getan haben, um die zentralen Aussagen in Ihr Langzeitgedächtnis zu übertragen.

Nicht selten sind dann zusätzliche Mnemotechniken, durch die Sie die Fakten und Interpretationen bewusst an andere, bereits gespeicherte Eindrücke aus Ihrer Erinnerung anbinden, unnötig. Durch die Bearbeitung verknüpfen sich die wichtigsten Ausführungen des Verfassers mit Ihren eigenen Gedanken zum Thema, was Sie in vielen Fällen automatisch dabei unterstützt, die Informationen in Ihrem Langzeitspeicher zu verankern – sozusagen ganz nebenbei.

Grundsätzlich ist es empfehlenswert, sich ein relativ unbekanntes Fachgebiet zunächst im Überblick zu erschließen, bevor Sie sich mit den Detailinformationen beschäftigen. Falls Sie irgendwann feststellen, dass Sie die inhaltlichen

Zusammenhänge kaum noch nachvollziehen können, lassen Sie am besten die fachlichen Einzelheiten weg und befassen sich so lange mit den Grundlagen der Thematik, bis sie Ihnen wirklich einleuchten.

Komplizierte Fachtexte vereinfachen

Nachdem Sie einen komplexen Sachtext ein paar Mal langsam durchgelesen haben, lassen Sie sich bei der Bearbeitung vielleicht von diesen Fragen leiten:

- ✔ Was sind die Kernaussagen? Welche Passagen scheinen sich auf zentrale Punkte zu beziehen, wo geht es vermutlich um die – weniger wichtigen – Details?
- ✔ Welche Begriffe oder Argumente sollten Sie unbedingt verstehen, auf welche Ausführungen können Sie verzichten, wenn Sie begreifen möchten, worum es dem Autor hauptsächlich geht?
- ✔ Möglicherweise ist Ihnen auch bei komplexen Informationen der eine oder andere Fachbegriff bereits bekannt. Was bedeutet er, und warum wird er in diesem Text erwähnt?
- ✔ Können Sie die Bedeutung von Fremd- und Fachausdrücken, die Ihnen noch nicht vertraut sind, von anderen Wörtern ableiten oder in verständliche Begriffe übersetzen?

Vielleicht finden Sie im Internet, im Zeitschriftenhandel oder in einer Bibliothek ein Buch, einen Artikel oder einen Lexikoneintrag, der sich dem Thema, mit dem Sie sich gerade befassen, auf unterhaltsame, populärwissenschaftliche Weise nähert. Solche Darstellungen können Sie dabei unterstützen, einen guten Zugang zum Lernstoff zu bekommen und das Fachgebiet mit eigenen Interessen und selbst gestellten Fragen zu ergänzen – ein hervorragendes Mittel, um sich die gewünschten Informationen langfristig zu merken.

Gerade bei Texten, die Sie durch lange, komplizierte Formulierungen und entsprechende Satzungetüme abschrecken, helfen grammatikalische Grundkenntnisse, um die Ausführungen des Verfassers besser zu begreifen.

- ✔ Wo steht der Hauptsatz – häufig die eigentliche Botschaft –, wo sind die Nebensätze, die sich zumeist auf weniger wichtige Aussagen beziehen?
- ✔ Welches Substantiv (Hauptwort), das normalerweise im Nominativ (also dem »Wer- oder Was-Fall«) steht, bezieht sich auf welches Objekt, das Sie am

Dativ (»Wem-Fall«) oder am Akkusativ (»Wen- oder Was-Fall«) erkennen können?

- Gelingt es Ihnen, schwer verständliche Passivsätze (»Es ist davon auszugehen, dass die meisten Untersuchungen von den beteiligten Forschern fehlerhaft durchgeführt wurden«) durch aktive Formulierungen (»Vermutlich haben die beteiligten Forscher in den meisten Fällen fehlerhafte Untersuchungen durchgeführt«) zu ersetzen?

Aktivsätze lassen sich häufig schneller begreifen als Passivkonstruktionen – vielleicht ein Grund dafür, warum viele Wissenschaftler im deutschsprachigen Raum, die sich selbst für so wichtig halten wie ihr Spezialgebiet, gerne Passivsätze verwenden und auf alle Ausführungen verzichten, die jeder interessierte Laie nachvollziehen könnte.

- Können Sie aus überlangen Bandwurmsätzen einige kurze und klare Aussagen machen? Leider ist die deutsche Sprache hervorragend dazu geeignet, sich in schier endlosen Satzkonstruktionen zu verlieren – also tun Sie etwas dagegen.

Nachdem Sie verstanden haben, worum es dem Verfasser eines komplizierten Sachtextes geht, schreiben Sie die zentralen Aussagen so um, dass sich diese Passagen einfach, verständlich und möglichst konkret lesen, am besten in Stichworten.

Im Vergleich zum Eintippen von Fakten und Interpretationen in einen Computer verstärkt das Schreiben mit der Hand, etwa auf selbst gestaltete Lern-Karteikarten, häufig die Leistungen beim Lernen. Diese Beobachtung lässt sich dadurch erklären, dass beim Verfassen handschriftlicher Texte automatisch motorische Abläufe mit dem Tastsinn und anderen Sinneswahrnehmungen verknüpft werden, wodurch sich später die Anzahl der verfügbaren Abrufwege aus dem Langzeitspeicher erhöht.

Außerdem beschäftigen sich viele Menschen, während sie etwas mit der Hand notieren, mit ihren eigenen Gedanken zum Thema. Solche Verarbeitungsmethoden sind oft besonders effektiv, wenn es darum geht, sich etwas langfristig zu merken.

Falls Sie sich mit einem Kollegen, einem Angehörigen oder einem Freund gelegentlich über Ihre neuen Erkenntnisse austauschen, ermöglichen Sie Ihrem Langzeitgedächtnis, die entsprechenden Zusammenhänge sicher zu verankern und später durch mehrere Abrufwege wieder auf das Gelernte zurückgreifen zu können. Außerdem hilft Ihnen diese Vorgehensweise auch dabei, über den Tellerrand

zu blicken und Ihre eigenen Interessen an dem Thema zu erkennen, mit dem Sie sich gerade beschäftigen. Das kann Sie motivieren, sich näher mit dem Lernstoff zu befassen. Persönliche Interessen sind äußerst wichtig, wenn es darum geht, Fakten und Interpretationen in Erinnerung zu behalten.

Prüfungen erfolgreich vorbereiten

Falls bei Ihnen irgendwann eine Prüfung ansteht, ob im Rahmen einer Ausbildung, im Beruf oder im Studium, helfen Ihnen vielleicht die Anmerkungen aus dem vorangegangenen Abschnitt, wenn es darum geht, schwierige Texte durch eine intensive Überarbeitung zu vereinfachen.

Wie Sie die Kernaussagen von journalistischen Artikeln und anderen Informationen, die sich relativ leicht verstehen lassen, sicher im Langzeitgedächtnis verankern, indem Sie sich verschiedene Fragen stellen und sie anschließend auf einem Blatt Papier beantworten, stelle ich Ihnen in Kapitel 8 vor.

Hier geht es darum, wie Sie mündliche oder schriftliche Prüfungen erfolgreich vorbereiten können. Es empfiehlt sich, Ihre aktuellen Kräfte und Ihre zeitlichen Kapazitäten immer wieder realistisch mit den Zielen und den Notwendigkeiten der kommenden Prüfungssituation abzugleichen.

Rechtzeitige Planung hilft

Fast so wichtig wie das Lernen selbst ist eine angemessene Organisation der Zeiten, in denen Sie sich mit dem Stoff beschäftigen. Hier gibt es große individuelle Unterschiede: Manche Menschen lernen lieber in kleinen, überschaubaren Portionen, die sich über einen längeren Zeitraum verteilen, andere bevorzugen es, sich relativ kurz und zeitintensiv mit einem bestimmten Lernthema zu befassen.

Wie Sie Ihren persönlichen Biorhythmus ermitteln können, also herausfinden, zu welchen Tageszeiten Sie wach und erholt und wann Sie eher müde und erschöpft sind, beschreibe ich in Kapitel 6. Es wäre sinnvoll, diese Erkenntnisse, soweit es Ihnen möglich ist, im Beruf, aber auch beim Lernen auf eine Prüfung zu berücksichtigen.

Wenn Sie zu den Menschen gehören, die meistens kurzfristig und mit hohem Zeitaufwand an Lernaufgaben herangehen, empfiehlt es sich, die eigene Motivation selbstkritisch zu prüfen. Manche lernen nicht unbedingt so, weil es ihnen

am leichtesten fällt, sondern machen aus der Not eine Tugend, weil sie unter dem Phänomen der sogenannten Aufschieberitis leiden.

Die Betroffenen finden also ständig Ausreden, weshalb sie heute (oder gestern oder vorgestern) nicht dazu gekommen sind, sich eingehend mit den anstehenden Herausforderungen zu beschäftigen, und geraten dann irgendwann so stark in Zeitnot, dass sie »auf den letzten Drücker« lernen, um in der Prüfung nicht vollkommen zu versagen.

Trotz aller individuellen Unterschiede beim Lerntempo und der Lerngeschwindigkeit gilt in vielen Fällen, dass kleinere Stoffmengen, die sich über einen längeren Zeitraum verteilen und in regelmäßigen Abständen stichpunktartig wiederholt werden, am ehesten der natürlichen Arbeitsweise des Langzeitgedächtnisses entsprechen. Und selbst wenn Sie gute Erfahrungen damit gemacht haben, kurzfristig viele Informationen aufzunehmen und sie später wieder erfolgreich aus der Erinnerung abzurufen, besteht häufig die Gefahr, dass die Inhalte, mit denen Sie sich befassen, Tage oder Wochen nach der Prüfungssituation dem Vergessen anheimfallen.

Falls Sie bei einem Test nur gut abschneiden wollen – und Ihnen das erfahrungsgemäß auch gelingt –, ist das kein Problem. Wohl jedoch, wenn es um Fakten oder Interpretationen geht, die Sie vielleicht irgendwann brauchen, aus beruflichen Gründen, wegen einer Ausbildung oder weil Sie die Thematik wirklich interessiert. Ein echtes persönliches Interesse an dem, womit Sie sich beschäftigen, ist erfahrungsgemäß der wahrscheinlich beste Weg, um dafür zu sorgen, dass Sie langfristig auf das Gelernte zurückgreifen können.

Eine effektive Prüfungsvorbereitung besteht aus einer sinnvollen Unterteilung in langfristige, mittelfristige und kurzfristige Pläne.

Langfristige Vorbereitungsmaßnahmen

Bei der langfristigen Planung konzentrieren Sie sich zunächst darauf, einen Überblick über das zu bekommen, was von Ihnen erwartet wird. Sie erarbeiten sich einen ungefähren Zeitplan fürs Lernen, wobei es hilfreich ist, realistische Erwartungen an sich selbst und an die eigenen Leistungsfähigkeiten zu haben.

Bei der langfristigen Vorbereitung einer Prüfung sollten Sie sich von der Idee leiten lassen, Ihre geistige Arbeit vorzustrukturieren, indem Sie einen Zeitrahmen festlegen, der sich tatsächlich verwirklichen lässt, und herausfinden, um welche Themen es voraussichtlich bei der Prüfung gehen wird.

Je besser die Vorbereitung auf die Prüfungssituation abgestimmt ist, umso größer sind Ihre Erfolgschancen. Das bedeutet zum Beispiel, dass sich eine Verarbeitung von Informationen durch das Herausschreiben und Interpretieren der wichtigsten Fakten besonders gut für schriftliche Prüfungen eignet, während gegenseitiges Abfragen und Austausch über die jeweiligen Erkenntnisse, etwa im Rahmen einer Lerngruppe, bei mündlichen Tests das Mittel der Wahl sind.

Allerdings sollten Sie dabei stets Ihre persönlichen Stärken und Schwächen berücksichtigen: Wenn Sie etwa immer wieder die Erfahrung gemacht haben, dass Ihnen Gespräche mit Kollegen oder Freunden über ein bestimmtes Wissensgebiet weiterhelfen, das »Lernen im stillen Kämmerlein« jedoch weniger gut zu Ihnen passt, können Sie dieser Methode grundsätzlich den Vorzug geben.

Mittelfristige Vorbereitungsmaßnahmen

Bei der mittelfristigen Planung zerstückeln Sie den Stoff so in sinnvolle Teilbereiche, dass Sie subjektiv von der gewählten Aufteilung überzeugt sind. Auch viele übergeordnete Lernziele lassen sich in kleinere Einheiten untergliedern.

Um ein Beispiel aus diesem Buch zu verwenden: Zeitabhängige Erinnerungsprozesse umfassen das sogenannte sensorische Gedächtnis (oder Ultrakurzzeitgedächtnis), das Kurzzeit- und das Langzeitgedächtnis (mehr dazu finden Sie in Kapitel 3).

Sollte dieses Thema Gegenstand einer Prüfung sein, können Sie sich den zeitlichen Zusammenhang von Erinnerungen dadurch erschließen, dass Sie sich zunächst mit den kürzesten Vorgängen (sensorisches Gedächtnis) befassen, anschließend zu den etwas längeren Prozessen (Kurzzeitgedächtnis) übergehen und sich zuletzt mit der langfristigen Speicherung (Langzeitgedächtnis) auseinandersetzen. Wie in vielen anderen Lebensbereichen gilt auch hier, dass es ratsam ist, sich erst mit den wichtigsten Aspekten eines Themas zu befassen und danach mit den weniger entscheidenden Faktoren.

Falls Ihnen Ihr Prüfer zur Vorbereitung ein Manuskript mitgibt oder Ihnen erzählt, was er ungefähr verlangen wird, sind solche Informationen natürlich äußerst wertvoll, und Sie sollten sie beim Lernen unbedingt berücksichtigen.

Zur mittelfristigen Planung einer Prüfung gehört auch, den vermuteten Zeitbedarf für die einzelnen Lerngebiete zu ermitteln, möglichst ohne Selbstbetrug. Das umfasst auch sogenannte Pufferzeiten, bei denen Sie daran denken, dass immer wieder etwas Unvorhergesehenes dazwischenkommen kann, im Privat- und Berufsleben ebenso wie beim Lernen selbst. Vielleicht erweist sich ein

bestimmter Teilbereich als übermäßig kompliziert oder Sie stellen irgendwann fest, dass Ihre Schwerpunkte von den Prioritäten Ihres Prüfers abweichen. Wenn Sie sich schon im Voraus Zeiten für solche Eventualitäten reservieren, verringern Sie den inneren Druck.

Kurzfristige Vorbereitungsmaßnahmen

Durch Ihre lang- und mittelfristigen Planungen haben Sie bereits einiges dazu getan, um nicht auf den letzten Metern Ihres Weges unter erheblichem Termindruck zu leiden. Es empfiehlt sich nicht, in den letzten Tagen vor der Prüfung täglich zwölf Stunden mit dem Stoff zu verbringen, denn das überfordert jedes Gehirn. Stattdessen ist es ratsam, sich in der Zeit direkt vor dem Prüfungstermin höchstens auf die Wiederholung der wichtigsten Informationen zu beschränken, was Sie dabei unterstützt, diese Fakten abrufsicher in Ihrem Langzeitspeicher zu verankern.

Manche Experten empfehlen, sich nur in bestimmten Fällen bis kurz vor dem Test mit dem Einprägen und Wiederholen des Lernstoffs zu befassen. Nämlich dann, wenn Sie sich, zum Beispiel wegen einer ausgeprägten Neigung zur »Aufschieberitis«, zuvor kaum mit den Inhalten beschäftigt haben und hoffen, sich den Stoff so zumindest bis zum bevorstehenden Prüfungstermin zu merken.

Inhaltliche Abwechslungen beim Lernen haben einen positiven und einen negativen Aspekt: Auf der einen Seite erlauben sie Ihnen, sich immer wieder mit Aspekten zu beschäftigen, die Sie persönlich interessieren, und sich vergleichsweise selten zu langweilen. Auf der anderen Seite können wiederholte Abwechslungen die Lernleistung zurückgehen lassen, da Sie sich ständig auf neue Themen umstellen und in diese Fachgebiete einarbeiten müssen, statt sich einen Bereich nach dem anderen zu erschließen und ihn danach weiter zu vertiefen.

Auf keinen Fall sollten Sie bei der Vorbereitung auf einen Test Ihre Pausen- und Erholungsbedürfnisse vergessen, auch nicht in den letzten Tagen vor der Prüfung. Um das Risiko von unfruchtbaren »Aufschieberitis«-Verhaltensweisen zu verringern, hilft es häufig, sich jeweils nach dem Lernpensum für einen Tag etwas Schönes vorzunehmen, das nichts mit dem Thema der Prüfung zu tun hat.

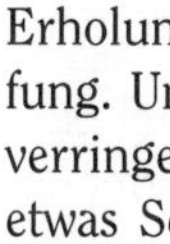

Die alte Volksweisheit »Erst die Arbeit, dann das Vergnügen« trifft hier wirklich zu. Wenn Sie dieses Motto berücksichtigen, ohne dabei auf den einen oder anderen Urlaubstag zu verzichten, an dem Sie geistig völlig ausspannen, motivieren Sie sich erfolgreich, dranzubleiben. Außerdem erlaubt diese Vorgehensweise Ihrem Gehirn, also der

Grundlage für alle Erinnerungsleistungen, sich immer wieder zu wiederholen, um am nächsten Morgen fit zu sein für die anstehenden Herausforderungen.

Kurzfristige Pausen beim Lernen sind genauso wichtig wie angenehme oder entspannende Aktivitäten nach Feierabend. Nach einer Faustregel sollten Sie spätestens dann eine kürzere Pause einlegen, wenn Sie bemerken, dass Ihre Konzentration auf die Inhalte, mit denen Sie sich befassen, deutlich zurückgeht, etwa durch Tagträumereien oder andere »sachfremde« Gedanken. Eine längere Pause empfiehlt sich spätestens nach einer Stunde, wobei die individuellen Erholungsbedürfnisse recht unterschiedlich sein können. Außerdem hängen sie natürlich auch von Ihrer aktuellen seelisch-emotionalen Verfassung und den Kräften ab, über die Sie momentan verfügen.

Nach einem einstündigen Lernblock ist das Gehirn etwa zwei Stunden mit der Verarbeitung der aktuellen Eindrücke beschäftigt. Aus dieser wissenschaftlichen Erkenntnis lässt sich ableiten, dass eine anschließende fünf- bis zehnminütige Pause in den meisten Fällen deutlich zu kurz ist, um sich wirksam zu erholen.

Grundsätzlich sind Entspannungsübungen, wie ich sie in Kapitel 7 vorstelle, besonders sinnvoll: Sie helfen Ihnen dabei, die Belastung durch Arbeiten, die Sie geistig anstrengen, auszugleichen. Ihr Gehirn regeneriert sich, und das sogenannte vegetative (oder autonome) Nervensystem stellt sich immer wieder vom Erregungs- auf den Erholungszustand um.

Außerdem verringern regelmäßige Entspannungsübungen akute oder chronische Stressempfindungen beim Lernen, was so gut wie alle Gedächtnisleistungen stärkt. Häufig reduzieren sich dadurch auch manche Ängste, zum Beispiel die Befürchtung, bei einer Prüfung zu versagen. Mehr zum Thema Angstbewältigung finden Sie in Kapitel 6.

Vielleicht erinnern Sie sich daran, dass belastende Prüfungsängste deutlich zurückgehen, wenn Sie alle entsprechenden Befürchtungen etwa zehn Minuten vor dem Test in Stichpunkten auf einen Zettel schreiben. Studien haben ergeben, dass diese Vorgehensweise vor allem das Kurzzeitgedächtnis wirksam von zerstörerischen Grübeleien entlastet, was die Leistungsfähigkeit und das Grundgefühl der Betroffenen in der Prüfung verbessert – mit der Ausnahme von extrem ängstlichen Personen, die durch das Notieren ihrer Befürchtungen in eine »Angstspirale« geraten, indem sie sich mehr und mehr auf diese Befürchtungen konzentrieren. In solchen Fällen empfiehlt sich eine ambulante Psychotherapie.

Merksprüche als Unterstützung beim Lernen

Ob Sie sich nun auf eine Prüfung vorbereiten oder aus anderen Gründen etwas lernen wollen: Bewährte Merksprüche können Ihnen gerade bei relativ komplexen Informationen einprägsame Eselsbrücken zur Verfügung stellen, die sich häufig deutlich schneller aus dem Langzeitgedächtnis abrufen lassen als die abstrakten Grunddaten.

Merksprüche nutzen die assoziative Arbeitsweise des menschlichen Gedächtnisses, indem sie unanschauliche Fakten mit Reimen und anderen verbalen Eselsbrücken verknüpfen; zum Beispiel in der Chemie: »Erst das Wasser, dann die Säure, sonst geschieht das Ungeheure« – nämlich eine explosive Reaktion durch die entstehende Hitze. In manchen Fällen bezieht sich ein Merkspruch auch auf eine optische Verbindung mit den gewünschten Informationen; etwa »Klammer auf, der Mond nimmt ab, Klammer zu, der Mond nimmt zu«, wenn Sie sich anhand der Klammerzeichen »(« und »)« merken wollen, wann die Sichel des Erdtrabanten für einen zunehmenden Mond und wann sie für einen abnehmenden Mond steht.

Einige Merksprüche sind so effektiv, dass sie ein Leben lang aus dem Langzeitgedächtnis abgerufen werden können, selbst wenn sie nicht wirklich sinnvoll erscheinen. Zum Beispiel erinnern sich mehrere Generationen im deutschen Sprachraum an die Schulweisheit »333, bei Issos Keilerei«, obwohl aus dem Satz nicht hervorgeht, wer sich damals mit wem »keilte«. (Es war übrigens der erste kriegerische Zusammenstoß von Alexander dem Großen mit dem persischen König Dareios III.)

So gut wie jeder Erwachsene im deutschen Sprachraum kennt den Merkspruch »Eichen sollst du weichen, Buchen sollst du suchen«, ein althergebrachter Sicherheitstipp für das Verhalten bei Blitzgefahr in der freien Natur. Doch wer sich danach richtet, tut sich nichts Gutes. Schließlich denken nur die allerwenigsten Gewitter ausführlich darüber nach, welche Baumsorte ihnen mehr oder weniger gut gefällt, bevor ein Blitz einschlägt – man sollte also in solchen Situationen möglichst alle Bäume und andere Erhöhungen meiden. Sinnvoll oder nicht: Viele Merksprüche erweisen sich als äußerst einprägsam. Diese Beobachtung können Sie sich gezielt zunutze machen, wenn es darum geht, abstrakte Informationen auf anschauliche Weise verbal oder bildlich in Ihrem Langzeitspeicher zu verankern.

Im Online-Lexikon Wikipedia (`www.de.wikipedia.org/wiki`) finden Sie unter `www.de.wikipedia.org/wiki/Liste-der-Merksprüche` eine große Auswahl an

Merksätzen von den Vokabeln und der Grammatik verschiedener Fremdsprachen über Naturwissenschaften und Technik bis zu Kultur, Sport, Medizin und Jura.

Einige Beispiele:

- ✔ Wenn Sie sich die Formen von Höhlen-Tropfsteinen merken wollen, hilft Ihnen der – leicht obszöne und deshalb besonders einprägsame – Spruch »Die Mieten steigen, die Titten hängen«. Stalag*miten* wachsen also nach oben, Stalag*titen* nach unten.
- ✔ Die Anzahl der Tage im jeweiligen Monat – mit Ausnahme von Schaltjahren – lässt sich durch einen etwas holprigen Reim veranschaulichen: »Dreißig Tage im November, April, Juni und September. Achtundzwanzig hat nur einer [Anmerkung: also der Februar], mehr als einunddreißig keiner.«
- ✔ Sollten Sie Interesse daran haben, die Abfolge der deutschen Bundeskanzler seit 1949 im Gedächtnis zu behalten, unterstützt Sie vielleicht ein Merkspruch, bei dem jeder Anfangsbuchstabe eines Wortes für den Familiennamen eines westdeutschen Regierungschefs steht: »*A*lle *e*hemaligen *K*anzler *b*ringen *s*amstags *k*eine *S*emmeln *m*it.« Aus den Abkürzungen leiten Sie dann die Namen der Bundeskanzler *A*denauer, *E*hrhard, *K*iesinger, *B*randt, *S*chmidt, *K*ohl, *S*chröder und *M*erkel in der richtigen Reihenfolge ihrer Amtszeiten ab – was natürlich voraussetzt, dass Ihnen die Nachnamen der Bundeskanzler bereits bekannt sind.

ÜBUNG

Wenn Sie sich kreativ betätigen möchten und für bestimmte abstrakte Daten zunächst keinen guten, vorgefertigten Merkspruch finden, können Sie sich selbst an die Arbeit machen, zum Beispiel durch einen einprägsamen Reim oder durch einen Satz, bei dem die Abfolge der Anfangsbuchstaben eine bestimmte Bedeutung trägt. Gerade selbst verfasste Reime lassen sich häufig besonders gut im Gedächtnis behalten, was eine Kommilitonin aus meiner Studienzeit dazu veranlasst hat, die wichtigsten Informationen für die Vordiplomprüfung in ein Gedicht umzuschreiben. Aber selbstverständlich müssen Ihre Merkspruch- oder Merkreimversuche bei Weitem nicht so umfassend sein.

Die Kunst der freien Rede

Ob im Beruf oder im Privatleben: Vorträge, die nicht vom Blatt abgelesen werden oder bei denen der Redner sogar ohne einen Stichwortzettel auskommt, sind häufig besonders gut, außerdem hört das Publikum dann aufmerksam zu.

Ohne längere Übung ist es ziemlich schwer, frei vor anderen Menschen über ein bestimmtes Thema zu sprechen. Bevor ich eine wirksame Mnemotechnik beschreibe, durch die es Ihnen gelingen kann, Aussagen oder Argumente in der richtigen Reihenfolge assoziativ miteinander zu verknüpfen, stelle ich Ihnen ein paar grundsätzliche Überlegungen zu diesem Thema vor.

- ✔ Es empfiehlt sich, jeden freien Vortrag einige Male durchzugehen, entweder vor dem Spiegel oder, falls Sie mutig genug sind, vor einem Menschen, zu dem Sie großes Vertrauen haben. Letzteres hilft Ihnen auch, etwaige Mängel oder schwer verständliche Passagen Ihrer geplanten Rede zu erkennen, indem Sie Ihren Freund oder Ihren Angehörigen um eine kritische Rückmeldung bitten.

- ✔ Ein bisschen Lampenfieber vor dem eigentlichen Vortrag ist vollkommen normal, und die allermeisten Zuhörer haben Verständnis dafür. Wenn Sie es schaffen, beim Sprechen gedanklich bei Ihrem vorbereiteten Text zu bleiben, ohne sich in ablenkenden, im schlimmsten Fall auch noch selbstzerstörerischen Überlegungen wie »Das schaffe ich auf keinen Fall« zu verlieren, haben Sie schon einiges für Ihren Erfolg getan. Mehr zum Thema angemessener Umgang mit inneren Ablenkungen finden Sie in Kapitel 6.

- ✔ Eine Konzentration auf Ihr Publikum und dessen Reaktionen ist normalerweise wenig hilfreich, denn sie zieht die Aufmerksamkeit von Ihrem eigentlichen Vorhaben ab und kann Sie zudem verunsichern. (Eine Ausnahme sind Reden, die sich an eine bestimmte Person richten, zum Beispiel anlässlich eines Geburtstags oder eines anderen Jubiläums, bei denen Ihnen wenig übrig bleibt, als Ihren Adressaten ab und zu anzusehen. Doch auch in solchen Fällen genügen gelegentliche Blicke in das Gesicht des Betreffenden – anschließend widmen Sie sich wieder Ihren vorbereiteten Ausführungen.)

- ✔ Die gefürchteten kurzfristigen Blackouts, bei denen Sie plötzlich nicht mehr wissen, was Sie gerade sagen wollten, können jede Rede zur Qual machen. Dieser Gefahr lässt sich mit etwas Training einigermaßen vorbeugen, außerdem helfen Ihnen möglicherweise Übungen im gezielten Fehlermachen, entsprechende Ängste zu zerstreuen (mehr dazu finden Sie in Kapitel 11).

- ✔ Dass es sich empfiehlt, bei einem Vortrag so deutlich und verständlich zu sprechen, dass Ihre Zuhörer begreifen, worum es Ihnen geht, liegt auf der Hand. In Zweifelsfällen können Sie das Tempo Ihrer Rede etwas verlangsamen. Kurze Unterbrechungen, bei denen Sie am besten nur dann Atem holen, wenn der Sinn Ihrer Ausführungen eine kleine Pause gestattet, sind ebenfalls ratsam.

Falls es Sie interessiert, etwaige Hemmungen bei einem freien, öffentlichen Vortrag abzubauen, suchen Sie sich ein Thema, das Ihnen liegt, zum Beispiel Ihr liebstes Hobby oder Ihre Karriere. Nachdem Sie in Stichwörtern aufgeschrieben haben, was Sie dazu sagen möchten, lesen Sie diese Liste mehrmals durch und wiederholen den Vorgang mit geschlossenen Augen, bis Sie die einzelnen Punkte so miteinander verknüpft haben, dass Sie sie sicher aus Ihrem Gedächtnis abrufen können. Danach halten Sie eine kleine Rede, entweder vor dem Spiegel oder vor einem Vertrauten, den Sie anschließend, wenn Sie wollen, um eine kritische, aber freundliche Rückmeldung bitten.

Manchen Menschen gelingt es relativ mühelos, die Argumente eines Vortrags in der richtigen Reihenfolge abzuspeichern. Falls Sie zu diesem Personenkreis gehören, orientieren Sie sich wahrscheinlich unbewusst an Kriterien, die dem natürlichen Verlauf einer Rede entsprechen, und verknüpfen die Punkte Ihres Vortrags automatisch in einer sinnvollen Abfolge.

Das lässt sich zum Beispiel bei manchen Bundestagsabgeordneten beobachten, die auf ein Manuskript verzichten und zunächst ein aktuelles Vorhaben der Gegenpartei systematisch zerpflücken, um dann, ebenso systematisch, den alternativen Vorschlag der eigenen Fraktion zum gleichen Thema vorzustellen und bei jedem Einzelpunkt zu erklären, was diese Pläne so überzeugend macht.

Wenn es Ihnen gelingt, Fakten und Argumente ohne größere Anstrengung miteinander zu verbinden und sich die logische Reihenfolge einer Rede ohne weitere Gedächtnisstützen einzuprägen, können Sie auf spezielle Mnemotechniken verzichten und sich darauf beschränken, Ihre Vortragsfähigkeiten zu verbessern oder durch wiederholtes Üben Ihre Nervosität bei öffentlichen Auftritten zu verringern.

Wenn Sie bei einer freien Rede Unterstützung benötigen, um sich die Punkte Ihres Vortrags durch bestimmte Eselsbrücken in der passenden Reihenfolge zu merken, hilft Ihnen vielleicht ein assoziativ angelegtes Verfahren, das sich in vielen Fällen bewährt hat, die »Methode der Orte«.

Um diese Technik erstmalig zu erlernen, empfiehlt sich eine längere Trainingsphase. Sobald Sie die Vorgehensweise automatisiert haben, lässt sie sich auf alle Erinnerungsbereiche übertragen, bei denen eine feste Abfolge von Gedächtnisinhalten im Zentrum steht.

Die »Methode der Orte« aus dem antiken Rom

Die sogenannte Loci-Methode, abgeleitet vom lateinischen Wort für »Ort« (locus; »loci« ist die Mehrzahl), war bereits vor 2000 Jahren eine etablierte Mnemotechnik zur inneren Verbindung von Objekten oder Argumenten in der richtigen Abfolge. Wegen ihrer Effektivität wurde sie im alten Rom von vielen Rednern eingesetzt, die ihre Vorträge auswendig lernen wollten, unter anderem vom berühmten Philosophen Cicero. Noch heute verwendet ein Großteil der »Gedächtnisakrobaten« die Methode der Orte, um sich zufällige Reihungen von Zahlen, Spielkarten oder Begriffen einzuprägen. Mehr zum Thema Gedächtnissport finden Sie in Kapitel 14.

Angeblich hat der griechische Dichter und Redner Simonides von Keos die Loci-Technik etwa um 500 vor Christus erfunden, ein Kulturgut, das später ins antike Rom exportiert wurde. Der Sage nach kam Simonides auf seine Idee, als er eine Feier verließ, kurz bevor das Haus seiner Gastgeber zusammenstürzte. Da niemand das Unglück überlebte und die Leichen der Opfer bis zur Unkenntlichkeit verstümmelt waren, hatte Simonides die unerfreuliche Aufgabe, die toten Körper zu identifizieren. Er versuchte, die Situation vor dem Einsturz des Hauses mit dem inneren Auge zu betrachten (Visualisierung), was ihm half, sich an die Positionen der Gäste zu erinnern. Da er mit dieser Methode Erfolg hatte, erkannte Simonides, dass es dem Gedächtnis relativ problemlos gelingt, Informationen abzuspeichern, bei denen sich Bilder mit bestimmten Orten verknüpfen.

Die Grundlagen der Loci-Technik erlernen

Bei der Methode der Orte geht es zunächst darum, eine Wegstrecke mit mehreren, eindeutig festgelegten Plätzen zu finden. Die Anzahl dieser Orte begrenzt die Menge der bildlichen Eselsbrücken, die später mit diesen Plätzen verbunden werden, denn jeder Ort entspricht einem Ankerplatz für eine visuelle Assoziation oder einen Begriff. Allerdings können Sie Ihre Loci-Route, sobald Sie die Technik durch häufige Wiederholungen zu einer Gewohnheit gemacht haben, durch weitere Orte ergänzen.

Obwohl es möglich ist, eine Loci-Wegstrecke ausschließlich in der Fantasie zu ersinnen, empfehle ich Ihnen eine Route aus Ihrer näheren Umgebung, die es tatsächlich gibt und die Sie sich gut vorstellen können. Das kann zum Beispiel eine Strecke sein, die Ihrem üblichen Abendspaziergang entspricht, oder ein Weg in Ihrer Wohnung. Die gewählte Route muss eine ausreichende Anzahl an deutlich unter-

scheidbaren Orten umfassen: Zehn Plätze für maximal zehn gewünschte Objekte oder Argumente eines Vortrags, 20 Orte für höchstens 20 dieser Informationseinheiten und so weiter. Außerdem sollten Sie Ihre Loci-Wegstrecke innerlich immer in der gleichen Reihenfolge abgehen, um Verwechslungen zu vermeiden.

Beim Üben der Methode – und für die allermeisten Alltagseinsätze – genügt eine Loci-Route mit zehn eindeutigen Orten, die Sie in Ihrer Vorstellung stets in einer bestimmten räumlichen Abfolge durchlaufen, die Sie vorher festgelegt haben. Diese Ankerplätze sollten sich leicht voneinander unterscheiden lassen und in der Wirklichkeit immer am gleichen Ort sein, zumindest solange Sie die Technik trainieren. Sobald Sie Ihre Loci-Strecke sicher im Gedächtnis gespeichert haben, brauchen Sie den Bezug zum realen Weg nicht mehr.

Zum Beispiel könnte der erste Ankerort, wenn Sie Ihre übliche Spaziergangstour als Loci-Strecke verwenden wollen, Ihre Wohnungstür sein, der zweite entspricht vielleicht der großen Buche rechts von Ihrem Wohnhaus und der dritte der Sackgasse, an der Sie jedes Mal vorbeikommen.

Nun gehen Sie Ihre selbst gewählte Loci-Route mit allen Erinnerungsplätzen innerlich so oft durch, bis der Weg und die Ankerorte sicher in Ihrem Langzeitgedächtnis gespeichert sind. Das wird erfahrungsgemäß eine Weile dauern, doch danach lässt sich die Methode für alle möglichen Erinnerungszwecke verwenden, bei denen es auf eine feste Reihenfolge von Informationen ankommt.

Anschließend verwandeln Sie die einzelnen Punkte Ihres geplanten Vortrags oder eine Reihenfolge von anderen Begriffen in einprägsame Bilder oder kleine Geschichten (Visualisierung). Diese visuellen Elemente verknüpfen Sie in einem weiteren Schritt anschaulich mit den jeweiligen Ankerplätzen Ihrer Loci-Route.

Um beim vorigen Beispiel einer Wegstrecke zu bleiben, könnten Sie etwa, wenn Sie einem größeren Publikum etwas über Ihr Lieblingshobby, sagen wir, Fotografie, erzählen möchten, Ihre erste Kamera als Kind plakativ an Ihrer Wohnungstür (erster Ankerort) befestigen. Falls Ihre Faszination für dieses Steckenpferd später durch einen entsprechenden Volkshochschulkurs befeuert wurde, stellen Sie vielleicht das VHS-Gebäude, das Ihnen noch gut in Erinnerung ist, neben die Buche rechts von Ihrem Wohnhaus (zweiter Ankerort). Und so fort.

Falls Sie sich irgendwann andere Begriffe oder Gegenstände in einer festen Reihenfolge merken wollen, verwenden Sie einfach die gleiche Loci-Wegstrecke mit denselben Ankerplätzen erneut und verbinden jetzt die neuen, bildlich angelegten Objekte mit den Orten Ihrer Route.

Bei einem Rechner entspricht der weitere Einsatz der Loci-Methode einem Überschreiben alter Dateien mit aktuellen Informationen. Ähnlich wie ein Computernutzer nach einem Überschreibenbefehl die ursprünglichen Daten zumeist nicht mehr aus seinem Gedächtnis abrufen kann, werden Sie sich bei der weiteren Nutzung der Loci-Technik kaum noch an die Begriffe erinnern, die Sie bei früheren Anwendungen mit Ihren Ankerplätzen verknüpft haben. Das ist auch gut so, denn so können Sie die Loci-Methode immer wieder für neue Belange einsetzen. Die Route und die Ankerorte bleiben also gleich, nur die Objekte, die Sie damit verbinden, ändern sich.

Die »Methode der Orte« zur Vorbereitung einer Rede verwenden

Wenn Sie Lust haben, die Loci-Technik so einzusetzen, wie es schon die alten Römer taten, also zur Verankerung der Einzelpunkte eines freien Vortrags, suchen Sie zunächst eine einprägsame Wegstrecke mit zehn Orten, die sich gut unterscheiden und die Sie innerlich in einer eindeutigen Reihenfolge durchlaufen können.

Lassen Sie sich genug Zeit, um diese Route und ihre Ankerplätze auswendig zu lernen, bis Sie die entsprechenden Vorstellungsbilder sozusagen im Schlaf beherrschen. Sollte sich ein bestimmter Ort als weniger geeignet erweisen, etwa wegen mangelnder Eindeutigkeit oder weil er sich eher schlecht merken lässt, nehmen Sie einen anderen. Anschließend verändern Sie die Wegstrecke nicht mehr, außer Sie wollen die Anzahl der Ankerplätze erhöhen und ergänzen deshalb Ihre Loci-Route um einige weitere Orte.

Erst nach diesem Schritt gehen Sie zum nächsten über, indem Sie für jedes der folgenden »Vortragsargumente« ein passendes Bild oder eine kleine Geschichte erfinden, die Sie sich gut merken können und die Sie danach visuell mit den Ankerorten verknüpfen. Beim Einüben der Methode schreiben Sie diese Assoziationen am besten auf einen Zettel. Sobald Sie die Vorgehensweise automatisiert haben, ist eine solche zusätzliche Gedächtnisstütze im Allgemeinen nicht mehr erforderlich.

Mein Vorschlag wäre, dass Sie sich an einem kleinen Vortrag zum Thema »Grundlagen der Erinnerung« versuchen, die sich auf die Ausführungen in Kapitel 3 dieses Buches bezieht. (Eine Alternative ist zum Beispiel die Vorbereitung einer Rede zu einem runden Geburtstag eines Angehörigen oder eines guten Freundes.) Ich beschränke mich auf fünf Einzelpunkte zum

Üben. Später können Sie die Anzahl der gewünschten Informationen langsam erhöhen, bis sie alle Orte umfasst, die Sie zuvor auf Ihrer Loci-Strecke festgelegt haben, in diesem Fall also zehn.

Hier nun die fünf Aussagen des Probevortrags:

1. Das Ultrakurzzeitgedächtnis ist die erste zeitabhängige Verarbeitungsstufe der Erinnerung, die Sinnesinformationen für Sekundenbruchteile abbildet.
2. Das Kurzzeitgedächtnis, die zweite Verarbeitungsstufe, speichert Daten über einige Sekunden bis zu wenigen Minuten.
3. Das Langzeitgedächtnis bewahrt Informationen lebenslang.
4. Allerdings kann es manchmal sehr schwierig sein, Inhalte aus dem Langzeitgedächtnis erfolgreich abzurufen.
5. Das liegt meistens daran, dass wir den passenden Zugangsweg nicht finden.

Beim Assoziieren sind Ihrer Kreativität und Ihrer Fantasie keine Grenzen gesetzt.

Wenn dieses Gedächtnisbild gut zu Ihnen passt, können Sie sich etwa den ersten Begriff dieser Liste, also das Ultrakurzzeitgedächtnis, das Sekundenbruchteile umfasst, durch eine winzige Uhr veranschaulichen, die unglaublich schnell tickt. Dann verbinden Sie diese Uhr in auffälliger Weise mit Ihrem ersten Loci-Ort – zum Beispiel, falls Sie sich an Ihrem Spaziergangsweg orientieren sollten, indem Sie sie an Ihrer Wohnungstür befestigen. (Dass die erste Erinnerungsstufe Sinnesinformationen abbildet, haben Sie sich wahrscheinlich ohnehin schon beim Durchlesen und Visualisieren gemerkt.)

Wenn Sie mit der Aufgabe fertig sind, prüfen Sie die Festigkeit Ihrer Assoziationen und gehen Ihre Loci-Route so lange in der Fantasie durch, bis die Eindrücke sitzen. Anschließend legen Sie Ihre Notizen weg und rekonstruieren die Inhalte aus der Erinnerung, indem Sie sie Ihrem Badezimmerspiegel – oder, mit etwas Mut, einem Vertrauten – vortragen.

Effektives Lernen von Fremdsprachen

13

In diesem Kapitel

- Lernen von Fremdsprachen: Grundlagen, Tipps und Übungen
- Filme, Reisen, persönlicher Austausch: von Muttersprachlern profitieren
- Fremdsprachliche Vokabeln durch Assoziationen im Langzeitgedächtnis verankern

Nun stelle ich Ihnen bewährte Übungen und Tipps vor, die Sie beim Erlernen einer neuen Fremdsprache oder beim weiteren Ausbau Ihrer Sprachkenntnisse unterstützen können. Zunächst gebe ich allgemeine Ratschläge, die Ihnen beim Fremdsprachenlernen helfen. Danach beantworte ich die Frage, wie es Ihnen gelingen kann, sich durch die Beobachtung von Muttersprachlern umgangssprachliche Begriffe und Redewendungen zu erschließen, wenn Sie eine bestimmte Fremdsprache bereits zum Teil beherrschen und in relativ kurzer Zeit weitere Lernfortschritte machen wollen. Anschließend steht eine Mnemotechnik im Zentrum, bei der Sie wirksame visuelle und verbale Eselsbrücken zu fremdsprachlichen Vokabeln suchen, um diese Informationen bei Bedarf sicher aus Ihrem Langzeitgedächtnis abzurufen.

Grundlagen und Tipps zum Erlernen und Ausbau von Fremdsprachenkenntnissen

Eine neue Sprache zu erlernen oder die bereits vorhandenen Fremdsprachenkenntnisse erfolgreich auszubauen, hat nicht nur den naheliegenden Sinn, Texte in einer anderen Sprache lesen zu können oder im Ausland beziehungsweise beim Gespräch mit einem Touristen aus einem anderen Kulturraum besser verstanden zu werden. Sie erschließen sich so auch die jeweilige Volks- und Landesmentalität, die eng mit dem Gebrauch einer Sprache verknüpft ist. Und nicht zuletzt wird Ihr Gedächtnis durch den Auf- und Ausbau von Fremdsprachenkenntnissen immer wieder herausgefordert, denn es muss sich ständig von einem bestimmten Sprachmuster, einer Grammatik und einem Vokabular auf andere Gepflogenheiten umstellen.

Vielleicht erinnern Sie sich daran, dass der Neuerwerb einer Fremdsprache im höheren Lebensalter als besonders guter Weg gilt, wenn es darum geht, die eigenen Erinnerungsleistungen über viele Jahre zu stabilisieren oder weiter auszubauen. Das liegt daran, dass das menschliche Gedächtnis durch wiederholte Herausforderungen besonders gut trainiert wird. Der Rückgang der Merkgeschwindigkeit bei Senioren wird dabei zum Teil durch den Zuwachs an Lebenserfahrung und Weltwissen ausgeglichen. Doch auch in jüngeren oder mittleren Jahren wirkt sich das Erlernen einer neuen Sprache positiv auf die Erinnerung aus, denn es unterstützt zahlreiche Gedächtnisfunktionen.

Jahrzehntelang ging die Forschung davon aus, dass es beim Fremdsprachenerwerb einen kritischen Zeitrahmen gibt, etwa bis zum Ende der Pubertät. Jenseits davon sei es kaum noch möglich, eine neue Sprache mit ihren Vokabeln, Grammatikregeln und Ausspracheprinzipien korrekt zu erlernen. Diese Haltung wurde damit begründet, dass das menschliche Gehirn nur in der Kindheit und Jugend hinreichend plastisch erscheint. Das bedeutet, dass sich nur in diesem Alter Nerven neu bilden und zu weiteren Kontaktstellen (Synapsen) verzweigen.

Inzwischen sind Neurowissenschaftler deutlich optimistischer, denn sie fanden heraus, dass diese sogenannte Plastizität des Gehirns zwar in jungen Jahren am stärksten ausgeprägt ist. Doch neue Nervenverbindungen entstehen tatsächlich ein Leben lang. Eine kritische Phase existiert offenbar beim fehlerfreien Erwerb der Muttersprache, doch Fremdsprachen lassen sich bis ins hohe Alter gut erlernen, einschließlich einer überzeugenden Aussprache der Vokabeln – selbst wenn es normalerweise länger dauert als in der Kindheit.

Die Beherrschung und Anwendung einer Fremdsprache hat im Gedächtnisbereich einige erfreuliche Nebeneffekte. Dazu zählt eine bessere Konzentrationsleistung durch den Wechsel zwischen den unterschiedlichen Sprachgewohnheiten, die sich mittel- bis langfristig bemerkbar macht.

Außerdem wirken sich die häufigen Umstellungen positiv auf andere mentale Funktionen aus, wodurch alle möglichen Denk- und Erinnerungsleistungen gestärkt werden. Nicht zuletzt haben wissenschaftliche Untersuchungen ergeben, dass Menschen, die nicht nur ihre Muttersprache kennen, im Durchschnitt einige Jahre später unter den geistigen Abbausymptomen einer Altersdemenzerkrankung wie der Alzheimer-Krankheit leiden.

Bewusste und unbewusste Aspekte beim Erwerb einer Fremdsprache

Forscher unterscheiden bewusste und unbewusste Anteile beim Fremdsprachenlernen. Zu den bewussten (oder expliziten) Aspekten gehören die Kenntnis der grammatikalischen Regeln, der Vokabeln und der Ausspracheregeln, die zum Beispiel beim fremdsprachlichen Schulunterricht eine wichtige Rolle spielen. Diese bewussten Anteile können von einem Lehrer näher erläutert werden, und auch die Person, die etwas lernt, kann den entsprechenden Begriff oder die zugrunde liegende Regel erklären, sobald sie sie verstanden hat.

Bei den bewussten Aspekten des Fremdsprachenerwerbs steht das sogenannte Wissensgedächtnis (oder semantische Gedächtnis) im Mittelpunkt, das unter anderem auch für Erkenntnisse wie »Berlin ist die Hauptstadt der Bundesrepublik« zuständig ist. Mehr zum Thema Wissenserinnerungen finden Sie in Kapitel 8.

Wenn sich unsere Gedächtnisfunktionen auf bewusste Wissensanteile beschränken würden, wäre der Erwerb einer Fremdsprache (oder der eigenen Muttersprache) eine äußerst mühsame und langwierige Angelegenheit. Man müsste sich jeden neuen Begriff, jede Regel und alle Redewendungen einer Sprache durch explizites Lernen erschließen und könnte diese Erkenntnisse nur mit großen mentalen Anstrengungen erfolgreich auf andere sprachliche Ausdrucksformen übertragen.

Doch zum Glück gibt es neben den bewussten Aspekten des Fremdsprachenerwerbs, dem sogenannten »Was-Wissen« (zum Beispiel »Was heißt ›Erinnerung‹ auf Spanisch?«) auch unbewusste Anteile, die Sie mehr oder weniger unbemerkt beim Lernen unterstützen.

Beim unbewussten (oder impliziten) Spracherwerb werden prozedurale Gedächtnisaspekte aktiviert, die unter anderem auch dafür verantwortlich sind, dass wir motorische Abläufe wie Gehen, Laufen, Treppensteigen oder Fahrradfahren zum größeren Teil ohne bewusste mentale Anstrengungen erlernen können. Hier steht die Frage im Zentrum, wie sich bestimmte Regeln praktisch anwenden oder auf einen anderen Bereich übertragen lassen, das sogenannte »Wie-Wissen«. Mehr zum Thema prozedurales (oder motorisches) Gedächtnis finden Sie in Kapitel 3.

Unbewusste Anteile des Sprachenlernens und der Übertragung von Regeln auf andere sprachliche Aspekte sind häufig ziemlich effektiv, etwa wenn es darum

geht, dass ein kleines Kind von häufig gehörten Formulierungen wie »ich habe etwas gekocht« Wendungen wie »ich habe etwas gemacht« oder »ich habe etwas gesagt« ableitet.

Allerdings kann es durch diese intuitive Herangehensweise auch zu systematischen Fehlern kommen, zum Beispiel wenn der Nachwuchs diese grammatikalische Regel für die vollendete Gegenwartsform (Perfekt) fälschlich auf »Ich habe etwas weggeschmeißt« überträgt.

Eine solche Regel zu erklären, die unbewusst genutzt beziehungsweise mehr oder weniger sinnvoll ausgeweitet wird, ist dem Betroffenen, ob Kind oder Erwachsener, im Allgemeinen nicht möglich – genauso wie wir normalerweise nicht dazu in der Lage sind, uns selbst oder anderen Menschen detailliert zu beschreiben, was wir machen, wenn wir laufen oder Treppen steigen.

Nur wenn dieses unbewusste, implizite »Wie-Wissen« durch bewusstes, explizites »Was-Wissen« ergänzt wird, lassen sich Lernvorgänge gezielt steuern und erläutern. Das trifft zum Beispiel auf jeden Deutschlehrer zu, der sich seine Muttersprache zunächst natürlich unbewusst angeeignet hat, um sich dann im Laufe seiner Schulzeit und seines Studiums die dazugehörigen Grammatikkenntnisse zu erschließen. Beim Fremdsprachenerwerb spielen normalerweise beide Faktoren, also das bewusste und das unbewusste Lernen, eine wichtige Rolle.

Allgemeine Hinweise zum Fremdsprachenlernen

Nun möchte ich Ihnen einige praxisorientierte Tipps zu den Grundlagen des effektiven Erwerbs einer Fremdsprache vorstellen. Gerade wenn es um eine neue Sprache geht, die Sie sich erschließen wollen, sollten Sie sich weder zeitlich noch inhaltlich unter Druck setzen, möglichst schnell viel zu erreichen.

Am besten berücksichtigen Sie – wie auch bei anderen Lernvorgängen – Ihre aktuellen Kräfte und setzen sich zunächst kurzfristige Ziele, die Sie tatsächlich erreichen können. Mit wachsenden Fortschritten haben Sie später die Möglichkeit, den Umfang der Aufgaben, die Sie bearbeiten, langsam zu erhöhen, ohne sich dabei zu überfordern.

Wenn Sie eine neue Sprache durch ein Selbststudium erlernen wollen, etwa indem Sie ein Lehrbuch für Anfänger zur Hand nehmen, ist es sehr motivierend, erst einmal mit dem Wortschatz anzufangen, den Sie wirklich brauchen können. Falls Sie zum Beispiel eine Urlaubsreise in ein bestimmtes Land planen und sich mit den Einheimischen unterhalten wollen, wäre es sinnvoll, zunächst zu lernen, wie man sich in dieser Sprache begrüßt, vorstellt, verabschiedet und

bedankt. Hinzu kommen wahrscheinlich einige Redewendungen, durch die Sie nach dem Weg, nach Kaufpreisen oder nach einem Hotel fragen oder sich im Gespräch erkundigen können, was ein Begriff bedeutet, den Sie noch nicht kennen.

Sprachwissenschaftler haben herausgefunden, dass es einfacher ist, eine neue Fremdsprache zu lernen, wenn man dabei auf Strategien und Erfahrungen aus früheren Fremdsprachenkenntnissen zurückgreifen kann.

Sie können Herangehensweisen, die Ihnen einst zum Beispiel dabei geholfen haben, sich das Vokabular, die Grammatik und die wichtigsten Redewendungen der englischen Sprache im Schulunterricht zu erschließen, auf das Erlernen von Spanisch, Niederländisch oder Französisch übertragen, auch wenn die jeweiligen Sprachstrukturen häufig in vielen Bereichen voneinander abweichen.

Zu den Strategien, die sich auf eine neue Sprache übertragen lassen, wenn Sie sich früher eine andere Fremdsprache erschlossen haben, gehören

- ✔ das Begreifen von Sinnzusammenhängen durch Vermuten und Raten;
- ✔ die Nutzung von einfachen Ausdrücken und Redewendungen als Vorbereitung für schwierigere Themenbereiche;
- ✔ die Auseinandersetzung mit den kulturellen und sprachwissenschaftlichen Besonderheiten des Landes, in dem die Sprache, für die Sie sich interessieren, verwendet wird;
- ✔ die Motivation, auch in relativ frustrierenden Lernsituationen dranzubleiben. Hierbei helfen regelmäßige und nicht allzu kurze Pausen nach geistigen Anstrengungen ebenso wie Entspannung oder angenehme Aktivitäten nach dem selbst gesetzten »Feierabend«. Einige wirksame Entspannungs- und Konzentrationsübungen beschreibe ich in Kapitel 7.
- ✔ eine realistische Einschätzung der eigenen Lernfortschritte, einschließlich einer Kontrolle der Lernleistung und einer Korrektur von etwaigen Fehlern. Allerdings sollten Sie freundlich mit sich umgehen, wenn Sie einmal etwas falsch gemacht haben, denn nur wenige Aspekte lassen die eigene Motivation so nachhaltig zurückgehen wie fortgesetzte Selbstbeschuldigungen und andere zerstörerische Grübeleien. Mehr zum Umgang mit negativen inneren Ablenkungen finden Sie in Kapitel 6.
- ✔ gemeinsames Lernen, etwa im Austausch mit anderen Teilnehmern einer Unterrichtsgruppe, mit Freunden, Angehörigen oder dem Partner. Das ist

zum Beispiel sinnvoll, wenn Sie eine Reise in das Land planen, dessen Sprache Sie sich gerade erschließen.

Falls Sie bereits auf frühere Fremdsprachenkenntnisse zurückgreifen können, erinnern Sie sich vielleicht an Strategien, die Ihnen geholfen haben, Ihre Leistungen im Behalten von Vokabeln zu verbessern. Etwa durch die Erstellung von Wortgruppen, bei dem Sie einen zentralen Begriff in die Mitte eines Zettels schreiben und verwandte Wörter ringsum gruppieren (der sogenannte Wortigel). Andere bewährte Möglichkeiten sind bildliche beziehungsweise auf den Klang oder die Schreibweise bezogene Assoziationen zur Einprägung unbekannter Vokabeln, die ich weiter hinten näher vorstelle.

Bewährte Strategien nutzen, erfolglose Strategien verändern

Wenn Sie auf Ihre früheren Erfahrungen mit dem Erwerb einer Fremdsprache zurückgreifen möchten, ersetzen Sie Lernideen, die sich nicht bei Ihnen bewährt haben, etwa in der Schule, durch Herangehensweisen, die besser zu Ihnen passen.

Bei der Übertragung alter Lernstrategien auf eine unbekannte Sprache empfiehlt sich ein Blick auf die Erfolge oder Misserfolge, die sich mit bestimmten Aufgabenstellungen verbunden haben.

Einige Beispiele für die Erarbeitung einer differenzierten, individuellen Lernstrategie:

- Hilft es Ihnen, sich neue Vokabeln durch Listen oder Karteikarten zu erschließen, oder gelingt es Ihnen eher, sich solche Begriffe im Textzusammenhang einzuprägen?
- Lernen Sie am besten, indem Sie eine Sprache hören? Das entspricht dem sogenannten auditiven (oder verbalen) Lerntyp. Hier wären Hörbücher oder Filme im Originalton das Mittel der Wahl.
- Liegt es Ihnen, fremdsprachliche Bücher oder Artikel zu lesen? Falls Sie zu diesem sogenannten visuellen Lerntyp zählen, wäre es ratsam, vieles in der gewünschten Sprache zu lesen und selbst herauszuschreiben.
- Haben Sie gute Erfahrungen mit dem Austausch über das Gelernte gemacht? Dann gehören Sie wahrscheinlich zum sogenannten kommunikativen Lerntyp und profitieren sowohl von Gesprächen im Rahmen einer Sprachlerngruppe als auch von selbst gestellten Fragen zur Vertiefung des

Stoffes. Vielen Menschen aus diesem Personenkreis hilft es außerdem, fremdsprachliche Diktate zu schreiben, die ein Kollege oder ein Angehöriger vorträgt.

✔ Falls Sie zu den Menschen gehören, die beim Lernen systematisch vorgehen (analytischer Lerntyp), können Sie diese Herangehensweise fördern, indem Sie auf Grammatikbücher, auf Karteikarten mit unbekannten Vokabeln oder auf Skripte aus dem Internet zurückgreifen, die Sie ins Deutsche übertragen oder aus Ihrer Muttersprache in die gewünschte Sprache übersetzen.

Was die Lerntypen betrifft, gibt es auch Mischformen, die mehrere Herangehensweisen bevorzugen. Beim Sprachenlernen Hören, Lesen, Sprechen und Schreiben miteinander zu verbinden, hat außerdem den Vorteil, dass Sie immer wieder verschiedene Sinnesfunktionen aktivieren, was Ihnen dabei helfen kann, die gewünschten Informationen nachhaltig in Ihrem Langzeitgedächtnis zu verankern.

Wenn Sie abwechselnd mehrere Sinne anregen möchten, stellen Sie sich am besten ein Programm aus unterschiedlichen Lernaspekten zusammen, das gut zu Ihnen passt. Sollte sich eine bestimmte Idee als wenig praktikabel erweisen, ändern Sie Ihr System. Hier sind Ihre Kreativität und Ihre Fantasie gefragt.

Fremdsprachen lernen: Übungen und praxisorientierte Tipps

Wenn Sie planen, eine neue Sprache zu erlernen oder Ihre bisherigen Fremdsprachenkenntnisse weiter auszubauen, empfiehlt es sich, zunächst einen guten Lernort zu finden.

Einen passenden Platz zum Lernen einrichten

Vielleicht lassen Sie sich, wenn es darum geht, einen angemessenen Ort zum Sprachenlernen zu suchen, von diesen Kriterien leiten:

✔ Ein passender Platz zum Lernen sollte hell genug sein, damit Sie Ihre Augenmuskulatur nicht übermäßig beanspruchen müssen.

Ruhe und Ungestörtheit sind wichtige Voraussetzungen, um sich konzentrieren zu können. Schalten Sie also, wenn es geht, Ihre Telefone und Ihren Computer aus und bitten Sie Ihre Familie, Sie nur in Notfällen zu stören.

- Neben äußeren Ablenkungen sollten Sie auch innere Ablenkungsfaktoren so weit wie möglich verringern. Dabei helfen regelmäßige, längere Erholungspausen und Entspannungs- oder Konzentrationsübungen, wie ich sie in Kapitel 7 beschreibe. Auch ein freundlicher Umgang mit den eigenen Fehlern und Schwächen ist beim Lernen sehr ratsam. Wie Sie einer Neigung zu Ängsten, Selbstvorwürfen und anderen zerstörerischen Grübeleien wirksam entgegentreten können, erfahren Sie in Kapitel 6.
- An einem angemessenen Lernort haben Sie genug Platz, um Ihre Notizen und andere Utensilien griffbereit unterzubringen. Hier empfiehlt sich eine Form von Ordnung, die Ihnen entspricht und die Sie überzeugend finden. Sollte sich eine bestimmte Anordnung weniger gut für Ihre Belange eignen, können Sie sie im weiteren Verlauf Ihrer Lernaufgaben ändern und etwas Neues ausprobieren.
- Frische Luft, kleine Lockerungsübungen und regelmäßige Bewegung in den Pausen beziehungsweise nach der Bewältigung Ihres Tagespensums helfen Ihnen bei der Lernleistung und beugen Überforderungstendenzen vor. Außerdem erleichtern Sie es so Ihrem Gehirn, das Erlernte ins Langzeitgedächtnis zu übertragen.
- Solche unbewussten Lernvorgänge werden auch durch erholsame Schlafphasen befördert. Experten raten, abhängig von Ihrer gesundheitlichen Verfassung und von Ihren individuellen Bedürfnissen, zu sechs bis neun Stunden Schlaf pro Nacht. »Lernen im Schlaf« bedeutet in diesem Fall, dass sich durch die allnächtlichen Umstellungen der Gehirnaktivität Inhalte, die Sie sich tagsüber erschlossen haben, beim Schlafen gefestigt werden, indem sie sich in Ihrem Langzeitspeicher verankern. Mehr zum Thema Schlaf und Gedächtnis finden Sie in Kapitel 4.

Falls Sie beim Lernen am Rechner sitzen, können Sie Ermüdungserscheinungen verringern, wenn Sie Ihren Blick immer wieder vom Monitor auf ein anderes Objekt richten, etwa auf Ihr Fenster oder auf eine Vase. Ein flimmerfreier Bildschirm ist besonders gut für die Augen.

- Ein bequemer Stuhl, der Ihren Rücken stützt und auf dem Sie möglichst aufrecht und mit wenig Anspannung sitzen können, empfiehlt sich ebenfalls. Dabei sollten Sie darauf achten, dass die Stuhlhöhe zur Höhe Ihres Schreibtischs passt. Regelmäßige körperliche Anspannungsgefühle beim Lernen können ein guter Indikator dafür sein, dass Sie Ihren Arbeitsplatz ein wenig verändern sollten. (Wiederholte seelisch-emotionale Anspannungen lassen sich häufig eher auf mangelnde Pausen oder inneren Druck zurückführen.)

- ✔ Vergessen Sie nicht, beim Lernen genug zu trinken. Neben Wasser hilft erfahrungsgemäß Frucht- oder Kräutertee, Ihre Flüssigkeitsvorräte wieder aufzufüllen. Schwarzer oder grüner Tee wiederum sind besser dazu geeignet, längere Zeit wach und fit zu bleiben, als Kaffee. Zwischenzeitlich können Sie sich mit einem kleinen Stück Schokolade belohnen, denn konzentrierte geistige Aufgaben erfordern eine Menge Energie fürs Gehirn.

Angemessene Zeitplanung beim Sprachenlernen

Beim Neulernen oder Auffrischen von Fremdsprachenkenntnissen sollten Sie sich genug Zeit für Ihre sonstigen Aufgaben im Berufs- und Privatleben reservieren, um sich weder zeitlich noch inhaltlich zu überfordern. Außerdem empfiehlt es sich, stets Ihre aktuellen Kräfte im Blick zu haben und die Lernzeiten so weit wie möglich an Ihren Biorhythmus anzupassen. Wie Sie Ihre persönliche Tagesleistungskurve ermitteln können, beschreibe ich in Kapitel 6.

Trotz aller individuellen Unterschiede beim Biorhythmus erleben die meisten Menschen zwischen 9 und 11 Uhr morgens ein erstes Leistungshoch. In den Mittagsstunden gehen die Kräfte häufig zurück, bis sie am frühen Nachmittag wieder steigen. Etwa zwischen 16 und 18 Uhr kommt es oft zu einem weiteren Leistungshoch, ab 21 Uhr gehen Lernfähigkeit und Konzentrationsvermögen in vielen Fällen deutlich zurück.

Wenn es Ihnen beim Lernen hilft, langfristig zu planen und feste Tages- oder Wochenzeiten abzustecken, sollten Sie dabei auf Ziele achten, die sich tatsächlich verwirklichen lassen – einschließlich einer Berücksichtigung von sogenannten Pufferzeiten. Rechnen Sie also damit, dass auch bei einer guten Motivation immer wieder etwas Wichtiges dazwischenkommen kann und dass manche Lernaufgaben vermutlich länger dauern werden als gewünscht.

Am besten nehmen Sie sich, wenn Sie vor einer neuen Herausforderung stehen, zunächst relativ wenig vor. Sobald Sie sich an die geistige Arbeit gewöhnt haben und feststellen, dass sich Ihre täglichen oder wöchentlichen Zwischenziele tatsächlich verwirklichen lassen, haben Sie die Möglichkeit, Ihr Lernpensum langsam zu erhöhen, ohne sich dabei unter Druck zu setzen.

Falls es Ihre alltäglichen Pflichten erlauben, empfiehlt es sich, dem Ausbau Ihrer Fremdsprachenkenntnisse möglichst an jedem Tag etwas Zeit einzuräumen und zumindest einige bereits erlernte Vokabeln aufzufrischen. So können Sie einer etwaigen Neigung zum Vermeiden wichtiger Aufgaben (Aufschieberitis) wirksam entgegentreten.

Lückentexte zum Vokabellernen

Wenn Ihnen eine Fremdsprache bereits vertraut ist und Sie Ihre bisherigen Kenntnisse weiter ausbauen möchten, helfen Ihnen vielleicht die sogenannten Lückentexte, eine Methode, die Sie wahrscheinlich aus dem Schulunterricht kennen. Solche Texte in einer fremden Sprache, bei denen wichtige Begriffe zunächst weggelassen und später von Ihnen ergänzt werden, können Sie selbst am Rechner zusammenstellen.

Einen fremdsprachlichen Lückentext entwerfen

Wenn Sie Lust darauf haben, basteln Sie sich aus einem Online-Artikel in einer Fremdsprache, die Sie zumindest zum Teil beherrschen, einen Lückentext und prüfen anschließend, ob Ihnen diese Herangehensweise beim Lernen zusagt.

Zunächst suchen Sie im World Wide Web einen möglichst fehlerfreien Artikel, der etwa Ihrer aktuellen Fremdsprachenleistung entspricht oder knapp darüber liegt und der für Sie möglichst interessant ist. Ein solcher Text sollte jedoch nicht länger als eine halbe Druckseite sein, um etwaige Gefühle der Überforderung in Grenzen zu halten.

Ob Sachinformationen im Internet tatsächlich keine (oder kaum) Fehler enthalten, lässt sich normalerweise nur abschätzen: Online-Artikel, die von seriösen Zeitungen wie der »New York Times« (englisch), »Le Monde« (französisch) oder »El Pais« (spanisch) ins Netz gestellt werden, sind im Allgemeinen gut geeignet.

Das Gleiche gilt in vielen Fällen für Texte aus dem Online-Lexikon Wikipedia, die in eine andere Sprache übersetzt wurden und die Sie auf der Hauptseite (`www.de.wikipedia.org/wiki/Wikipedia:Hauptseite`) durch Klicken auf das entsprechende Fremdsprachenangebot in der Spalte links von den Artikeln aktivieren können. Danach müssen Sie nur noch ein Stichwort in der betreffenden Sprache in das Eingabefenster rechts oben schreiben, und die verfügbaren Texte zu diesem Begriff werden angezeigt. Lexikonartikel, die mit dem Prädikat »lesenswert« oder »exzellent« versehen sind, gelten hierbei als besonders gut überprüft, zumeist auch in Sachen Rechtschreibung und Grammatik.

Danach speichern Sie den Text in einem Format, das sich gut bearbeiten lässt, zum Beispiel in Microsoft Word. Nun übertragen Sie den Artikel, so gut es Ihnen gelingt, ins Deutsche, wofür Sie natürlich ein Lexikon oder ein

Online-Wörterverzeichnis nutzen können. Den übersetzten Sachtext legen Sie anschließend zur Seite. (Korrekte Übertragungen aus Ihrer Muttersprache in eine Fremdsprache sind um ein Vielfaches schwieriger, da Sie hierbei wissen müssen, welche Begriffe und Redewendungen in welchem Zusammenhang verwendet werden. Deshalb empfehlen sich Übersetzungen in eine Fremdsprache nur für Fortgeschrittene mit hervorragenden Sprachkenntnissen.)

Neben dem ursprünglichen fremdsprachlichen Text legen Sie eine zweite Originaldatei an, aus der Sie einige Wörter löschen und mit dem Zeichen # markieren. Was die gesperrten Begriffe betrifft, können Sie sich, abhängig von Ihrem aktuellen Bedarf, von verschiedenen Kriterien leiten lassen, wobei eine Variante für den Anfang genügt. Dazu zählt das Löschen von

- ✔ allen neuen Wörtern, die Sie noch nicht kennen,
- ✔ Begriffen, die sich um ein bestimmtes Thema drehen, das Sie sich erschließen wollen,
- ✔ einzelnen Wortarten, zum Beispiel allen Substantiven (Hauptwörtern), Verben (Tätigkeitswörtern) oder Adjektiven (Eigenschaftswörtern), wobei Sie sich bei jedem Text auf *eine* Wortart beschränken sollten,
- ✔ Wörtern in regelmäßigen Abständen, etwa jeder fünfte oder sechste Begriff (allerdings nicht viel häufiger, da sonst der Sinn verloren geht).

Dann legen Sie eine kleine Pause ein und versuchen, die gelöschten Wörter über die jeweiligen inhaltlichen Zusammenhänge zu rekonstruieren. Bei einer etwas einfacheren Alternative ersetzen Sie schwierige Originalbegriffe, die Sie markiert haben, durch die deutschen Wörter, die Sie zuvor beim Übersetzen des Artikels finden konnten, und lassen sich ein bisschen Zeit, bis Sie die Begriffe wieder in die entsprechende Fremdsprache zurückübersetzen. Damit erleichtern Sie es Ihrem Kurzzeitgedächtnis, vormals unbekannte Vokabeln im Textzusammenhang in den Langzeitspeicher zu übertragen.

Nun prüfen Sie Ihre Gedächtnisleistung, indem Sie den ausgefüllten Lückentext mit dem Originalartikel vergleichen. Wenn Sie wollen, können Sie in einem letzten Übungsschritt alle fremdsprachlichen Wörter, die Ihnen zuvor unbekannt waren, auf Karteikarten festhalten und die passende Übersetzung auf der Rückseite notieren. Solche Karteikartensysteme eignen sich hervorragend dazu, Begriffe aus einer anderen Sprache im Langzeitspeicher zu verankern.

Vokabellernen mit Karteikarten und regelmäßigen Wiederholungen

Vor allem wenn es Ihnen liegt, Ihre Fremdsprachenkenntnisse systematisch zu erweitern, empfehlen sich Karteikarten, auf deren Vorderseite das Originalwort und auf deren Rückseite die Übersetzung ins Deutsche – oder die verschiedenen Bedeutungen eines Begriffs – geschrieben wird.

Der sogenannte Lerntransfer, die Übertragung von Wissen auf andere inhaltliche Varianten, funktioniert häufig besonders gut, wenn Sie Lernvorgänge und entsprechende Methoden immer wieder verändern. Sie können zum Beispiel die Reihenfolge von Vokabellisten variieren und fremdsprachliche Wörter in verschiedenen Zusammenhängen anwenden. Manche Experten empfehlen sogar, an unterschiedlichen Plätzen zu lernen, weil ein wiederholter Ortswechsel angeblich dabei hilft, das Gelernte später auf verschiedene Alltagssituationen zu übertragen.

Falls Sie gerne mit Karteikarten oder Vokabellisten arbeiten, sollten Sie nicht vergessen, Ihre Aufzeichnungen in regelmäßigen Abständen durchzugehen. Häufig ist es dann nicht mehr nötig, für jedes schwierige Wort aus einer fremden Sprache eine passende Eselsbrücke zu finden, denn eine systematische Wiederholung des Gelernten führt mit der Zeit oft dazu, dass die vormals unbekannten Wörter sicher ins Langzeitgedächtnis übertragen werden. Fachleute sprechen hier von »Überlernen« und meinen damit, dass sich viele gewünschte Begriffe allein durch ihre häufige Verwendung automatisch im Langzeitspeicher verankern.

Beim Vokabellernen mit Karteikarten oder Listen empfehlen viele Wissenschaftler einen Zeitplan, der auf die Funktionsweise des menschlichen Gedächtnisses abgestimmt ist:

1. Erstmaliges Erlernen der neuen Wörter und ihrer Übersetzung ins Deutsche
2. Erste Wiederholung nach einigen Stunden
3. Zweite Wiederholung am nächsten Tag
4. Dritte Wiederholung nach einer Woche
5. Vierte Wiederholung ungefähr nach einem Monat
6. Fünfte und letzte Wiederholung nach drei bis sechs Monaten

Vielleicht erinnern Sie sich daran, dass das Kurzzeit- oder Arbeitsgedächtnis gleichzeitig fünf bis neun verschiedene Informationseinheiten – etwa Vokabeln – speichern und anschließend in den Langzeitspeicher übertragen kann. Mehr dazu finden Sie in Kapitel 3.

Falls Sie es vermeiden möchten, die Kapazität Ihres Kurzzeitgedächtnisses zu überfordern, ist es wenig sinnvoll, sich gleichzeitig fünfzehn neue Begriffe merken zu wollen. Am besten unterteilen Sie Ihr Lernpensum in »Pakete« mit höchstens neun unbekannten Wörtern und beschränken sich anfangs auf ein solches Paket pro Tag. Später haben Sie die Möglichkeit, deren Anzahl langsam zu erhöhen, wenn Sie immer wieder längere Erholungspausen einlegen und stets Ihre aktuellen Kräfte berücksichtigen. Falls Sie Vokabeln wiederholen, die Sie bereits kennen, können Sie sich jedoch, abhängig von Ihrer derzeitigen Leistungsfähigkeit, eine Anzahl von Begriffen vornehmen, die über dieser Grenze von neun Informationseinheiten liegt.

Neben Karteikarten und Wörterlisten helfen Ihnen vielleicht auch Klebezettel beim Erlernen des Grundwortschatzes einer fremden Sprache, die Sie, abhängig von der jeweiligen Bedeutung, in Ihrer Wohnung verteilen. Sie könnten zum Beispiel alle Begriffe, die sich um das Thema Essen drehen, am Kühlschrank befestigen, und alle Wörter, die mit Computernutzung zusammenhängen, auf Zetteln in der Nähe Ihres Rechners postieren. So erschließen Sie sich spielerisch zentrale fremdsprachliche Begriffe in deren »natürlichem Lebensraum«.

Von Muttersprachlern lernen

Wenn Sie sich mit einer neuen Fremdsprache beschäftigen, ist es sinnvoll, an einem Kurs teilzunehmen, damit Sie die grammatikalischen Grundlagen und die richtige Aussprache auf systematische Weise erlernen. Qualifizierte muttersprachliche Lehrer, die an einer Sprachschule arbeiten oder einen Volkshochschulkurs leiten, sind hier das Mittel der Wahl: Sie kennen ihre Herkunftssprache und deren Grammatik aus dem Effeff, und sie wissen, welche Fehler bei der Übertragung von Begriffen oder Satzkonstruktionen aus dem Deutschen in ihre Sprache besonders häufig auftreten.

Möglicherweise gelingt es Ihnen im Kontakt mit Muttersprachlern, Ihre Hemmungen abzubauen, eine Fremdsprache aktiv zu nutzen, die Sie bislang noch nicht so gut beherrschen. Das gilt für Sprachreisen mit einem Kursangebot, aber auch für einen Urlaub ohne Sprachkurs in einem Land Ihrer Wahl oder für Begegnungen mit Ausländern in Deutschland.

Wenn Sie jemanden kennenlernen, der aus dem Sprachraum kommt, den Sie sich gerade erschließen, sollten Sie daran denken, dass dieser Mensch Sie normalerweise nicht von selbst korrigieren wird, wenn Ihnen einmal eine bestimmte Formulierung missglückt. Das verbietet die Höflichkeit – es sei denn, Ihr Gesprächspartner ist gleichzeitig Ihr Sprachlehrer.

Auch wenn diese Vorgehensweise ein bisschen Mut erfordert – denn wer lässt sich schon gerne die eigenen Fehler zurückmelden –, können Sie Ihr Gegenüber ausdrücklich darum bitten, Ihnen jedes Mal Bescheid zu sagen, wenn er ein grammatikalisches, begriffliches, auf die Aussprache oder die Betonung bezogenes Problem wahrnimmt, und Sie anschließend freundlich zu korrigieren.

Das muss keineswegs sämtliche Begegnungen mit dem muttersprachlichen Bekannten betreffen, denn ein ständiges Fehler-Feedback kann Ihre Spontaneität und Ihre Motivation bei dem Versuch, Ihre Fremdsprachenkenntnisse durch aktives Anwenden zu erweitern, verringern.

Vielleicht beschränken Sie sich stattdessen bei solchen Treffen auf dreißig Minuten oder eine Stunde Gespräch mit zeitnahen Korrekturen und reden danach so, wie Ihnen der Schnabel gewachsen ist. Dieses Vorgehen bedarf jedoch einer klaren Absprache. Wenn Ihr Bekannter gleichzeitig seine eigenen Deutschkenntnisse verbessern will, können Sie ihm natürlich auch Hilfe auf Gegenseitigkeit anbieten. Dieses Vorgehen wird »Tandemlernen« genannt.

Fremdsprachliche Filme und Fernsehsendungen nutzen

Fremdsprachliche Fernsehprogramme und Filme in der Originalsprache unterstützen Sie dabei, Ihren Wortschatz natürlich zu erweitern.

Einige Spartensender wie Arte (deutsch-französisch) oder TV 5 Monde (französisch) bieten manchmal Filme mit deutschen Untertiteln an. Nachrichtenkanäle, unter anderem BBC World und CNN, zeigen englischsprachige Sendungen ohne Untertitel und empfehlen sich vor allem, wenn Sie bereits über entsprechende Grundkenntnisse verfügen. Im Satellitenprogramm finden sich zudem etliche kleine, kostenlose Sender aus verschiedenen Ländern, die in der jeweiligen Originalsprache ausgestrahlt werden, von Spanisch und Italienisch bis zu Arabisch oder Türkisch.

Seitdem sich DVDs und Blu-ray Discs durchgesetzt haben, gibt es neue, elegante Wege, die eigenen Fremdsprachenkenntnisse zu verbessern. Die meisten Spielfilme aus dem Ausland sind neben der deutschen Synchronfassung mit einer Originaltonspur und mit Untertiteln in verschiedenen Sprachen ausgestattet.

Diese technischen Möglichkeiten können Sie sich zunutze machen, sobald Sie eine bestimmte Fremdsprache halbwegs verstehen. Hier ist ein systematischer Aufbau sinnvoll, bei dem Sie Schritt für Schritt vorgehen:

1. Zunächst sehen Sie sich Filme in der Originalsprache mit deutschen Untertiteln an. Mit der Zeit müssen Sie sich wahrscheinlich nicht mehr so stark auf die Untertitel konzentrieren und gehen zur nächsten Schwierigkeitsstufe über.

2. Nun versuchen Sie sich an originalsprachlichen Spielfilmen mit einer Untertitelung in der gleichen Sprache, also zum Beispiel einem englischen Film mit englischen Untertiteln.

3. Erst wenn Sie problemlos der Handlung und den Dialogen folgen können, beschränken Sie sich auf Spielfilme im Originalton ohne Untertitelung.

Am besten steigern Sie den Schwierigkeitsgrad relativ langsam, um sich nicht zu überfordern. Vielen Menschen hilft es, eher spielerisch als übermäßig »verschult« an die Sache heranzugehen. Suchen Sie sich also auf jeden Fall Filme oder Fernsehsendungen aus, die Sie interessant finden.

Wenn Sie sich regelmäßig mit fremdsprachlichen Spielfilmen oder Fernsehprogrammen beschäftigen, werden sich sowohl Ihr Wortschatz als auch Ihre Kenntnis von Redewendungen und grammatikalischen Gepflogenheiten deutlich erweitern und auf alle Zusammenhänge übertragen lassen, bei denen der mündliche Ausdruck in der jeweiligen Sprache im Zentrum steht.

Fremdsprachliche Begriffe assoziativ erschließen

Manche Begriffe aus dem Grundwortschatz überschneiden sich bei vielen indogermanischen Sprachen, weil sie mehr oder weniger eng miteinander verwandt sind und außerdem etliche Wörter aus dem Lateinischen, manchmal auch aus dem Altgriechischen abgeleitet wurden.

Obwohl die Sprachen aus dem europäischen Kulturraum ziemlich unterschiedlich sein können, sind die meisten von ihnen sprachwissenschaftlich gesehen nicht sehr weit voneinander entfernt. Forscher fassen fast alle Sprachen Europas, die sich in und nach der Zeit der Völkerwanderung etabliert haben, einschließlich einiger asiatischer Sprachen unter der Bezeichnung »indogermanisch« zusammen. Hier-

bei ähneln sich nicht nur viele einfache Begriffe, sondern auch die Satzstrukturen und andere grammatikalische Eigenarten. Die einzigen Sprachen auf unserem Kontinent, die nicht zu dieser großen Gruppe gehören, sind Türkisch, Finnisch, Ungarisch und Baskisch.

Fremdsprachliche Vokabeln durch Assoziationen einprägen

Für diese Übung brauchen Sie neben einem Zettel nur 15 bis 30 Minuten Ruhe und Ungestörtheit. Ich stelle Ihnen fünf englische Begriffe vor, bei denen die Assoziationen nicht unbedingt auf der Hand liegen. Falls Sie sich lieber mit Vokabeln einer anderen Fremdsprache oder mit relativ unanschaulichen Fremdwörtern befassen wollen, können Sie andere Begriffe verwenden und sie durch wirksame Eselsbrücken in Ihrem Langzeitgedächtnis verankern.

1.	rollercoaster	Achterbahn
2.	tribe	Volksstamm
3.	handsome	gut aussehend
4.	to develop	entwickeln
5.	to reject	ablehnen

Wenn Sie nicht wissen, wie die Vokabeln ausgesprochen werden, suchen Sie zunächst in einem Wörterbuch nach der jeweiligen phonetischen Schreibweise. Danach überlegen Sie, welche Assoziation Ihnen helfen könnte, das erste englische Wort ins Deutsche zu übertragen und sich die Übersetzung längere Zeit zu merken. Solche Gedankenverbindungen beziehen sich häufig auf die Schreibweise oder den Klang des fremdsprachlichen Begriffs, der dann möglichst einprägsam mit seiner deutschen Bedeutung verknüpft wird. In vielen Fällen empfehlen sich ungewöhnliche Bilder oder kleine Geschichten, die Sie sich einige Male über mehrere Sekunden mit dem inneren Auge vorstellen (Visualisierung).

Nach einer kurzen Pause prüfen Sie die Stabilität Ihrer Eselsbrücke, indem Sie die deutsche Übersetzung mit einem Blatt Papier abdecken und Ihre Assoziation direkt vom englischen Originalwort ableiten. Falls Ihnen das nicht gelingen sollte, suchen Sie nach einer einprägsameren Gedächtnisstütze. Anschließend decken Sie den englischen Begriff mit Ihrem Zettel ab und stellen fest, ob Sie ihn durch die deutsche Übersetzung rekonstruieren können.

Erst wenn diese Vorgehensweise wirklich funktioniert, beschäftigen Sie sich mit dem nächsten Wortpaar der Vokabelliste. Nachdem Sie zu allen fünf Begriffen einprägsame Assoziationen gefunden haben, gehen Sie die vollständige Liste einige Male durch, wobei Sie abwechselnd die deutschen und die englischen Bedeutungen mit dem Blatt Papier abdecken.

Die Sprachverwandtschaft bringt einige Vorteile mit sich, denn Sie können viele Begriffe aus dem Deutschen auf andere germanische Sprachen wie Englisch, Niederländisch oder Schwedisch übertragen. Das erlaubt zahlreiche »natürliche« Assoziationswege beim Einprägen solcher Vokabeln, denn die deutsche Übersetzung liegt zum Teil auf der Hand: Zum Beispiel steht die englische Redewendung *so to say* neben einigen anderen Bedeutungen tatsächlich für »sozusagen«, und das plattdeutsche Dialektwort »Buddel« basiert auf dem englischen Begriff *bottle*.

Falls Sie in der Schule Lateinunterricht hatten, helfen Ihnen Ihre Kenntnisse möglicherweise beim Erlernen von romanischen Sprachen wie Italienisch, Spanisch, Französisch oder Portugiesisch, denn sie haben sich aus dem Lateinischen entwickelt. Außerdem gelingt es Ihnen vor diesem Hintergrund vielleicht, Fremdwörter und fremdsprachliche Begriffe mit lateinischen Wurzeln angemessen zu übersetzen.

Bestehende Sprachverwandtschaften verführen nicht selten dazu, Satzfolge-, Grammatik- oder Ausspracheregeln mehr oder weniger bewusst aus der Muttersprache in eine Fremdsprache zu übertragen – auch da, wo sich die Gepflogenheiten deutlich voneinander unterscheiden. Allgemein gilt die Faustregel, dass es bei größeren Sprachähnlichkeiten sinnvoll wäre, die bekannten Strukturen aus dem Deutschen an die Fremdsprache anzupassen. Wenn zwei Sprachen nur wenige Schnittmengen haben, bleibt einem nichts anderes übrig, als in einem längeren Lernprozess neue Sprachstrukturen aufzubauen.

Eine wichtige Voraussetzung, um sich die Schriftform von fremdsprachlichen Begriffen oder Redewendungen erfolgreich zu erschließen, ist die Kenntnis der jeweiligen Ausspracheregeln. Neben Sprachkursen oder Muttersprachlern aus dem Bekanntenkreis kann Ihnen hier auch die phonetische Schreibweise helfen, mit denen jedes »analoge« Wörterbuch ebenso ausgestattet ist wie manche Online-Lexika.

Es dauert im Allgemeinen eine Weile, bis man versteht, wie welches phonetische Zeichen in einem Wörterbuch ausgesprochen wird, vor allem, wenn es dafür keine deutsche Entsprechung gibt. Das trifft zum Beispiel auf das englische »th« und auf einige französischen Akzente zu, die etwa beim Wort *longue* (für »lang«) oder bei der zweiten Silbe von *trottoir* (für »Gehweg«) auftauchen. Doch mit der Zeit und nach ein bisschen Übung werden Sie diese Hürde problemlos meistern.

Bei eng verwandten Sprachen drängen sich viele Assoziationsmöglichkeiten fast schon auf, manchmal bezogen auf die Schreibweise, in anderen Fällen auf den Klang eines Wortes. Dass *bon* zum Beispiel der französische Begriff für »gut« ist, lässt sich hervorragend im Langzeitgedächtnis verankern, sobald man an das deutsch-französische Wort »Bonbon« denkt – in einigen deutschen Regionen sagen Kinder außerdem »Gutti« zu diesen beliebten Süßigkeiten.

Falls es trotzdem Unterschiede zwischen einem deutschen und einem fremdsprachlichen Begriff gibt, die nur schwer natürlich überbrückt werden können, empfiehlt es sich, eine subjektiv überzeugende Bedeutung zu konstruieren. Hier steht also das Prinzip der Eselsbrücke im Mittelpunkt. Zumindest so lange, bis Sie das entsprechende Wort der fremden Sprache so häufig gehört, gelesen oder angewandt haben, dass es zum festen Bestandteil Ihrer Langzeiterinnerungen gehört.

Ein Beispiel wäre der englische Begriff *glue,* der »Klebstoff« bedeutet und sich nicht aus der deutschen Sprache ableiten lässt. Wenn Sie sich jedoch vorstellen, dass Sie zwei Holzbretter mit einem *glühend heißen Kleber* zusammenfügen, haben Sie die beiden Wörter assoziativ nach dem Prinzip der Visualisierung aneinandergekoppelt und müssen sich nur noch merken, dass *glue* und die erste Silbe von »glühend« etwas unterschiedlich ausgesprochen werden.

Das Gleiche gilt für viele eher unanschauliche Begriffe aus verschiedenen Sprachen; etwa für das Wort *el corazón,* spanisch für »Herz«. Hier könnten Sie sich zum Beispiel eine gewisse *Cora* vorstellen, die an einem *Son*ntag das Herz eines jungen Spaniers gebrochen hat – zumindest wenn Sie selbst ein Herz haben für grenzenlosen Kitsch.

Zahlenreihen und Daten merken

14

In diesem Kapitel

- Kürzere Ziffernkombinationen mit der Jahreszahlenmethode im Gedächtnis behalten
- Das Zahl-Form-System und das Zahl-Reim-System für längere Ziffernreihen
- Telefonnummern und Jahrestage mit der Zahl-Wort-Methode merken
- Assoziieren, bis der Arzt kommt: die Tricks der Gedächtniskünstler

Nun beschreibe ich Ihnen einige Mnemotechniken, die gut dazu geeignet sind, Zahlenkombinationen wie Telefonnummern oder Kontoverbindungen, aber auch persönliche Daten wie Geburtstage oder Hochzeitstage erfolgreich im Langzeitspeicher zu verankern. Die geschilderten Methoden ähneln sich darin, dass aus abstrakten Ziffernreihen konkrete Bilder, Geschichten und Merksätze entstehen, die sich normalerweise deutlich besser abspeichern lassen als die ursprünglichen Informationen.

Bei der Jahreszahlentechnik unterteilen Sie relativ kurze Zahlenkombinationen, zum Beispiel eine PIN, in zweistellige Ziffern, die Sie mit historischen oder persönlichen Daten verbinden. Zwei weitere Methoden, das sogenannte Zahl-Form-System und das Zahl-Reim-System, helfen Ihnen mit etwas Übung dabei, längere Ziffernreihen wie Konto- oder Personalausweisnummern im Gedächtnis zu behalten.

Danach geht es um die Zahl-Wort-Methode, eine Mnemotechnik, die sich vielseitig einsetzen lässt und Sie dabei unterstützen kann, alle möglichen Ziffernkombinationen, zum Beispiel Telefonnummern, Geburts- oder Jahrestage, in den Langzeitspeicher zu übertragen. Zuletzt informiere ich Sie in einem Überblick, welche Methoden Gedächtnissportler verwenden, um sich mehr oder weniger zufällige Reihenfolgen von Spielkarten, Begriffen oder Zahlenreihen zu merken.

Manche Menschen haben ein so gutes Erinnerungsvermögen für Ziffernfolgen, dass sie Telefonnummern, Kontoverbindungen oder Supermarktpreise schnell abspeichern, nachdem sie sie zum ersten Mal gesehen oder gehört haben. Andere bevorzugen es, solche Zahlenreihen so oft zu lesen und zu nutzen, bis sie sie auswendig können

(»Überlernen«), auch wenn das oft relativ lange dauert. Falls Sie zu diesem Personenkreis gehören, brauchen Sie eigentlich keine spezielle Mnemotechnik zum Einprägen von Ziffernkombinationen. Andernfalls hilft Ihnen vielleicht die eine oder andere Gedächtnisstütze, um aus unanschaulichen Zahlenfolgen konkrete Bilder, kleine Geschichten oder Merksprüche zu machen.

Da es erfahrungsgemäß eine Weile dauert, sich eine Ziffern-Mnemotechnik zu erarbeiten, empfehle ich Ihnen, sich auf eine Auswahl von einer oder höchstens zwei Methoden zu beschränken, die ich Ihnen in diesem Kapitel erkläre, und zu berücksichtigen, dass Sie geduldig mit sich sein sollten, bis Sie sich an die jeweilige Herangehensweise gewöhnt haben. Denn Sie können erst dann wirklich von einer Merktechnik profitieren, wenn Sie sie sozusagen im Schlaf beherrschen.

Die Jahreszahlentechnik für kürzere Ziffernfolgen

Vielleicht erinnern Sie sich daran, dass das Kurzzeit- oder Arbeitsgedächtnis, eine wichtige Vorstufe für das dauerhafte Abspeichern von Informationen im Langzeitgedächtnis, gleichzeitig nicht mehr als fünf bis neun Fakten behält (mehr dazu finden Sie in Kapitel 3). Das gilt auch für Zahlenreihen, doch in diesem Fall können Sie Ihren Kurzzeitspeicher durch einen kleinen Trick etwas erweitern, indem Sie aus mehreren Ziffern eine einzige Zahl machen. Auch in diesem Fall werden Sie sich nicht mehr als fünf bis neun Informationen gleichzeitig merken. Doch eine solche Einheit besteht dann eben nicht mehr aus einer Ziffer, sondern sie enthält eine Kombination aus zwei oder drei Zahlen.

Ein Beispiel: Die Ziffernfolge **1, 5** lässt sich lesen und abspeichern als »eins, fünf«, also als zwei unterschiedliche Zahlen. Doch es ist deutlich eleganter und schont das Kurzzeitgedächtnis, sich die Ziffern im Zusammenhang (fünfzehn) einzuprägen.

Die Grundlagen der Jahreszahlenmethode

Dieses Prinzip können Sie sich zunutze machen, wenn Sie eine relativ einfache Mnemotechnik ausprobieren möchten, bei der Sie zweistellige Zahlen assoziativ mit geschichtlichen Ereignissen verknüpfen, die für Sie eine Bedeutung haben.

Die sogenannte Jahreszahlenmethode ist gut dazu geeignet, einen vierstelligen PIN-Code (PIN steht in der deutschen Übersetzung für »Persönliche Identifikationsnummer«), etwa Ihre EC-Karten-Geheimzahl, im Langzeitgedächtnis zu verankern, ohne dass Sie dabei auf Notizen zurückgreifen müssten, die in manchen unangenehmen Fällen nicht lange geheim bleiben.

Die Jahreszahlen-Mnemotechnik eignet sich durchaus auch für längere Ziffernkombinationen, etwa Ihre Kontonummer, doch ich würde Ihnen empfehlen, sie zunächst an einer vierstelligen Zahl auszuprobieren und zu prüfen, ob Ihnen diese Herangehensweise liegt.

Andere, etwas aufwendigere Merkmethoden, die ich Ihnen später vorstelle, lassen sich häufig besser auf lange Ziffernreihen übertragen. Dazu gehört unter anderem das sogenannte Zahl-Form-System und das Zahl-Reim-System, Techniken, bei denen Sie die Ziffern von 0 bis 9 mit einprägsamen Objekten oder Reimwörtern verknüpfen.

Die Zahl-Wort-Methode, die ich ebenfalls im Verlauf dieses Kapitels beschreibe, können Sie sogar fast ohne natürliche Grenzen anwenden, wenn Sie lange Ziffernkombinationen wie Festnetz- oder Handynummern sicher im Langzeitgedächtnis verankern wollen. Hierbei geht es darum, Zahlen in Buchstaben zu verwandeln und daraus mehr oder weniger sinnvolle Sätze mit festgelegten Anfangsbuchstaben zu basteln, die jeweils einer Ziffer von 0 bis 9 (oder, bei einer anderen Variante, von 0 bis 12) entsprechen.

Die Jahreszahlenmethode beruht auf dem Prinzip, eine Zahlenfolge in zweistellige Ziffern zu unterteilen und sie mit einem subjektiven Sinn zu versehen. Wegen dieses Aufteilungssystems empfiehlt es sich, dabei auf Zahlenreihen zurückzugreifen, deren Anzahl sich durch 2 teilen lässt.

Die entstehenden Doppelziffern verbinden Sie mit Daten aus dem 20. Jahrhundert, die für Sie eine bestimmte Bedeutung haben, wobei Sie die »19« (zum Beispiel von »1955« oder »1978«) weglassen. Wenn Sie Lust haben, können Sie dieses Prinzip auch auf die ersten Jahre des neuen Jahrtausends übertragen. Dabei verzichten Sie auf die »20« (etwa von »2002« oder »2011«) und beschränken sich ebenfalls auf die dritte und vierte Stelle der Jahresangabe.

Allerdings sollten Sie in diesem Fall darauf achten, Verwechslungen zu vermeiden: Wenn Sie den Beginn des 21. Jahrhunderts einbeziehen möchten, verzichten Sie stattdessen auf die ersten Jahreszahlen des 19. Jahrhunderts (also »2000« bis »2011« statt »1900« bis »1911«).

Danach verbinden Sie die zweistelligen Ziffernkombinationen mit Jahreszahlen, die Ihnen etwas bedeuten. Dafür können Sie, abhängig von Ihren Vorlieben, historische Daten ebenso verwenden wie wichtige Ereignisse aus Sport und Kultur, persönliche Erfahrungen oder das Geburtsjahr eines Verwandten.

Die Jahreszahlenmethode anwenden

Das klingt komplizierter, als es ist. Angenommen, Sie wollen sich die Zahlenfolge **9 0 3 2** einprägen – vielleicht ist das Ihre EC-Karten-Geheimnummer, oder die Ziffern entsprechen den ersten vier Stellen Ihrer Kontonummer.

In Jahreszahlen umgewandelt sind das die Daten »**90**« (also eigentlich »19**90**«) und »**32**« (also »19**32**«).

Was fällt Ihnen zu diesen Jahreszahlen ein? Politisch Interessierte werden bei »(19)90« vermutlich an die deutsche Wiedervereinigung denken, Sportfans wahrscheinlich an die letzte gewonnene Fußball-Weltmeisterschaft. Möglicherweise assoziieren Sie aber auch ein privates Lebensereignis mit diesem Jahr, zum Beispiel die Geburt Ihres Kindes oder den betrüblichen Tod Ihrer Katze. Ihr erster spontaner Einfall ist hier besonders wichtig, denn Sie wollen ja später über Ihre Jahreszahleneselsbrücke zuverlässig die zweistellige Ziffernfolge abrufen.

Bei »(19)**32**« sind Ihre Kreativität und Ihre Fantasie etwas stärker gefordert, denn Sie haben diesen Zeitraum ja nicht selbst erlebt, zumindest nicht als Erwachsener. Aber vielleicht wurde ja Ihr Opa (oder Ihre Mutter) in dem Jahr geboren oder Sie denken daran, dass dieses Jahr das letzte vor Hitlers Machtergreifung war.

Bei manchen Jahreszahlen kann es eine Weile dauern, bis einem etwas »Merk-Würdiges« einfällt, und mitunter dürfte Ihnen wenig anderes übrig bleiben, als eine Hilfskonstruktion wie »drei Jahre vor dem Zweiten Weltkrieg« oder »ein Jahr, bevor meine Familie aus Schlesien geflüchtet ist« zu verwenden.

Manche Ziffernkombinationen sind so einprägsam, dass es nur selten erforderlich ist, eine Eselsbrücke als Gedächtnisstütze zu nutzen. Dazu gehören unter anderem Zahlen, die nacheinander doppelt oder häufiger vorkommen, wie »**33**« oder »**777**«, Ziffernfolgen, die sich wiederholen (etwa »**4 2 4 2**«), aber auch Zahlenkombinationen, die sich durch einfache Gleichungen im Rahmen der Grundrechenarten ergeben: Eine Viererzahl wie »**2 4 3 6**« können Sie sich zum Beispiel merken, indem Sie sich klarmachen, dass $4 \times 6 = \mathbf{24}$ und $6 \times 6 = \mathbf{36}$ ist. Anschließend müssen Sie sich nur noch in Erinnerung rufen, dass

Ihre Geheimnummer wie von selbst entsteht, wenn Sie 4 × 6, gefolgt von 6 × 6 ausrechnen.

Die Jahreszahlenmethode mit einer vierstelligen Ziffernkombination einüben

Wenn es Sie interessiert, die Jahreszahlentechnik zu trainieren, brauchen Sie neben einem Zettel nur ein paar ruhige und ungestörte Minuten.

Zunächst unterteilen Sie die folgende Pseudogeheimnummer in zweistellige Ziffern.

4 9 8 3

Natürlich können Sie stattdessen auch eine reale Zahlenkombination verwenden, die Sie sich einprägen möchten, wobei Sie nur darauf achten sollten, dass sich die Anzahl der Ziffern durch 2 teilen lässt.

Dann überlegen Sie, welche subjektiven Assoziationen sich bei Ihnen mit den Jahreszahlen (19)**49** und (19)**83** verknüpfen. Solche Eselsbrücken können sich auf verschiedene Ereignisse beziehen, zum Beispiel Geschichte oder Familiengeschichte, Sport, Kultur oder Ereignisse aus Ihrem Privatleben.

Sobald es Ihnen gelungen ist, die vierstellige Ziffernkombination erfolgreich in zweistellige Jahreszahlen zu verwandeln, mit denen Sie etwas Einprägsames verbinden, legen Sie eine kleine Pause ein und decken die Ziffern mit einem Blatt Papier ab.

Danach prüfen Sie die Festigkeit und die richtige Reihenfolge Ihrer Assoziationen, indem Sie sie mehrmals mit geschlossenen Augen durchgehen und dabei die ursprünglichen Zahlen rekonstruieren. Falls sich eine Gedächtnisstütze als wenig effektiv erweisen sollte, denken Sie über eine gute Alternative nach und versuchen es mit der neuen Eselsbrücke noch einmal.

Zwei bewährte Mnemotechniken für längere Zahlenreihen

Die Jahreszahlenmethode eignet sich eher für kurze als für längere Ziffernkombinationen. Das liegt daran, dass Sie für jede zweistellige Zahl eine Assoziation finden müssen, die sich auf eine Jahreszahl bezieht, mit der Sie etwas Einprägsames verbinden. Außerdem funktioniert dieses System nur, wenn sich die Anzahl der Ziffern einer Zahlenreihe durch 2 teilen lässt.

Die Mnemotechniken, die ich Ihnen nun beschreibe, können Sie für lange Ziffernkombinationen wie Ihre Konto- oder Ihre Personalausweisnummer nutzen. Das sogenannte Zahl-Form-System verwendet visuelle Anker für die Ziffern von 0 bis 9, während Ihnen das Zahl-Reim-System verbale Anknüpfungspunkte für einstellige Zahlen zur Verfügung stellt, die Sie in der richtigen Reihenfolge zu kleinen, anschaulichen Geschichten ausbauen.

Wenn optische Gedächtnisstützen zu Ihren Erinnerungsstärken gehören, empfiehlt sich das Zahl-Form-System. Falls Sie jedoch eher zu wortorientierten Assoziationen neigen, verwenden Sie das Zahl-Reim-System oder eine andere Technik, die ich Ihnen später vorstelle, die sogenannte Zahl-Wort-Methode.

Die Grundlagen des Zahl-Form-Systems

Da es für die meisten Menschen einfacher ist, sich konkrete Bilder zu merken als eine Reihe von Ziffern, geht es beim Zahl-Form-System zunächst darum, jede Ziffer von 0 bis 9 mit einem (oder mehreren) eindeutigen optischen Symbolen zu verknüpfen (Visualisierung). Die Methode eignet sich also besonders gut für Personen, denen es schnell gelingt, optische Elemente aufzunehmen und aus dem Langzeitgedächtnis abzurufen (visueller Lerntyp).

Es dauert normalerweise eine Weile, bis Sie diese Herangehensweise automatisiert haben, doch wenn Sie sich an die Verbindung von Ziffern mit bestimmten Bildern gewöhnt haben, können Sie die Zahl-Form-Mnemotechnik auf alle Bereiche übertragen, bei denen Ziffernreihen im Mittelpunkt stehen.

Danach basteln Sie aus den Zahlbildern eine kleine Anekdote, in der die Ziffern, die Sie zuvor in optische Symbole verwandelt haben, in der passenden Reihenfolge miteinander verbunden werden. Viele dieser Geschichten wirken auf den ersten Blick – und manchmal auch auf den zweiten oder dritten – ziemlich sinnlos, doch das Langzeitgedächtnis speichert ungewöhnliche und überraschende Assoziationen häufig besonders nachhaltig.

Nun gehen Sie die Verknüpfungen einige Male mit geschlossenen Augen durch und rekonstruieren die ursprünglichen Daten. Falls sich eine Assoziation, die Sie gefunden haben, als wenig einprägsam erweist, suchen Sie nach einer besseren und wiederholen den Merkvorgang so lange, bis die Sache wirklich funktioniert.

Ich stelle Ihnen für jede Ziffer von 0 bis 9 mehrere visuelle Gedächtnisstützen vor. Sie können sich auf jeweils eine Assoziation pro Zahl beschränken, die

Ihnen subjektiv überzeugend erscheint, denn das dauert nicht sehr lange und hat zudem den Vorteil größerer Eindeutigkeit. Doch in diesem Fall müssen Sie bei Ziffern, die sich nacheinander wiederholen – zum Beispiel »**1 1**« – das entsprechende Symbol, etwa eine Kerze, die aussieht wie eine 1, mehrfach verwenden (»zwei Kerzen«) und in dieser Form in Ihre Fantasie-Anekdote einbauen.

Bei unterschiedlichen Bildern, die sich mit einer bestimmten Zahl verknüpfen (das Aussehen der Ziffer 1 entspricht dann einer Kerze, aber auch einem Bleistift, einem Gehstock und einem Baum), sind Sie, was den Visualisierungsprozess betrifft, ziemlich flexibel, denn Sie können die kleinen Geschichten in Ihrer Vorstellung mit verschiedenen Symbolen versehen, von denen einige für die Ziffer »1« stehen, andere für »2«, und so weiter. Diese Herangehensweise zu erlernen, dauert jedoch länger als bei der einfacheren Variante mit einem Bild für jede Zahl.

Hier nun einige Vorschläge für mögliche visuelle Assoziationen zu den Ziffern von 0 bis 9, die sich an der optischen Form oder der Bedeutung der jeweiligen Zahl orientieren und die Sie bei Bedarf durch eigene Einfälle ergänzen oder ersetzen können:

0 entspricht einer Kugel, einem Ball, einem Sack oder einer Orange.

1 entspricht einer Kerze, einem Einhorn, einem Zyklopen, einem Pfosten, einem Bleistift, einem Gehstock oder einem Baum.

2 entspricht Zwillingen, einer Ente, einem Schwan, einer Gans oder einem spritzenden Wasserschlauch (wobei sich die letzten vier Begriffe an die gebogene Form der genannten Objekte anlehnen, die mit viel Fantasie an die Form einer 2 erinnern).

3 entspricht einem Dreirad, einem Dreizack, einem dreibeinigen Hocker oder einem alten Mann mit Stock.

4 entspricht einem Glückskleeblatt, einem Hund (Vierbeiner), einem Tisch mit vier Beinen oder einem Auto mit vier Reifen.

5 entspricht einer Hand (fünf Finger), einer schwangeren Frau (deren Körperform mit etwas Fantasie an die Form der Zahl 5 erinnert) oder einem Geschirrtuchhaken (dessen Aussehen Assoziationen zur Form dieser Ziffer auslösen kann).

6 entspricht einer Ameise (sechs Beine), einem Würfel (sechs Seiten), einer Kirsche mit Stiel (deren Form der Zahl 6 ähnelt) oder einer Pfeife (deren Aussehen ebenfalls an diese Ziffer erinnert).

7 entspricht den sieben Zwergen aus dem Märchen, einem Siebenschläfer, einer Fahne (Formähnlichkeit) oder einer Angel (deren Aussehen an die Form dieser Zahl denken lässt).

8 entspricht einer Achterbahn, einer Spinne (acht Beine), einer Sanduhr (Formähnlichkeit), einer Brezel oder einer Brille (jeweils vergleichbare Formen).

9 entspricht Kegeln (»alle Neune«), einer Kaulquappe (Formähnlichkeit), einem neunmalklugen Kind oder einer Katze (die Sie jedoch wegen der Verwechslungsgefahr mit dem Hund als Eselsbrücke für die Ziffer 4 sich nicht als Vierbeiner vorstellen, sondern dabei lieber an die sprichwörtlichen »neun Leben« dieses Haustiers denken sollten).

Ziffernfolgen mit dem Zahl-Form-System merken

Wenn Sie Lust haben, das Zahl-Form-System auszuprobieren, um festzustellen, ob Ihnen diese Mnemotechnik zusagt, schreiben Sie zunächst für jede Ziffer von 0 bis 9 eine – oder mehrere – visuelle Assoziationen auf, die Sie überzeugend finden, wobei Sie sich auch an der oben stehenden Liste orientieren können.

Danach lernen Sie diese Eselsbrücken auswendig, indem Sie abwechselnd die Zahlen und die bildlichen Assoziationen mit einem Blatt Papier abdecken, um zuverlässig von der Ziffer auf die Gedächtnisstütze zu kommen, und wieder zurück. Das wird erfahrungsgemäß eine Weile dauern.

Nun verknüpfen Sie die Symbolbilder in der gewünschten Reihenfolge der Ziffern zu einer kleinen, anschaulichen Fantasie-Anekdote. Wenn Sie wollen, können Sie, abhängig davon, welche Art von Zahlenfolge Sie sich einprägen möchten, eine zusätzliche Eselsbrücke einbauen, die Sie an den Zweck der Ziffernreihe erinnert – am besten, um das Risiko von Verwechslungen zu verringern, am Beginn Ihrer Geschichte.

Falls Sie planen, sich Ihre Kontonummer durch visuelle Symbolfolgen zu merken, fangen Sie die entsprechende Fantasie-Anekdote vielleicht mit einem Bild an, bei dem Sie selbst vor dem Geldautomaten stehen, gefolgt von den Verknüpfungen der optischen Symbole mit den passenden Zahlen. Wenn Sie hingegen die Rufnummer eines guten Freundes im Langzeitgedächtnis verankern wollen, denken Sie zunächst daran, wie dieser Freund zu Hause (oder, sollte es um seine Mobilfunknummer gehen, mit seinem Handy) telefoniert, und machen ihn dann zum Protagonisten Ihrer kleinen Geschichte. Hier ist Ihre Kreativität gefragt.

Hier ein Beispiel zur Erläuterung des Zahl-Form-Systems, wobei ich mich der Einfachheit halber auf jeweils ein Bildsymbol pro Ziffer beschränke:

Angenommen, Sie möchten sich Ihre neue Telefonnummer einprägen. Es geht darum, die Zahlenfolge

4 1 6 6 5 8 3

durch die visuellen Symbole, die Sie den Ziffern zuvor zugeordnet haben, zu einer anschaulichen, überraschenden Fantasie-Anekdote zu machen, über die Sie die Zahlen später problemlos aus dem Langzeitspeicher abrufen können.

Vielleicht kommt dabei diese kleine Geschichte heraus:

»Nachdem ich zu Hause einen Anruf entgegengenommen habe [Anmerkung: So ist sofort klar, dass es sich um Ihre neue Festnetznummer handelt], spaziere ich durch einen nahe gelegenen Park. Ein Hund (Ziffer **4**) springt einem Einhorn (Ziffer **1**) hinterher. Während ich erstaunt dieses ungewöhnliche Bild betrachte, bemerke ich, dass sich zwei Ameisen (Doppelziffer **6**) auf meine Hand (Ziffer **5**) gesetzt haben. Im Park bauen Schausteller eine Achterbahn (Ziffer **8**) auf, und ein kleiner Junge, der auf seinem Dreirad (Ziffer **3**) sitzt, schaut fasziniert in diese Richtung.«

Die Grundlagen des Zahl-Reim-Systems

Das sogenannte Zahl-Reim-System zum Einprägen längerer Ziffernreihen ähnelt dem Zahl-Form-System. Alle Zahlen von 0 bis 9 werden assoziativ und eindeutig mit Symbolen verbunden, aus denen dann eine Fantasiegeschichte entsteht, die sich normalerweise deutlich besser im Langzeitgedächtnis verankert als die ursprüngliche, abstrakte Ziffernkombination.

Anders als beim Zahl-Form-System geht es beim Zahl-Reim-System nicht um Symbole, die an die einzelnen Ziffern erinnern, sondern um Wörter, die sich auf die Zahlen von 0 bis 9 reimen. Diese Methode ist also besonders für Menschen geeignet, die einen guten Bezug zu verbalen Informationen haben und denen es schnell gelingt, sich kleine Reime zu merken.

Auch das Zahl-Reim-System erfordert eine längere Vorbereitungszeit, bevor Sie die entsprechende Mnemotechnik sozusagen im Schlaf beherrschen: Erst müssen Sie die Reime, die sich mit den einzelnen Ziffern verknüpfen, auswendig lernen. Danach lässt sich diese Methode für alle möglichen Situationen nutzen, bei denen Zahlenreihen im Mittelpunkt stehen, zum Beispiel für Ihre Personalausweisnummer, für wichtige Kontoverbindungen oder für die Telefonnummern Ihrer Angehörigen.

Das Zahl-Form-System zum Verankern von Zahlenreihen

Wenn es Sie interessiert, können Sie das Zahl-Form-System selbst ausprobieren und dabei feststellen, ob Ihnen diese Mnemotechnik zusagt. Dazu brauchen Sie nur einen Zettel und bis zu 30 Minuten, in denen Sie ungestört sind.

Eine wichtige Voraussetzung wäre, dass Sie zuvor die Formsymbole, die sich auf die Ziffern von 0 bis 9 beziehen, auswendig gelernt haben, was erfahrungsgemäß eine Weile dauern wird. Entweder Sie beschränken sich auf jeweils ein Symbol pro Zahl (zum Beispiel »1« entspricht »Kerze«), oder Sie nutzen mehrere dieser Assoziationshilfen (etwa »1« steht für »Kerze«, »Einhorn«, »Zyklop«, »Pfosten«, »Bleistift«, »Gehstock« oder »Baum«). Danach verknüpfen Sie die Symbole, die Sie zuvor den Ziffern von 0 bis 9 zugeordnet haben, in der passenden Reihenfolge zu einer anschaulichen, überraschenden Fantasie-Anekdote.

Falls Sie Lust haben, versuchen Sie sich an dieser zehnstelligen Kontonummer:

9 8 3 1 0 2 5 6 7 4

Selbstverständlich können Sie auch Ihre tatsächliche Kontonummer – oder eine wichtige Telefonnummer, die Sie im Kopf behalten wollen – verwenden. In diesem Fall verbinden Sie Ihre Fantasiegeschichte am besten konkret mit dem entsprechenden Anlass. Etwa indem Sie, sollte es um die Rufnummer eines Freundes gehen, diesen Menschen zum Hauptdarsteller Ihrer Anekdote machen, oder indem Sie, wenn Ihre Kontonummer im Mittelpunkt steht, die entstehende Geschichte damit beginnen, dass Sie eine Filiale Ihrer Bank betreten.

Nun gehen Sie die Fantasie-Anekdote einige Male in Ihrer Vorstellung durch und prüfen die Festigkeit und Zuverlässigkeit Ihrer Gedächtnisstützen. Nach einer kleinen Pause decken Sie die Originalziffernreihe mit einem Blatt Papier ab und stellen fest, ob es Ihnen gelingt, die ursprünglichen Zahlen zu rekonstruieren, die Sie in der richtigen Reihenfolge von den jeweiligen Symbolen Ihrer kleinen Geschichte ableiten. Sollte sich eine Eselsbrücke als wenig einprägsam – oder als mehrdeutig – erweisen, wiederholen Sie den Vorgang mit einer angemessenen Variante.

Zunächst stelle ich Ihnen einige Ideen für holprige, aber wirksame Reimwörter zu allen einstelligen Ziffern vor, die Sie natürlich jederzeit nach Belieben ändern oder ergänzen können. Entweder Sie beschränken sich auf einen Reim pro Zahl, oder Sie variieren Ihre Fantasie-Anekdoten, indem Sie mehrere Reime verwenden, die sich den Ziffern auf eindeutige Weise zuordnen lassen.

Hier nun meine Reimwort-Vorschläge:

0 entspricht **Müll** oder einem **Pull**i.

1 entspricht einem B**ein** oder einem Schw**ein**.

2 (wegen der Gefahr einer Verwechslung mit der Zahl 3 sollte dieses Wort stets als »zwo« ausgesprochen werden) entspricht einem Z**oo** oder einem Kl**o**.

3 entspricht einem Br**ei** oder einem Schr**ei**.

4 entspricht einem St**ier** oder einem B**ier**.

5 entspricht S**ümpf**en oder Str**ümpf**en.

6 entspricht einer H**ex**e oder **Sex** (sexuelle Elemente koppeln sich sehr schnell an andere Reize – die Werbe-Industrie lebt davon).

7 entspricht einem **Sieb** oder Ihren **Lieben**.

8 entspricht einem Sch**acht** oder einer Y**acht**.

9 entspricht einer Sch**eun**e oder **Zäun**en.

Sollte sich eine Zahl im Anschluss wiederholen, etwa »**1 1**«, können Sie eines der entsprechenden Reimwörter doppelt in Ihre Fantasiegeschichte einbauen (zum Beispiel »ich bewege erst ein B**ein** und dann das andere B**ein**«), oder Sie verwenden beide Vorschläge für Reimwörter, die sich auf die gleiche Ziffer beziehen, hintereinander (etwa »ich hebe mein B**ein**, und plötzlich rennt ein Schw**ein** vorbei«).

Ziffernfolgen mit dem Zahl-Reim-System einprägen

Wenn Sie Lust haben, das Zahl-Reim-System auszuprobieren, besteht Ihre erste Aufgabe darin, jeweils ein bis zwei Reimwörter pro Ziffer auswendig zu lernen, was erfahrungsgemäß eine Weile dauern wird. Sie können sich dabei auf die Vorschläge aus dem vorangegangenen Abschnitt beziehen, aber natürlich auch Ihre eigenen Ideen verwenden.

Diese Reimassoziationen, die möglichst eindeutig sein sollten, schreiben Sie am besten auf einen Zettel. Dann decken Sie abwechselnd die Zahlen von 0 bis 9 und die entsprechenden Reimwörter ab, bis Sie die Eselsbrücken sicher aus Ihrem Langzeitgedächtnis abrufen können. Nun basteln Sie aus einer Ziffernkombination, die Sie sich merken wollen, eine Fantasie-Anekdote, bei der die Reimwörter für die Zahlen in der richtigen Reihenfolge miteinander verknüpft werden. Den Zusammenhang zum jeweiligen Thema – zum Beispiel die Person, auf die sich eine Telefonnummer bezieht – verankern Sie in Ihrem Langzeitspeicher, indem Sie ihn an den Beginn Ihrer kleinen Geschichte stellen.

Danach gehen Sie die Fantasie-Anekdote einige Male in Ihrer Vorstellung durch und prüfen dabei, ob alle Eselsbrücken sitzen. Bei Bedarf verändern Sie die Geschichte so lange, bis Sie sie erfolgreich aus dem Langzeitgedächtnis abrufen können. Zuletzt rekonstruieren Sie die ursprünglichen Daten, also die Zahlenfolge, indem Sie die Reimwörter in Ziffern »zurückübersetzen«.

Ein Beispiel, bei dem ich aus Gründen der Einfachheit jeweils nur eine Reimassoziation pro Zahl verwende. Angenommen, Sie möchten sich die neue Telefonnummer eines alten Freundes einprägen, nennen wir ihn Markus, und setzen diesen Freund deshalb an den Anfang Ihrer kleinen Anekdote.

Die Rufnummer lautet:

2 1 3 6 7 9 9

Vielleicht entsteht beim Nachdenken diese Merkgeschichte:

»Nachdem mein Freund Markus einen wichtigen Anruf bekommen hat, beschließt er, in den **Zoo** (Ziffer **2**, also »zwo«) zu gehen. Auf der Streichelwiese rennt ein schwarzes Schw**ein** (Ziffer **1**) an ihm vorbei, worauf ihm ein überraschter Sch**rei** (Ziffer **3**) entfährt, denn das Vieh erinnert ihn an eine H**exe** (Ziffer **6**). Wäre ich mit meinen **Lieben** (Ziffer **7**) hier, hätte ich mich bestimmt zusammengerissen, denkt er, als er bei zwei benachbarten Sch**eun**en (Doppelziffer **9**) wieder zur Ruhe kommt.«

Falls Sie das Zahl-Reim-System interessant finden und zunächst die Verknüpfungen von Ziffern und Reimwörtern auswendig gelernt haben, probieren Sie die Methode an der folgenden zehnstelligen Personalausweisnummer aus:

8 2 4 4 9 0 5 3 7 1

Als Alternative können Sie natürlich auch eine Zahlenkombination verwenden, die für Sie eine persönliche Bedeutung hat.

Die Zahl-Wort-Methode als Werkzeug für alle Ziffernreihen

Eine weitere Mnemotechnik zum Einprägen von Zahlenkombinationen eignet sich ebenfalls vor allem für Menschen, die Wörter schnell aus der Erinnerung abrufen können und Spaß an der kreativen Gestaltung von Merksätzen haben (verbaler Erinnerungstyp).

Diese Methode erfordert zwar eine recht zeitaufwendige Einarbeitungsphase, doch sie lässt sich für kurze bis sehr lange Ziffernreihen nutzen, bei denen das – ebenso verbal angelegte – Zahl-Reim-System oft an natürliche Grenzen stößt.

Zahl-Reim-Fantasie-Anekdoten, die eine gewisse Länge übersteigen, lassen sich nur schwer in Erinnerung behalten, außerdem ist die Anzahl von sinnvollen Reimassoziationen zu den einzelnen Ziffern vergleichsweise gering. Das schränkt den praktischen Anwendungsbereich dieser Technik bei langen Zahlenkombinationen etwas ein, denn die einzelnen Reimbilder wiederholen sich immer wieder, was manchmal zu Verwechslungen führen kann. Diese Anmerkung gilt übrigens auch für das Zahl-Form-System, bei dem sich die Ziffern mit visuellen Gedächtnisstützen verknüpfen.

Die Grundlagen des Zahl-Wort-Systems

Beim Zahl-Wort-System werden die einzelnen Ziffern zunächst in Buchstaben verwandelt. Für den ersten Schritt dieser Methode sollten Sie sich hinreichend Zeit lassen: Sie lernen die gewünschten Verbindungen von Zahlen und Buchstaben auswendig. Danach verankern Sie jede Ziffernkombination, die Sie sich langfristig merken wollen, in Ihrem Gedächtnis, indem Sie einen mehr oder – zumeist – weniger sinnvollen Satz bilden, bei dem der Anfangsbuchstabe jedes Wortes für eine bestimmte Zahl steht.

Dieser Satz sollte allerdings in formaler Hinsicht halbwegs den Gepflogenheiten der deutschen Sprache entsprechen, damit Sie gute Chancen haben, ihn in Erinnerung zu behalten. Dabei können Sie jederzeit auf ein Lexikon oder ein Online-Wörterbuch zurückgreifen, denn die Methode fordert – und fördert – Ihre Kreativität.

Sobald Sie den entstandenen Satz sicher aus Ihrem Langzeitgedächtnis abrufen können, rekonstruieren Sie die ursprünglichen Ziffern mithilfe der Anfangsbuchstaben aller Wörter in der richtigen Reihenfolge. Dieses Verfahren erfordert viel Übung, doch wenn Ihnen das Zahl-Wort-System in Fleisch und Blut überge-

gangen ist, können Sie es problemlos auf alle Bereiche übertragen, bei denen es um Ziffernkombinationen geht.

Was die Verknüpfung von Zahlen und Buchstaben betrifft, empfehle ich Ihnen, sich am Alphabet zu orientieren. Ich stelle Ihnen ein Schema zur Verfügung, bei dem die Buchstaben, aus denen Sie später vollständige Merksätze bilden, der Reihenfolge des Alphabets entsprechen, wobei ich die Buchstaben C und J weglasse, da es in der deutschen Sprache vergleichsweise wenig Wörter gibt, die mit diesen Anfangsbuchstaben beginnen.

Nach den Buchstabenassoziationen zu den Ziffern von 0 bis 9 ergänze ich diese Herangehensweise durch die Zahlen von 10 bis 12, denn das Zahl-Wort-System eignet sich auch gut dazu, persönliche Daten wie Geburts- oder Jahrestage in Erinnerung zu behalten. Die Buchstaben für die Ziffern von 10 bis 12 sind dabei für die Monate von Oktober (zehnter Monat des Jahres) bis Dezember (zwölfter Monat des Jahres) reserviert.

Hier nun die Buchstaben-Gedächtnisstützen für alle Zahlen von 0 bis 12:

0	entspricht	**A**
1	entspricht	**B**

(Der Buchstabe C entfällt, da es nur wenige Wörter gibt, die mit diesem Anfangsbuchstaben beginnen.)

2	entspricht	**D**
3	entspricht	**E**
4	entspricht	**F**
5	entspricht	**G**
6	entspricht	**H**
7	entspricht	**I**

(Der Buchstabe J entfällt, da es nur wenige Wörter gibt, die mit diesem Anfangsbuchstaben beginnen.)

8	entspricht	**K**
9	entspricht	**L**
10	entspricht	**M**
11	entspricht	**N**
12	entspricht	**O**

Ziffernfolgen mit dem Zahl-Wort-System einprägen

Um die Zahl-Wort-Methode zu nutzen, sollten Sie zunächst die gewünschten Verbindungen von Ziffern und Buchstaben auswendig lernen, indem Sie abwechselnd die Zahlen und die Buchstaben mit einem Blatt Papier abdecken und die jeweils fehlenden Informationen aus der Erinnerung abrufen – genauso wie Sie es machen würden, wenn Sie sich neue Vokabeln einer Fremdsprache mit der Hilfe von Karteikarten einprägen wollen. Diesen Vorgang wiederholen Sie so lange, bis Sie die Verknüpfungen sicher in Ihrem Langzeitgedächtnis gespeichert haben.

Da es erfahrungsgemäß ziemlich viel Mühe erfordert, bis jemand ungewohnte Verbindungen wie »**0** bedeutet **A**« oder »**E** steht für **3**« auswendig gelernt hat, können Sie, falls Sie das Zahl-Wort-System ausprobieren möchten, eine Liste mit den geplanten Ziffern-Buchstaben-Verknüpfungen auf Ihren Schreibtisch legen. Wenn Sie beim Üben immer wieder auf Ihren Zettel blicken, wird es zwar vermutlich länger dauern, bis es Ihnen zuverlässig gelingt, alle Zahl-Buchstaben-Anker aus der Erinnerung abzurufen, doch diese Vorgehensweise ist normalerweise weniger anstrengend als das systematische »Einpauken« der Verbindungen von Ziffern und Wort-Anfangsbuchstaben.

In einem zweiten Schritt notieren Sie die Zahlenkombination, die Sie sich merken wollen, auf einem Blatt Papier. Darunter schreiben Sie die passenden Buchstaben. Dabei können Sie, wenn es nicht um Jahrestage oder andere Ereignisse mit Monatsangaben, sondern um gewöhnliche Ziffernreihen geht, sich auf die Buchstaben beschränken, die für die Zahlen von 0 bis 9 stehen.

Angenommen, Sie möchten sich die Handynummer einer Freundin einprägen – nennen wir sie Susanne. Die Rufnummer lautet:

0 8 0 1 7 3 3 9 4 2

Unter die Telefonnummer, die Sie sich merken wollen, schreiben Sie die passenden Buchstaben, also:

0 8 0 1 7 3 3 9 4 2

A K A B I E E L F D

Aus den Buchstaben, die den gewünschten Ziffern in der richtigen Reihenfolge entsprechen, basteln Sie einen Satz, der formal einigermaßen korrekt ist und bei dem jeder Buchstabe zum Anfangsbuchstaben eines Wortes wird. Hier ist Ihre Kreativität gefragt. Sie können auch ein Lexikon oder ein Online-Wörterbuch als Inspirationsquelle verwenden.

Da Sie im späteren Verlauf der Übung nicht vergessen möchten, auf wen sich der Buchstaben-Zahlencode bezieht, setzen Sie einfach den Namen Ihrer Freundin, »Susanne«, an den Anfang des entstehenden Merkspruchs.

Falls es um Ihre Kontonummer gehen sollte, können Sie den gewünschten Merksatz mit dem Wort »Banken« oder »Bankautomaten« beginnen lassen. Hier empfiehlt sich die Mehrzahl, denn ein Satz, der mit dem Wort »Bank« – oder »Bankautomat« – anfängt, lässt sich nach den Gepflogenheiten der deutschen Sprache nicht gut weiterführen.

Mit ein bisschen Training werden Ihnen vermutlich viele Möglichkeiten einfallen, den Anlass der jeweiligen Ziffernfolge in Ihre Merksprüche einzubauen – am besten, um Verwechslungen auszuschließen, stets zu Beginn des Zahlen-Buchstaben-Codes.

Aus dem Namen Ihrer Freundin und der Ziffernreihe ihrer Handy-Verbindung entsteht dann vielleicht nach längerem Nachdenken dieser Satz: »Susanne **a**rbeitet **k**reativ **a**n **b**unten, **i**nnovativen **E**rgebnissen **e**ines **l**angen **f**arbigen **D**aches.«

Fast alle Merksprüche, die so entstehen, sind mehr oder weniger absurd. Das sollte Sie jedoch nicht abschrecken, denn ungewöhnliche, erstaunliche oder absurde Bilder – oder Satzkonstruktionen – lassen sich besonders leicht im Langzeitgedächtnis verankern und später wieder aus der Erinnerung abrufen.

Wenn Sie einen einprägsamen Satz konstruiert haben, überlegen Sie, ob Sie das eine oder andere Wort durch einen Begriff ersetzen, der mit dem gleichen Buchstaben beginnt und sich möglicherweise besser abspeichern lässt als Ihre erste Version. Danach legen Sie eine kleine Pause ein und rufen den Merkspruch einige Male aus der Erinnerung ab, bis er fest in Ihrem Langzeitgedächtnis verankert ist. Zuletzt rekonstruieren Sie aus den Anfangsbuchstaben die ursprünglichen Ziffern, indem Sie den Buchstaben-Code dechiffrieren, am besten schriftlich. Das Ergebnis sind die Zahlen, die Sie sich einprägen wollten, einschließlich eines Verweises auf den Anlass der Mnemotechnik (hier Ihre Freundin »Susanne«).

Wenn es Sie interessiert, das Zahl-Wort-System selbst auszuprobieren, versuchen Sie sich an dieser erfundenen Mobiltelefonnummer:

0 8 0 0 7 3 9 2 6 1

Sie können natürlich auch eine Ziffernreihe verwenden, die für Sie eine persönliche Bedeutung hat, zum Beispiel Ihre Kontonummer oder eine reale Festnetz- beziehungsweise Handy-Verbindung.

Geburts- und Jahrestage mit dem Zahl-Wort-System im Gedächtnis verankern

Die Zahl-Wort-Methode eignet sich nicht nur zum Einprägen von Ziffernreihen wie Telefonnummern oder Bankverbindungen. In einer Variante können Sie sie auch dazu nutzen, sich einen Geburtstag oder Ihren Hochzeitstag zu merken.

Wenn Sie persönliche Daten mit der Hilfe des Zahl-Wort-Systems abspeichern möchten, müssen Sie nicht nur die Ziffern von 0 bis 9 mit bestimmten Buchstaben verknüpfen, sondern auch die Zahlen von 10 bis 12, die später den Monaten Oktober, November und Dezember zugeordnet werden. Die Code-Liste aus dem vorangegangenen Abschnitt enthält Buchstaben, die für alle Zahlen von 0 bis 12 stehen.

Eine wichtige Voraussetzung für die Übertragung der Zahl-Wort-Methode auf persönliche Daten wäre, dass Sie die Verbindungen der Zahlen von 0 bis 12 mit den jeweiligen Buchstaben sozusagen im Schlaf beherrschen. Andernfalls ist es ziemlich schwierig, von den Merksätzen augenblicklich, automatisch und ohne jede Anstrengung die gewünschten Informationen abzuleiten.

Wenn Sie hingegen Ihren Hochzeitstag, das Firmenjubiläum oder den Geburtstag des Neffen zwar erfolgreich mit einem Merkspruch verbunden haben, aber ohne zusätzliche Gedächtnisstützen nicht sofort wissen, dass zum Beispiel die Anfangsbuchstaben »**E A N**« für das Datum »**30. 11.**« (also die Zahlenfolge **3**, **0**, **11**) stehen, verpassen Sie womöglich den wichtigen Termin – trotz einer vielseitig verwendbaren Mnemotechnik für alle möglichen Ziffernkombinationen.

Es geht also darum, aus der Tages- und Monatsangabe, die für ein bestimmtes Ereignis steht, einen Merksatz zu bilden, dessen Anfangsbuchstaben aus diesen Daten gebastelt werden. Den Anlass des Termins verankern Sie am besten zu Beginn Ihres Merkspruchs.

Ein Beispiel: Angenommen Ihre Nichte Sarah feiert am **17. September** ihren Geburtstag. Die Ziffernfolge »**1**, **7**, **9**« (für 17. 9.) hat den Buchstaben-Code »**B I L**«. Bei längerem Nachdenken kommen Sie vielleicht auf diesen Merksatz: »Sarahs Geburtstag **b**ringt **i**nteressante **L**eute.«

Nun überprüfen Sie, ob Sie sich den Merkspruch gut einprägen und ihn anschließend wieder aus der Erinnerung abrufen können. Wenn nicht, ändern Sie das eine oder andere Wort. Nach einer kurzen Pause wiederholen Sie den Satz einige Male, bis er sicher in Ihrem Langzeitspeicher verankert ist. Danach dechiffrieren Sie den Buchstaben-Code – möglichst rechtzeitig, um das Fest

nicht zu verpassen –, und rekonstruieren dabei neben dem Anlass, Sarahs Geburtstag, die ursprünglichen Daten.

Wenn Sie Lust haben, das Zahl-Wort-System für Jahrestage auszuprobieren, versuchen Sie sich an diesem erfundenen Ereignis:

Thomas feiert am 28. August seinen Hochzeitstag.

Natürlich können Sie stattdessen auch ein Ereignis auswählen, das für Sie eine reale Bedeutung hat, etwa ein Geburtstag oder ein wichtiger beruflicher Termin.

Gedächtniskünstler und ihre Tricks

Organisierte Gedächtnissport-Weltmeisterschaften gibt es erst seit etwa zwanzig Jahren. Obwohl der World Memory Sports Council (WMSC), der jährlich solche Wettbewerbe ausrichtet, seit einigen Jahren alles daransetzt, dass diese Turniere vom Internationalen Olympischen Komitee als offizielle Sportart anerkannt werden, treten nur wenige Menschen nach bestimmten Regeln – und selbstverständlich ohne äußere Hilfsmittel – gegeneinander an.

In Deutschland, wo Ende der 1990er-Jahre ein Verein gegründet wurde, der nationale Gedächtniswettbewerbe für verschiedene Altersklassen ausrichtet, gibt es gerade einmal ungefähr 100 aktive Erinnerungskünstler.

Hier die meistverbreiteten Disziplinen des Gedächtnissports und die erstaunlichen Leistungen der aktuellen Weltrekordhalter:

- Bei den sogenannten Speed Cards geht es darum, sich die Reihenfolge eines gemischten 52-Blatt-Spielkartenstapels so schnell wie möglich fehlerfrei einzuprägen. Der derzeitige Weltrekord liegt bei etwa 26 Sekunden. In einer anderen Variante sollen sich die Teilnehmer in 60 Minuten möglichst viele gemischte Pakete mit jeweils 52 Spielkarten in der richtigen Reihenfolge merken. Hier liegt der aktuelle Rekord bei 27 Kartenpaketen, was 1404 Spielkarten entspricht.
- Beim möglichst schnellen, korrekten Einprägen von geschriebenen, nach Zufallsprinzipien erstellten Dezimalziffern in einer vorgegebenen Zeit liegt der derzeitige Weltrekord für fünf Minuten bei knapp 400 Zahlen und für 30 Minuten bei 1160 Ziffern.
- Namen und Gesichter: Bei Erwachsenenmeisterschaften müssen die Teilnehmer 110 Fotos, die mit fiktiven Vor- und Nachnamen versehen sind,

betrachten und anschließend in einer vorher festgelegten Zeitspanne die richtigen Namen schriftlich rekonstruieren, wenn man ihnen die gleichen Fotos – natürlich ohne Namensangaben – in einer veränderten Reihenfolge vorlegt. Für jeden korrekten Vor- *oder* Familiennamen erhalten die Gedächtnissportler einen Punkt. Der aktuelle Weltrekord liegt bei 181 Punkten in 15 Minuten, was etwa 90 richtigen Kombinationen aus Vor- *und* Nachnamen entspricht.

- ✔ Erfundene historische Daten: Hier geht es darum, dass den Teilnehmern einer Meisterschaft erfundene historische Ereignisse beschrieben werden, die den Jahreszahlen zwischen 1000 und 2099 zugeordnet sind, zum Beispiel »Die ›Queen Margot‹ sinkt vor Grönland«. Danach legt man den Gedächtnissportlern diese Pseudo-Ereignisse in einer anderen, zufälligen Reihenfolge vor, und sie müssen die passenden Jahreszahlen daneben schreiben. Der derzeitige Weltrekord liegt bei 99 korrekten Daten in fünf Minuten.

Obwohl viele Leistungen von professionellen Erinnerungskünstlern durchaus spektakulär wirken und es ziemlich lange dauert, bis sich jemand mit einem guten Gedächtnis auf Meisterschaftsniveau mit anderen Teilnehmern messen kann, beruhen solche Ergebnisse auf relativ einfachen Prinzipien, die ich Ihnen großenteils auch in diesem Buch vorgestellt habe.

Erinnerungshilfen im Gedächtnissport

Die wichtigste Mnemotechnik, die so gut wie alle Gedächtnissportler verwenden, ist die Methode der Orte (oder Loci-Technik), die ich in Kapitel 12 beschreibe. Dabei geht es darum, eine reale oder auf die Fantasie bezogene Wegstrecke mit mehreren vordefinierten Plätzen zu finden, auf denen dann bestimmte Gegenstände wie Spielkarten, Ziffern oder Daten in der richtigen Reihenfolge abgelegt werden. Zuvor haben die Gedächtniskünstler diese vergleichsweise abstrakten Objekte nach dem Prinzip der Visualisierung in einprägsame Bilder oder kleine Geschichten umgewandelt.

Beim erneuten Durchwandern des Loci-Wegs lassen sich die ursprünglichen Informationen rekonstruieren. Anders als Menschen ohne ausgeprägte Ambitionen im Gedächtnissport nutzen Erinnerungskünstler jedoch in den meisten Fällen mehrere Loci-Routen für unterschiedliche Anwendungen, die zudem eine Vielzahl von Ankerplätzen umfassen.

Gedächtnisakrobaten verknüpfen häufig mehrere einzelne Fantasiebilder zu einem einzigen visuellen Symbol, um die jeweilige Loci-Strecke innerlich mög-

lichst schnell zu bewältigen, ohne dabei eines der Objekte zu vergessen, die sie zuvor dort abgelegt haben. Bei der nächsten Anwendung der Methode werden die Loci-Orte beibehalten und mit neuen bildlichen Informationen überschrieben.

Neben einigen anderen Mnemotechniken, die sich nur mit erheblichem Zeitaufwand erlernen lassen, nutzt auch das sogenannte Dominic-System, benannt nach dem achtmaligen Gedächtnisweltmeister Dominic O'Brien, die Loci-Methode, hier zum Einprägen von zufälligen Ziffernreihen. Allerdings werden die Zahlen von 0 bis 99 zunächst in Buchstaben umgewandelt, die anschließend als Anfangsbuchstaben für die Vor- und Nachnamen von bestimmten Menschen dienen. Danach verbinden Gedächtniskünstler, die das Verfahren einsetzen, die Bilder dieser Personen in der richtigen Reihenfolge mit den Loci-Orten, statt sich auf die abstrakten Zahlenkombinationen zu beschränken.

Der Buchstaben-Code »**A E**« steht hier zum Beispiel für die Zahl »**15**« und könnte an den berühmten Physiker **A**lbert **E**instein erinnern. Das Dominic-System ist eine Variante der Zahl-Wort-Methode, bei der es darum geht, Zahlen in Anfangsbuchstaben umzuwandeln und daraus Merksätze zu bilden, die sich deutlich leichter einprägen lassen als die ursprünglichen Daten.

Ob beim organisierten Gedächtnissport oder bei Normalsterblichen, die ihr Erinnerungsvermögen verbessern wollen: Alle hilfreichen Assoziationsmethoden basieren auf unterschiedlichen Sinnesverarbeitungswegen, vor allem Sehen, Vorstellen, Lesen, Hören und Sprechen. Sie erfordern Kreativität und zahlreiche Wiederholungen, um sich eine bestimmte Mnemotechnik zu erschließen. Und eine der wichtigsten Voraussetzungen, die Sie sich vielleicht während der Lektüre dieses Buches erarbeitet haben, ist ein wachsendes Vertrauen in die eigenen Gedächtnisfähigkeiten.

Teil V

Der Top-Ten-Teil

The 5th Wave By Rich Tennant

»Wissen Sie, ich habe in den letzten Jahren auch 80 Stunden die Woche gearbeitet, und das war nicht das geringste Problem für mich oder meine Frau … ihr Name fällt mir bestimmt gleich ein.«

In diesem Teil ...

stelle ich Ihnen mehrere nützliche Listen vor, die zentrale Aspekte des Buches zusammenfassen und außerdem zur schnellen Orientierung dienen sollen.

Zunächst vergleiche ich einige verbreitete Vermutungen zum Thema Gedächtnis mit den aktuellen Fakten, die einer wissenschaftlichen Überprüfung standhalten. Danach geht es um zehn kurze Entspannungs- und Konzentrationsübungen, die das Erinnerungsvermögen stärken können, indem sie Stress abbauen und Ablenkungen verringern. Diese Übungen sind auch gut dazu geeignet, sich in kleinen Pausen immer wieder erfolgreich vom Lernen oder von anderen anstrengenden Aktivitäten zu erholen. Zuletzt beschreibe ich die wichtigsten Prinzipien, nach denen alle Mnemotechniken funktionieren, die ich in diesem Buch dargestellt habe, in einem Überblick.

15 Zehn Vermutungen und wissenschaftliche Fakten zum Thema Gedächtnis

In diesem Kapitel stelle ich einige verbreitete Gerüchte zum menschlichen Gedächtnis den Ergebnissen der modernen Wissenschaften gegenüber. Denn obwohl manche Erkenntnisse in den letzten Jahrzehnten einer breiteren Öffentlichkeit bekannt wurden, entsprechen nicht alle populären Vermutungen zum Thema Erinnerungsvermögen dem Stand der Forschung.

- ✔ **Vermutung:** Das Sprichwort »Was Hänschen nicht lernt, lernt Hans nimmermehr«, trifft auch auf das Gedächtnis zu.
- ✔ **Tatsache:** Im Gehirn, der Grundlage aller Erinnerungen, bilden sich nicht nur in der Kindheit neue Nervenverbindungen, sondern bis ins hohe Erwachsenenalter. Senioren, die nicht an einer Demenzerkrankung wie der Alzheimer-Krankheit leiden, können nicht nur ihre Gedächtnisfähigkeiten weitgehend erhalten, sondern sie sogar weiter ausbauen, zum Beispiel indem sie eine neue Fremdsprache erlernen.
- ✔ **Vermutung:** Erinnerungen, die längere Zeit nicht aus dem Langzeitgedächtnis abgerufen werden, verschwinden (»Spurenzerfall-Theorie«).
- ✔ **Tatsache:** Informationen, die im Langzeitspeicher verankert sind, werden fast unbegrenzt archiviert. Dass die Suche nach einer Erinnerung manchmal erfolglos bleibt, liegt daran, dass sich die passenden Abrufwege nicht mehr wiederherstellen lassen.
- ✔ **Vermutung:** Durch ein langjähriges Training kann es einem gelingen, nichts mehr zu vergessen.
- ✔ **Tatsache:** Abgesehen von ganz wenigen Menschen, die in bestimmten Bereichen wirklich – und ohne jede Übung – so gut wie alles im Gedächtnis behalten, gibt es niemanden mit einem perfekten Erinnerungsvermögen. Denn das Gedächtnis ist keine Bibliothek: Viele wichtige Inhalte verbinden sich mit Gefühlen, und sie werden auch durch Emotionen verzerrt.

- **Vermutung:** Mit der richtigen Mnemotechnik kann man seine Erinnerungsschwächen schnell und problemlos ausgleichen.
- **Tatsache:** Mnemotechniken helfen, doch der Abbau von persönlichen Gedächtnisschwächen dauert normalerweise deutlich länger und benötigt mehr Kraft, als die jeweiligen Erinnerungsstärken weiter auszubauen.
- **Vermutung:** Gehirn-Doping mit bestimmten Präparaten verbessert die Gedächtnisleistung.
- **Tatsache:** Fast keines der Medikamente, die für solche Zwecke genutzt werden, hat die gewünschte Wirkung – dafür jedoch eine Menge unangenehmer Nebenwirkungen. Regelmäßige Bewegung, Entspannungspausen zum Stressabbau, Interesse an der Welt und der intensive Austausch mit anderen Menschen erhält und stärkt das Erinnerungsvermögen deutlich effektiver.

16 Zehn kurze Aufmerksamkeits- und Entspannungsübungen

Regelmäßige Entspannungsübungen sind gut für das Erinnerungsvermögen, weil sie dem Gehirn, der Basis des Gedächtnisses, immer wieder Zeit zur Erholung geben, Ablenkungen durch innere und äußere Reize verringern, Stressbelastungen zurückgehen lassen und die Konzentrationsfähigkeit stärken.

Bei den meisten Übungen, die ich Ihnen in diesem Kapitel vorstelle, empfiehlt es sich, auf einem bequemen Stuhl oder einem Sessel zu sitzen und vermeidbare Störungen durch die Außenwelt auszuschließen. Wenn Ihre Aufmerksamkeit zu etwas anderem abschweift, führen Sie sie freundlich, aber bestimmt auf das zurück, worauf Sie sich konzentrieren möchten. Nach Übungen, die Sie mit geschlossenen Augen durchführen, sollten Sie nicht vergessen, durch das innere Zurückzählen von 3 bis 1, begleitet von Strecken und Rekeln, wieder in der Alltagsgegenwart anzukommen.

- ✔ Beobachten Sie einige Minuten mit geschlossenen Augen, wie die Atemluft in Sie hinein- und wieder aus Ihnen herausfließt, wobei Sie Ihren Atemrhythmus ganz sich selbst überlassen.
- ✔ Eine einfache Übung aus dem Autogenen Training: Mit geschlossenen Augen richten Sie Ihre Wahrnehmung auf das Ruhegefühl, das Sie durchströmt. Sie beginnen mit dem rechten Arm und sagen sich innerlich »Mein rechter Arm ist ganz ruhig«, bis Sie diese Empfindung spüren können. Dann gehen Sie zum linken Arm über (»Mein linker Arm ist ganz ruhig«), bevor Sie sich auf alle Körperbereiche konzentrieren (»Mein Körper ist ganz ruhig«).
- ✔ Sie richten Ihre Aufmerksamkeit eine Weile mit geschlossenen Augen auf Ihren Atem, ohne den Rhythmus zu ändern. Anschließend konzentrieren Sie sich nacheinander auf den Herzschlag, auf das Fließen Ihres Blutkreislaufs und auf alle Gefühle von An- oder Entspannung, ohne diese Empfindungen bewusst zu verändern.
- ✔ Mit geschlossenen Augen stellen Sie sich ein beliebiges Objekt vor, das sich nicht bewegt. Diesen Gegenstand beobachten Sie mit dem inneren Auge, von den auffälligsten Merkmalen bis zu den Einzelheiten.

- ✔ Platzieren Sie einen Alltagsgegenstand, etwa einen Löffel oder eine Vase, vor sich auf dem Tisch. Dieses Objekt betrachten Sie eine Zeitlang mit geöffneten Augen, von den wichtigen Eigenschaften bis zu den Details.
- ✔ Platzieren Sie einen kleinen Alltagsgegenstand wie einen Kugelschreiber oder einen Brieföffner vor sich auf dem Tisch. Konzentrieren Sie sich mit geöffneten Augen eine Weile auf dieses Objekt, indem Sie seine Form, den Lichteinfall und alle anderen auffälligen Eigenschaften beobachten. Dann schließen Sie Ihre Augen und visualisieren den Gegenstand innerlich, auf den Sie Ihre Wahrnehmung gerichtet haben, einschließlich aller Einzelheiten, an die Sie sich erinnern. Zuletzt prüfen Sie Ihr Gedächtnis, indem Sie Ihr Vorstellungsbild mit dem realen Objekt vergleichen.
- ✔ Legen Sie sich bei schönem, warmem Wetter in Ihren Garten oder auf eine Wiese. Betrachten Sie den Himmel und die Wolken einige Minuten mit geöffneten Augen und nehmen Sie auch die langsamen Wolkenbewegungen wahr.
- ✔ Platzieren Sie eine große analoge Uhr oder einen Wecker mit Sekundenzeiger vor sich auf dem Tisch. Verfolgen Sie den Sekundenzeiger eine Minute mit den Augen, möglichst ohne dabei an etwas anderes zu denken.
- ✔ Stellen Sie sich mit geschlossenen Augen die Zahl 1 vor. Sobald Sie diese Ziffer deutlich vor sich sehen, sagen Sie innerlich »Eins« dazu. Mit den nächsten ganzen Zahlen verfahren Sie genauso, bis Ihre Konzentration nachlässt.
- ✔ Suchen Sie in Ihrer Fantasie mit geschlossenen Augen nach einem Ort, an dem Sie sich rundum wohlfühlen. Diesen Ruheort nehmen Sie mit allen Sinnen wahr, ohne sich dabei zu bewegen, vom Sehen über das Hören bis zum Riechen und Tasten.

Zehn Prinzipien von erprobten Mnemotechniken

17

In diesem Kapitel beschreibe ich die wichtigsten Grundlagen der verschiedenen Mnemotechniken. Denn alle systematischen Methoden zur Gedächtnisstärkung, von denen ich Ihnen eine Auswahl in diesem Buch vorstelle, ähneln sich in zentralen Punkten.

- ✔ Abstrakte, unanschauliche Daten, Begriffe oder Argumente lassen sich oft ohne eine »Nachbearbeitung« nur schlecht im Langzeitgedächtnis verankern und wieder aus der Erinnerung abrufen.
- ✔ Alle Mnemotechniken koppeln diese wenig einprägsamen Informationen an konkrete Eselsbrücken (oder Assoziationen), die man zumeist deutlich besser im Gedächtnis behalten kann als die ursprünglichen Daten.
- ✔ Die meisten Erinnerungsstützen setzen auf das Prinzip der Visualisierung. Hierbei werden die abstrakten Informationen in spannende, überraschende Bilder oder in kleine Geschichten umgewandelt, mit denen sie sich verbinden.
- ✔ Bei anderen Gedächtnismethoden steht die Verknüpfung der gewünschten Daten mit Merksprüchen, bekannten Wörtern und anderen verbalen Assoziationen im Mittelpunkt.
- ✔ Viele Mnemotechniken erlauben es zudem, zusammen mit den Ursprungsinformationen auch die passende Reihenfolge der jeweiligen Begriffe, Zahlen oder Argumente im Langzeitspeicher zu verankern.
- ✔ Auch Gedächtnissportler verwenden solche Methoden, um sich Zufallskombinationen von Ziffern, Spielkarten oder erfundenen historischen Ereignissen in der richtigen Reihenfolge einzuprägen.
- ✔ Es dauert normalerweise ziemlich lange und erfordert viel Geduld, bis man eine Mnemotechnik so weit beherrscht, dass sie zu einer Gewohnheit geworden ist. Danach lässt sich jede Merkmethode für verschiedene Zwecke nutzen, was Zeit spart und die Erinnerungsleistung mittel- bis langfristig verbessern kann.

- Durch anschauliche Verknüpfungen, wie sie bei allen Mnemotechniken im Zentrum stehen, erhöht sich die Anzahl und die Qualität der Abrufmöglichkeiten aus dem Langzeitgedächtnis. Das erleichtert es, die gewünschten Informationen bei Bedarf auf verschiedenen Wegen zu erreichen.

- Wenn eine Eselsbrücke subjektiv naheliegt und interessant erscheint, verringert das die Gefahr, die Assoziation bald wieder zu vergessen und deshalb nicht mehr an die ursprünglichen Daten heranzukommen.

- Falls Ihnen zu einer abstrakten Information keine gute Eselsbrücke einfallen sollte, hilft oft das Prinzip des Überlernens. Dabei wiederholen Sie den Merkvorgang so lange, bis Sie die Daten auswendig gelernt haben, zum Beispiel beim Einprägen von neuen Vokabeln einer Fremdsprache. Allerdings nimmt diese Methode normalerweise deutlich mehr Zeit in Anspruch als Techniken, die auf assoziativen Verknüpfungen beruhen.

- Wenn es nicht um das Abspeichern unanschaulicher Daten, sondern um verstehendes Lernen geht, ist das intensive Durcharbeiten der Informationen das Mittel der Wahl. Dabei hilft es, verschiedene Sinne zu nutzen – wie Sehen und Hören –, und unterschiedliche Verarbeitungswege zu verwenden, etwa Lesen, Aufschreiben und das Gespräch mit anderen Menschen.

Stichwortverzeichnis

A

B

C

D

E

F

G

H

I

J

K

L

T

U

V

W

MÖGEN DIE SPIELE BEGINNEN!

Bridge für Dummies
ISBN 978-3-527-70337-1

Das große Poker-Buch für Dummies
ISBN 978-3-527-70377-7

Kartenspiele für Dummies
ISBN 978-3-527-70324-1

Kasino für Dummies
ISBN 978-3-527-70378-4

Poker für Dummies
ISBN 978-3-527-70258-9

Schach für Dummies
ISBN 978-3-527-70221-3

Tarot für Dummies
Buch und Karten
ISBN 978-3-527-70497-2

Texas Hold'em für Dummies
ISBN 978-3-527-70338-8

Verblüffen Sie Familie und Freunde!

ISBN 978-3-527-70638-9

Mit diesem Buch werden Sie zu einem Magier. Sie lernen in Kneipen, im Büro oder auf Festen, ein Funkeln in die Augen Ihres Publikums zu hexen. Mit Karten und Münztricks, einigen Kunststücken für Fortgeschrittene, Mentalmagie und Schwebeeinlagen werden Sie Ihre Zuschauer verblüffen. Das ist aber noch nicht alles: Oliver Erens zeigt Ihnen auch Zaubertricks für das schwierigste Publikum der Welt: Kinder. So ist Hexenwerk kein Hexenwerk mehr.

ISBN 978-3-527-70320-3

Zaubern macht dem Künstler Spaß und hinterlässt bei Familie, Freunden und Kollegen einen guten Eindruck. Dieses Buch stellt einfache und anspruchsvollere Tricks vor. Es zeigt, wie man allein durch das richtige Auftreten ungewohnte Effekte erzielen kann und mit nur wenigen Utensilien – seien es Karten, Münzen, Seile oder auch Orangen – das Publikum staunen lässt.

ISBN 978-3-527-70094-3

Magische Momente für jede Gelegenheit: »Zaubern für Dummies« zeigt, wie man sein Publikum in Verblüffung versetzt. Es erklärt, wie kleine Tricks eine große Wirkung erzielen, wie man Alltagsgegenstände in Zauberutensilien verwandelt, was man von berühmten Zauberkünstlern abgucken kann und wie man geschickt kleine Pannen überspielt, wenn es mal nicht nach Plan läuft.